U0017967

Anatole Kaletsky——著　胡曉姣／楊欣／賈西貝——譯

大轉世

邁向資本主義4.0

兩百年的角力誰將再起？下一個三十年是什麼面貌？

Capitalism
4.0

The Birth of
a New Economy
in the aftermath
of crisis

企畫叢書 FP2234

大轉型，邁向資本主義4.0
兩百年的角力誰將再起？下一個三十年是什麼面貌？

作　　　者　Anatole Kaletsky
譯　　　者　胡曉姣，楊欣，賈西貝
編 輯 總 監　劉麗真
主　　　編　陳逸瑛
編　　　輯　林詠心

發 行 人　涂玉雲
出　　版　臉譜出版
　　　　　城邦文化事業股份有限公司
　　　　　台北市中山區民生東路二段141號5樓
　　　　　電話：886-2-25007696　傳真：886-2-25001952
發　　行　英屬蓋曼群島商家庭傳媒股份有限公司城邦分公司
　　　　　台北市中山區民生東路二段141號11樓
　　　　　客服服務專線：886-2-25007718；25007719
　　　　　24小時傳真專線：886-2-25001990；25001991
　　　　　服務時間：週一至週五上午09:30-12:00；下午13:30-17:00
　　　　　劃撥帳號：19863813　戶名：書虫股份有限公司
　　　　　讀者服務信箱：service@readingclub.com.tw
香港發行所　城邦（香港）出版集團有限公司
　　　　　香港灣仔駱克道193號東超商業中心1樓
　　　　　電話：852-25086231或25086217　傳真：852-25789337
　　　　　E-mail：citehk@hknet.com
馬新發行所　城邦（馬新）出版集團【Cite (M) Sdn. Bhd. (458372U)】
　　　　　11, Jalan 30D/146, Desa Tasik, Sungai Besi,
　　　　　57000 Kuala Lumpur, Malaysia
　　　　　電話：603-90563833　傳真：603-90562833
一 版 一 刷　2012年4月17日

城邦讀書花園
www.cite.com.tw

ISBN 978-986-235-167-3
翻印必究（Printed in Taiwan）

售價：450元
（本書如有缺頁、破損、倒裝，請寄回更換）

Part 3　市場神話的自我毀滅

Part 4　偉大的轉變

Part 5　資本主義 4.0 & 全球大趨勢

大轉型
邁向資本主義4.0

吳惠林

中華經濟研究院研究員

二〇一二年三月二十八日

　　一直以來,「資本主義」幾乎人人琅琅上口,但其本質和真義卻受到嚴重扭曲,甚至於被污衊,而「『XX』資本主義」更是汗牛充棟。很意外,也讓人眼睛為之一亮的,這本《大轉型,邁向資本主義4.0》卻將其神髓找了回來。

　　雖然沒有將「誠信」這種道德情操明明白白地提出,但作者強調「個人」行為,且認為人會在錯誤中檢討改過,由而使自由民主社會的「資本主義」維持著「自我恢復」的體系和制度,市場和政府「分工合作」,既非無政府的自由放任,也非政府專制強力管控,而是人人依「比較利益」原理盡情發揮,政府這個擁有「公權力」的特殊組織扮演適當角色,「做該做的事,而且將該做的事做好」,畢竟市場和政府都是「人」組成的,市場和政府的分工,說到底還是社會中千千萬萬「個人」的分工。

　　作者提出一個「不可改變的邏輯」:「資本主義和民主思想都傾向於自我完善,而非自我毀滅,這個邏輯意味著,在本質上,經濟進步、政治統一以及全面發展的可能性要比經濟崩潰、混亂和解

體的可能性大得多。一次威脅生存的危機不會摧毀人類進步的所有夢想，反而更有可能促進社會的發展；正是這樣求生存的創造性邏輯，在驅使著世界經濟朝向資本主義4.0的發展邁進。」

作者更建議：「我們可以以行動證明，西方的民主資本主義比中國的極權主義版本具有更強的適應力，也更能持久。然而，為了達成此一目標，西方世界必須承認，對於極權主義充滿自信的中國，已經對西方人的整個世界觀帶來了挑戰；並且要體認到，在二〇〇七至〇九年的危機之後，西方的社會政治模式必須重建。」

如果世人能接受作者的建議並返還「善良」本性，「截窒世下流」就會出現，二〇一二毀天滅地也不會發生。

本書將資本主義分成四個階段，先是一七七六年代亞當・斯密時代的「資本主義1.0」，到一九三〇年代凱因斯時代的「資本主義2.0」，迄一九八〇年代雷根和柴契爾夫人時代的「資本主義3.0」，如今金融海嘯後二十一世紀的「資本主義4.0」，實在是很有見地的分法，作者也為人類尋得「樂觀的」出路。

本書很值得世間人一讀，並進而深思與徹底檢討、改進。

序言

　　世界末日並未到來。儘管二〇〇七到二〇〇九年的金融危機中，充斥著這樣那樣的災難預言，我們還是平安無事地度過了二十一世紀的前十年。全球最富聲望的經濟學家們所預言的那些暴動、救濟施粥，以及破產等現象並未出現──在危機發生一年後，無論人們對於「資本主義」這個詞的看法為何，已不再有人預期看到全球資本主義體系的崩潰。

　　然而，資本主義體系的倖存並不意味著人們能夠重拾危機前的信心。二〇〇八年九月十五日發生的雷曼兄弟破產事件使人們再也無法相信金融市場的智慧，無法相信自由企業的效率。直到二〇一〇年中期，經濟成長和金融環境才有可能恢復到稍微像樣的程度，但這種恢復是否意味著政治家、經濟學家和金融家能像從前一樣各就各位呢？全球化仍將持續，很多國家會逐漸恢復到危機前的繁榮狀態，但人們不會輕易忘卻二〇〇七到二〇〇九年這場金融危機所帶來的創傷。危機的經濟代價是幾十年也還不清的債務，這些債務給納稅人和政府預算造成財政困難，使那些失業者難以維持生計，打碎了房產擁有者和全球投資者的美夢。

　　二〇〇八年九月十五日那一天所崩潰的，絕不僅是一家銀行或者一個金融體系。那一天崩潰的，是一種政治哲學和經濟體系，是一種思維方式和生存方式。現在的問題是，我們拿什麼來取代那土崩瓦解的全球資本主義。

　　本書的核心觀點是：**全球資本主義只會被全球資本主義取代；**這次金融風暴既不會破壞、也不會削弱人類的根本慾望——雄心壯志、創新精神、個人主義以及競爭精神。人類與生俱來的這些特質一直推動著資本主義體系的發展，而今這些特質將被重新利用，注入新的活力，進而創造一種新型資本主義。此一新型資本主義將會比它所置換的原有體系更加成功、更具創造性。

　　本書作者的寫作意圖就是分析整個金融重建的過程，點出新資本主義體系之中最重要的一些特點。此一體系的轉變要歷時許多年才能完成，但我們現在已經可以觀察到一些重要結果了。

　　過去一年的經歷告訴我們，這些結果與兩股相反的政治勢力在危機高峰時所作的虛無預言有明顯差異。反對資本主義的左派陣營似乎堅信幾個星期的金融混亂足以瓦解一種政經體系，且這個體系在兩百年來經歷了多場革命、經濟蕭條和兩次世界大戰後，都未曾消亡；支持自由市場的右派陣營則堅持認為，政府採取的干預措施會毀掉私人企業，但很顯然地，這些措施是拯救這一體系的必要舉措。隨著危機落幕，很多人開始聲稱，如果當初各國政府允許金融機構解體，這場危機可能會得到更好的解決。要重新對這場危機作出平衡的評估，就必須對左派的歇斯底里和右派的狂妄自大提出挑戰。

　　本書沒有將全球金融體系的崩解歸咎於貪婪的銀行家、不稱職的監管者、容易受騙的屋主或是愚蠢的官僚，而是從歷史和意識型態的角度來展示這次金融危機。本書從經濟改革和地緣政治動盪的角度重新解析了這場危機，自十八世紀末以來，上述兩種因素就一再改變資本主義的性質，而最近的一次是一九七九至八九年間的柴契爾—雷根革命（Thatcher-Reagan revolution）。

　　本書的中心論點是：**資本主義從來不是一個遵循固定規則的靜態體系，政府和私人企業之間的責任劃分也沒有永遠的分野。**與現

代經濟理論的各種學說相反，世界上根本不存在可控制資本主義經濟行為的永恆定律。事實上，資本主義是一種適應性體系，它會隨著環境的改變而不斷變化和發展，當它受到系統性危機的嚴重威脅時，便會演變為一種更適應新環境的新形式，以替代原有的體系。

資本主義不是由一組靜態機制所組成，而是一個不斷演變的體系，它會透過各種危機為自身注入新的活力；一旦我們意識到這一點，就可以換個角度來看待二〇〇七至〇九年間發生的事件。這些事件都是資本主義發生第四次系統性轉變的催化劑，正如一九七〇年代的危機促成了第三次資本主義轉變，一九三〇年代的危機催生了第二次資本主義轉變，而一八〇三至一五年的拿破崙戰爭則是第一次資本主義轉變的基礎。因此，本書原名《資本主義4.0》，即第四代資本主義。

上述幾個重大變革中的第一個時期——美國和法國的政治革命，以及英國工業革命開啟的社會與經濟動盪時期——開創了現代資本主義的新紀元，這一時期接近一百年，從一八一五年英國擊敗拿破崙（Napoleon Bonaparte）取得英法戰爭的勝利，到第一次世界大戰為止。這段期間整體相對穩定，處於蒸蒸日上的繁榮階段；直到第一次世界大戰、俄國革命及美國的經濟大蕭條等一系列事件發生後，這個局面才被打破。幾場在政治和經濟上突如其來的重大變故破壞了十九世紀傳統的自由資本主義，創造出一種新的資本主義體系，其意識型態體現在富蘭克林・羅斯福（Franklin Roosevelt）的「新政」（New Deal）、林登・詹森（Lyndon Johnson）的「大社會計畫」（Great Society）以及英國和歐洲的福利國家等新作為上。之後，在經濟大蕭條爆發四十年後，另一場大規模的經濟危機——一九六〇晚期至一九七〇年代的全球性通貨膨脹——推動了瑪格麗特・柴契爾（Margaret Thatcher）首相和隆納・雷根（Ronald Reagan）總統宣揚的自由市場革命（編按：兩者皆支持完全的自由放任

政策，並極力打壓工會、削減社會福利支出），開創了第三代資本主義，這一新體系與前兩種資本主義體系截然不同。直至一九六〇年代末期的通貨膨脹發生四十年後，也就是二〇〇七至〇九年間，又一場全面爆發的危機襲擊了全球經濟。本書認為，此次危機將開創資本主義體系的第四種形式。這個新的經濟形式不同於雷根總統與柴契爾首相所設計的藍圖，也會與羅斯福總統的「新政」大相逕庭。所以，本書的原文副書名「一個新經濟的誕生」（The birth of a new economy）遂應運而生。

　　資本主義作為一種不斷演化的體系，其經濟規則與政治制度總會經歷深刻的變化，危機前後的思路會發生矛盾，有時立場甚至會發生顛覆性的改變。一九八〇年代初期的柴契爾—雷根革命已被普遍視為自共產社會主義的異端崛起和偏離正軌的凱因斯學派興盛期之後，對於真正的資本主義的再發現，而且一些最保守的政治家和企業領袖至今仍然堅持此觀點。然而，從事物發展的過程來看，自由市場基本教義派蔚為主流的期間不過是一九八〇年到二〇〇九年的短短三十年而已，相對於十八世紀末發展至今的現代資本主義，真是微不足道。以這種歷史觀點來看待最近發生的事件，將會對這次危機及其後果產生全新的認識。

　　例如，很多政治家和企業領袖認為，政府對市場的任何干預都會擾亂自由市場體系。他們原則上反對一切形式的政府干預。這種狹隘的觀點的確有些荒唐，因為資本主義在雷根和柴契爾之前已經歷了漫長而輝煌的發展。政府與私人企業之間，以及各種政治和經濟力量之間不斷轉變的動態關係，一直是資本主義由一個階段移向另一個階段最鮮明的特點——最早是在十九世紀初，接著是一九三〇年代，然後是一九七〇年代，今天又再次發生了。每經歷一次演變，資本主義體系都會比過去更加牢固。要了解由這次危機催生的新政經模式，就要考量資本主義體系發展的前三個階段中，政府與

市場之間的動態關係。

　　傳統的自由資本主義從十九世紀初到一九三〇年代一直處於主宰地位，這一時期的政治和經濟是涇渭分明的。政府與市場之間的合作僅限於徵稅和消除關稅壁壘，前一種合作主要是為戰爭募資，後一種合作大多是為了保護強大的政治利益。

　　接著，從一九三二年開始，羅斯福的「新政」和社會民主的歐洲福利國家出現了。為了因應俄國革命和經濟大蕭條，第二代資本主義應運而生，並呈現出以下特點：人們對仁愛又全能的政府抱持著幾近浪漫的信念，卻對市場存有本能的不信任感，尤其是金融市場。

　　第三代資本主義生於一九七九到八〇年的柴契爾─雷根政治改革，其觀點與第二代資本主義截然相反；這一次的主要特點是神化市場，卻不信任政府。資本主義的最後一種變體——由金融主導的市場基本教義派，本書稱之為資本主義3.3——極端地發揚了第三代資本主義。資本主義3.3不僅不相信政府，而且妖魔化政府，嘲弄規章制度，甚至公然蔑視公共管理。這種極端的反政府思想不僅體現在政治領域，在經濟領域也產生了極大影響，並引發了二〇〇七到〇九年的金融危機。正如卡爾・馬克思（Karl Marx）的預言，第三代資本主義最終被自身反政府思想的矛盾所摧毀。

　　資本主義3.3的自我解體為政治經濟演變的下一階段——資本主義4.0——留下了空間。與一九三〇年代和一九七〇年代發生的變遷相同，此次轉變也將重新定義政治與經濟、政府與市場的關係。從一九八〇年代到二〇〇七年金融危機這段期間，人們認為市場總是正確的，而政府幾乎總是錯的。前一階段的資本主義——也就是一九三〇至七〇年代——則認為政府總是對的，市場卻幾乎總是錯的。因此，資本主義下一個階段最鮮明的特點很可能會是這樣：**政府和市場都有可能是錯的，而且有時候它們的錯誤可能會幾**

近致命。

　　這種觀點乍看之下好像令人震驚。實際上，這種想法是有根據的，它在政治和商業中注入了領導力、創造力及實驗研究等新的概念，而這些概念是上一代資本主義不願接受的。承認政府與市場都存在問題，意味著政治與經濟要攜手合作，而不是像第三代資本主義那樣關係交惡。第四代資本主義形成之初，科技、全球化以及社會變革所帶來的絕佳機會說明了，如果美國和歐洲崛起的新一代政治家和企業領袖能夠打好手裡的牌，那麼這個新的經濟模式就會遠遠超越第三代資本主義。也許有朝一日，這一模式會被稱為「歐巴馬經濟」（Obamanomics，編按：本書寫成於二〇一〇年七月，當時美國總統歐巴馬甫上任一年半）。然而，如果美國和歐洲不具備必要的思維靈活性，進而導致第四代資本主義失敗，那麼未來幾十年的政治經濟或許會受制於其他新型資本主義國家，而不是由西方勢力掌控。

　　如果西方國家奮起迎接挑戰，就必須將二〇〇七至〇九年的這場危機及其前因後果視為是資本主義演變的動態過程。這就是本書第一部分將要呈現給讀者的內容。

　　本書第二部分從歷史與演化觀點討論了這場危機以及危機前的繁榮景象。傳統觀點認為，此次危機之前的全球房地產與信用貸款繁榮只是負債消費的幻象，本書駁斥了這一觀點。恰恰相反，本書認為，自一九九〇年代初以來，消費者借貸與資產價值的大幅增長是對一九八〇年代末期開始的良性經濟趨勢的理性反應。這些趨勢的推進動力最終是源於一九八九年出現的幾項重大科技革新和地緣政治變遷，如：蘇聯解體，亞洲崛起，電子科技革命以及全球各國廣泛接受純紙幣的概念，意即沒有黃金、白銀、外匯儲備或其他客觀價值符碼作為後盾。

　　危機前的一片榮景催生了過度投機，導致一種具破壞性的興衰

循環出現，但是並不能因此就說：危機發生之前的多數信用擴張和資產價格上漲是不正當且不持久的。興衰循環長久以來都是資本主義體系的一個特點，將來也不例外。導致此次危機的事件與導致此前幾次興衰循環的事件如出一轍，並沒有比過去大多數情形來得極端。那麼，為什麼這次的興衰循環會造成這樣一場空前災難呢？

這正是本書第三部分討論的問題。我提出的解釋重點在於，人們對於經濟理論的解讀過於誇張且天真，造成了柴契爾─雷根時期和柯林頓時期依憑著自由市場經濟而生的政策變得極為荒唐。這種對經濟政策採行市場基本教義派的做法，使得一次不足為奇的（或許是嚴重的）興衰循環演變成有史以來最嚴重的金融危機。更確切地說，市場基本教義派曾支持布希政府的非受迫性失誤，特別是其財政部長亨利・保爾森（Henry Paulson）的失誤，才是導致這次金融災難最主要的原因。這個世上最強大、最富饒的政府怎麼會犯下這麼多的毀滅性錯誤呢？很多錯誤都可以歸咎於經濟學理論與政治觀念之間的惡性互動，兩者就像一對哈哈鏡，總是誇大對方的錯誤和偏見。結果，亞當・斯密（Adam Smith）和大衛・李嘉圖（David Ricardo）的古典經濟學被誇大成荒唐的信條，使得效率市場、理性預期以及貨幣主義的中央銀行體系等經濟思想主宰了全球政府、監管機關和金融業。第三部分的結論是：改良後的資本主義模式要想成功，就必須超越過去理性預期和效率市場理論中迂腐的數理模型和具意識型態的假設，創造出新形式的經濟學。

在重新解讀過去與現在的基礎上，第四部分和第五部分驗證了第四代資本主義在危機後十年會如何演化。這個新體系的主要特點有什麼呢？

如果說二〇〇八年秋，全球經濟遭遇的諸多問題有一個共同主題，那就是將完美市場視為一種類宗教信條，並且篤信效率政府和自由市場在這個世界上無法共存、勢不兩立。在提供各國銀行緊急

援助和美國政府接管通用汽車公司之後，那種認為政府干預對私人企業有百害而無一利的信念便不攻自破了。更自由的市場和更小的政府也不再是資本主義體系面臨各種挑戰時的可靠解答。

有一個具有象徵性的事件足以說明一切：身為典型的自由市場思想家艾茵‧蘭德（Ayn Rand，編按：俄裔美國哲學家、小說家。作品中充滿了濃厚的利己主義和自由放任的資本主義思維。）的忠實門徒，艾倫‧葛林斯班（Alan Greenspan）在二〇〇九年八月作了一場著名的國會證詞。對於嚴肅的政策制定者而言，此次事件意謂著政府與市場基本教義派之間的親密關係走到了盡頭。在被問及他對自由市場的信仰是否已證實存在極大的缺陷時，葛林斯班答道：「是的，我發現了一個缺陷。我還不清楚這個缺陷的嚴重程度和持續時間，但是我對這個事實深感沮喪……是的，我的確發現缺陷。這也正是我感到震驚的原因。因為在我的四十年生涯中，也許是更長的時間裡，有非常多的證據顯示自由市場的運行異常順利……對於我們這些一直期待私人企業的利己精神能促進資本主義體系發展的人來說，這個結果令人感到震驚與不可置信，尤其是我本人。」[1]

艾茵‧蘭德也在一篇文章中對這個缺陷的本質作了恰如其分的界定。這篇文章是關於客觀主義哲學的，這種哲學鼓舞著葛林斯班和美國其他的保守主義者，影響了整整兩代人。她寫道：「理想的政經體系就是自由放任的資本主義……一個完全資本主義的體系應當實現政府與經濟的徹底分離（但歷史上從未實現過），就如同政府與教會分離的方式與理由。」[2]

然而，大多數的政治哲學家、社會學家和經濟史學家早就發現事實恰好相反。任何一個單純靠市場誘因發展的社會，無論在經濟或政治層面都會慘遭挫敗。當今世界最自由、最誘因導向的市場經濟其實不在美國或香港，也不在開曼群島這樣的避稅天堂，而是在索馬利亞、剛果和阿富汗這般被視為失敗的國家[3]。在為資本主義

打造成功的環境時，政治制度的關鍵作用在很多社會學術研究著作中都有論述，比如亞當‧斯密的《道德情操論》（*Theory of Moral Sentiments*）以及馬克斯‧韋伯（Max Weber）的《新教徒倫理學與資本主義精神》（*Protestant Ethic and the Spirit of Capitalism*）等[4]。但是，在一九八〇年代的柴契爾─雷根革命以後，如艾因‧蘭德這樣的自由市場基本教義派所提出的假設雖然過度簡化，仍被許多企業領袖、學究型經濟學家和保守派政治家擁護，他們因而忽視社會學家和政治學家所提出的歷史事實。其結果便是在政治和經濟之間形成了一種類宗教二元論的局勢，最終在雷曼兄弟危機中變得不堪一擊。

　　無論是金融市場、消防工作還是公共場所的急救設備，政府安全網無所不在，儼然成為社會現實中自然的必要特徵，這是那些被迫以公共資金援助私人銀行的政治家們無法否認之事[5]。而已經瀕臨失敗邊緣的各家銀行也承認，它們對風險的漠視和「論功行賞」的分紅文化已經不只是其股東、董事和員工之間的私事了。那些因為依賴金融市場的效率和理性而慘敗的投資者也無法再自欺欺人地說，市場導向的金融法規與會計原則要比政治和立法管制更可靠。[6]以上種種因素導致的結果便是，**市場基本教義派看待政府及私人企業之間的對立觀點已不再被接受。**

　　這次出現的新型資本主義將會從根本上扭轉艾因‧蘭德的客觀主義理想。第四代資本主義不是將國有企業與私人企業截然分開，而是進一步拉近兩者之間的關係。如果市場和政府都無法作為實現社會目標的完美機制，那麼足以同時反應個人誘因、政治決策的審查與平衡機制便顯得突出了，其成效通常優於市場或公共機制。

　　第四代資本主義將會體認到，各級政府和各類市場之所以會犯錯，並不僅是因為政治家腐敗、銀行家貪婪、企業家無能、選民糊塗，還因為這個世界太複雜、太不可預期，因為任何一種決策機制

——不管是建立於經濟誘因或政治誘因之上——都無法自始至終地保持正確無誤。因此，實驗方法與實用主義就必須成為公共政策、經濟領域和企業戰略的指導思想，即便這種思想意味著一致性與連貫性的喪失。

市場機制最大的優勢在於，可以藉由試錯法來運作，可以在錯誤造成太大的社會危害之前加以糾正。未來幾年內，我們必須在政治決策和政府與企業間關係等領域推行這種類似的實用主義。政界及企業界領袖們似乎已經投入這個學習過程之中。以奇異照明（General Electric）首席執行長傑佛瑞·伊梅特（Jeffrey Immelt）為例，他號召自己的經理們「成為善於應付混亂情況的系統思考者」[7]。歐巴馬也宣導「一種更加務實的新做法，其關注的不是政府的大小，而是它是否英明高效」[8]。但是，當這些政治和企業領袖逐漸體認到我們正由一個可預知的理性世界變為模糊不清的、不可預知的、邏輯混亂的世界，經濟學家們卻在為危機前的理性預期和效率市場理論進行辯解。經濟理論與商業實務之間的鴻溝不斷加寬。

危機前的主流經濟學理論認為競爭市場會自動朝著均衡的方向發展，金融循環對長期經濟運行的影響微乎其微，甚至根本就不存在；一個以私人企業為主體的經濟體，在正常運作的情況下，總會保持充分就業的狀態，只有一項重要任務留給政府的總體經濟政策，即控制通貨膨脹；這次危機卻駁斥了市場基本教義派的所有假設。現在我們必須體認到，金融循環、不定時的信貸危機以及自我強化的經濟蕭條是任何市場體系都具備的自然特徵，而且會不斷反覆發生。反過來說，這就意味著各國政府和中央銀行必須對經濟成長、就業、維護金融穩定和控制通貨膨脹承擔更大的責任。

這些新的重大責任或許意味著政府規模會無限擴大，而付出的代價是納稅人和私人企業的錢；但是，第四代資本主義的情況可能恰恰相反，即使其責任和影響擴大了，政府規模仍會開始縮水。有

一部分原因單純在於，很多國家的赤字規模已經因金融危機和反對增稅的政治阻力，而擴張至逼近公眾接受的極限。第四代資本主義中，公部門的規模縮水還有一個更深層的原因，即大政府官僚僵化，無法滿足不斷變化的社會需求。從全民醫療保險和能源自給自足問題，到穩定無虞的抵押貸款和提高工資問題，所有這些複雜的需求唯有透過競爭下的資本主義市場，在利潤動機的作用下才能滿足。無論如何，為了達到滿足政治利益的目標，政府在管理這些市場和為追求利潤的企業創造動機時，其所扮演的角色也在改變中。

很顯然地，金融監管會被強化，但是第四代資本主義也意味著市場和國家之間的界線將發生許多變革和移轉。政府與企業間原本涇渭分明的責任分界線會變為灰色地帶，不同國家的政府和市場會被迫朝不同的方向發展，所以情況就更複雜了。例如，美國政府將必須搬出更多的法規以控制暴漲的醫療費用；而在英國，醫療保健需要更市場導向，以更多的民間部門融資和市場競爭，最終才能完成相同的成本控制目標。抵押貸款在英國必須有更多的法規管制；而在美國，它則需要較少的政府干預和補貼。在任一個發達國家（可能有點諷刺的是，瑞典和丹麥這兩個應該是奉行社會主義的國家卻是例外，它們的私立學校教育十分普遍），教育可能會變得更加市場導向；而在中國、印度、巴西和南非等發展中國家，由政府提供的免費教育仍然有待拓展。

上述有些矛盾之處，例如醫療保險向公私混合模式靠攏的趨勢，也許暗示了一條介於美國的市場體系與瑞典的社會民主制度之間的「第三條路線」，但事實並非如此。在特定歷史背景下，有些國家或部門可能需要較多的市場機制和較少的政府干預；與此同時，其他國家或部門則需要較少的市場機制和較多的政府干預，這種想法就像一個廚房裡同時需要冰箱和瓦斯爐，一點也不矛盾。

第四代資本主義的公共政策將面臨一項重大挑戰，即是為政府

與市場之間的關係制定恰當的準則。例如，在可接受的效率下，補貼替代能源的使用；調控貿易但不訴諸完全的貿易保護主義；對醫療保險和教育進行管制，但不否認自由選擇。隨著一個不同的資本主義模式在東方崛起，若是西方民主政體想要克服考驗，就不得不面對公私利益重新平衡的問題，縱使通往解答的道路困難重重。

在應付二○○七至○九年的金融危機時，中國的宏觀調控經濟模式大獲成功，為其帶來了卓越的經濟成長。這個情況使得人們對於資本主義和民主政體一定總是互相支持的理論產生了懷疑。柴契爾─雷根時期喊出的「自由市場創造自由人民」此一樂觀口號不再被視為理所當然，中國的資本主義模式朝西方的資本主義模式靠攏的希望也顯得越來越虛幻。在這次危機之後，無論從企業經營、經濟政策、政治權力還是地緣政治利益來看，中國和西方國家都漸行漸遠了。也許在未來幾年甚至幾十年間不會發生嚴重的衝突，但事實證明這兩種政經發展模式在很多方面都極不相容。

在商業實務上，中國的法規和產業策略愈來愈加惠於國內產業的發展；至於經濟政策，在為美國和歐洲消費者提供廉價產品的同時，中國決意維持巨大的貿易順差和被低估的匯率，此舉意味著中國的國際債務會不斷攀升，半技術性製造業的工作則會持續減少。中國在經濟上的自信使其愈發固執地拒絕西方的民主制度和對人權的尊重。最後一點，可能也是最重要的一點，中國對於獨裁主義和政府主導的經濟發展模式愈來愈有信心，將無可避免地造成與西方地緣政治利益之間的衝突，並且為其他新興國家提供一個有別於民主市場發展的替代方案。

因此，西方世界多了一個選擇。其一是尊重地承認，在過去五千年歷史的大多數時期，中國社會比起西歐或美國社會來得更有凝聚力，更能持久發展，也更加成功。從此一觀點看來，二十一世紀的中國只不過是為其文化價值和民族利益重新樹立起全球領導者的

地位。或者，另一個比較不那麼持著失敗主義的觀點，就是本書的建議：我們可以以行動證明，西方的民主資本主義比中國的極權主義版本具有更強的適應力，也更能持久。然而，為了達成此一目標，西方世界必須承認，對於極權主義充滿自信的中國已經對西方人的世界觀帶來了挑戰；並且要體認到，在二〇〇七至〇九年的危機之後，西方的政經模式必須重建。

一旦進行了必要的改革，以美國為首的民主資本主義將會再次成為世界各國和各民族之中，最成功、最吸引人的政治經濟模式——當然有一個重要的前提：在金融危機之後，西方世界必須恢復充分就業和強勁的經濟成長。如果西方民主制度要迎接中國的極權領導式資本主義的挑戰，就必須推翻人們的預言，即美國、英國和其他先進國家的長期經濟成長將趨緩，人民生活水平也將停滯不前。

二〇〇九年，著名的學者兼金融家穆罕默德·伊爾艾朗（Mohamed El-Erian）創造了一個詞「新常態」（New Normal），用以形容他預期在危機過後將會持續多年、甚至幾十年的蕭條經濟狀況。艾朗認為，因為人為的過度借貸動機已不復存在，新的經濟環境特點會是持續衰退的經濟活動、就業與獲利水平。如果他的預言成真，自由市場資本主義體系是否能夠長期維持下去，將是嚴重的問題。

關於經濟成長將持續低迷的觀點來自一種被人們廣為接受的假設，即危機發生前所創造的額外財富大多是海市蜃樓。然而，這些保守的政治家、金融家和企業領袖只是對危機前的信貸擴張作出強烈指責，認為那是一種欺騙和假象。他們好像從未考慮過這種說法隱含的邏輯——如果一九八〇年代以來創造的大部分財富都是騙局，那麼號稱創造了這種假想財富的自由市場改革必然也是虛妄的。

　　隆納‧雷根總統與瑪格麗特‧柴契爾首相曾經創造出本書稱為「資本主義3.0」的自由市場體系，藉此成功逆轉了盎格魯—撒克遜資本主義（Anglo-Saxon Capitalism，編按：這通常是指自由化程度較高的體系，但也有人認為英國的稅收和管制都比美國要高得多，因此反對這種說詞）存在的結構性衰敗，因而受人們推崇。但是，危機後的社會普遍認知卻是，柴契爾—雷根改革只不過是以金融泡沫來掩飾資本主義體系的病症罷了。如今，這些虛幻的泡沫已經破滅，看起來一九八〇年代這個金融導向的新模型似乎沒有創造出什麼真實的財富。更有一個合理的推斷是，和一九五〇與六〇年代由政府主導的高稅收資本主義時期相比，自由市場時期所創造的實際財富肯定少得多。

　　如此看來，即使是一九八〇年代處理階級衝突的那些解決方案也不過是掩人耳目的把戲，因為勞動人民的實際生活水平在自由市場時期大多是每況愈下的，而其貧民化趨勢卻被資產價值的虛假膨脹和抵押債務的不斷增長所掩飾。當這座高築的債台轟然倒塌時，中產階級和窮人就會發現自己在自由市場改革中獲益很少，甚至可說是一無所獲。假如真的如「新常態」所設想的那樣，危機後的經濟條件勢必更加惡化，那麼毫無疑問地，中產階級就會得出結論：**柴契爾—雷根時期的自由市場改革使得他們的境遇比起父母那一代的「凱因斯黃金時代」**（編按：二次大戰後至一九六〇年代被視為凱因斯理論的黃金時期，此時的政府政策似乎多能有效駕御經濟波動）**更加糟糕。**

　　這種世界觀似乎意味著自由市場體系氣數已盡，資本主義政治發展的下一階段應該會向左派轉舵。奇怪的是，強力支持這種危機解讀方式的人竟然是那些保守派經濟學家和政治家。他們是如何一邊嘲諷柴契爾—雷根時代聲稱的「生活水準已提高」的殘酷騙局，又繼續讚頌這一時代的各項優點呢？

　　一些保守的政治家和經濟學家宣稱，自由市場的癥結從未對症

下藥。他們認為，如果採取比雷根、柴契爾和小布希（George W. Bush）更具進攻性的手段來處理官僚、法規和福利問題的話，經濟成長應該會更強勁、更穩定；但是，這樣的觀點注定站不住腳。經過三十年的實驗，自由市場和政府干預最小化的模式最終宣告失敗，很難想像民主社會將會支持更加激進的寬鬆管制和自由放任政策。這樣的激進主義與其說是在自由市場的另一項實驗，倒不如說是讓人們走上回頭路，變成一九七〇年代那種由政府主導的資本主義的現代版，或許還會伴隨著意識型態領導的轉移，從華盛頓轉向北京。

　　然而，在接受這種令人沮喪的前景之前，我們必須記住：這一切完全是建立在一個未經證實的假設之上，即危機後的「新常態」將會導致生活水準停滯不前，資產價格持續走低，經濟成長緩慢無力。相反地，本書的觀點則認為，如果各國銀行和政府以成長為目標，據此調整其總體經濟政策，並且將利率維持在最低水準，那麼全球經濟應該能夠快速恢復。本書也認為，相較於導致此次崩壞的總體情緒波動與錯誤政策，這個推動了危機前那波經濟榮景的良性長期趨勢將會更強勁、更持久。如此一來，與危機前的幾十年相比，「新常態」將會成為經濟成長更快、生活水準更高的階段。在這次戰後歷史上最嚴重的經濟蕭條陰影之下，當消費者、房屋所有人和政府都還在債務中垂死掙扎，這種預言似乎荒謬至極；但是，這真的是不切實際的嗎？

　　即便私人企業和一般家戶在危機餘波中不願意馬上花錢，政治家和中央銀行家們促進經濟成長的手段可謂花樣百出——（貸款）零利率、開放式信用擔保、政府財政刺激政策和無限制地發行貨幣等等。按照危機前的基本教義派經濟學說，上述各種手段根本不會奏效，因為政府為推動經濟成長所採取的貨幣政策和財政政策總是以失敗告終。然而，隨著資本主義開始自我變革，這些基本教義派

的假設逐漸銷聲匿跡，取而代之的是對經濟學更務實的理解。世界各地的政策制定者體認到，他們可以在幾年甚至幾十年間使利率維持或至少接近於零；可以將政府支出花在基礎建設和創造就業上；可以控制匯率來推動出口型經濟成長；可以使用各種補貼政策和稅制誘因來鼓勵投資，並且保障工作機會。

美國國家經濟委員會主任勞倫斯‧桑默思（Lawrence Summers）曾經在二〇一〇年一月的一次演講中作過如下預言：「在未來，當歷史學家回顧二〇一〇至一九年的經濟數據時，如果發現它們沒有遠遠超越二〇〇〇至〇九年的經濟數據，我肯定會大吃一驚。一旦我們修復這個存在著缺陷的體系，就能夠為美國人民提供比過去十年好得多的經濟成果。」[9]當時沒人在意他的這番言論，因為人們普遍認為，在二〇〇七至〇九年的金融氾濫之後，生活水準停滯不前和經濟成長疲軟的「新常態」是不可避免的，也許在道德上更是無所迴避。但是，如果各國政府及中央銀行繼續活用各種經濟工具來應對，政界和企業界領袖也把握住各種伴隨著新資本主義體系出現的機會，桑默思那番言談中的樂觀想法有可能證實無誤。

如果未來的十年確實比過去的十年更繁榮，我們將會得出結論：柴契爾─雷根時代的改革顯然不是市場基本教義派所聲稱的那種神奇靈丹，但也並非謊言。金融資本主義不是一場龐氏騙局（編按：這是一種常見的金融詐欺，騙人投資虛設的企業，並以後來受騙者的資金來支付先前受騙者，使得這場騙局得以延續下去）。金融市場所滾出的財富也許不如一些人想像的那般龐大，但也不只是一場狂熱的集體幻覺。共產主義的崩解、科技革新、亞洲崛起和金本位的廢止都不是單純的白日夢，而是撼動全球的事件，足以讓人們創造財富。這些想法大致上就是本書最終將得出的結論。

然而，如果這個結論是錯的話，會是什麼情況呢？如果世界經濟繼續停滯而沒有振作，或者方才所描繪的資本主義演變沒有實現

的話，結果又會如何呢？如果真是如此，美國和歐洲的財富和權力
肯定會加速向亞洲轉移，西方金融體系將持續處於危機邊緣和不穩
定的狀態。保守的商業觀要求私人企業擁有無限的自由，勞動者和
選民卻必須勒緊褲帶為前三十年間釀成災難的自由企業改革埋單。
在這種環境下，各黨各派之間不可能達成共識。如果真是如此，一
種不同於本書所描述的新型資本主義──一種建立在中國集權主義
之上，與西方民主價值觀大相逕庭的資本主義──必將興起並雄霸
世界。

　　那麼，哪種形式的資本主義會脫穎而出呢？在二次大戰後最深
沉的經濟震盪餘波猶存之際，沒有人敢肯定地回答。二〇一一年
初，歐巴馬政府早期的樂觀態度已不復存在，取而代之的是政治上
的寸步難行。在美國，新的政治方向幾近黯淡；在歐洲，單一貨幣
區看來處於崩潰邊緣；英國的政治前景比從前更加變幻無常，日本
則如夢遊一般地進入了第三個迷失的十年。在全球最大的經濟體
中，唯有中國在此次危機中異軍突起，比過去更有自信、更加強
大。在這種狀況下，要相信新型資本主義會贏得最終勝利需要極大
的信心。

　　凡事皆非命中注定，經濟領域的任何事情都不是一成不變的。
在過去四十年間，曾有幾十次相對較小的事件幾乎就要改變歷史的
進程，撼動全球的經濟環境。想像一下，如果鄧小平在文化大革命
時，與他的心靈導師劉少奇一起喪命的話，情況會是如何？如果戈
巴契夫（Gorbachev）沒有取得蘇聯的領導權會怎樣？如果約翰・
欣克利（John Hinckley）瞄準隆納・雷根胸膛的那顆子彈稍微高個
一英寸會發生什麼事？如果阿根廷沒有出兵福克蘭群島，因而拯救
了柴契爾政府的話，結果會變成怎樣？（編按：一九八二年，阿根廷突
然進攻英屬的福克蘭群島。柴契爾夫人堅持出兵捍衛領土主權，而英軍也確
實打贏了戰爭，英國保守黨因而大獲民心，贏得隔年的國會大選。）或者，

如果佛羅里達州的「懸空票」沒有落在小布希身上，而是落在艾爾‧高爾（Al Gore）身上，又會怎樣？（編按：二〇〇〇年的美國總統大選，德州二十五張選舉人票引發爭議，聯邦最高法院最終將這些票判給了小布希，使他成功入主白宮。）

　　誠然，上述任何一個事件都有可能影響改變的步伐，但它們能讓歷史的發展方向轉彎嗎？沒有人可以斷言。但是有一個邏輯是不可改變的：資本主義和民主思想都傾向於自我完善，而非自我毀滅。這個邏輯意味著，在本質上，經濟進步、政治統一和全面發展的可能性要比經濟崩潰、混亂和解體的可能性大得多。一次威脅生存的危機不會摧毀人類進步的所有夢想，反而更有可能促進社會的發展；正是這樣為求生存的創造性邏輯，驅使著世界經濟朝向資本主義4.0的發展邁進。

Part 1

資本主義及其演變進程

第一章

政府和市場，誰是對的

好運總會到來。

——米考柏先生（Mr. Micawber）

《塊肉餘生記》（*David Copperfield*）

民主資本主義是人類為了生存而建的體系。這一體系已成功地適應了一切形式的變化：它適應了技術和經濟上的巨變，也適應了歷次政治革命和世界大戰。資本主義之所以能夠做到這一點，是因為它和共產主義、社會主義或封建主義不同，它與現實生活有著內在的動態關聯。資本主義可以進行自我調節和自我完善，以適應不斷變化的環境。只要是為了生存所需，這一體系就可以演變成資本主義的新型態。

在二○○八至○九年的恐慌中，許多政治家、企業家和相關專家忘記了資本主義體系驚人的適應力。他們以靜止的眼光看待世界，推斷在不確定的未來裡，金融秩序還會有數個月的混亂，並據此作出全球經濟崩潰的預言。市場經濟和民主社會歷經幾個世紀的自我修正機制要不是被遺忘，就是被視為無效。

生物學語言曾被應用在政治學和經濟學上，卻很少在兩者的交互作用中得到應用[1]。民主資本主義就如同生物生存的本能，是人們解決社會問題和滿足物質需求的內在能力。這種能力源於競爭原則，而這一原則又是民主政治和資本主義市場的驅動力量；因為市

場力量通常有利於創造財富，而非破壞財富。這些力量指引著成千上百萬的人為滿足物質需求而努力奮鬥的方向，儘管這些需求有時會造成不受歡迎的副作用。惟有讓人們的生活更美好、更安全，而不是更糟糕、更危險，選民才會給予政治家好的回報。民主競爭驅使各政府機構解決社會問題，而非使問題惡化，儘管有時候這些解決方法本身會製造新的社會問題。與市場競爭相比，政治競爭比較遲緩，沒那麼迅速果斷，因此其自我穩定的特質也許無法在幾個月或幾年內得到體現，而需要幾十年甚至幾個世代才能看到效果。

　　暫且拋開兩者的時間差距不談，資本主義和民主制度還有一個重要的共同特徵──兩者都是鼓勵個人透過自身的創造力、不懈的努力和競爭精神來尋求物質問題和社會問題的解決之道。長遠看來，這些機制運作良好。

　　假如我們將民主資本主義視為一部成功解決問題的機器，其隱含的意義必然與最近這次金融危機息息相關，卻與危機後盛行的傳統觀念背道而馳。人們嘲弄各國政府為了解決借貸過多引起的危機，竟借入更多的貸款；葛林斯班也曾因製造出前所未有的金融大泡沫，以竭力推遲不可避免的「清算日」而備受指責，金融監管者們則因讓那些半死不活的「僵屍」銀行硬撐著不倒閉而廣遭批鬥。然而，所有的指控都沒有抓住事情的關鍵：它們都忽略了建立民主資本主義體系的初衷。

　　資本主義式的民主制度之所以存在，是要為長期存在的社會與物質需求提出新的解決方案，**一個拖延的問題實際上就是一個解決了的問題**。更確切地說，如果一個問題的解答可以被無限期推遲，那麼這個問題很可能得用現在想像不到的方法才得以解決。一旦人們體認到資本主義體系這種自我修復的特性，有關「把我們的問題留給子孫後代」的控訴──不論是保守主義者對預算赤字的撻伐也好，或是自由主義者對全球變暖的警告也好──在道德上就不再令

人信服。我們幾乎可以肯定地說，我們的子孫後代會比我們富有得多，也會擁有更先進的技術；因此，若探究了這層深義，我們為何還需要為他們杞人憂天呢？在小說《塊肉餘生記》中那位過於樂觀的米考柏先生曾說過一句話：「好運總會到來。」這句話背後隱含著對於道德和經濟健全的信心，這是維多利亞時代的人們無法想像的（編按：這個時期被認為是英國工業革命的巔峰期，許多人對它的聯想就是黑暗殘酷的工廠和極大的貧富差距）。

　　然而，不管是穩定金融市場還是管理經濟，抑或是清除全球污染或治療疾病，要得到新的解決方案，有一個條件必須滿足──資本主義和民主制度必須倖存下來。這解釋了為什麼我們為保護民主和私人企業免於共產主義、法西斯主義和宗教基本教義派的武裝挑釁所作出的犧牲，被人們尊崇為理性且高尚的，而我們單純為了子孫後代的經濟繁榮所作出的犧牲則否（至少從整個社會的層面來看是如此）。

　　然而，資本主義的生存不僅是倚賴武力保護。現代資本主義是一個複雜的社會體系，十八世紀晚期以來，該體系在各個時期的財富增長、科技進步和生活範圍的擴大等方面都取得了驚人的成功；但是，與所有複雜體系相同，現代資本主義體系也很脆弱。很多自組織的複雜體系都在進化論生物學家和數學家所說的「渾沌的邊緣」（Edge of chaos，編按：複雜理論提出的一項特點：當一個系統產生移動而超出渾沌邊緣時，就會跨越界線而發展出不同的系統，此時跨領域的碰撞，常是創新的開始）上運行，這個邊緣就是一條不斷調整的平衡線，控制著體系自生的各種潛在破壞力量之間的平衡。馬克思認為，資本主義的本質會製造國際爭端，這些爭端會導致不可避免的危機，威脅其自身的生存，他的這一觀點是正確的。然而，有一點是馬克思及其追隨者所忽略的，也就是政治的力量，特別是民主政治，它具有解決這些爭端、克服危機，以及使資本主義繼續生存的能力。

那麼，民主資本主義的生存需要些什麼呢？人類歷史、生物進化論和日常生活常識告訴我們，任何一種複雜體系要想在變幻莫測的世界中生存，都要滿足一個條件——該體系本身必須具有適應性，也就是說，這一體系必須具有承受巨變的內在機制。

二〇〇七至〇九年的金融危機標誌著民主資本主義歷史上第四次面臨全面變化所帶來的挑戰。問題是，它是否能像十九世紀、一九三〇和七〇年代的幾次轉折一樣，適應突發的巨變呢？經驗表明，這個體系肯定會適應且繼續生存下去，而這次生存的主要機制便是米考柏先生的原則：一個拖延得夠久的問題，實際上就是一個解決了的問題。

「好運總會到來」的願望聽起來也許像是癡心妄想，但這種願望其實只是將亞當・斯密對於資本主義經濟體內在動態變化的論述，延伸運用在政治學和總體經濟學。亞當・斯密展示了競爭市場「看不見的手」如何自動協調幾百萬人追求自身利益的行動，儘管沒有人刻意考慮大家的共同利益，他們卻總會滿足彼此的需求。

同樣是這只看不見的手，如果條件適宜，它就可以將個體的主動性和創造力與社會整體問題的解決方案融合在一起。首先，每一次資本主義週期性危機之後，必須有充足的時間讓自發的自組織過程得以產生新的適應機制；其次，必須存在適當的誘因，才能激發企業競爭和人類的創造力，以處理社會共同問題，同時滿足個體的物質慾望。正如諾貝爾經濟學獎得主史迪格里茲（Joe Stiglitz）曾多次聲稱，私有化市場不必然能倚賴「讓個人誘因與社會回報一致」就能有效運作[2]——當技術與政治經歷巨變時，這一點尤為明顯。

例如，我們可以考慮一下碳排放的問題。今天的市場誘因使得人們更願意使用煤和石油，而不是其他能源，所以私部門就不太可能投資太陽能、風能、核能或其他低碳能源技術的開發與擴增。這些市場誘因也許可以改變，但惟有政治決策能實現。要改變這些誘

因，政府可以向石化燃料徵收更高的稅，或設定碳排放的上限，這種做法與過去為禁止使用鉛、煙草製品、殺蟲劑（DDT）以及含氟氯碳化物（CFCs）的冷凍劑等危險化學物質所採取的做法類似，這些化學品的使用都會導致地球臭氧層破洞擴大[3]。如果政府採取了這些新的舉措，市場機制就有可能將碳排放減少到政治體系規定的水準，並且有可能以令人意想不到的飛快速度和低廉成本來開展這項工作。然而，如果「一人一票」的政治決策過程沒有改變這些誘因，那麼也就不必指望私人企業會透過「一美元一票」的市場機制來自發地建立一個低碳世界了。

市場基本教義派所犯的最大的錯誤之一，就是認為市場總會為私人企業創造必要的誘因以解決迫切的社會問題。事實上，只有在政治體制創造出新的經濟誘因和新的公共機構來提升私人企業解決問題的能力及革新的能力時，很多挑戰才會迎刃而解，包括一九三〇年代的大規模失業、一九七〇年代的通貨膨脹與勞工動亂，以及當前的金融不穩定狀態和氣候變遷等問題。

各個社會在發展過程中總會遇到新的挑戰——隨著時間的推移，上一代人所進行的各項改革總會為下一代製造新的問題，因而需要進一步的變革。一場危機遲早會到來，使得改革的需求日益迫切，保守主義者的反對意見總會被壓倒；但一般來說，這一過程需要幾年甚至幾十年，而不是幾個月就能完成的。在各種誘因和公共機構進行調整以適應不斷變化的社會環境時，資本主義體系的諸多問題往往會顯露出來；例如，美國的醫療保險成本幾乎兩倍於其他水準相當的國家。政府本來可以透過政治決策來改變市場誘因，輕而易舉地降低醫療保險成本，但這就意味著要面對強烈的反對意見，因為改變會損害反對者的既得利益。現代資本主義體系每一次面臨重大的過渡期，都必須建立新的公共機構，並迅速重整經濟誘因以應付強烈的反對聲浪。當現存的政經體系亟需新的誘因時，資

本主義就到達了一個變革的關鍵點，三〇年代、七〇年代和今天的情形都是如此。接下來的兩章將詳細描述這個系統性調整的過程；而為了闡述這一論點，我將簡單介紹一下二十世紀資本主義體系的兩次重大轉變。

一九三〇年代，民主資本主義體系面臨了來自共產主義、法西斯主義和經濟大蕭條的威脅，其壓力之大前所未有；而人們採取的應對措施，是將政府支出、社會保險、稅收重分配和就業權利等作為擴張到難以置信的程度。到了一九六〇年代末期至七〇年代，這些做法開始對資本主義體系的生存造成威脅。從一九八〇年代開始，柴契爾—雷根革命採取約束政府權力、取消對金融市場的管制以及改變高收入族群與低收入族群的經濟誘因等手段，以回應通貨膨脹和大規模失業等新挑戰。這些改革成功地戰勝了一九七〇年代的各項挑戰，但是它們同樣也開始扭曲，最終引起了二〇〇七至〇九年這場幾近致命的金融危機。這次危機反過來迫使下一次系統性轉變的發生，這是一次可能必須像羅斯福或柴契爾、雷根那樣激進的變革。

資本主義的轉變似乎總在最迫切的時候——接近崩潰的時候——看起來最難達成。在舊體制下蓬勃發展的各利益集團會奮力反擊，阻止變化的發生。他們堅信，唯一可靠的經濟結構就是賦予他們財富和權力的資本主義模式，任何試圖改變這一模式的作為都注定失敗。他們警告人們，嘗試改革的風險太大，會將整個經濟推向失敗的邊緣——這就是一九三〇年代一些企業組織用來反對羅斯福的「新政」和凱因斯經濟學派的論點。一九八〇年代，各個工會和公職人員也是利用這些論點來抵抗雷根和柴契爾的理念。直至今天，銀行業和金融遊說團體也同樣承繼了這些觀點。

資本主義模式在臨近解體邊緣時必須得到支持，因為它是唯一可行的模式；秉持此一論點的不只是特殊利益團體的遊說家們，諸

如媒體、有影響力的學者，以及很多政治機構通常也持相同看法。這些人對於公眾意見的形成有很大影響力，在舊體制下春風得意，他們理智的保守主義通常比遊說家們的務實經濟利益還要穩固。一九八〇年代，工會領袖與政府雇員的工作直接受到柴契爾—雷根革命的衝擊，而那些自由派學者和媒體機構也感受到幾乎和他們一樣強烈的威脅。在一九三〇年代，那個保守派媒體與學術界當道的時期，以及如今這個年代，都是同樣的情況。

因此，可想而知，在這些歷史性的時刻，當資本主義體系正經歷死亡的劇痛時，它對於徹底的改革根本無能為力；但是，也正是這些陣痛時刻給民主制度提供了發揮作用的平臺。當經濟體系的崩潰不可逆轉，而政治又橫插進來撼動慣常的格局時，民主制度便會大顯身手。過渡期後，新的誘因就會成型，資本主義的改良模式也會出爐。因此，只要政經體系夠靈活、能調適，並且有足夠的時間來適應新模式的話，「好運總會到來」就會成為民主資本主義的最有效原則。

以上關於時間的警示非常重要，因為演變可能是一個很慢的過程。號召人們以當下的犧牲和需求來推遲不可避免的「清算日」，這種做法不是自我防衛的號角，而是誘使資本主義崩潰的警報。但是，真實的情形遠非那些杞人憂天者在危機嚴重時聲稱的那樣，時間不是「不夠用」，而是一直被這一體系掌控。如果維繫的時間夠長，資本主義就會找到適應和生存的途徑。然而，在資本主義的危急時刻，公眾總是迫不及待地針對異己的意見口誅筆伐。在這種情形下，胡佛總統（President Hoover）當政時期那位聲名狼藉的財政部長安德魯‧梅隆（Andrew Mellon）所採取的態度[4]，根本無法與那些自由企業的狂熱支持者們匹敵。事實上，對於資本主義而言，這些市場基本教義派者比馬克思主義革命更具挑戰性。兩者的要求有一個共同的主旨，那就是，資本主義必須回歸歷史根源，其契約

與債務必須不折不扣地執行，企業必須獲得自由，對市場力量的政治干預必須受到嚴格限制。

幸運的是，每逢此時，民主體制就會發揮干預作用。市場基本教義派的政治家們也許會說，資本主義只有回到那個神話般的黃金時代，恢復為不受限制的自由市場，才能自救。但是，選民的眼睛是雪亮的；只要稍微動動腦子，他們就會明白，資本主義只有前進才能生存，後退是不行的。在危機發生的時候，選民與務實的政治家們都明白，資本主義需要時間來適應新局勢。這就是為什麼極端保守的政治家如小布希，敢於以前所未有的大手筆來支持政府干預自由市場。自由市場的追隨者們一貫要求的「焦土」經濟學在危機發生時遭到屏棄，中央銀行家們向人們保證，對過去的過度透支進行清算的日子推遲了。

簡言之，民主體制通常會為資本主義體系提供一個喘息空間，允許這一體系及其各類機構發生演變。資本主義不會崩潰，只是迂迴了一下。

二〇〇八年九月十五日雷曼兄弟破產之後，危機在隨後幾周之內達到最高峰，以上有關民主體制的論述又對此作何解釋呢？與當時很多評論家的觀點不同，這次危機沒有摧毀國際金融體系，也沒有使其處於永久癱瘓的狀態，而是標誌著具有二百五十年歷史的資本主義體系開始了第四次重大轉型。資本主義體系沒有遭遇滅頂之災，而是開始蛻變為一種新的模式，且這一模式也許會更適應二十一世紀初期的生活。這次轉型過程將會在未來幾年甚至幾十年內改變經濟、政治和企業。闡釋了資本主義的第四種主要變體，也就是本書所說的資本主義4.0、第四代資本主義，很可能不同於雷根和柴契爾時期的市場基本教義派，也不同於一九三〇至七〇年代對於政府的忠實信念。

然而，以僵化的眼光來推測未來是不明智的做法。確實，第四

代資本主義與此前的三種資本主義變體之間的一個重要區別很可能是一種認知，它認為這個世界比我們想像的更紛繁複雜、變幻莫測。政界和商界信奉的不是「必然怎樣」，而是「可能怎樣」的實驗方法。無論是與柴契爾—雷根革命時期盛行了三十年的市場基本教義派相比，還是與自「新常態」開始四十年不衰的官僚自大情緒相比，理智的謙恭與自我懷疑——尤以經濟學家與政治學家為甚——在未來幾十年極有可能更加流行。

　　新興的第四代資本主義的世界觀需要體認到，這個世界太複雜、太莫測，難以理解，更不用說要以過去的方式來管理，像第三代資本主義那樣單純依賴市場，或者像更早之前的模式一樣過度依賴仁慈而又無所不知的政府。在第四代資本主義中，宣稱根據永恆的經濟規律預知未來的專家們可能會像那些江湖郎中一樣丟了飯碗，因為我們所了解的經濟和政治政策中，只有一點可以確定，那就是：什麼事都無法確定。

　　而且，公眾也許會越來越贊同，對於經濟成長和金融環境的錯誤預測，以及這些預測形成的誤導性政策，並不總是因經濟學家與其他專家的無知，或政治家的瀆職所致。既然兩者都不是問題，我們便可以借用學術論文的免責聲明中的一句話，也就是「需要進一步研究」。

　　人類行為具有天生的不可預知性，經濟領域如此，政治、心理、外交乃至戰爭領域也不例外，金融市場的情形更是如此。金融市場的發展不僅取決於未來會發生什麼事，也取決於人們對未來的看法，取決於這些看法如何對其他投資者產生影響，繼而對現實生活造成改變。現實與信念之間這種複雜又不可預知的回饋模式被凱因斯稱為「動物本能」（animal spirits），喬治·索羅斯在他所提出的反射理論（Theory of reflexivity，編按：該理論認為：市場價格的波動特性使得市場價格永遠是錯的，所以人們永遠無法抓住真相，而必須〔或

忍不住〕立刻進行交易。然而，在資訊不完全之下的成交價又會反過來影響大眾的情緒和認知，進而發生錯上加錯的瘋狂行徑）中對其進行了進一步詳盡解釋[5]。這一模式對金融、政治及經濟領域的重要性是貫穿本書的重要論題。

世界本是不可預知的，也是不可控制的，這種觀點好像暗示著第四代資本主義將會是一個極為悲觀的開始，但事實未必如此。究其原因，一是因為前文提到的「米考柏原則」，即資本主義與民主體制的綜合適應能力；二是因為經濟和政治生活的一個奇特特徵，此一特徵可稱為「瘋狂麥克斯的悖論」（Mad Max Paradox）。

一九七九年拍攝的電影《瘋狂的麥克斯》（Mad Max），以人類文明轟然倒塌之後毫無希望的未來為背景。影片中，暴虐的摩托車幫在澳大利亞的土地上橫衝直撞，搶奪食物、武器和燃料。摩托車幫的頭目就是冷酷的瘋狂麥克斯，由梅爾・吉勃遜（Mel Gibson）扮演，他控制著一座已經廢棄的油庫和彈藥庫。二〇〇九年三月，幾乎是在金融危機的最低潮時期，當我和一位元老客戶談話時，我又想到了這部老電影。這位元老客戶是對沖基金的管理合夥人，這一基金確信全球所有金融機構都瀕臨破產，並因此賺取了10億美元。儘管銀行傳來了可怕的消息，但是市場的態勢好像正在轉變，各項經濟數據開始出現了間或的成長和華爾街所謂的「綠芽」（Green shoots，編按：意即經濟復甦）現象。我詢問我的客戶對「綠芽」的看法，他的回答令我始料未及：

　　人類瘋狂了三十年才製造出這次混亂，而走出這種混亂局面也是要花三十年——不是幾個月或幾年，而是幾十年。很久以前，我親眼看著這種局面形成，並從中賺得10億美元；所以，我認為我對整個事態瞭若指掌。我也許只是一個德州出身的農場青年，並非什麼經濟學家，但那10億美元卻說明了，

我可以區分出什麼是玉米田中的「綠芽」，什麼又是一堆馬糞上的「綠淖」。

你知道，我甚至無須去看那些數字。不管那些統計資料怎麼說，我們親眼所見的是十年的經濟蕭條，也許是二十年。我感興趣的，不是這次經濟蕭條會持續十年或二十年，而是民主社會到底能不能存在那麼久。我的預感是「不能」。

因此，我並不在意什麼經濟數字、政府的刺激計畫或市場的跌宕起伏。作為投資者，我關注的是下一件大事——也許是**最後**一件大事，真的，一旦這次（經濟）混亂到了不可回頭的地步，這就是最後一件大事了。我認為，這件大事就是美國政府會破產，中國將會要求美國兌現他們的國債。到那時，美元就會一敗塗地，一袋子美鈔也買不到一卷衛生紙。因此，對我來說，如今要擁有的東西，就是在美國和美國政府灰飛煙滅時能保值的資產，也就是黃金、石油、農田——以及可用來保護這些資產的槍支和彈藥。

當我傾聽這番猛烈抨擊的言論時，我吃驚地發現，相較於許多令人尊敬的評論家、著名金融家及諾貝爾經濟學獎得主，我身邊這位興奮過度的客戶在實質上並與他們無異，唯一不同之處只在於形式；在二〇〇九年三月，當經濟危機陷入低谷期間，那些名人是在全球最嚴肅的媒體——《金融時報》、《華爾街日報》、商業電視臺以及英國廣播公司（BBC）等——發表相似的言論。同樣令我震驚的是，這種流行的偏激看法具說服力之處，正好也是其自身的致命缺陷：絕對肯定的論調、簡單的邏輯和吸引人的時事推論等等。這些都是煽動言論的標準手法，它們使得教條主義十分令人信服，並且極易誤導人。

另外，二〇〇九年初還有一個因素使得那些末日預言者具有不

可抗拒的吸引力。自二〇〇七年中到二〇〇八年那個可怕的秋天，這些預言都得到了印證，其中有些人還下注在自己的預言上，並因此發了橫財。在如今這個仍舊將財富和智慧畫上等號的世界裡，這就是我那位如同瘋狂麥克斯的客戶所拋出的一張王牌。這位先生過人的理解力和先見之明，為他賺得了一個位在曼哈頓中城的現代化辦公室，裡頭配置有仿路易十五時代的家具，還能看到中央公園的壯麗景色，他將得以在這樣舒適的環境裡見證文明的終結。然而，他的不祥預兆為他帶來如此財富，這樣的不一致性使得他的論點看來很是荒唐。我的這位客戶利用資本主義的反覆無常和不可預測大撈了一筆，他又怎能如此肯定地認為未來不可逆轉，且早已注定呢？

　　基於天性，私人企業體系一貫反對線性推論。如果有人堅持事情只能朝著一個方向發展的話，他十之八九是錯的；而且，即便瘋狂麥克斯的預言似乎有其道理，我們又能如何理性地應對呢？

　　如果這個世界真的陷入一片混亂，一個微不足道的中年禿頭金融家該如何自處？他不懂防身之術，也沒有賴以生存的一技之長，就算坐擁石油、黃金又有何用？一旦法律和秩序癱瘓，他那些人盡皆知的財富也許很快就會變成訓練有素的突擊隊員和黑手黨的囊中物。文明的轟然倒塌與霍布斯眼中「所有人對抗所有人的戰爭」（War of all against all）會將那些對沖基金巨擘的財富連同他們孱弱的身體一起埋葬[6]。換個角度來說，如果文明得以倖存，一個手無寸鐵的金融家只要擁有敏銳的嗅覺，能夠嗅出致富機會，他就有希望再賺個十幾二十億美元。他可以繼續遨遊商場，仰仗法律和軍警來保護自己的財產權，而不必囤積自己的「槍支和彈藥」。有如此的潛在報酬為前提，無論這位金融家的理論分析結果為何，只要文明尚未崩潰，他很顯然地會進行不理智的「投資」。在這樣極端的情況下，雖然沒有人能準確預知什麼天外奇兵會來拯救世界，「米

考柏原則」所說的「好運總會到來」仍會成為商人和投資者唯一合理的行為準則。

　　令我感到震驚的是，這種「瘋狂麥克斯的悖論」簡直就是金融版的「帕斯卡賭注」（Pascal's Wager）。「帕斯卡賭注」是法國哲學家兼數學家布萊茲‧帕斯卡（Blaise Pascal）為信仰上帝所提出的功利主義觀點，帶有一點諷刺意味[7]：如果你相信上帝，在人間就會比他人幸福，死後會上天堂；如果你不相信上帝，你就會遭受永生的天譴與折磨。現在假設上帝並不存在，一旦你相信他，去世時就會明白自己是錯誤的，但你不會為此損失什麼，因為真相大白之時你已死去；一旦你不相信他，去世時就會明白自己是正確的，但這樣的證實也不會在你的生前或死後帶來任何好處。如此看來，結論似乎必然是：**不管上帝是否真的存在，相信祂，就是理性的選擇。**

　　前述的「瘋狂麥克斯的悖論」對整個社會的影響遠遠超出「帕斯卡賭注」對每個人的影響，因為經濟信仰可以改變經濟與社會現實，但宗教信仰不會影響到上帝的存在與否。如果所有人都認為自己對全球經濟體系的惡化無能為力，這種想法本身就會帶來預期的大災難——這種先見之明不會給任何人帶來任何好處，連厄運的預言家也不例外。但如果是另外一種情況：企業、消費者和投資客一致認為，經濟的繁榮與發展總會在某個時候恢復，他們依憑著此一堅定信念所採取的行動就會助經濟復甦一臂之力。如此一來，那些相信經濟體系能夠倖存的人會得到回報，而那些落荒而逃的人除了囤積的「槍支和彈藥」之外，將一無所有。帕斯卡邏輯在經濟面向上的應用就像巴拉克‧歐巴馬在二〇〇八年總統大選時的代表性口號「無畏的希望」（the Audacity of Hope），廣義上，它指出了契合第四代資本主義時代精神的最終結論。

　　承認事物的不確定性並不會癱瘓政治行動，反而可獲得權力。假設我們承認所有的預言注定是錯的，且公眾行為根本不可預知，

所以市場判斷和政府管制有時候會極度失敗，引發代價極鉅的金融危機。乍看之下，這好像是一種絕望的勸告，指出人們為管控經濟所作的一切努力、投資策略和政治領導都是無效的。然而，如果再仔細檢視一下，我們就會發現事實正好相反。

環境越不確定，越需要英明的領導與策略，但思路要靈活。恰當地理解不確定性意味著一種新的交互作用，在政治與經濟、政府與市場、一人一票制與一美元一票制之間。本書最後一部分藉由對第四代資本主義的分析，闡述了這種世界觀的可能性。這個新的資本主義體系偏好凡事懷疑的實驗精神、屏棄教條主義，也願意透過市場誘因以實現原本受制於政治的社會目標等等。它可以應對人類在未來幾十年將面臨的一些重大挑戰，如：金融管制、能源與氣候變遷、人口老化導致的醫療保險負擔，以及中國的極權國家式資本主義所帶來的全球競爭。

與資本主義4.0的精神吻合，本書的結論樂觀但謹慎。原則上，人們可透過在市場上展露的野心、創意和競爭精神等創造性力量來面對以上這些挑戰，但也要以政治力量為指導方針才行得通。在這個新的資本主義模式中，正如同自然界其他強大的能量，市場力量不只是被釋放，還會愈來愈強大。

資本主義必須得以運作，並且接受政治力的形塑，但會不同於羅斯福新政時期那樣過度的政治約束。

未來的政治必須體認到，資本主義很容易發生危機，充滿不確定性。為了生存，它需要政府的支援；但是，我們也必須意識到，政府決策飽受官僚衝突之苦，常常成為頑固的遊說團體的犧牲品，受到政治利益而非公眾利益的驅使。要相信民主資本主義，同時承認這一體系的諸多缺陷及矛盾，既需要懷疑精神，也需要理智的勇氣，這似乎有悖邏輯，特別是在危機發生之時。我們也許可以將這種勇氣稱為「無畏的懷疑」吧。

第二章

資本主義終將崩潰？

舊朝已逝，新王萬歲！

——英國君主死亡的傳統公告

二○○八年與○九年之交的冬天，在東歐劇變二十年後，資本主義似乎也臨近崩潰的邊緣。馬克思對於資本主義將會毀於其內部矛盾的預言似乎即將成真；理性來說，一場緊張的經濟崩潰是可能的結果。美國、英國及歐洲的各大銀行突然間都要求政府支持它們的生存；與此同時，通用汽車被收歸國有。人們在這十年間，因資本主義的全面勝利而積累的個人財富頃刻間化為烏有。那些篤信自由市場體制的人們，其堅定信念被徹底粉碎了。

從委內瑞拉總統查維斯（Chavez）、法國總統薩科奇（Sarkozy）到《華爾街日報》（*Wall Street Journal*）的編輯，所有人都認為盎格魯—撒克遜資本主義時代結束了。美國保守派人士受到小布希總統的徹底鎮壓，被剝奪了政治權利，他們絕不會支持美國政府拯救經濟與金融體系的計畫，並且與新社會主義者和頑固的馬克思主義者們站在同一邪惡陣線。他們高呼：以自由企業為基礎的資本主義已亡。新保守主義者（編按：他們大都擁護美國的自由主義和資本主義價值，並且極力排斥共產主義。雷根和小布希是其中的代表人物）在多年前宣稱的美國時代，如今看來不再是趨勢；中國似乎將無可避免地在幾十年內取得宰治全球的地位。在世界各國，許多財政部長和外交

官員都準備屏棄「華盛頓共識」（Washington Consensus），該共識在此前二十年間廣泛地應用在發展中國家，是它們取得經濟成長的唯一途徑[1]。如今，「北京共識」（Beijing Consensus）取而代之成為新的流行詞彙，儘管沒有人清楚這個新詞的含意[2]。然而，在雷曼兄弟破產和美國總統大選的幾個月間，如此關於資本主義滅亡的報導顯然是過於誇張且為時尚早。

資本主義沒有解體，銀行沒有如預言那般損失數萬億美元，高度槓桿化的美國和英國經濟也沒有比相對謹慎的德國和日本遭受更大的破壞。那麼，隨著金融恢復正常、經濟開始復甦，人們又該得出怎樣的結論呢？盎格魯—撒克遜資本主義是否可能倖存下來，甚至無視於那些災難性預言而重新樹立起全球領袖地位呢？

答案是：「是，也不是。」後文將解釋為什麼這個答案並不像表面看來那般空洞又曖昧。

是的，資本主義經濟和金融體系會重掌全球的支配優勢，而且很可能是在美國的領導下實現。然而，不是的原因在於，重建後的資本主義體系和美國領導角色將會不同以往，它們不再是二〇〇九年之前凌駕全球達三十年之久的那個體系與那個角色。

事後看來，未來的學童們所讀的歷史可能是這樣：二十一世紀開始的確切時間是二〇一〇年。在經歷了二〇〇七至〇九年那場改變全球資本主義體系的金融風暴之後，二十一世紀才真正開始。正如我們今天認為二十世紀的歷史應從一九一八年的第一次世界大戰之後寫起，而十九世紀的歷史則應從一八一五年威靈頓將軍大敗拿破崙的滑鐵盧之戰開始算起。

資本主義是一種適應性體系，其形成與改良都是源自一種不斷調整的相互作用——技術進步的箭（頭）與重複性的金融循環；因此，資本主義的經濟與政治格局總是處於演化之中。這正是為什麼，儘管資本主義在自然發展下會傾向於崩壞，它卻得以力抗馬克

斯主義者、馬爾薩斯論者以及新法西斯主義份子的各種有關終結危機的預言——毫無疑問地，在未來的幾十年乃至幾百年內，它仍會繼續與這些勢力抗衡。然而，資本主義的神奇適應力也有諷刺之處：在演變的每個階段中，這種變異能力會持續顛覆狂熱的保守意識型態。這些社會現狀的支持者們提出經濟學的鐵律，聲稱某些普遍的社會現象——諸如所得不均、政府提供的醫療福利保險和公職的終身保障等等——都有其正當性，且無關乎政治立場。然而，這種固有的政治協商結果，根本不可能具備任何客觀性或持久性。

馬克思認為資本主義及其創造之「布爾喬亞式民主」（Bourgeois democracy）充滿了內在矛盾，在這一點上他是正確的。但是，他因此推論出「此類矛盾將會成為資本主義的致命缺陷」時，卻是誤解了歷史和經濟學。事實上，與內在矛盾合作的能力是資本主義體系最大的優勢，因為它總是處於自我破壞的過程中，總是對自身進行再創造；而且，就像一個物種透過天擇不斷進化，這個百變怪物的每一次變異都讓它比上一代更加強大。

將重點擺在資本主義的自然演化特質，使人們注意到政治制度與經濟生活會不可避免地徹底變化。這種易變性是資本主義長期存在和不斷繁榮的重要條件。然而，本來應當是對資本主義的歷史性勝利最有貢獻，並且最支持這個意識型態的一群人，如政治家、企業家和經濟學家等，大都沒看出資本主義成功的最重要原因。他們鼓吹約瑟夫‧熊彼特（Joseph Schumpeter）提出的「創造性破壞」[3]的好處，眾多瀕危的產業正是憑藉此理念成功轉型，採用了過去想像不到的新技術和管理體系，進而重獲新生。但是，他們卻有意忽視資本主義的創造性自我破壞，正是這一過程賦予了整個體系新的生命和活力。

微觀基礎下的資本主義體系既然是處於不斷變化的狀態，為何它的政經結構卻應該維持不變呢？這個謎題從未得到合理解釋。比

方說，前一代資本主義模式明明可以在更高的稅收水準下成功運作，為什麼保守主義者卻預言任何稅收的增長都會破壞個人與企業的進取心？在上一個世代，很多社會福利措施並不存在，但社會依舊穩定、井然有序，為什麼左派人士卻懷抱如此信心地宣稱，任何政府支出的削減都會給社會造成無法彌補的破壞？又例如，以個體經濟的演進來說，技術、技能和管理上的彈性一直是資本主義的本質和必要的特徵，要不是這些原動力的驅使，噴射飛機不會取代馬車，行動電話也不會取代電報；同理，制度和政治運作上的彈性明明就是資本主義的本質和演變過程中必要的特徵，為什麼左右兩派勢力都不接受這個觀點呢？本章的目的並非解決這個傷腦筋的難題，而是檢視資本主義在政治與經濟層面的靈活性，並論證這種靈活性正是資本主義體系得以克服數次衰退、革命和戰爭的關鍵特質。

每隔幾十年，資本主義的各項制度就必須經歷一次破壞性的徹底檢驗，並且在必要的時候汰舊換新。這個體系之所以能夠熬過馬克思準確預測的週期性危機，可從本書前兩章歸結出一句簡單的原因：資本主義能屈能伸，所以它不會崩潰。確切地說，歷史為證，資本主義體系曾經歷過幾次大變動，為求平衡而擺盪在政治與經濟之間、政府權力與市場力量之間，以及一人一票制與一美元一票制之間。這些搖擺可以用兩個意識型態對立的例子來闡釋。

直到十九世紀晚期，累進所得稅制的概念仍然被認為會侵犯資本主義的基本原則和私有財產權。在美國，最高法院於一八九五年宣布（徵收）所得稅違憲；直到一九一三年，憲法第十六次修正案才准許聯邦政府徵收所得稅。當時，收入超過50萬美元（相當於今天的1,000萬美元）的最高稅率為7%；所得稅的開徵被指責是財產沒收，也是對自由企業體系的生存威脅[4]。在英國，有溫斯頓·邱吉爾（Winston Churchill）背書支持，勞合·喬治（Lloyd George）

於一九〇九年提出的《人民預算》（*People's Budget*）是該國史上首次出現的累進所得稅制（最高稅率為 11.25%）。人們認為這個革命性的主張使得制度轉瞬崩解，最終導致一九一一年的《國會法案》（*Parliament Act*），終結了（英國國會的）上議院的世襲權力[5]。然而，儘管當時也有這種災難性預言，今日卻幾乎沒有人能否認，美英兩國在實施所得稅後，其資本主義依舊蓬勃發展。在美國推行累進稅制時，少數極端保守主義份子斷言，該國不再是真正的資本主義經濟了；現在他們就必須解釋，美國神秘的社會主義體系在二次世界大戰後的幾十年間如何達到如此驚人的成就，而且即便是共和黨政權，也維持其所得稅稅率最高達 91%[6]。有些市場基本教義派者也許會堅信，累進稅制和政府支出增長使得資本主義顯得礙手礙腳，但它仍然艱辛地度過了一九五〇至六〇年代這段時間。事實上，資本主義體制之所以生存下來，完全是因為這些改革——不是因為它們能帶來經濟利益，而是因為在特定的歷史條件下，必須有這些改革來營造政治共識，讓自由企業得以生存。

　　接著來看另一種完全相反的意識型態光譜。一九七〇年代，歐洲人提出了革新的混合經濟式資本主義，倡導者幾乎毫無異議地相信，政府——而非市場——應當負責管理匯率，經營電力、電話、水等公用事業，甚至要能控制整個經濟體的薪資和物價水準。他們認為資本主義體系太脆弱也太不穩定了，這麼重要的決策不該丟給捉摸不定的市場來決定。

　　然而，一九八〇年代，在瑪格麗特·柴契爾首相和隆納·雷根總統的領導下，世界各地的政治家放棄了他們本應扮演的角色；無視於人們高呼社會無法承受如此激進的改革，他們依舊挑戰這些警告。社會解體的預言從未實現過，但很多年來，改革派和社會民主人士始終相信，就算取消了管制並推動了民營化，戰後共識所支持的混合經濟式資本主義也只能勉強生存。隨著以市場為導向的新體

系持續繁榮發展，戰後福利國家之所以能夠生存下來，很顯然地正是因為在歷程中做出了些許讓步，包括實行民營化、取消管制以及削弱工會權力等等。

　　以金融市場與現代政治的繁雜標準來看，資本主義的系統性變革是一個緩慢的過程，幾近地質變化的方式──迄今為止，二百五十年間只發生過三次真正的根本性變動。歷史顯示，上述的這些系統性演進一般來說是透過不連續的變動，絕非循序漸進式的微調。

　　劍橋大學的政治學者安德魯・甘博（Andrew Gamble）將資本主義本身的轉變性危機與單純存在於資本主義內部的危機做了區分[7]；所謂單純存在於資本主義內部的危機，意即在整個經濟史中導致各種興衰跌宕的金融循環，而且這樣的循環藉由熊彼特提出的「創造性破壞」，得以協助企業組織的重組。另一方面，在一場屬於資本主義本身的危機中，被重組的不只是一群企業或產業，而是整個資本主義體系。這類事件極為罕見，如甘博所言：「（這類事件）本質上具有強烈的政治性……它們為國家本身及各國之間提供了觸發深遠變革的條件，並且也讓各種新的政體與政策得以興起……新的機構、新的聯盟、新的政策，以及新的意識型態」。甘博指出，自十九世紀以來，資本主義只遭遇過兩次屬於這類的整體性危機：一九三〇年代和一九七〇年代；這個說法與本書的劃分不謀而合。無論是當代的左派或右派人士，都有許多人預期資本主義會被這些劇變給摧毀，但結果非但不是如此，**事後看來，這些改變還為資本主義體系的重生和下一階段的拓展創造了各種條件**[8]。

　　存在於資本主義內部的危機和資本主義本身的整體性危機，以及單調的週期性變化與足以改變體制的極端不穩定性，區分它們之間的差異極為重要，卻常常被人們忽略。那麼，接下來的問題就是：二〇〇七年二月至二〇〇九年三月所發生的危機究竟屬於哪一類型呢？這次劇變是否足以撼動整個資本主義體系的根本？或者，

此次危機不過是一次週期性事件，只會導致一、兩個產業的重組，比方說，房地產與國際金融？

在此次危機的中期，也就是危機開始大約一年之後，上述問題看似有了毫無疑問的答案。所有圖書館裡都充斥著預測市場體系不復存在、美國停滯不前以及中國正在崛起的書籍；然而，到了二〇一〇年年初，全球出現了一種截然不同的氛圍。奇怪的是，那些在危機中最堅信全球經濟會徹底崩潰的人，現在卻是最快轉換陣營的人，他們變得對經濟充滿自信，並且聲稱沒多少事情真的改變了。

左派的憤世嫉俗者開始抱怨此次危機的雷聲大雨點小，因為很多銀行並未實現國有化，金融業沒有俯首貼耳，人類的貪婪也未曾消除。就像耶和華的見證人或諾斯查達穆斯的信徒們不斷修正「審判日」來臨的日期，這些憤世嫉俗者開始預言這次危機只是在為另一場更具災難性的重創揭開序幕——而且這場重創才是真正毀滅地球的最後一次危機。

右派的災難預言家們在其悲觀嘆言證實為錯誤時，表現得比左派陣營更加放肆。他們曾經預言，政府干預措施會毀掉自由市場體系，財政刺激計畫注定失敗。如今，政府干預挽救了市場體系，財政刺激計畫恢復了經濟成長，他們還有什麼可說的？他們堅稱，不論政府如何干涉，不受約束的自由企業還是證明了其快速恢復的能力。只要政治家們不再插手，允許市場自行解決所有問題，危機後的經濟復甦態勢將會更加強勁。

隨著人們對於危機的記憶消逝，社會輿論是否能夠逐漸接受這樣的分析呢？似乎不可能。想當然爾，企業與金融遊說家們會重新整合其力量以對抗新的規範，並且聲稱只需要些微調整，就可以恢復自由市場的現狀。然而，儘管此次危機的經濟後果並不如左右兩派的狂熱信徒們所預期的那般災難性，人們依舊付出了巨大的代價，餘波將會持續震盪幾十年。更重要的是，這次危機動搖了過去

深植人心的經濟學假設和政治信仰。全球各大銀行迫在眉睫的破產威脅，使得這一代人的積蓄沒了、工作沒了，親眼目睹這一切發生的人們怎麼可能再相信自由市場資本主義和小而美的政府！因此，我們幾乎可以確定地說，二〇〇七至〇九年的危機將會是一次資本主義的歷史性危機——是那種打造了新一代資本主義體系的危機。

至於，為什麼要將它稱為資本主義4.0呢？

本書第四章更加詳盡地描述了資本主義在此之前的演進史。該體系經歷過三大階段，每一階段都源自一場劇變。依照那些紀錄各階段演變（又毀掉這些紀錄）的政治學家和經濟學家的觀點，這三個歷史階段可以如此定義：

第一代資本主義：從亞當・斯密、亞歷山大・漢米爾頓到列寧、胡佛和希特勒。

第二代資本主義：從羅斯福、凱因斯到尼克森和卡特。

第三代資本主義：從柴契爾、雷根、米爾頓・傅利曼到布希、保爾森及葛林斯班。

這三個階段最重要的區別在於政治與經濟之間的關係；在於政府與市場的關係；在於決策制定是建立在「一人一票制」還是「一美元一票制」的基礎上。為了對過分簡化進行過分簡化（經濟範疇的慣常做法，詳見本書第十一章），我們可以從下述觀點簡單歸納一下這三個資本主義演化階段的特徵。

第一代資本主義從一七七六年一直持續到一九二〇年代，期間經歷了下一章將描述的幾次較小變動，即資本主義1.0、1.1、1.2和1.3。這時的社會組織體系將經濟和政治視為人類行為中最不相干的兩個領域。支持該體系的人主張將市場與政府截然分開；但是，他們也承認資本主義的經濟與政治之間休戚與共的關係是不言自明

的。要不是像「輝格史觀」（編按：存在於十九世紀的輝格黨〔Whig Party〕支持市場經濟，對資產階段友善），即資本主義下的政治與經濟並駕齊驅，奔向無限繁榮與人類幸福的陽光高地[9]；要不就是如共產主義者、法西斯份子和一些悲觀的馬爾薩斯派保守主義者所斷言的那樣，不公、貧窮和階級鬥爭等自由市場無法避免的副產品會導致資本主義經濟與政治難逃解體與革命的厄運。放縱資本主義所造成的緊張局勢也許可以經由政治改革得到解決，這些改革可以控制階級衝突，又溫和地不至於威脅到私人企業體系的基本原則。儘管在整個十九世紀，政治辯論充斥著如何務實地改善自由市場最嚴重的弊端——奴隸制度、缺乏教育、使用童工、貧困化等等，這些觀念在經濟學理論中卻幾乎無跡可尋。因此，這段漫長的歷史階段有一個統一的意識型態，即要求實行市場經濟的鐵律，非到萬不得已，政府不得干預商業活動[10]。

　　這種將政治學和經濟學分離的做法止於第二代資本主義，即經濟大蕭條時期開始的社會民主凱因斯模式。在第二代資本主義體系中，經濟學成為政治學的必要分支，它始於一九三〇年代的羅斯福「新政」，歷經軍事凱因斯主義（編按：主張利用大規模投資軍備來帶動經濟發展，再利用戰爭奪取外國資源），最終以戰後的「黃金時代」（編按：指五〇年代初到七〇年代初，歐美資本主義國家的高速經濟發展）如此輝煌成就畫上句號，直到一九七〇年代出現經濟停滯才土崩瓦解。四十年間主要的理論學者和政治領袖都斷言，市場力量常常是錯誤的，而政府唯一的最重要功能就是藉由治理和控制不穩定的市場力量來管理經濟。

　　第三代資本主義，也是柴契爾—雷根的貨幣主義反革命（編按：有些人將凱因斯主義的興起稱為「凱因斯革命」，繼之而起的貨幣主義就被視為是一場反革命），終結於本書稱為資本主義3.3的「布希—葛林斯班」市場基本教義派。不同於前一個階段將經濟學視為政治學

的分支，第三代資本主義將政治學視為經濟學的分支。這一時期的重要領袖們認為，政府通常是錯誤的，而且總是效率低下，因此市場應當被最大限度地賦予權力，以約束和控制貪污腐敗的政客。

如果市場基本教義派時代止於二〇〇七至〇九年的危機，我們又該對第四代資本主義作何期待呢？界定它的特徵也許是一種體認，了解到政府與競爭市場都可能是錯的，了解到這個世界變化莫測、紛繁複雜，不可能由某種一成不變的行政機構來進行管理。這個結論或許令人灰心絕望，但實際上是充滿生氣的。如果人們認為市場和政治機構犯錯在所難免，那麼理性的反應就是願意實驗的精神，盡可能避免一去不復返的政策及商業決策，並先在適當範疇內分散執行。幸運的是，如此的實驗做法與現代科技、社會趨勢頗為一致。在企業、社會政策乃至外交領域中，小規模可逆性實驗的優點已經逐漸浮現。從新保守主義的市場基本教義派的狂妄自大，直至第四代資本主義謙遜的懷疑態度，這場危機後的過渡期應能推動並加速這些發展趨勢。

無論如何，在想像資本主義未來可能會如何演變之前，我們需要更仔細地檢視現在與過去。唯有如此，我們才能回答本章先前提出的那個懸而未決的問題：如果歷史上，經濟發展的確是藉著一代才發生一次的地震式變化而得以推進，那麼我們是否剛見證了這樣一場突發的劇變呢？在本書第二部分，作者會將二〇〇七至〇九年間發生的異常事件放入歷史及理論的脈絡中，以試圖回答這個問題。為了打好根基，我們需要更加完整的剖析資本主義歷史，而這也正是下一章的重點。

第三章

資本主義的四個時代

獅子、老虎和花豹是同屬貓科的三個物種

——明顯不同卻又明顯相似

「資本主義」這個詞的誕生不過一百五十年[1]，但是構成資本主義的兩項人類性格卻很普遍地長久存在，分別是：競爭精神（野心），以及滿足感官的渴望和對物質世界的控制慾（說得難聽些就是貪得無厭）。回溯歷史的迷霧，可見到它們的身影；同時，它們也說明了，為什麼以理性道德的體系來取代混亂不公的市場注定會失敗。然而，這些人類情感的特性並不足以定義資本主義。馬克斯·韋伯（Max Weber）在他的經典著作《新教徒倫理學與資本主義精神》（*The Protestant Ethic and the Spirit of Capitalism*）中闡明了資本主義成功的另外兩個要素：一是社會接受了追求利潤和資本積累的行為，足以成為道德合法的動機，而不再是可悲的缺德惡行；二是體認到經濟生活得以運作的主要原則，是自願交換和互助合作，而不是世襲傳承和遏制打壓[2]。

根據韋伯率先提出的社會歷史史觀，上述觀點起源於十七世紀末的喀爾文主義。但其實亞當·斯密的《國富論》（*The Wealth of Nations*）已具體描述過這些特徵，揭露了一些反直覺的驚人發現。亞當·斯密注意到，雖然市場經濟中有成千上萬個獨立個體進行著高度專業化的分工，其本質卻是一種自我組織的機制；這個機制為

商業活動和互信合作提供了一些簡單的規則，是人們普遍服從和執行的原則。儘管不存在某種超自然或神聖的力量來對市場經濟進行干預，卻好像有一雙「看不見的手」指引著這個自組織的體系生產出滿足多方需求的成果。而人們只要在這個取得各方共識的社會框架下，如預期般的行動，藉由追求個人利益，就能滿足彼此的物質需求。無須了解或愛慕他人，無須揣測他人的願望，我們就可以為他人提供服務。正如亞當・斯密所言：「我們能吃到晚餐不是因為屠夫、釀酒師或麵包師傅的品格高尚，而是因為這一餐和他們的自身利益息息相關。」[3]

如今，市場經濟的高效率已被視為常態，但在幾十年前，世界上尚有一半的人對此一無所知。最有名的例子就是赫魯雪夫首次訪美時的軼聞，不過很可能是虛構的：赫魯雪夫在參觀曼哈頓的超市時，發現架上總是擺滿了新鮮食品，這和莫斯科的空貨架有著天壤之別。所以，赫魯雪夫轉頭問東道主副總統尼克森（Richard Nixon）：「誰負責為紐約市供應麵包？我想見見這位組織天才。」英法經濟學家保羅・席柏萊特（Paul Seabright）所著之《陌生人群》（*The Company of Strangers*）一書十分精妙地介紹了人類進化過程中經濟合作的根源，在描繪市場創造的奇蹟時，席柏萊特饒富趣味地寫道：

今天上午我外出買了一件襯衫。這襯衫很平常，可能有兩千萬人和我買了同一款式；但值得注意的是，和這兩千萬人一樣，我沒有事先告訴任何人說我要買這件襯衫……雖然以現代科技的標準來看，我買的襯衫不過是一件非常簡單的物品，它卻代表了國際合作的勝利。做襯衫的棉花在印度種植，棉花種子產自美國，染料至少來自其他六個國家……剪裁機器是德國產的，而襯衫本身是在馬來西亞製造的。整個生產襯衫和運送

到我手中的過程，已經經過長時間的規畫；然而，沒人知道我今天要買這款襯衫……如果有人專職負責全球襯衫供貨，那他們面對的挑戰無異於一場硬仗。想像一下，新任美國總統收到「全球襯衫需求」的報告後，顫抖著讀完它，便立刻成立總統任務小組……教皇和坎特伯雷大主教（Archbishop of Canterbury）會呼籲人們團結起來，共同確保全球的襯衫需求被滿足。

對於人們自發外出，購買食品、服裝、家具和其他各種有用的物品……還有些人會預測人們的行動，十分體貼地為他們準備好所需的商品，這樣的現象在工業化國家的人民眼中，已經習以為常、不足為奇了。然而，對我們的祖先而言，這樣的未來看起來肯定是天方夜譚，因為他們得在廣袤的平原上搜尋獵物，或者在變化無常的氣候環境裡開墾土地、種植莊稼。若不依靠神力就實現這種未來，先輩們肯定覺得不可思議[4]。

亞當·斯密對這個奇蹟的開創性剖析發表於一七七六年春天[5]。巧合的是，同年七月四日，美國大陸會議（U.S. Continental Congress）宣布了《獨立宣言》（*Declaration of Independence*）──史上第一個基於自我意識而建立起來的資本主義國家。美國也很快地成為全球經濟和社會發展的領頭羊，最終並成為世界上其他國家在政治發展上的模範標準。

為了建立了一個引領全球的政經模式，人類歷經了四十年的戰爭和革命，期間的重大突破包括了美國獨立戰爭、法國大革命和拿破崙戰爭。自一八一五年的滑鐵盧戰役（Battle of Waterloo），美英兩國越來越自由的政治和經濟體系迅速地橫掃歐洲大陸；到了帝國主義時期，更傳播至世界上的其他國家。立基於英美的政經思想，古典帝國資本主義繁榮發展了一百年左右，直到一九一四年第一次

世界大戰才開始分化，並在大蕭條和第二次世界大戰時達到分化的頂點。古典資本主義時代又被分成若干個子時代，各個子時代以經濟或軍事危機為標誌：

> 資本主義1.0：一七七六至一八一五年，起始事件為美國獨立戰爭和《國富論》，最終結束於滑鐵盧戰役。
>
> 資本主義1.1：一八二〇至四九年。
>
> 資本主義1.2：一八四八至四九年的歐洲革命年和《玉米法》《航海法案》的廢除，直到一八六〇年代末期，歷經美國南北戰爭的餘波和普法戰爭為止。
>
> 資本主義1.3：一八七〇至一九一四年。該階段被稱為美國的黃金時代，或者第二次工業革命時代。
>
> 資本主義1.4：一九一七至一九三二年。這是分化期，資本主義走向前所未有的真正崩潰。

一些推動子時代依次過渡的動盪事件極具破壞性、十分血腥，比如美國南北戰爭和巴黎公社大屠殺；但正如第二章談到的，這些動亂不足以形成讓資本主義改朝換代的威脅。儘管如此，嚴肅的歷史學家有理由指出，一七七六至一九二九年的一百五十多年間，重大政治與經濟變革發生的數量遠超過了此前歷史上的任何時期，因此把這些事件兜成一個單一時代是極為荒謬的。若從歷史學的角度來看，這些歷史學家的觀點是正確的，但經濟學依賴的是簡化和程式化的事實。十九世紀所有的政經變體都貫穿著同一個主題（至少在本書討論的範圍內），它驗證了「第一代資本主義」這個標籤的唯一性。

一個清楚且毫無疑問的意識型態貫穿了這個時代。它是一種信念，深信私有財產和謀利動機是資本主義制度的基礎，而資本主義

是一種自然的力量，掌控它的是如同颶風和潮汐一般不受人類操控的經濟鐵律。

　　自由放任（Laissez-faire）[6]的哲學普遍認為，經濟和政治是人類活動和情感上的兩個分歧面向，因此為了經濟和政治的發展利益，兩者應該盡可能地涇渭分明。這種觀點主導了整個長達一百五十年的第一代資本主義。這個時期，政府在經濟領域的參與十分廣泛，主要是收取高額且不同程度的關稅和消費稅。這種做法不只是為了提高收入，也是為了支持紡織業或農業等具有影響力的產業，維護社會利益，這類干預措施現在被稱為產業保護政策。不過當時的經濟學家們一致認為，政府干預只適用於封建社會的資本主義萌芽時期，這些政策遲早要被解除。

　　保護主義或父權式前期資本主義並不被人們視為自由主義和自由貿易的長期對手，它們僅是發展途中的一小塊絆腳石[7]。唯一能夠取代古典自由放任資本主義，同時也被視為潛在敵人的，看來似乎是私有財產、金錢，甚至是人類競爭本能的廢止；而馬克思主義者、無政府主義革命者、烏托邦的基督教徒和其他流派的社會主義者正是提出此類預言的人。

　　然而，資本主義的盟友和敵人在一個重要觀點上卻不謀而合。雙方都認為，拉動就業、支持民營產業、保障金融制度、穩定經濟循環這些工作不在政府的職責範圍之內，政府也沒有能力完成上述任務。在這個前提下，政府若侵犯私人企業，只能是為了維護司法紀律，否則就會被認為是「打家劫舍」。強大有序的國家必須履行契約，保護私有財產；自負的國家則會為了保護政治勢力的既得利益而阻礙經濟發展，榨乾私人企業的收入以保護官僚私利或準備戰爭。

　　因此，對於十九世紀的多數學者而言，政府只有在維持公正、制定法律和保衛國家時才具有合法效力，即履行法國人所謂的「政

府的皇室職責」：正義、立法和國防；其後，自由主義學者又漸漸對政府職責進一步完善，加上了提供基礎教育、擺脫極端貧困、杜絕勞力壓榨等[8]。管理就業和經濟活動絕對不屬於政府的「皇室職責」，從資產階級自由派到保守主義寡頭人士，從馬克思主義革命份子到烏托邦社會主義民主派，人人都認為政府不能和經濟有所瓜葛。

一八七〇年左右，第一代資本主義進入了最後一個階段，同時也是最成功的階段，這個階段最接近自由放任主義的理想狀態。確切地說，這個輝煌時期始於一八六〇年代末：它見證了美國內戰的終結和奴隸制的廢除（一八六五年）；英國的第二次改革法案（一八六七年）上路，從此極度擴展了投票權；自一八六〇年開始的第二次工業革命，藉由電力、化工和石油等新科技的應用推動了經濟的飛速發展。諷刺的是，這光輝的十年也使古典資本主義瞬間面臨了前所未有的威脅。儘管這一階段取得了巨大的社會和科技進步，但反對資本主義的理論和活動也隨之激增，如馬克思出版的《資本論》（*Das Kapital*，一八六七年）；美國的第一個勞工組織成立（一八六九年）——勞動騎士團（Knights of Labor）；巴黎公社（Paris Commune）的革命起義（一八七一年）。

社會和科技劇變非但沒有阻礙資本主義的發展，反而為一個空前繁榮與和平的新時代奠定了基礎，凱因斯以其特有的嘲諷口吻在一篇文章中寫道：「一八七〇年後，社會進入了前所未見的發展階段，生活水準大幅提高，生產規模急劇擴張……如同早期經濟學家們的預期，我們大多數人都在這個經濟理想國，也可說是經濟烏托邦裡，給拉拔大了。」[9]在這個人類墮落前的黃金時代，再沒有什麼描述能比凱因斯的一席呼喚，要來得更貼切於資本主義的旺盛活力：

　　人類經濟發展中多麼輝煌的一章啊！竟在一九一四年八月走
到了盡頭！沒錯，多數人努力工作後，生活水準仍然很低，但
是人們似乎很合理地滿足於此命運。不過，對於那些能力或特
質超越一般平均的人來說，逃離現狀、躋身中產階級或上流社
會之列是可能的；在那群人之中，生活的代價很低、麻煩很
少，不論是便利性或舒適度，都超越了其他時代裡最富裕和最
有權勢的君王。一個倫敦人可以一邊躺在床上喝早茶，一邊透
過電話訂購全世界的各種產品，數量隨他高興，而且毫不意外
地，郵遞員會很快地送貨上門；同時，他還可以透過電話投資
全球的自然資源和新興企業，不費吹灰之力地從他的投資中分
得豐碩的果實；或者，他也可以為自己的財產投保，哪家保險
公司聲譽好就選擇它，無論這家公司在哪個大洲的哪座城市。
只要他願意，不用辦理護照或其他證件，馬上就可以搭乘經濟
舒適的交通工具到達任何國家和地區；他可以十分便利地取得
貴金屬，只需派人去一趟隔壁銀行的辦公室；不用了解異國的
風土人情，不用隨身攜帶貨幣，他就可以前往國外，一丁點兒
的不順都會讓他憤憤不平、大吃一驚。但最重要的是，他認為
這些事情都理所應當，應該始終如一，除非發展得更好，否則
任何變動都應當避免，一切偏離都是離經叛道的醜聞。軍國主
義和帝國主義，種族和文化衝突，以及壟斷、壁壘和排外等經
濟與政治問題，就像伊甸園裡的毒蛇，最多不過是報紙上的噱
頭，似乎不能對正常的社會經濟活動構成半點影響。[10]

　　凱因斯在一九一九年寫下這些文字時，已經清楚地看到第一次
世界大戰對古典資本主義造成了致命一擊，古典資本主義正在走向
滅亡。但凱因斯也沒想到，自己喚出的伊甸園中潛伏著的毒蛇竟會
如此可怕。十九世紀資本主義造成的社會不公現象不斷擴大，而世

界大戰更讓所有人都付出了慘痛的代價。相較於凱因斯提及的壟斷和文化衝突，社會上更隱伏著如猛獸般可怕的共產主義、法西斯主義和階級衝突。當凱因斯筆下的資產階級躺在床上悠閒地品茗、對外投資時，生活在戰前黃金時代的工人階級變得愈來愈焦躁不安，在一戰期間和戰爭結束後，工人們便開始堅決反擊。

雖然言之尚早，但馬克思預見了自由放任資本主義將毀於內部矛盾，就算發展得再強大也終將毀滅，而這個觀點曾經被證明是正確的。甫獲得選舉權的工人階級群起組織了工會和政黨，一旦政治壓迫人民的合法結社權，革命運動和無政府主義團體就被激起。中產階級的知識份子和無政府主義浪漫派人士十分厭惡粗俗、不人道的唯物主義，遂如馬克思的預期，不斷強化這些反抗意識，並最終帶起一波波的革命運動。黃金時代中，有一個經常出現在媒體上的人物形象，是一個頭戴黑禮帽、身披斗篷、腋下夾著炸彈的無政府主義者。凱因斯在文章中指出，塑造這樣的形象不是媒體危言聳聽，而是因為革命團體在一八八〇年至一九一五年期間的政治衝擊力遠超過了現在的巴勒斯坦解放組織（PLO）、愛爾蘭共和軍（IRA），或甚至是蓋達基地組織（Al-Qaeda）對我們這個世代的影響[11]。

到了一九一四年，維多利亞時代的古典自由市場資本主義已經開始衰落，再也無法回到凱因斯所形容的第一次世界大戰和俄國革命前的快樂自滿；再也無法扭轉工人階級不斷壯大的聲勢、自由民主的蓬勃發展以及選舉權的穩定擴張[12]。馬克思指出的內部矛盾正演變成一次系統性的崩潰，但這場危機會在何時以何種形式爆發，仍無法預知。一九一九年，當凱因斯警告人們《凡爾賽條約》（*Versailles Treaty*）將導致的經濟大災難（編按：由於協約國對戰敗的同盟國提出過於嚴苛的條件，凱因斯不樂觀地預言歐洲整體與德國的鋼鐵產量會下降，且德國在條約生效三十年內無法支付高於20億馬克的賠款）時，

較遲鈍的觀察者們仍然嗅不到危險的到來[13]。

　　直到德國威瑪（Weimar Germany）共和時期的惡性通貨膨脹引發金融大地震，以及一九三〇年代美國經濟大蕭條時，全世界才明白了凱因斯在他的文章中的剖析意含，也才理解了共產主義者和法西斯激進派從一九一八年就開始登高狂嘯的理念：十九世紀的政經體系已行將就木。資本主義的眼前只有兩條路好走：要不自我革新，要不絕跡於世。而這個體系選擇了變革和重生。

　　誕生於戰時經濟危機中的新型資本主義，我稱之為第二代資本主義。起始時間為一九三一年九月二十一日，即英國放棄金本位之時。一九三二年十一月，隨著富蘭克林·羅斯福當選美國總統，第二代資本主義的力量開始增強。這個時期的學術指標是凱因斯在一九三六年發表的《通論》（General Theory）[14]，這本著作對於逐漸取得影響力的全新政經觀點進行了闡釋。就像《國富論》歸納了一七七六年第一代資本主義的概念一樣。一九三三年，希特勒重振德國經濟之後，第二代資本主義發展成一股駭人的力量。事後來看，希特勒當時全力推行的政策，正是凱因斯在先前五年間不斷向英國政府提出卻未被採納的建議[15]。

　　新型資本主義的繁榮期持續了約四十年，歷經下列四個階段：

　　資本主義 2.0：一九三一至三八年，金本位制度被拋棄，「新
　　　　　　　　　政」實驗上路。
　　資本主義 2.1：一九三九至四五年，政府帶頭的軍國主義時期。
　　資本主義 2.2：一九四六至六九年，凱因斯主義黃金時代。
　　資本主義 2.3：一九七〇至八〇年，通貨膨脹、能源危機，戰
　　　　　　　　　後金本位制度再度崩潰。

　　（編按：在一次大戰時，紙幣大行其道，金幣已幾不流通。戰後，各國採行以黃金作為儲備的金塊本位制，又稱作不完全的金本位制；直到經濟大

蕭條時，這樣的金本位制再度被放棄。二次大戰後，美元成為國際貨幣體系的中心，各國多儲備美元，並可以美元向美國兌換黃金；這種制度就是金匯兌本位制。但是，在一九七一年爆發了美元危機，美國政府停止接受美元兌換黃金，並且將美元兩度貶值，金本位制也可說是完全告終了。）

　　一九三〇年代發生的一系列變遷中，最顯著、最具歷史影響力的一項，就是創造了英勇的政府經濟顧問。羅伯特・史紀德斯基（Robert Skidelsky）的權威著作——《凱因斯傳》，其中的第二卷就適切地命名為「英雄般的經濟學家」（The Economist as Hero）。很快地，更古怪的頭銜也開始出現：有氣魄的央行總裁和雄才大略的財政部官員。不過是幾十年前，人們根本感覺不到政府的經濟政策有多重要。在第一代資本主義時期，人們認為政府和市場的互動不過是偶然的經濟活動，而且通常都帶有破壞性：政府必須開徵關稅和各種稅目來增加收入，主要是用於支應戰事。各種產業的同業公會、地主和製造商形成遊說團體，呼籲政府藉由關稅來保護他們免於海外的低價競爭威脅；另一方面，傳統工匠則試圖蓄意破壞工廠和阻止大量生產。政府有時會選擇滿足某些特殊利益需求，有時則會對此加以抵制，但政治之於經濟的影響也僅限於此。

　　直到一九三〇年代，幾乎沒有人認為政客有能力或有責任來改善或穩定市場活動，特別是在十九世紀作為世界經濟中心的英國，人們更不贊同政府對市場進行干預。金融和經濟循環被視為自然的力量，正如政客無法影響潮汐，他們對此亦無能為力。就連英格蘭銀行介入貨幣市場以平息恐慌一事，人們的看法大多是，倫敦市和英國金融界是為了保全自我利益才這麼做，而這不過是一件私事，並非國家的核心責任[16]。英國前首相戈登・布朗（Gordon Brown）在幾次演講中反覆提到財政部封存的一份檔案，當中紀錄了早期凱因斯向政府的提案，以協助英國走出經濟大蕭條時，英國政府是做

何反應。凱因斯提倡的做法在現在會被稱為需求管理，但當時的財政部常任秘書長卻只潦草地寫下三個詞駁回：鋪張浪費、通貨膨脹、破產倒閉[17]。

第一次世界大戰之後，對於政府不必負起總體經濟問題（例如失業）的責任，這種看法逐漸改變；到了一九三〇年代初期，全球貿易和工業崩潰之後，人們的態度有了一百八十度大轉彎。當社會大眾因為大規模失業而怒不可遏，社會主義革命和法西斯專政也燃起火苗，形成雙面夾攻的威脅，迫使民主政客以古典經濟學家從未想過的手段來介入經濟運作。與此同時，金本位突如其來的崩潰也讓各國政府擁有過去想都不敢想的自由，得以採取任何行動。一九三一年，當拉姆齊・麥克唐納（Ramsay MacDonald）政府宣布英國放棄金本位之後，倫敦政經學院的創始人暨知名的工黨政治家席奈・韋伯（Sidney Webb）以一句「沒人說過我們可以那麼做」來形容這突如其來的自在感。

經濟學家、政客和選民最終逐漸意識到，市場和政府之間存在著某種前人未能理解的羈絆。人們繼而對第二代資本主義的特點做出如下界定：該體系認為，如果沒有政府監管，資本主義自身毫無穩定性可言，並且將極具破壞力。選擇良性有能的政府，以保護公眾和經濟免受自由市場不可避免的混亂影響，成了政治最重要的作用，至少在太平時期是如此。

認為市場通常會犯錯，政府卻總是對的，這種哲學在一九四六到六九年的凱因斯經濟學黃金時期達到了顛峰。就生活水平、科技發展和金融穩定等面向看來，這是史上最成功的經濟管理時期。不過，和凱因斯在一九一九年頌揚的愛德華黃金時代（編按：這是指二十世紀初愛德華七世在位時期。他雖然不是英明君王，但那段時期的英國給人們一種悠哉閒適的浪漫感，對比於隨後的一次大戰，如天壤之別）一樣，這個「經濟黃金國」最終也戛然停止了。

　　自一九六〇年代末開始,全球發生了一系列經濟危機。危機的導火線可說是林登・詹森執政時,為應付越戰和「大社會計畫」的福利支出所採行的通貨膨脹式融資。不過,其他國家如英國、義大利、法國,乃至德國,也都面臨著嚴重的崩潰邊緣,包括通貨膨脹、暗殺事件,以及極左派和極右派恐怖主義活動。

　　一九七一年,國際貨幣制度的崩潰給了第二代資本主義致命的一擊;當時美國總統尼克森下令單方面關閉美國財政部的「黃金兌換窗口」[18]。隨後在一九七三年,阿拉伯國家宣布石油禁運,導致油價上漲了四倍。後果十分致命,通貨膨脹居高不下,大量人口丟了飯碗,這就是所謂的「停滯性通貨膨脹」(stagflation,編按:指經濟停滯〔Stagnation〕,且失業和通貨膨脹〔inflation〕同時飆高,以下稱「滯脹」),一種世人未曾見過的經濟弊病。一九七九年的伊朗革命之後,全球遭受第二次石油危機,資本主義再次陷入一九三〇年代初期的兩難之中:要不就變革,要不就滅亡。

　　此次滯脹的廢墟中誕生了第三代資本主義。這一時期始於一九七九年六月,瑪格麗特・柴契爾當選英國首相;不久之後,隆納・雷根於一九八〇年十一月當選美國總統。一九八一至八二年,前美國聯準會主席保羅・伏克爾(Paul Volcker)以貨幣主義政策來控制通貨膨脹。激發此一偉大轉折的明智靈感來自米爾頓・傅利曼(Milton Friedman)和他在芝加哥大學的貨幣主義學說信徒們。貨幣主義和其他「新古典」經濟理論的主張密切相關,它讓人們對於自由競爭市場的假說得以重生。在政府不插手干預的前提下,市場總能維持資本主義經濟的平衡,並能創造有效且合理的成果,包括經濟穩定和充分就業。

　　根據當代的正統經濟學說,一九七〇年代爆發大通膨的根本原因是寬鬆的貨幣政策,因為詹森和尼克森總統要為越戰和「大社會計畫」籌措資金,印製過多貨幣。然而,諸如英國、義大利、德

國、法國等其他許多國家，卻遭受到規模更大的混亂，從通貨膨脹、工人和學生不斷發起的抗爭、文化革命，到極左派和極右派進行的政治暗殺都有。因此，把一九七○年代的資本主義危機解釋為單純的貨幣政策失誤，是很天真的想法。除了美國和其他國家的金融浪費之外，還有更深層的原因造成這次大通膨和政府主導的凱因斯資本主義崩潰。保守的觀點強調，高額賦稅造成了抑制作用，傲慢的政府和他們強化的激進工會扼殺了私人企業的發展。諷刺的是，馬克思主義學說也提到了其中幾個相同的因素，特別強調階級矛盾和愈發茁壯的勞工運動所引發的所得重分配問題。沒錯，大通膨可以更精準地視為一九七○年代凱因斯資本主義衰敗的症狀，而非病因所在。現今的經濟學理論認為，通貨膨脹單純是一種貨幣現象，取決於央行發行的貨幣量。但是，貨幣擴張在一九六○年代末之所以造成通貨膨脹，而非前二十年間快速成長的就業率和實質產出，其背後還有深層的政治與社會因素。

　　戰後凱因斯學說主張的充分就業政策埋下了自我毀滅的禍根。工人和資本家之間的工資與利潤分配是這個經濟體系自然會發生的緊張關係，而失業現象或至少是失業恐慌，對於經濟秩序有關鍵性的影響。一九六○年代末，戰後的第一代工人沒有經歷過大規模失業，對大蕭條也沒什麼印象，因此工人們十分強勢，對於工資的要求也節節上升。在當時的經濟制度下，政府的政策重心是保證充分就業，所以企業相信，為了緩和勞工運動和示威遊行，無論工資要求水漲船高那哪兒，政府都會印製足夠的貨幣來支應需求。通貨膨脹成了無可避免的後果。政府要想停止這個通膨螺旋、恢復勞動市場秩序，唯有拋棄充分就業政策一途，讓上百萬的工人失業。這正是一九七九年後發生的局勢。

　　一九四三年，一篇經濟學論文公諸於世，文中很有先見之明地預言了凱因斯充分就業政策的自我毀滅。該文作者是波蘭經濟學家

米哈爾‧卡萊茨基（Michal Kalecki），他曾在劍橋和牛津大學與凱因斯合作，共同研究解決資本主義失業危機的政策。卡萊茨基認為，當時人們採取的解決之道將製造出一個由工人暴動和通貨膨脹所引發的新危機。這個通膨危機會回頭迫使資本主義體系再次革新，經濟理論也會根據資本主義生存所需的政策，進行回顧式調整：

> 在資本主義經濟之下，政府可以維持充分就業，這種假說是荒謬的……在永久充分就業的制度下，「炒魷魚」就失去了維持紀律的作用。持續的充分就業會造成社會政治變動，給企業領導者帶來不利影響……工人階級的自信心和階級意識不斷膨脹。要求工資上漲和改善工作環境的罷工行動會造成政治緊張……大選期間，要求工作的公眾壓力會達到頂端，導致政府必須在大選前創造出經濟繁榮的景象。工人會不受控制，工業鉅子則急於「給他們一點顏色瞧瞧」……大企業和食利者（rentier，編按：靠收租金或賺利息過活的人）組成了一個強大的集團，他們很可能會找不只一名經濟學家來宣稱經濟環境明顯地很不健康[19]。

這個被找來「宣稱經濟環境明顯地很不健康」的經濟學家就是傅利曼。資本主義自第二代向第三代過渡的程序幾乎就和卡萊茨基預期的一樣。柴契爾—雷根政治革命和經濟理論中的貨幣主義革命同時爆發，兩者顛覆了人們對於凱因斯提倡的積極政府的信念。與前兩種資本主義類似，這個新時代大致可分為四個子時期：

資本主義3.0：一九七九至八三年，早期貨幣主義及工會衝突。
資本主義3.1：一九八四至九二年，伏克爾和葛林斯班，柴契爾—雷根經濟繁榮。

資本主義3.2：一九九二至二〇〇〇年，大穩健時期（Great
　　　　　　Moderation，詳見第六章）。
資本主義3.3：二〇〇一至〇八年，葛林斯班和小布希領導的
　　　　　　市場基本教義派。

　　這個階段從一九七九年的柴契爾主義開始，三十年後結束於二
〇〇七至〇九年的經濟危機。隨著第三代資本主義的滅亡，一種全
新的資本主義形式破繭而出，既和上一代資本主義密切相關，卻又
有著明顯區別。新一代資本主義將準備成為新的主宰。

　　在第四章和第五章中，我們要討論的問題是，第四代資本主義
需要具備哪些條件才能在新的政治經濟背景下繁榮發展。不過在研
究新一代資本主義的生存和發展前，我們先來仔細探討一下前幾代
統治制度滅亡的原因。這是本書第二部分和第三部分的主題。

Part 2

箭與環

每場金融大海嘯開始時，人們都堅信往昔的世界一去不復返了；但到了最後，人們卻都意識到這次變化並非自己想像的那樣。專業投資人之間流傳著一句老話，也是最昂貴的五個字——**「這次不同了」**（This time it's different.）。我們不能忽視金融市場的循環特性和人類行為的週期性變化，否則很可能帶來危險的後果；同時也必須體認到，經濟和商業活動的驅動力——即技術、社會結構和政治制度——是有能力且肯定會變動的。許多人聲稱，特別是身處風暴當中時，總有人說歷史演進的長期趨勢不會對資本主義的基本原則——如貪婪和恐懼的情緒、政府和企業的平衡，以及股票市場的投機行為等——造成永久影響。這是自負驕傲的想法，比起「每個新的科技發明都象徵了一個新時代的誕生」這種風行一時的熱潮更能蠱惑人心。簡言之，比「這次不同了」代價更高昂、更愚蠢的五個字就是「什麼都沒變」（Everything's always the same.）。

要想理解資本主義的動態變化，不僅要認識世界變遷的長期趨勢，也要明白偶爾會擴大和壓倒這些長期趨勢的金融循環。更具體一點地說，歷史和經濟的演進來自於兩股力量之間的抗衡消長，即進步之箭和重複之環。我選擇這兩件物品作為比喻，因為在任何國家的神話裡，箭與環都是最司空見慣的象徵。每一個文明都了解二元性的交互作用，在變化與永恆之間、男性和女性的原則差異之間，以及創造和保存的陰陽之間。這種創造性的均衡足以作為政治和經濟發展的驅動力，也可在人類心理的各個層面發揮同樣的作用。

然而，在經濟相關的討論中，這種對於生活和社會至關重要的二元性卻很少被提及。經濟學者和金融家不試著了解重複和進步之間的相互作用，反而總是分成意見相左的兩大陣營。有些人宣稱過去的經驗一無是處，因為網際網路、全球化或信貸危機改變了一切：科技股瘋狂飆升，永不止步；所有商品都將變成中國製造；信

用借貸要不是永遠緊縮，就是永遠膨脹。其他人則堅稱所有的循環週期都是一樣的，房地產的興衰在本質上和一九九〇年代的科技股熱潮、一九八〇年代的日本經濟泡沫，以及十七世紀荷蘭的鬱金香狂熱別無二致。但是，為什麼我們應該要聽信這兩方的極端觀點呢？

　　人類生活中的某些特點的確永久地改變了歷史，如奴隸制的廢除、抗生素的發明、電或電腦的使用等等。至於其他特點，從個人層次的愛與恨到社會層次的金融恐慌，在每個世代都無來由地反覆發生著。惟有「同時」探討進步之箭和重複之環，我們才能明白兩者的交互作用是如何打造經濟生活的種種風險和機遇。

　　從二〇〇七至〇九年的金融危機中，我們可以看到一九八〇年代末的幾波空前趨勢如何和一個強大但常見的金融循環一起發生。如此營造出的一派榮景一直延續到二〇〇六年，接續而來的是一次循環性衰退，而且一連串的政策失誤更擴大了危機（詳見第九章和第十章），導致全球資本主義體系在二〇〇八年秋天幾近崩潰。然而，與人們的預期相反，資本主義體系最終並沒有崩潰，因為在恐慌時被大家遺忘的長期上升趨勢又一次與經濟循環的下一階段相遇，並起交互作用，為二〇一〇年之後的資本主義重生與演化打造了合適的環境。

　　因為經濟運作包含了長期趨勢和循環模式的影響，我們必須將這兩股力量分開檢視，考慮它們的交互作用。惟有如此，我們才能恰當地理解近期事件的發生原因，以及它們會將世界帶向何方。

第四章

奇蹟年

我為什麼在一九九〇年二月釋放尼爾森·曼德拉（Nelson Mandela）？因為柏林圍牆倒了。一九八九年東歐劇變後，我就肯定非洲民族議會會放棄其革命主張。這意味著我們有機會就種族隔離問題進行談判，找到和平的解決方式。

——戴·克拉克，南非總統

（F.W. De Klerk，一九八九至九四年）

你問我為什麼印度會在一九九一年擺脫「印度式經濟成長率」（Hindus rate of Growth）。其實答案很簡單。我們看到蘇聯在一八九年發生的事情，就恍然大悟，原來依賴中央計畫是大錯特錯的。唯一可行之道是解放經濟，於是我們在一九九一年開始著手這項工作[1]。

——賈斯旺·辛格，印度外交部長兼財政部長

（Jaswant Singh，二〇〇四至〇六年）

　　二〇〇六年九月，在新加坡舉辦的世界銀行和國際貨幣基金年會上，國際貨幣基金的首席經濟學家拉古拉姆·瑞占（Raghuram Rajan）提交了一份可能是這個組織成立六十年以來最為樂觀的《世界經濟展望》（*World Economic Outlook*）[2]。當時他根本沒有料到，短短六個月之後，金融海嘯的第一波風浪將震盪全球

經濟。在二〇〇七年二月，瑞占作報告時以自嘲開場：「別人都叫我常笑一下。但因為我個性本來就比較嚴肅，多笑笑反而顯得我很神經質。然而，在某種層面上來說，這不正和當下的經濟形勢不謀而合嗎？」[3]

瑞占博士的自嘲是無可厚非的。經濟學家要想讓自己受到重視，最保險的方法就是，不管當前經濟形勢如何，總是報憂不報喜。財政部長就應該嚴厲吝嗇，央行總裁則揚揚得意於自己的悲觀消極，嘴上總喜歡說：「我拿工資就是要負責為經濟憂心忡忡。」雖然亞當・斯密創造經濟學時，是樂觀地想研究人類自由的無限可能和人類自發性創造繁榮的能力，但是到十九世紀早期，經濟學的名聲就變了。經濟學被看成是對金錢無可救藥的癡迷；在維多利亞時代，更被視為對一切足以毀滅人類精神的物質崇拜。其象徵變成了威廉・布萊克（William Blake）描繪的《黑暗的撒旦磨坊》（Dark satanic Mills）、狄更斯（Dickens）刻畫的殘酷工坊，以及巴爾札克（Balzac）作品中道貌岸然的布爾喬亞和安徒生（Hans Christian Andersen）筆下饑寒交迫的賣火柴的小女孩。難怪經濟學被謔稱為「憂鬱的科學」（the dismal science）。一九七七年，加爾布雷斯（J.K. Galbraith）對於經濟學的悲慘觀點下了一個簡潔有力的總結：「我們一致同意悲觀主義是優越才智的象徵。」[4]

對於經濟學的本質和它試圖解釋的資本主義體系，人們所持的這種傳統消極觀點，實際上都大錯特錯了。大部分偉大的經濟學家，如亞當・斯密、李嘉圖、彌爾（John Mill）、凱因斯、熊彼特和海耶克，都對人類的創造性和市場體系的力量十分樂觀。他們之所以如此樂觀，不只是基於知識研究的成果，也依憑著現實的狀況。

亞當・斯密在《國富論》中闡述了經濟學的主要學術目標，它描繪出上百萬毫不相干的個人如何在追求自我慾望和利益的同時，

也能滿足他人的需求、促進共同福祉。在亞當・斯密之後，有不少偉大的經濟學家進一步細數各種出人意料和違背常理的觀點，以充實這樣的解讀。李嘉圖說明了，即使自由貿易一開始看起來會對國家的商業和工人不利，最終各國還是可以從中獲益。彌爾則指出，縱然提高工資似乎會使商業利益受到壓縮，但將繁榮的好處擴散至工人階級無疑地對商業大有好處。凱因斯解釋了，當企業和消費者缺乏信心、減少投資或降低消費時，經濟體如何避免掉入經濟衰退的深淵。熊彼特則說，有些產業蕭條衰敗之後，會催生其他的產業，進而製造出更好的產品、創造更多的就業機會。至於海耶克，他向我們展示了看起來雜亂無章的市場體系如何透過「自發性秩序」滿足人性，甚至比最強大電腦精算後的中央計畫更有成效。

　　比起這段學術歷史，有一點更令人驚奇，也讓經濟學家更有理由樂觀，即市場體系能成功滿足人們的物質需求和慾望。過去兩百五十年裡，在市場經濟的支配下，關乎生活水平、營養、教育、健康和人類福祉的各項指標都大有進步，這毫無疑問地是人類歷史上的一大功績。接下來的幾章會談到創造財富帶來的負面影響和社會成本，如環境破壞、資源戰爭與社會不公等等。但以其本身的物質標準來衡量，市場經濟的統治無疑是一項巨大的成功。當然，創造全球財富的長期成功也時常為金融危機和戰爭所擾，但在二十一世紀的頭幾年，即二〇〇七至〇九年的金融危機之前，面對全球經濟勢不可擋的發展勢頭，人們應該更有理由抱持前所未有的信心。

　　這讓我們回想起瑞占博士在二〇〇六年的笑容。為何他一反常態，不像從前那樣眉頭深鎖，對全球經濟大唱悲觀論調？為何他一反國際貨幣基金的一貫作風，不再一如既往地譴責肆意揮霍的政府、不斷擴大的貿易赤字和壓垮人的消費者債務？事後來看，我們很容易把責任推給瑞占博士與其同事，以及其他坐擁高薪卻無法預測金融危機的經濟學家，指責他們的愚蠢、思想狹隘或囿於組織的

利益。這種說詞不無道理，在本書第十一章會討論到。但是，這麼多立意良善、消息靈通的經濟學家卻沒能準確預測情勢，另一個更重要的原因在於，直到危機爆發前幾個月，世界經濟還是一片大好。

誠如瑞占博士在二○○六年年底的國際貨幣基金年會上的解釋，當時全球經濟活動正熱烈擴展，但還沒有強勁過頭；通貨膨脹和利率穩定；就業和收入也在增長中；不管在世界哪個角落，甚至是如今飽受戰亂之苦的非洲撒哈拉沙漠以南地區，這種良好的態勢似乎都將持續。除此之外，如此傑出的表現並非毫無原由，人們看得一清二楚。

長久以來，大多數經濟學家都熱衷於研究自由貿易、全球化和技術進步，但在承認這些力量的優點時，他們也總是提醒人們注意金融槓桿、經濟和工作不穩定等因素的風險。然而，在危機發生之前的幾年間，許多證據似乎都彰顯了前十年技術和結構的進步給人們帶來前所未有、始料未及的好處，而伴隨其後的成本卻大幅減少。國際貨幣基金的經濟學家十分了解全球展望的長期風險，包括美國的貿易赤字（或多或少也會考慮西班牙和英國）、房地產市場的興盛衰敗，以及投機客與對沖基金對維持金融穩定的威脅。當他們考量過這些要素之後，得出的結論是：這些風險都比一、兩年前的情況更令人放心一些。因此，在二○○六年十一月的新加坡會議上，各路經濟學家都是笑容滿面、信心滿滿。豈知，才不過十二個月之後，整個經濟情勢和國際貨幣基金的顏面就發生了翻天覆地的變化！

事實上，在危機爆發前幾個月，進步之箭射得比以往更高。為何會這樣？本章接下來的部分和隨後兩章會試著解謎；第七章和第九章則會解釋一直在背後中盤旋的金融循環是如何在轉瞬間將進步之箭拉回地面。在本書第三部分，將探討這些迴圈和長期力量如何

與資本主義3.3的政治理念交互作用，進而引發一場前所未有的經濟危機。

危機前二十年，有五大不可逆轉的事件改變了整個世界。起始點在於一九八九的奇蹟年，理由何在？看看以下這一連串轉變的第一件事就很清楚了：

第一，共產主義在歷經七十年的實驗後，終告失敗。指標事件是一九八九年十一月的柏林圍牆倒塌。比起蘇聯的實質解體更重要的是，馬克思主義作為一種政治教條的意識型態崩潰，以及由中央計畫組織非市場經濟活動的想法受到了質疑。從一九八九年起，幾乎所有國家，不論其政治制度、發展階段或當地傳統為何，都被迫承認私人財產和利潤動機，接受競爭市場作為經濟生活唯一的可靠基礎，並透過市場進行自願性的商品與服務交易。正如本章開頭的格言所述，這場突如其來、出人意料之外的破局，其影響遠超過單一的蘇聯解體，餘波更震盪了諸如印度、中國、南非，以及所有曾經被社會主義的幻覺矇蔽的國家與政治運動。

第二，亞洲，尤其是中國迅速崛起，成為世界經濟的重要力量。理論上，鄧小平於一九七八年提出「建設有中國特色的社會主義」之後，中國便逐漸轉變為充滿競爭、追逐利潤的市場經濟[5]；但是，一直要到十年之後，這些改革才初見成效。一九八〇年代末，中國凝聚出一股不可小覷的商業力量，改變了世界貿易體系，也將全球經濟的重心逐漸轉移至亞洲。

第三，一九八〇年代晚期的科技革命加速。這件事對人類記憶和智慧的貢獻相當於十九世紀蒸汽機和電的發明對節省人力所作的貢獻。一九八九年三月，在日內瓦歐洲原子核研究委員會工作的英

國物理學家提姆・伯納斯─李（Tim Berners-Lee）提出打造文件的「萬維網」（World Wide Web），以標準化的「超文字語言」（hypertext language）統一編寫，讓世界各地的電腦都可適用，並可透過電話線傳輸，以他稱之為「瀏覽器」（browser）的東西進行溝通。他預言萬維網將迅速「創造新的連線和新的材料」，使得世界各地的電腦用戶都可成為「全球訊息的來源」。此外，在一九八○年代末期和整個九○年代，由於個人電腦的普及，資料處理和全球通信的時間和成本基本上已消減至零。所以，到了一九九○年代早期，通信、資料存儲和電腦處理幾乎已可說是免費商品。同時期的其他領域，諸如空運和海運技術的進步，雖然相對較不令人驚豔，卻也將長途的貨物運輸和人員往來的成本降低到了一九五○年代的三分之一左右[6]。

　　第四，冷戰的結束帶來了「和平紅利」。美國、歐洲和蘇聯的防衛軍備費用大幅縮減，更重要的是，「和平紅利」似乎確保了在新時代裡幾乎不可能爆發世界大戰。二十世紀上半葉的兩場世界大戰已經消耗掉或直接摧毀了三個世代的人們所積累的物質財富；因此，這三代人都被迫將大部分收入用於重建住房、工廠和被他們上一輩摧毀的基礎設施。相較之下，戰後嬰兒潮一代沒有這樣的負擔，柏林圍牆的倒塌也預示著在不遠的將來不會發生類似的災難。美蘇之間的衝突體現在雙方於非洲和東南亞地區的紛爭上，隨著這些紛爭落幕，地區性戰爭爆發的可能性亦大大減少。同時，自然資源和耕地的價值不再誘人，尤其不如科技產品和智慧財產權，因此降低了領土擴張的經濟誘因；其中的反常例子是海珊（Saddam Hussein）於一九九○年八月對科威特（Kuwait）的入侵行動，但國際社會始無前例地齊心反轉這個態勢。住屋、工廠和公路不必再擔憂軍事摧毀的威脅，過去幾代人每每為了戰後重建，不得不養成的

勤儉習慣也就漸漸消逝了。

　　第五，金錢的神秘面紗被揭開。這個特點比較不為人注意，但與前述事件一樣重要。這個過程始於一九七一年，布雷頓森林（Bretton Woods，編按：一九四四年七月簽定的《布雷頓森林協定》，正式成立國際貨幣基金和世界銀行，並確定美元與黃金掛鉤、成員國貨幣與美元掛鉤，實行可調整的固定匯率制度，美元從此成為各國的儲備貨幣和國際清償手段）確立的國際貨幣體系瓦解。一九七一年八月十五日，美國總統尼克森關閉了「黃金兌換窗口」。原本的情況是，至少從理論上來說，美國財政部會接受任何外國政府將手中的美元拿來兌換成黃金，因為當時美元已成為所有貨幣價值的唯一標準，甚至在中國、蘇聯和古巴這樣的社會主義國家也不例外。而二次大戰之後，尼克森總統決定切斷美元和黃金的官方連結，這個決定無疑地影響劇烈。在過去五千年裡，每個國家都是頭一回用純粹的紙幣，而不和黃金、白銀、土地、奴隸、鹽、貝殼或其他任何「自然」或天賦的價值標準掛鉤。這個前所未有的舉動對世界經濟的影響，在當時無人可以理解，即使在四十年之後也沒人完全明白。所以，這一事件值得花大篇幅來解釋。

　　在一九三〇年代的經濟蕭條時期，大多數國家都放棄了金本位貨幣體系，但它們並非心甘情願這樣做，只是將此舉視為權宜之計而已。戰後，同盟國於一九四四年召開布雷頓森林會議，協議中決定所有國家的貨幣都必須和美元掛鉤，共產主義國家亦同，因此理論上，也等同於和黃金掛鉤。要是中國的農民或英國的礦工對人民幣或英鎊的價值產生質疑，政府會保證他們手中的錢和一定數量的美元等值，進而和一定數量的黃金等值。

　　在一九七一年八月之後，這個關於價值的概念不再適用。從那

天起，任何人若問起：為何一張美鈔會比那一張印鈔票的紙值錢？他將得不到滿意的答案。美元之所以值錢是因為美國政府說它值錢。美鈔上印著「這張紙幣可以合法支付任何公共及私人債務」（This note is legal tender for the settlement of all debts public and private.），但是要償付的債務本身卻標價在紙鈔上頭，所以說價值的概念變成一個迴圈，完全取決於美國政府的聲明或法令。5英鎊鈔票上的花體字更能明顯地證明此循環性。英格蘭銀行總裁在鈔票上寫著「我保證支付持票人5英鎊」（I promise to pay the bearer on demand the sum of five pounds.），但持票人到英格蘭銀行履約時，他會得到什麼呢？除了另一張完全相同的5英鎊紙鈔或五個1英鎊的硬幣之外，別無其他。

　　在美元變成純粹的紙幣之後，美元就只能代表美國政府的法令了，其他貨幣藉由和美元掛鉤而獲得內在價值的想法也失去了吸引力。世上任一個貨幣形式如今都僅是一個抽象標誌，象徵著人們對於發行該貨幣的政府信心。沒有一種貨幣能夠代表客觀價值，這種情形史無前例，而且對經濟的影響甚鉅。當各國政府意識到，它們已經擺脫長久以來黃金、白銀或其他外部強加的金融標準（比如美元）的奴役，一開始還困惑不解、不知所措，但很快便感受到驚人的自由。原則上，任何政府都可以隨意印製任何數量的鈔票。不出所料，第一個面臨的後果便是通貨膨脹，一爆發後就大大地加深了人們的恐懼和困惑。這股情緒在一九六〇年代末開始籠罩金融市場，並且在接下來的十年裡，憂慮持續攀升。

　　然而，到了一九八〇年代後期，幾個主要經濟大國的政府意外地開始懂得負責，不再肆意揮霍印鈔的自由——此舉恢復了人們對純紙幣一定程度的信心，這是一九七一年金本位被放棄時，沒有人料想得到的。在美國，隆納·雷根入主白宮，同時保羅·伏克爾入主美聯儲（Federal Reserve）；直到一九八二年之前，兩者通力將美

國的通貨膨脹縮減到一個溫和水平。隨後在一九八七年的股市崩盤中，伏克爾的接班人葛林斯班頗有技巧地處理好這場危機，使得人們對於美聯儲的貨幣管理能力信心大增。除此之外，對紙幣愈來愈強的信念還有一個更清楚的指標現象，即人們對德國馬克和日圓不斷高漲的信心。直到一九八九年，經濟史上最非凡的兩大事件讓人們的信心終至頂峰。

歐洲各國政府在一九八九年四月的《戴洛報告》（*Delors Report*）以及接下來的羅馬高峰會（Rome Summit）上決定創造一個新的合成貨幣——歐元。歐元的價值既不來自黃金，也不來自任何主權政府的法令，其唯一來源是歐洲各國央行總裁的聲譽。為成立歐洲貨幣聯盟（European Monetary Union），自一九九〇年開啟了階段性進程。一開始人們對此事還抱持著懷疑態度，但金融市場很快就買帳了。更值得注意的是全球對日圓的信心，為日本創造了歷史上最大的金融繁盛期，並在一九八九年十二月達到頂峰。日本銀行印製的日圓在國際上供不應求，東京天皇宮殿的花園在一九八九年估算出來的價值甚至比加州所有的土地加起來還要高[7]。日經股票指數在一九八九年十二月三十一日到達最高值，收於 39,000 點；直到二十年之後，點數仍低於峰值達 75%。而這些數字足以說明我們接下來會探討的一點：以史上最大的幾個金融泡沫的標準來衡量，美國的房地產和抵押貸款熱潮其實只能算是小巫見大巫。

一九八九年，所有紙幣資產都出現驚人的「牛市」，確定了前幾代政治家和經濟學家無法想像的情況。當時，距離尼克森總統切斷美元和黃金的聯繫還不到二十年，世界各國已成功掌握管理純法定貨幣體系的方法。一九二〇年代，凱因斯斥責全球貨幣體系對黃金的依賴，稱之為「野蠻的遺跡」（barbarous relic）；但即便是他，也從未料到有朝一日政府能徹底擺脫長年的奴役，自由印製紙幣，不再受到任何國際協議或外部規範的約束。

如此究竟是對是錯，我們將在第六章和第十五章回頭探討純法定貨幣的利弊。一九八〇年代起，金錢褪去了神秘面紗，使得各國政府有了管理（或搞砸）本國經濟的新能力。各國從一九七一年布雷頓森林體系的瓦解開始，花了二十年才學會掌握純法定貨幣。當一九八〇年代學成之後，金錢從神秘的領域一下子跌入世俗的範疇，並且受到政治的控制。這種革命性的變化對經濟政策的影響不亞於法國大革命對國家宗教的影響（編按：法國大革命取消了天主教作為國教的地位）。金錢從一種神造的自然神秘之物變成了人造的世俗平凡之物，這種影響正如政治世俗化一樣，是一場餘震達數十年之久的大地震。就在一九八九奇蹟年間，其他偉大的歷史性變革和紙幣的意外勝利收斂聚攏，持續搖撼之後二十年的世界。其中，那些不可逆轉、一次性的永久事件創造出強大又持長的經濟趨勢，最終引發了二〇〇七至〇九年金融危機。這就是下一章要說的故事。

第五章

全球四大發展趨勢

基本變革是由各種力量匯聚而成,而非僅靠一股力量。

每一次作決定之前都要自問,是否存在足夠的不同力量往同一個方向作用[1]。

——約翰・奈思比(John Naisbitt)

約翰・奈思比是美國的管理顧問和暢銷書作者。他在一九八二年創造「大趨勢」(megatrend)這個詞,以之形容一些不可回復的結構性轉變,他預期這些事件將改變二十世紀末的世界。雖然這種「未來主義」經常被複雜的經濟學界嘲笑,但奈思比的主要觀點——如工業社會向資訊社會的轉變、自然經濟向全球經濟的轉變、階層商業組織向平面網絡化的轉變——最後證明大致上都是正確的[2]。相較於學術界的經濟學者和官方機構如國際貨幣基金、世界銀行和經濟合作發展組織(Organisation for Economic Cooperation and Development,簡稱OECD)等依據科學方法來做預測的專家們,自成一格的未來學者如奈思比和艾文・托弗勒(Alvin Toffler)[3]努力找出結構性質變,並以此對二十世紀最後二十年發生的事件提出更有指導價值的建言。所以,即使有人嗤之以鼻,在本章接下來的內容中,「大趨勢」一詞仍然會理所當然地被提及,而不須任何申辯。

自一九八九年起,上一章所描述的那些顯然很獨特的一次性事

件，開始在四大長期趨勢中相互作用。這四大趨勢整整統治了全球經濟二十年，並極有可能繼續支配幾十年，甚至好幾個世代。在本章和接下來兩章要探討的四大趨勢如下：

第一，三十億新興消費者、生產者和儲蓄者。自一九八○年代末，這些人參與了全球資本主義體系，使得全球經濟的規模幾乎翻倍，同時也大大提高了未來的潛在經濟成長率。引發這股巨大趨勢的力量就是上一章所提到的三大歷史事件——蘇聯解體、中國改革開放、共產主義和資本主義在發展中國家的「代理人戰爭」告終。從此，史上頭一遭，幾乎世界各地的人們都發現他們的生活不再受共產主義或封建主義的鐵腕統治，也不再受任何遲鈍如機器人般的中央計畫所囿，而是由市場力量這只無形的手引導。

第二，全球化。幾乎每個國家的每一項經濟活動都受其影響。隨著中央計畫和國營制度的崩壞，全球形成了一股共識，接受市場競爭、私人企業和自由貿易作為經濟運作的原則。實際上，全球經濟雖不完全如歐洲式的單一市場，也已經開始朝北美自由貿易協定（NAFTA）那般的自由貿易區發展。當這個政策變化加上零成本的通信技術和低廉交通，傳統的經濟原則如專業化和比較利益便開始以前所未見的效能在全球發揮作用。從此，產能成長和財富創造的速度突飛猛進，尤其是中國和過去落後的亞洲國家。這股全球化浪潮促使許多發達國家的製造業外移至發展中國家，大大提升了全球生產效能。工業活動的轉移使得全球經濟更加繁榮，也更加穩定，其中奧妙將在下一章揭曉。

第三，「大穩健」時期。這段期間的通貨膨脹、失業率和經濟循環呈現前所未有的穩定。在這二十年間，全球經濟幾乎不間斷地

成長，直到二〇〇八至〇九年才出現衰退。隨著世界開始從一九七〇年代的循環性經濟危機中恢復，並逐漸掌握純法定貨幣，各國政府和央行也有了前所未有的自由來管理經濟、控制通膨和失業；決策者逐漸重拾在貨幣主義反革命（詳見第十一章）中被屏棄的積極需求管理。此外，全球化穩定了世界經濟，因為它能抑制通膨，並將歐美不穩定的製造業轉移到中國和其他新興國家。工業轉移讓發達經濟體不再容易受到庫存和資本投資週期的影響，同時也讓新興國家不必再完全依賴最脆弱的農業，經濟得以穩定發展。

　　第四，金融革命。由於人們對自由市場哲學的廣泛應用，快速發展的亞洲經濟體不斷增加儲蓄；全球化和成功的需求管理則讓世界經濟趨於穩定，如此種種的現象催生了這場金融革命。一九九〇年代的各個穩定經濟體中，破產和失業的風險降低，企業和消費者覺得他們可以借貸更多，銀行也比以前更願意放款。同時，貨幣的世俗化意味著債務不再是一個道義或神學上的問題，貨幣也成了一種消費產品。金融創新意味著過去被桎梏在房地產和其他非流動性資產上的儲蓄不再受限，可以作為消費者和企業借款的抵押品。房地產的這個新特點很吸引人，一言以蔽之，就是「我的家就是自動提款機」。這一特點使得房地產相較於股票和債券等傳統投資，其價值大幅提升。此一變革使得普通的房產所有人和小企業有機會將支出費用的重擔分攤到整個生命週期裡；而過去只有跨國企業和富翁家庭的信託才需要的財務管理，現在他們也可以進行了。金融革命形成的興衰週期在二〇〇七至〇九年間爆發危機，但即使是危機過後，人們對於債務、房地產價值的傳統觀念已經改變，關於合理的借貸水平也抱持不同以往的想法，這些思維看來是不大可能被扭轉的了。

　　這四大趨勢中的前兩個——即三十億亞洲新資本家竄出（不論是生產者或消費者的角色）和全球經濟統合為單一市場——在許多卓越的研究中都有詳細的分析，其中最突出的是馬丁・沃夫（Martin Wolf）的權威著作《新世界藍圖：為什麼全球化有效》（*Why Globalization Works*，早安財經出版）。相形之下，另外兩大趨勢的變革力量卻鮮有人知。事實上，最著迷於全球化和亞洲崛起的紀錄者，例如沃夫，幾乎都無法掌握這兩大趨勢和金融市場革命、貨幣政策改革之間錯綜複雜的關係；因此，接下來的兩章將更深入地探討這兩個較不為人知的趨勢。在進入主題之前，必須先知道這個討論的設定背景是：上述四大全球趨勢會互相強化，首先是創造出一個表現亮眼的經濟穩定期，即後人所謂的「大穩健」，而後又倏然爆發二〇〇七至〇九年的危機以為報復。

第六章

大穩健

任何事都要穩健，包括穩健本身。

——蓋厄斯·佩特羅尼烏斯（Gaius Petronius）

「大穩健」是本·伯南克（Ben Bernanke）二○○四年二月的演講題目。此演講旨在慶祝美國於科技股的大起大落之後，走出了原本預期將持續許久的嚴重衰退，並解釋美國擺脫蕭條之道。他的演講開場句是：「過去二十年間，經濟情勢最令人驚訝的特點就是總體經濟的不穩定性大大降低。」[1]這番言論直到二○○八年九月十五日雷曼兄弟倒閉之前，都是說得通的。

伯南克的演講是立基於麻省理工學院兩位經濟學家奧利維爾·布朗夏（Olivier Blanchard）和約翰·賽門（John Simon）的研究成果之上。他們在二○○一年決定調查戰後時期的經濟不穩定性[2]。結果發現，自一九八○年代中期起，工業產出和就業就不再如從前那般易於變動；與一九八○年之前相比，經濟不穩定性減半，而通貨膨脹的波動性減少了三分之二。總體經濟突然呈現穩定的成因為何？這就是伯南克在演講中提出並解答的問題：

「對於這個引人注目的變化，有三種解釋被提出過。為了簡化，我會將這些解釋分類成：結構性變遷、改良過的總體經濟政策，以及好運……對於複雜的現象，我們鮮少能提出清楚明晰且簡單易懂的解釋，而我所提及的這三種分類大概都不脫事實的成分。

儘管如此，要釐清這些解釋之間的相對重要性，可不只是出於純粹的歷史興趣。

不意外地，伯南克認為第二項解釋是最首要的，即美聯儲和各國央行的政策改善。但在詳細討論這個論點之前，因為它和上一章提到的後兩大趨勢有關，我們應該先思考一下全球化所引發的變遷，即使不大為人所知，但它在大穩健中扮演的角色其實是被低估了。要是世界各地的決策者和學術界的經濟學家能充分意識到這個結構性變化，那麼在雷曼兄弟倒閉之後，一些關於全球化將終結的預言大概就不那麼令人驚駭了。

平臺公司：一種新型經營模式

自由貿易和自由通信的交互作用改變了大型跨國企業的經營模式，這個變革首先出現在美國，然後是英國和歐洲，最後是日本。公司經理早就體認到這個事實，而總體經濟學家對此卻始終視而不見。

隨著貿易大步發展，一九八〇年代中期起，亞洲門戶開放，跨國公司逐漸意識到全球化正在改變它們創造財富（即股東利潤和員工薪資）的方式。一般來說，任何企業的價值鏈都包括三個環節，第一是產品或服務的開發和設計，第二是生產和準備，第三是推銷和配送。傳統經營模式強調第二個環節在價值鏈中的地位，成功企業大多將比較利益放在生產過程上；在全球化之前的時代裡，亨利・福特（Henry Ford）就是這類經典人物。他能夠快速製造更低廉的汽車，因此開創一個征服全球的跨國製造企業。

但全球化和通信技術的發展改變了這個分析觀點。隨著這些大趨勢愈來愈強烈，價值鏈的生產過程變成了最容易被新興市場的低成本競爭影響的環節。因此，對許多企業來說，生產成了虧本生

意。美國、英國和歐洲的許多公司眼睜睜看著自己在製造過程中的利潤受到國際競爭壓縮，便決定將生產營運外包給新興市場。隨著時間推移，許多基本的非製造性活動，如帳務查核和日常的客戶關係，也落入了相同的命運。

當一家公司決定開始外包時，它的角色就會從跨國公司，例如福特汽車或埃克森（Exxon）石油這類全球生產、全球銷售的企業，轉變成法國經濟學家夏爾·加夫（Charles Gave）口中的「平臺公司」，如宜家（IKEA）、諾基亞（Nokia）、蘋果（Apple）和耐克（Nike）這類全球銷售卻看似不事生產的企業[3]。平臺公司的關鍵在於：該企業不再將價值鏈的中間環節（即生產）視為其核心競爭力。相反地，這些公司為其設計的產品打造銷售平臺，然後從新興市場的工廠便宜購入成品。他們的獲利模式就是向低成本的生產商進貨，再賣給相對富裕的消費者，如美國、歐洲和越來越多的發展中國家。

「外包」的過程在商學院研究管理模型時就已十分常見，甚至可說是陳腔濫調，但是它和總體經濟之間的關聯性就相對缺乏討論了。其中最明顯的一點就是外包幫忙控制通膨的作用，不僅是因為中國產或墨西哥產的商品比較廉價，也是因為生產轉移至這些低成本國家後，美國和歐洲境內的勞動力和高度競爭得以衝破限制（編按：美國信息技術協會的一份研究報告指出，外包可增加國內工作機會，並提升國內勞工薪資；此外，企業藉由外包而增加的利潤有助於提升生產力，刺激國內消費支出，進而活絡經濟活動）。

平臺公司的第二個影響是降低了全球貿易數據的重要性。隨著越來越多的企業轉為平臺公司，價值鏈的顯性部分（即生產）造成了帳目上的貿易赤字，特別是對領導這場管理變革的美英等國來說。另一方面，設計、技術轉讓、管理經驗和客戶服務等隱性價值在全球購買合同的內部會計中卻經常被遺漏，設計這些合同的目的

在於最大化財務彈性和最小化公司稅收[4]。然而，其實這些隱性價值通常比顯性生產更能創造利潤，也能提供薪資更高且更穩定的工作。舉例來說，一台中國製造、價值1,000美元的電腦，在美國的會計帳中會記入進口借方1,000美元，但這個價值大部分會透過蘋果電腦、英特爾（Intel）或微軟（Microsoft）的利潤收益或專利權利金的形式回流至美國[5]。依據蘋果電腦、英特爾和微軟公司各自採取的內部會計方法，這些價值有可能呈現在美國的服務出口數據中，而已經多年不再計入貿易數據，甚至可能被歸類為這些企業向中國子公司的貸款，回流到美國的母公司。

這種新商業模式的第三個、也是最重要的影響，就是平臺公司對經濟穩定和成長的意外貢獻。將全球化和經濟穩定聯繫起來看似無稽，人們通常會聯想到的是工作不穩定、工廠關閉和經濟恐慌等現象。然而，全球化是伯南克在大穩健的演講開頭提及、卻未加以解釋的經濟不穩定性降低的最重要原因之一。

一般來說，平臺公司會將變動性最大的生產過程外包出去：通常必須投入大量資金、有大量的原物料和庫存品，以及工會化的勞力雇用。資金和勞動力的外包將歐美大部分的經濟不穩定性轉移到了發展中國家。雖然如此，這並非一場零和賽局，因為全球化過程使得發展中國家，尤其是中國，以前所未有的驚人速度發展工業、而非農業。當他們植入了歐美的工業不穩定性，卻也因擺脫了對原始耕作（最不可靠的經濟活動）的依賴，而降低了整體的不穩定性。過去，經濟學家預測印度的國內生產毛額時，必須考慮的最大因素就是雨季的可能強度，如今這樣的日子已不再了。

平臺公司的穩定作用並非臆造，伯南克的演講中也提及易變性的計算。一九八〇年代中期起，幾乎所有工業國家的工業不穩定性都在下降，只有一個例外——日本。日本是最強烈抵制平臺公司模式的發達經濟體；多年來，將工業外包到新興市場的做法一直是管

理上的禁忌。

探討過金融危機前二十年的全球化對就業和生產穩定的卓著貢獻之後，我們再回頭檢視本‧伯南克對於大穩健最重要的觀點，即從一九八〇年代中期開始，經濟穩定的主要原因是美聯儲和其他央行貨幣政策的改善。這一點幾乎毋庸置疑，但並非完全如伯南克和其他政策制定者所描繪的途徑。

需求管理的重塑

伯南克演講的主要觀點是，大約從一九八〇年代初開始，美聯儲成功保持低通膨水準是美國和世界經濟穩定的關鍵；但央行總裁的言行不一證明伯南克的話只說對了一半。美聯儲和其他央行不僅試圖抑制通膨，同時也在做另一件——至少在第三代資本主義的觀點下——更重要、也更有爭議的事；它在貨幣主義者的處方籤中是一大禁忌，而美聯儲之類的機構自一九七九年起就聲稱會遵從之。美聯儲依照正統貨幣學派的要求，利用利率來控制通膨；然而另一方面，他們也頗為刻意地將利率當作最小化失業率並促進經濟成長的工具。

根據貨幣學派的教條，央行只要將目標放在控制通膨，就能間接穩定失業率。相反地，央行如果追隨凱因斯學派的做法，直接採取穩定失業率的措施，就會被視為犯下致命的罪行。隨著資本主義4.0逐漸成形，柴契爾—雷根那一代當道的正統貨幣主義已經被總體經濟學界的實用主義和折衷主義觀點給取代了；現在還硬要區分兩者的話，可能會被駁斥為賣弄學問的詭辯。在試圖解釋為何全球經濟自一九九〇年代早期突然進入空前穩定的狀態，以及為什麼不論危機期間有多少危言聳聽的預言，大穩健都很可能重回這個已經漸趨穩定的金融體系時，一定要搞清楚如伯南克這些中央銀行家的

言行之間的差別。

　　除此之外，在二〇〇七至〇九年的危機之後，通貨膨脹處於令人滿意的水準，而且沒有加速或下降的跡象。我們必須釐清關鍵的一點：政府和央行擬定的政策只是為了穩定通膨（並且希望失業率和經濟活動能自動調整至最佳狀態），或者是採取積極行動來刺激新的工作機會和就業率成長？

　　我們在第三章提到資本主義的最後一次轉變，是從戰後由政府主導的凱因斯黃金時代過渡至雷根和柴契爾的市場基本教義派時代，這是經濟思想上的戲劇性變化。正統的貨幣學派堅持，政府在總體經濟管理中唯一合法的角色就是控制通膨；這種想法並非可有可無的學術瑣事，而是創造社會和政治變革的新興意識型識中最精要的一部分。

　　要是沒有同時發生的經濟思想變革（或者該說是反變革），雷根和柴契爾領導的政治變革也不可能成功。就貨幣主義者所言，一九三〇年代的凱因斯主義者顛覆了十九世紀古典資本主義的經濟思想，是具有誤導性且非法的革命派。貨幣主義理論對於意識型態的影響十分重大，因為只關注通膨會造成一個政治上的必然結果：社會必須學會容忍由市場決定的失業水準，不論它飆至多高。央行和政府若採行任何刺激成長、降低失業率到傅利曼定義的「自然失業率」（編按：在沒有貨幣因素的干擾下，當勞動和商品市場自發的供需力量發揮作用時，就業應呈現的均衡水準）下的舉動，都會造成通貨膨脹的失控[6]。

　　一九六八年後，階級衝突加劇、勞工運動高漲，傅利曼提出「自然利率假說」（natural-rate hypothesis）。在這些情況下，忍受高失業率的想法很有政治吸引力，因為當時工會力量過大，似乎威脅到資本主義體系本身，而失業是唯一有效的抑制良方。但貨幣主義的主張不可避免地隱含著，政府和央行被迫放棄管理經濟需求和穩

定本國經濟的角色。

貨幣學派認為放棄需求管理無關緊要。理論上，只要政府不干預市場力量，市場經濟會自動穩定下來。不幸的是，這個理論與實際情況不符，兩次世界大戰期間的經驗以及凱因斯和其追隨者的分析都是佐證。因此，一旦政府放棄了它們自一九三〇年代起就擁護的管理經濟與控制失業之目標，將會導致經濟和金融重回前凱因斯時代的脆弱狀態。

伯南克對大穩健的貨幣主義解釋漏掉了關鍵的一點，這一點幾乎在所有經濟政策的官方紀錄中都會被漏掉，那就是從一九八〇年代中期開始，央行和政府悄悄重拾積極的需求管理方針，小心翼翼地平衡著高通膨和失業的風險。此外，央行總裁還具有凱因斯學派前輩們所沒有的兩大優勢。他們從一九七〇年代的慘痛經歷中吸取教訓，知道自己必須比從前更加重視通膨加速的風險；而且在布雷頓森林體系瓦解後，純法定貨幣意外地大獲成功，他們手裡也有了更有效的總體經濟管理工具。

由此產生了被稱為大穩健的總體經濟穩定狀態，至少持續到二〇〇七年的危機前。如果同伯南克所言，政府僅推行狹隘的反通膨政策的話，大穩健很可能根本不會出現（除了美聯儲，其他官方組織在工作目標裡也這麼說，但實際上並非如此），出現像日本那樣二十年的停滯性通貨膨脹倒是更有可能。所以從一九八〇年代起，重拾需求管理成了世界經濟中最重要的變化之一。貨幣學派的經濟思想具有圖騰般的象徵意含，幾乎可說是柴契爾—雷根時代的「創世神話」（Creation myth）；但恰恰由於這種思想的重要性，政客或央行總裁幾乎都不討論或不公開承認國家已重拾凱因斯風格的需求管理方式。本章剩餘部分將簡要探討這股勢頭猛烈的大趨勢。

一九七一年後，即布雷頓森林體系瓦解後的十年，是資本主義兩百五十年歷史中最痛楚的時期之一。這場空前的滯脹災難對政治

和商業的破壞，堪比一九二九至三九年的大蕭條時期，人們對自由放任資本主義的信心崩解。本書第一部分討論過這個痛楚的時期，也就是第一代資本主義過渡到第二代資本主義的期間。在這個時期，伴隨著政治、社會和金融市場的動盪，經濟思想也發生了劇變；一九七〇年代這次，同樣的情況再現。

自一九七〇年代起，各地的政策制定者一致形成了「凱因斯—新政」的共識，每個發達資本主義國家都開始利用貨幣和財政政策來調節經濟活動、降低失業水準。這個直到一九二〇年代才出現在經濟學家腦袋裡的思想，逐漸被視為（也許是）政府最重要的功能。二次大戰後到一九七〇年代之間，不論是美國、日本的保守政客和企業領袖，還是德國、法國和英國的工會人士及社會民主份子，都對這一思想深信不疑。

這個時期常被稱為凱因斯經濟學的黃金時代，我則稱之為資本主義2.2時期。在這段期間，人們對於經濟政策的爭論十分吹毛求疵，主要是：政府應該將失業率控制在哪一個確切的水平上。舉例來說，五〇年代和六〇年代的英國保守黨執政時期，財政部官員花了大半時間陷在一個神秘的爭論中。當時，傳統的公僕們認為最適失業率是2.3%，而主要由劍橋大學成員組成的叛逆派（編按：在此應是指當時由劍橋大學教授領頭的「新劍橋學派」，乃承繼凱因斯主義的重要分支之一）則認為是1.8%[7]，雙方各執己見，相持不下。至於美國，當時對於達到充分就業的理想也十分強烈。亞瑟‧伯恩斯（Arthur Burns）是那個時代最受尊敬和最有影響力的保守派經濟學家，他是艾森豪總統的首席經濟顧問，後來成為美聯儲主席。伯恩斯在一九四六年毫無保留地宣稱：「我們這一代的實際問題，原則上是維持就業，它已經成為、而且早該成為經濟政策的主要問題。」[8]隨後，伯恩斯在描述他和艾森豪政府都認為一定要遵循的經濟哲學時，他更進一步指出，失業率絕不能超過2.5%。在一九五

〇年代期間，一旦失業率超過2.5%，「聯邦政府所扮演的新角色肩負了維持國家繁榮的責任，就要慎重又迅速地採取大規模行動來重振人們的信心，並為經濟恢復成長之路打下基礎。」[9]

這個思維和現在的經濟政策制定者簡直大相逕庭！一九七〇年代的通膨悲劇之後，經濟思想上的貨幣主義革命抱持著一個嚴格的禁忌，即任何政府能夠穩定就業和經濟成長的主張都不可行。若是一位政客提出降低失業水準的具體目標，他就背叛了抗通膨戰爭。央行總裁寧願做點口頭文章、說些模稜兩可的言辭，也不願承認他設定的利率是為了創造就業。

即使在危機過後，通貨膨脹仍是政府唯一可以設定公共目標的總體經濟變數。央行總裁在每一次的演說裡，必定只能將焦點放在價格穩定的議題上。根據正統的官方看法，若是央行能控制通膨，那麼就業和繁榮自然會水到渠成；或者更確切地說，市場力量會自動達成目標。就算在一定程度上，央行總裁和財政部長的確為了就業和經濟成長做了些什麼，他們也必須重新包裝措辭，把它偽裝成長期的通膨目標。經濟不景氣時，央行會降低利率，如有必要，甚至會削減至零利率，就好像他們在一九五〇年代為增加就業所做的措施；然而，央行的官方說法必須是：此舉是為了防止通貨緊縮，甚至是為了**增加**通膨，而不能公開承認他們是想降低失業率或促進經濟成長。本書第十一章將會解釋這個怪異的言辭扭曲背後的經濟思維；現在要討論的重點則是，央行在大穩健時期的實際作為，以及這些動作在二〇〇八年之後會如何演變。

如果我們將焦點放在行動而非言辭上，就可以明顯看出大穩健是始於美國重拾傳統凱因斯主義的目標，如失業率最小化、穩定成長等，之後其他各國的決策者也隨之跟進。美國回到需求管理之路上，最早可追溯到一九八二年的夏天，當時歷經了三年的經濟衰退，加上墨西哥政府的破產，美聯儲意識到貨幣主義的試驗玩過火

了。第三章提到，這個時期正是資本主義3.0向資本主義3.1的過渡。到了一九九〇年代早期，幾乎所有的主要經濟體都悄悄效仿美國，重拾新凱因斯政策，微調需求以穩定成長和就業。

在雷曼兄弟破產之後，這一現象引起了空前的共鳴，欲理解其前因後果，我們必須重新審視一九八九奇蹟年。

到了一九八九年，全球化協助削弱了工會、商品卡特爾（Cartel，編按：意指由一系列生產類似產品的企業組成聯盟，通常會透過協議來控制市場價格或供給量，藉此壟斷市場）、受保護的國家獨占和其他阻礙競爭的結構性障礙，這些都是前十年引發滯脹的罪魁禍首。因此，世界各地的通膨壓力開始減小，特別像是柴契爾執政的英國和雷根執政的美國，這類最熱情擁抱新自由市場模式的國家。久而久之，低通膨的成就改變了政府、選民和央行的態度。由於價格相對穩定，政府和央行能夠重新透過利率來促進就業和成長，而不必將貨幣政策的火力全部用來對付通膨。貨幣主義者認為高失業率是穩定通膨所「值得付出的代價」[10]，但既然通膨已經降低，選民和央行便開始思考這一代價的必要性了。

直到一九八九年，一個大路障阻礙了政府重新運用貨幣政策來穩定經濟發展和就業的道路，至少發生在美國以外的國家。這個路障就是黃金的圖騰化，或者從另一個角度來說，就是對純法定貨幣幾近迷信的恐懼。

尼克森總統在一九七一年放棄金本位的決定，使得世人不知所措，正如第五章中所言，貨幣價值少了客觀或「自然」的標準，政府可以肆無忌憚地隨意印製紙幣。這是一個不可逆轉的歷史性事件，其潛在的巨大影響不亞於原子彈、青黴素或避孕藥的發明。雖然一般民眾和商務人士可能很難注意到此一變化，但諸多經濟學家和央行總裁的心裡已經起了當時無人理解的轉變。

政府突然有了隨意印鈔的自由，這點引發了人們對通膨的恐

懼；一個自然的反應就是：以嚴格的貨幣規則將政客和央行總裁們的魔手綁束起來。問題是沒有人能夠信心十足地說出這些規則應該是什麼。一九七〇年代，當通膨拉起了政治警報時，貨幣數量論認為通膨的速度或多或少和政府印鈔的速度相當，這個觀點在當時很受歡迎，因為這些規則看上去比較簡單，而且可以控制住各路政客。但再仔細端詳一下，就會發現貨幣學派的規則並不簡單。有許多方法可以衡量甚至定義貨幣，它們對於印鈔的速度應快應慢都有不同的答案，而且通常是互相衝突的。除此之外，後來出現了一個「古德哈特定律」（Goodhart's Law）：當央行以特定方法衡量貨幣並設定了一個目標時，金融市場就會很快隨之反應，或囤積、或拋售這種貨幣，因此不論這個貨幣的定義和通膨之間原本存在什麼關係，都不再有效了[11]。

　　更糟的是，美國境外的商務人士、金融家和普通公民從戰後就一直依賴和黃金掛鉤的美元，將美元視為本國貨幣價值的衡量標準，因為諸如義大利、法國和英國等國家的貨幣顯然不穩定也不可靠。這些國家的政府機構威信一向不高，人民自然懷疑本國政客能否遵守貨幣自我約束的諾言，即便有鐵律般的貨幣規則在背後撐腰。因此，在歐亞等地，人們深信本國貨幣必須和某個不受國內政客操控的外部標準掛鉤，才能取得公眾威信。既然黃金已不受重視，意味著本國貨幣得釘住某種更可靠的外國貨幣才行，通常是美元或德國馬克；但事實證明，這種方法比遵守預定的貨幣規則更不可靠，缺陷也更大。將本國貨幣釘住美元或德國馬克的國家，更容易受到貨幣投機的傷害。如果一個國家的經濟之於美國或德國來說，經歷了一個相對疲軟的時期，那麼這個國家就只能坐以待斃；因此，英國、法國、義大利和其他許多經濟體在一九七〇年代中期幾乎都是四面楚歌。當貨幣市場上投機猖獗，這些政府試圖保護本國貨幣，卻只是不斷陷入超高利率的衰退困局。（編按：假設一國貨

幣選擇跟隨美元浮動，一旦發生投機行為，美元大漲將導致該國貨幣被高估，為了維持這個匯率水平，該國就必須提高利率。然而，利率過高將削弱國內投資的意願，使得失業率上升，另一方面也會影響該國的出口競爭力，最終造成經濟衰退的局面。）

　　在這片喧囂混亂之中，後布雷頓森林體系時代最大的驚喜——也可能是資本主義強大的自我保護本能的最佳證明——就是一九七一年的危機後，全球貨幣秩序只花了短短二十年就重上軌道。

　　美國是第一個從這個混亂的學習課堂上畢業的國家，主要還是因為其全面的經濟優勢，以及長期以來的美元獨立性。如此複雜的歷史性事件，其關鍵轉折點往往很難界定，但美國這次的突圍很精準地發生在一九八二年八月二十四日，保羅·伏克爾出人意料地將聯邦基金利率從12.5%大幅削減到9%，並宣布暫停設定美聯儲的貨幣供給目標。此時，美國正經歷自一九三〇年代以來歷時最久、也最嚴峻的衰退[12]。一周之前，墨西哥政府宣告破產，隨後巴西、智利、阿根廷、菲律賓和其他許多發展中國家的政府也紛紛宣告破產（編按：一九八〇年代，拉美各國向國際金融機構舉債無數，後來為因應石油危機，歐美各國不斷提升利率以抑制通膨，使得拉美國家無力支付鉅額利息，紛紛宣告破產。後來人稱這段時期為拉丁美洲的「失落的十年」）[13]。眼看這些政府資不抵債，美國便結束了貨幣學派的試驗。自一九八二年起，美國重拾雙重使命，首先在一九四六年《就業法》（Employment Act）中提出，隨後在一九七七年的《漢弗萊—霍金斯法案》（Humphrey-Hawkins Act）中進一步解釋：「積極有效地達成就業最大化、穩定物價和溫和的長期利率等目標。」為了完整切割戰後失敗的凱因斯主義（本書稱之為資本主義2.3）和隨後浮出檯面、由雷根總統主導的資本主義3.0，中間勢必會經歷這個簡短實行嚴格貨幣主義的插曲。過渡之後，美聯儲便活力十足地重新投入它的傳統任務。

在美國之外，其他各國還晚了幾年才從嚴格的貨幣主義轉換至改革後的積極需求管理。一九九二年，英鎊退出歐洲貨幣體系的事件（編按：歐洲貨幣體系實質上是一個聯合浮動匯率制度。一九九二年，德國為因應國內的通膨壓力，逕自提高利率，造成其他歐洲國家的貨幣被拋售，匯率震盪不安。首先是芬蘭馬克決定與德國馬克脫鉤，後來義大利里拉和英鎊也因為狂跌不止，不得不退出歐洲貨幣體系，讓匯率自由浮動調整）引發了英國經濟哲學的變革，迫使英國放棄了將英鎊價值與可靠的外國貨幣掛鉤的妄想；自從一九三一年拉姆齊・麥克唐納放棄金本位制，英國財政部就一直對此股切期待。而一九九二年九月開始，英國政府有史以來第一次承擔起管理本國貨幣的完全責任，不依賴任何外部標準或其他人為工具。豈知，這次轉變卻帶來了令財政部極為困惑的驚奇結果──英鎊愈來愈強，英國也開創了三百年經濟史上最持久的成長和穩定期。

歐洲其他國家從貨幣主義轉往需求管理的道路則更間接和複雜。一九八九年，歐盟提出一個大膽的創建歐元計畫。不管是將貨幣視為一個商品，或是一個由清楚主權政府發行的通貨，歐元都是史上第一個沒有有形力量在背後支持的貨幣。許多專家認為歐元永遠不會成真，但是到了一九九四年，形成單一貨幣聯盟的進展已經協助法國、西班牙和義大利反覆出現的貨幣危機得以消除。一九九九年一月，歐元正式誕生，歐洲央行和美聯儲一樣可以自由實行貨幣政策。一開始，歐洲央行堅守德意志聯邦銀行的貨幣主義傳統。但隨著時間推移，法國、義大利和西班牙對歐元計畫的影響逐漸加大，同時德國的銀行和出口工業又逐步受制於歐元區其他國家的金融條件，所以歐洲央行的政策也就越來越貼近實際情況。到了次貸危機爆發時，相較於美聯儲或英格蘭銀行，歐洲央行提供了更多的流動性；甚至直到二〇一〇年時，歐洲央行為了避免歐元崩潰，可說是不設限地借貸給無償債能力的銀行和政府。

所以，在一九八九奇蹟年之後，各個主要經濟體的政府和央行逐漸不再只聚焦在貨幣主義反革命所強調的通貨膨脹。反之，決策者開始利用所有的經濟政策作為穩定成長和就業的工具，正如他們的前輩自二次大戰結束至布雷頓森林體系瓦解的那個時期的所作所為。經濟政策在目標和方法上的變革——特別是戰後凱因斯學派的需求管理再次流行，以及純紙幣帶來的更多機遇和挑戰——造就了此後二十年驚人的經濟穩定。

二〇〇四年，伯南克發表有關大穩健的演講時，仍覺得應該唱唱高調，聲稱美聯儲穩定就業和經濟成長的成功關鍵在於低通膨水準的維持；然而，事情的真相卻是，美聯儲和其他國家央行逐漸重拾了在一九七〇年代被捨棄的政策。如同一九五〇年代和一九六〇年代的情況，這些經濟政策旨在達到物價穩定、充分就業和穩定成長之間的合理平衡。在人們重新實行需求管理之後的二十年裡，各個央行總裁都在控制通膨和失業率的鋼索上走得穩穩當當。

這次成功一直持續到二〇〇八年秋天，雷曼兄弟的破產危機才炸熄了鋼索、安全網和馬戲團帳篷裡的多數觀眾。在得出以上見解之後，接下來該思考一下四大趨勢中最後一個、也是最具爭議的大趨勢：讓大穩健走上華麗終點的金融革命。

第七章

金融革命

不要向別人借錢，也不要借錢給別人。
因為借錢給別人，通常會使你既失去錢財，又失去朋友；
而向別人借錢，則會使你丟掉節儉的美德。

——波洛尼厄斯（Polonius）

房地產和信貸泡沫破滅之後，人們開始深信一九九○年代的風險觀念轉變，是人性貪得無饜、愚蠢透頂且毫無能力的症狀。除此之外，房地產投資的狂熱也普遍遭到嘲諷，特別是在美英兩國，被視為史上最極端、最蠱惑人心的「非理性繁榮」（irrational exuberance）。但是若從基本面來看，大部分的信貸擴張是合乎情理且不可逆轉的。事實上，信貸擴張其實是對前兩章描述的變革性經濟潮流的合理反應。

在大穩健時期，工人和公司不再像從前那樣不敵經濟循環的風險；極端一點來說，就是破產和失業。經濟循環的不穩定性降低，對於銀行家、公司和個人的財務管理都有重要影響。對於這個現象，借貸增加是一個合理且可預期的反應，所謂的房地產投機也是如此，大部分在經濟泡沫期購買房產的人其實都是非常敏銳的行動者。二○○七至○九年的金融危機塵埃落定之後，一些自詡為金融專家的人預測，即使二○○九年經濟觸底之後，房價也將繼續下滑20%，甚至50%；如今看來，如果搶在泡沫早期就投資買房的人，

很有機會輪到他們嘲笑那些預言者了。一旦將租稅優惠和自有住宅的隱含租金也納入計算，那些謹慎管理資金而不必在市場恐慌時被迫賣屋的資產擁有人，已經比大部分的股票和債券投資者過上優渥許多的日子了。

在空前的金融危機塵埃甫定之際，各方就傳出了頗具爭議的言論。人們普遍認為，瘋狂的房產投機是導致危機的元兇。此觀點也有數據可資證明。

我們先來看看據稱十分瘋狂的個人借貸。誠然，在二〇〇七年，許多國家的個人債務水準相對收入和總資產來說，比歷史上任何一個時期都要高，但這是否意味著借貸潮是瘋狂的？如果經濟成長更加穩健、就業更加穩定，利率比前幾代都要低，難道此時借貸增加不合理嗎？

工人失業和公司虧損的可能性都降低了，人們當然可以合理地承擔更多債務或降低他們平時的儲蓄水平。如果中國和日本的國民儲蓄增加，使得利率下降並持續十年的低利率水準，借貸就變得更具吸引力了。同時，若貨幣不再神秘，也不再與披著半宗教外衣的黃金掛鉤，當人們擺脫了過去以維多利亞式道德感看待債務的觀點後，債務就會被視為每日的消費品。在自由社會，成年公民都有自主決定生活方式的權利，防止他們輕率借貸的父權式規定也漸漸減少。所以，有些被指責為造成危機的金融監管鬆綁措施，實是對長期社會進步的合理且可預期的回應。

所有這些變化的結果是，人們開始使用信貸，並最終演變成更複雜的金融產品。這就是世界金融體系的故事，直到全球借貸潮的最後一年。一直到那一年，整個過程才突然變得瘋狂。

一場被視為如惡性腫瘤般成長的金融活動，直到二〇〇五年，潛藏在其背後的數字其實都還是溫和的。全球消費性負債第一次大規模增加是在一九八〇年代，主要是由於信貸的壓迫性限制取消，

比如美國的「Q條例」（Regulation Q）[1]和英國的分期付款和外匯管制[2]等等。

　　如圖7.1所示，在一九八四年（當時大部分管制都已取消）到一九九一年間，美國家戶負債占可支配所得的比例增加了三分之一，也就是從63%增加到83%。此後十年的比例一直穩定在這個水準，直到一九九九年至二〇〇五年間，這個比例才又增加了約三分之一，即從83%增加到112%（之後發生了金融危機，消費者負債在二〇一一年前期回降到這個水平）。第二階段的債務積累相較於第一階段，更像是一個全球現象，來自英國、法國、西班牙、北歐和澳洲的借款者比美國人還多。這一階段的開展是來自於另一個概括來說既合理又健康的金融過程：實質利率下降到第一階段的一半，因為當時從儲蓄過多、老齡人口眾多的國家到人民更願意消費

圖7.1　美國家戶負債占可支配所得的百分比

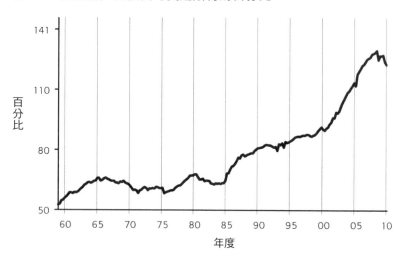

資料來源：Reuters EcoWin

和投資的國家，數萬億美元成功地在全世界循環，主要的金錢流向是從中國、日本到美國、英國。另一個相同規模的資本循環是在歐洲內部進行，即從德國、荷蘭到西班牙、希臘、葡萄牙、愛爾蘭和解放後的前共產國家。

有了這些積極活動，中產階級和小公司便有機會以過去跨國企業和富翁家族信託專屬的方式來管理資產和負債。利率風險、貨幣風險，甚至失業風險都能通過選擇權、期貨和衍生性金融商品來控制和重組。簡言之，複雜的金融產品運作被大眾化了。

既然金融創新產品不再遙不可及，那麼人們利用這些產品便是切合實際的行為。年紀大的屋主，有大房子但收入微薄，現在除了養老金之外，又多了一個收入來源，因此可以安享退休生活，而不是把所有的財富鎖定在房產上，直到去世才突然轉移到孩子手裡；雄心勃勃但收入有限的個人勞動者，現在可以抵押房產來籌措資金；新婚夫婦存款不多但前途無量，現在可以在二十幾歲就買自己的房子，而不用和父母住在一起或租房子住了。

只要不走到極端，這個行為就沒有不合理或魯莽之處。信用是市場經濟的生命線，借貸增加和信用條件的降低，是一九八九年世界經濟結構改善的一個自然且可喜的結果。

這些多出來的借貸到底是合適的還是過度的，並不是一個原則性問題，而是一個程度問題。然而，信貸是不是毫無疑問地擴張過頭了？畢竟，二〇〇一年美英的負債水準已經超過所得的100%；以媒體和政客的話來說，負債占所得的100%很顯然是荒謬的。但記者和政客有時候似乎對工人階級的生活視而不見，其實只要對這一點稍作考慮，就會發現100%債務這一陳腔濫調的荒唐之處。

幾乎所有家庭在買房子時，貸款都會超過其年收入的兩三倍——而且這種情況已持續好幾代，對資本主義體系、借款家庭的財務情況或放貸銀行都未造成損害。對大多數的一般公司和家庭來

說，債務通常都會超過其年收入的總和。甚至只是一筆為了買賓士或凱迪拉克而生的車貸，通常也會超過借款人的年收入。

在確定一個家庭或公司（甚至是一個國家，我們之後會探討美國向中國和日本借貸的情況）的清償能力或財務安全時，重要的並不是債務是否比所得多，而是債務的「售後服務」成本——換句話說，就是每個月的利息和本金償付——是否在可負擔的範圍內。反過來說，償付能力取決於利率水平和還款期限。如果利率下降三分之一，如同一九九九至二〇〇五年間，那麼債務水準提高三分之一應該並不意外[3]。

再談到債務「水準」，與還款成本相比，重要的是負債占家戶資產價值的比例，而不是占所得的比例。年收入10萬美元的家庭如果有一幢價值40萬美元的房子，就可以合理地借入30萬美元；而年收入15萬美元、房子價值20萬美元的家庭，若向銀行借30萬美元就是輕率魯莽的。任何一個頭腦清醒的銀行業務員都不會這麼把錢借出去（雖然在次貸泡沫中，許多蠢才確實這麼做）。

美國第二階段的債務積累從一九九〇年代中期開始，其中一個幾乎未被提及的事實是個人負債的增加幅度比個人資產價值的增加幅度要小。圖7.2是根據美聯儲季度資料繪製的，從表中可以看出，最上面淺灰色的曲線是家戶總資產，底部的虛線是所有的家戶負債，包括抵押貸款、信用卡債務等等，深灰色的曲線是從資產毛額中減去所有債務得出的財富淨值。從表中可知，二〇〇六年美國家庭比歷史任何一個時點都更富裕，即使將他們的借款計算在內也是如此。不僅是實質上更富裕，他們的財富相對於所得也高得多，這意味著不管以什麼財務標準來衡量，他們的清償能力都比以前更強。雖然其他國家有關財富的數據可能不如美聯儲公布的那麼準確可靠，但還是可以看出英國、澳大利亞、西班牙和大多數高槓桿的經濟體都與美國的情況相似。不論什麼情況下，只要是繁榮時期，

圖7.2　美國家戶資產和負債占可支配所得的百分比

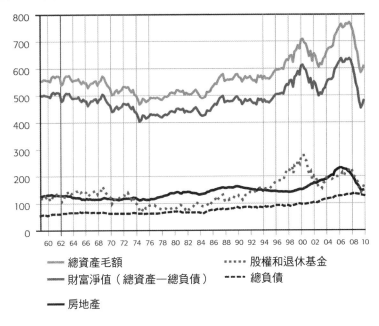

圖例：
＿＿＿ 總資產毛額　　　　　　　　…… 股權和退休基金
＿＿＿ 財富淨值（總資產－總負債）　- - - 總負債
▬▬ 房地產

資料來源：Reuters EcoWin

債務增加的速度都比財富增加的速度慢。

　　有些人反對這種演算法，聲稱美國人、英國人還有其他許多國家的民眾在繁榮期享受的財富增加其實是一種幻覺，是股市和房地產市場的短暫牛市所導致的，但他們錯了。數據顯示，即使是在二〇〇九年早期，當房地產和股票市場處於最低點時，把所有債務納入計算之後，美國家戶的實質財富是增長的；而且即使將物價和工資膨脹考慮進來，其財富也比一九七四至八五年間的任何一個時點要來得多。換句話說，就算是在大蕭條之後、兩大市場同時跌至谷底之時，美國人還是比一九八四年個人借貸開始飆升時具備更高的

清償能力。到了二〇〇九年年底，僅在危機觸底九個月之後，美國家戶的財富開始恢復，淨財富所得比率提高到六〇、七〇、八〇甚至九〇年代早期的最高水準之上。

國際情況基本上也是相同的，證明美國人並沒有輕率魯莽或肆意揮霍。二〇〇六年底之後就沒有可比較的資料了，當時大約也是全球信用繁榮的高峰期，美國的個人負債占可支配所得的比率是139%，與日本的132%和加拿大的133%相差無幾。歐陸各國的資料則稍低，如德國105%、義大利69%。七大工業國中真正的例外並不是美國，而是英國，英國二〇〇六年的個人負債高達可支配所得的175%[4]。

列舉這些資料的目的，不是要說明債務積累原本可能沒完沒了，或暗示它完全是由全球化之類的良性力量所導致的。接下來的事件將告訴我們，這是不可能也不正確的想法。欲理解危機的前因後果，光是大聲讚頌節儉的美德、貶斥債務的邪惡和愚蠢是不夠的。

借貸對家庭、公司甚至國家來說，到底是明智的還是有害的，並不是一個原則問題，而是程度問題。其他被指責為危機之因的金融過度行為，也是程度問題，諸如美國房產的瘋狂投機行為、國際資本從中國的短暫撤離，還有將傳統抵押貸款和銀行貸款證券化，變成新奇的可交易債券。

在此並不打算詳細分析最後兩個問題。債務證券化是個技術性問題，已有許多銀行人士和監管者在專業刊物裡詳細討論過。第十五章和十六章將從總體經濟和地緣政治的角度探討全球金融失衡的問題。可以說，全球經濟統一之後，大量資金自然會從高速成長但有政治風險、金融不發達的亞洲國家流向美國國庫券，這是世界上最穩定、政治上最安全的資產。和消費借貸增長的問題一樣，這個現象並不是原則問題，而是程度問題。同樣地，將銀行債務轉換為

可交易債券也是個穩固的點子，多年來在許多市場上都運作良好；再一次，這並不是原則問題，而是執行上的問題。查爾斯‧莫里斯（Charles Morris）的《萬億美元大崩盤》（*The Trillion Dollar Meltdown*）和吉蓮‧郜蒂（Gillian Tett）的《傻瓜的黃金》（*Fool's Gold*）等著作都對此作了分析，雖然其內容有時和鋪天蓋地的宣傳詞語有所出入（郜蒂那本書的副標題是：貪得無饜如何打碎夢想、破壞全球市場，並導致一場災難）。

另一方面，房地產投機問題值得關注。對普通人來說，房價要比資產證券化或全球重回均衡更實際。然而，對於房地產在危機中到底扮演何種角色，這方面的公開討論卻是既膚淺又充滿了誤導。

從小報標題到學術文章，所有關於危機原因的解釋都理所當然地將美國危機爆發前持續多年的房價飆漲視為有史以來最大的金融泡沫之一。普遍的說法是，利令智昏的美國屋主受到不負責任或心術不正的銀行人士蠱惑，將房價推向瘋狂的水準。據說，這股不合理的繁榮熱潮幾乎讓每個美國人鬼迷了心竅，更遮蔽了先前發生過的任一金融泡沫，像是一九九〇年代的網路泡沫或日本的房地產泡沫。一般認為，美國房地產投機狂潮正是導致雷曼兄弟破產後的經濟危機規模之大的根本原因。

此一觀點為史上最大的金融危機提出了令人激昂的解釋，而且在道德上使人振奮。任何一位屋主一看就能明白，但這個解釋顯然是錯誤的。

泡沫破裂前幾年的房價暴漲，以歷史標準衡量還算溫和的了；美國市場就算在高峰期，也是世界上最不貴、膨脹水準最低的市場之一。美國房價從未像其他許多國家在雷曼危機前那樣達到極端，更不用說日本在一九八〇年代的超高水準了；正如第四章提到的，日本東京的一座花園估價甚至比整個加州還高。同時，房價一度飆高的英國，在危機之後，房價也驚人地快速回穩。這暗示了趨使房

價上漲的因素不僅是投機潮，背後應該有更為持久的力量。

全球部分地區房價上漲的根本原因和本章討論的長期經濟趨勢有關，而且由雷曼兄弟開啟的金融混亂一旦得到控制，這些基本因素很快便重新顯現出來。以下是傳統房地產和信貸資料中很少提及的可靠數據：二〇〇六年，美國房價達到峰值，比二〇〇〇年年初上漲了67%~92%（取決於所用的指數）。以美國平均房價指數來說，整個七年的繁榮期裡，房價年成長率大約為10%；在同一時期，美國國內生產總額平均成長率為6%，人均所得成長率為5%。所以在整個泡沫期，房價的年成長率大約比可支配在房產上的所得成長率高出5%。以其他金融泡沫的標準來衡量，這一差距和基本面相比是適度的，而且也沒有持續很久。

相對來說，持續時間較短的房地產市場繁榮期遠未能製造泡沫，它其實可以被視為過去二十年蕭條後的復甦。如圖7.3所示，其中的資料是基於全美地產經紀商協會（National Association of REALTORS）月度房屋銷售價格指數（美國最可靠、最悠久的房價指數），從一九六八年到二〇〇九年的四十一年之間，美國房價基本上相當於人均所得的七・二五倍，不論是向上或向下，都無長期趨勢的跡象。

但是，在這四十一年裡，有些大規模週期性變動的確存在。第一個就是隨著通膨開始，一九七〇年代的房地產價格暴漲。一九八〇年代早期，在伏克爾實行貨幣主義的階段，利率奇高、經濟衰退。從一九八四年開始，復甦的勢頭又受到一九九〇年儲蓄和貸款危機的阻隢。在此之後，房地產市場的冬眠期開始。淨效應就是從一九八一年到一九九五年的十四年間，房價相對所得下降了25%。從一九九五年到二〇〇五年的十年間發生的情況恰好相反。二〇〇六年，房價飆升，超過前一個高峰，二〇〇九年又大幅滑落到前一個低谷之下。

圖7.3　美國房價占人均所得比

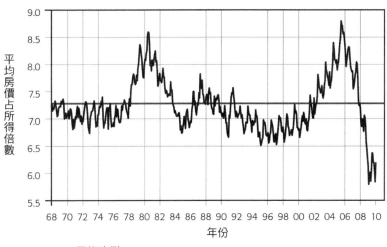

資料來源：Reuters EcoWin

　　國際上的情況也相差無幾：美國房地產市場的繁榮不足為奇。在危機前十年，美國是除了德國和日本[5]之外的主要經濟體中，房價上漲最慢的國家。據國際貨幣基金在二〇〇九年年末的報告，二〇〇〇年至〇六年英國房價增速比通膨增速要高50%，法國是60%，西班牙是80%，而美國僅35%（見圖7.4）。

　　收入增長、人口分布和土地供給等根本的價值驅動因素證明，美國房地產市場並沒有超出常態。在全球房地產投機高峰期，由美國房價占個人所得比可以看出，美國房屋的基本估值超過其長期均值12%。在英國、法國和澳大利亞，這個估值標準超出均值40%，而丹麥、荷蘭、西班牙和愛爾蘭的房價則比正常水準高出60%。

圖7.4　房價的上漲和隨後的下跌（以百分比計）

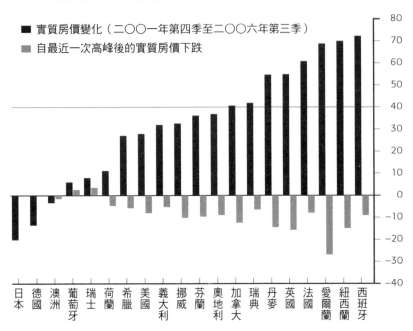

資料來源：*IMF World Economic Outlook*, September 2009, p. 102.

　　那麼，也許美國房產泡沫並不體現在價格上？也許是建築業輕率的過度擴張才導致了真正的問題，從拉斯維加斯到邁阿密海灘，空置的住宅社區和公寓比比皆是。新建房屋的增加實際上比其價格的上漲更加極端。雖然僅二〇〇五年一年內，建築投資就占了美國國內生產毛額的6.3%，但是仔細觀察就可以發現，不論以歷史或國際標準來衡量，美國建房熱潮都再正常不過，不足以成為後來泡沫破裂的原因。

　　美國建築工人在二〇〇五年建造了兩百一十萬棟房屋。這個數字比一九九四年的週期性高峰高出43%，看上去增長幅度很大。但

是建房熱潮在二○○五年的峰值其實和一九九四年前的三個週期峰值很相似：一九八六年是一百八十萬，一九七八年是兩百萬，一九七二年是兩百四十萬。此外，美國人口同期間也迅速成長了。相對於人口數，二○○五年的建房熱潮比一九八六年和一九七二年分別低了10%和40%。

如果美國人真想看看何謂真正的房產泡沫，他們應該將目光越過大西洋，轉到歐洲去。二○○五年美國房價比上一個週期高出43%時，西班牙的數字是280%。接下來西班牙房產泡沫破裂，後果無比嚴重，也就不足為奇了。二○○九年九月，西班牙有新建待售房屋一百一十萬[6]。美國人口是西班牙的八倍，國民所得是西班牙的十五倍，新建待售房屋只有二十五‧一萬[7]。

那麼為什麼大家都相信美國房產泡沫是史無前例、舉世無雙的金融瘋狂？為什麼人們一致認為美國消費者和屋主的魯莽行為是全球資本主義體系幾近崩潰的潛在原因？

部分原因來自於美國經濟的絕對差異性，造成各地情況落差很大。對內華達州、加州和佛羅里達州來說，這的確是一場浩劫，但德州和大部分中西部地區基本上都未受影響。一九八○年代的情況則恰好相反，當時嚴峻的房產危機侵襲德州，而東部和西部海岸卻幾乎毫髮無損。媒體討論總是走在極端上，誇張的頭條新聞和誤導性的資料通常會奪人眼球；但即使是在拉斯維加斯等地，房產價值的膨脹也沒有以前的過度金融泡沫來得瘋狂。一九九九年的網路泡沫化，美國線上（AOL）和雅虎（Yahoo!）等公司市值比其年利潤高出百倍，而許多一夜之間消失的小公司從未賺過任何利潤，卻價值數億美元。

在此之前，美國房地產熱潮從未如此失控。所以，美國房地產重挫的巨大影響肯定不只和先前形成的泡沫規模有關。要理解究竟發生了什麼事，我們必須分辨清楚：什麼是房地產和金融市場長期

趨勢的驅動因子；什麼是凌駕這些趨勢之上的週期性現象。接下來兩章將討論金融週期之環，但在此之前，我們必須解釋清楚四大趨勢是如何永久地改變了房地產和金融市場。

房地產和金融市場的四大趨勢

　　一九八九年開始的全球房地產牛市之最根本原因是低通膨、經濟穩定和全球化導致的利率持續下降。因為大多數人買房子都要靠抵押貸款，所以利率就成了推動房價的有利因素。因此，一九八九年後，大趨勢對利率的影響勢必造成全球房價飆升，因為家戶和銀行都意識到低利率已經成為生活中的永久事實。

　　房價飆升和金融監管鬆綁，這兩者的結合還有更深層的結構性影響。如前所述，金融監管鬆綁意味著房地產投資可以隨時透過抵押貸款市場轉換成現金，所以人們若想動用一部分的房產資金，就不必再出售或出租房屋了。相反地，他們可以利用房屋淨值貸款和其他資產增值抵押貸款以獲得資金。房屋過去被視為固定資產，也就是說拿房屋換錢很難，不僅代價很高，也很不方便；而有了這個新工具之後，房屋突然有了流動性。

　　這種理想的新金融工具將房屋變成最具吸引力的投資，比債券、股票和其他資產更受歡迎。自然而然地，房屋價值節節上升，很快就高於前幾十年作為固定資產時的價值了。

　　雖然如今政客和媒體可能會譴責以房產作抵押借款的行為，將其視為不負責任和輕信，但這種做法其實是很合理的。中產階級不過是開始利用原本只適用於政府、公司和官僚的金融標準，也就是以「永久債務」來籌資；只要每月按時償還利息，就永遠不必支付本金。

　　從一九九〇年代中期開始的房價上漲期，信用大眾化的結果大

致上是良好的。金融革命推動了全球化，而全球化進程使各國更加富裕和穩定，也使經濟發展的利益惠及世界上許多最貧窮的國家。在發達國家中，特別是美英兩國，信用擴張幫助它們擺脫了將近二十年的經濟衰退、消除了階級鬥爭，使得普通人也擁有一點掌控自己命運的能力。許多人不再沿襲父母的生活方式，在工作之餘，也可以更平衡地安排所得和消費。

當然，資本和信用的分配出現了一些重大錯誤。市場力量將投資引向位置錯誤、價格錯誤的房子，將借貸導往沒有能力償還貸款的民眾。但市場總會犯這樣的錯誤，通常它可以藉由試錯法來緩和問題，雖然給一些公司、金融機構和輕率的借款者帶來嚴重損失，對整個資本主義體系卻不會造成永久破壞。

那麼到底是哪裡錯了呢？答案很簡單——危機爆發後曾一度受到關注，但它值得更多的重視——就是「樹高不過天」。雖然本章討論到，管制取消、全球化和成功的需求管理會將借貸水平推高到幾十前年的正常標準之上，這是很合理且無可避免的結果，但並不意味著借貸可以永無止境地增加下去。即使將世界經濟中健全的新興趨勢考慮在內，總有一天，債務負擔也會無法持續。如果這時泡沫仍舊不停膨脹，那麼之後必然會破裂。

為什麼在泡沫破裂之前，銀行人士和監管者不停止借貸呢？究其原因，部分是因為銀行家和決策者已被貪婪心性給吞噬、被意識型態給矇蔽、被遊說團體給收買了；但主要原因是艾倫·葛林斯班常掛在嘴邊的一句話——沒人知道謹慎借貸的界線在哪裡，也不知道該如何確定。當他還是美聯儲主席時，大家都一致同意他的說法，而等到他退休以後，大夥兒又反過來一致嘲笑他的觀點。世界經濟已被前一章描述的大趨勢改變得面目全非，不可能提前得知維持債臺不垮的水平在哪。在這個新世界裡，何謂正常，何謂可持續，都不能再以過去的標準來衡量了，例如幾十年前流行的平均負

債水平（Average debt level）。

再舉個例子，沒人能夠判斷在二〇〇五年時，僅付利息的做法和反向抵押貸款（Reverse mortgage，編按：這是指房屋所有人在一定年歲之後〔如六十五歲〕，可將房產抵押給金融機構，由該機構每月支付固定額數的養老金給這位抵押人，直到他過世為止。之後，抵押房產歸債權人〔即受理貸款的金融機構〕所有）已經過頭了，或者仍在健全的擴張期，因為這些工具都未曾存在，或未向一般大眾開放。在二〇〇六年，如果有人問負債占所得的90%、100%或120%，哪個才是自然上限，這個問題就如同在一九九六年問，手機和網路用戶達到一億、十億還是五十億，哪個才是自然上限；也就像在一九五六年問，美國家庭最後會擁有一台、兩台還是四台電視機一樣。當新產品和新服務湧向市場時，根本不可能對需求的可持續上限作出預測。

這種內在的不確定性正是預言二〇〇七至〇九年危機的專家們被忽視的原因，也難怪他們會遭人忽視了。二十年前，每次看到資產價格或信用水準超過他們眼中的上限，這些人就會喊「狼來了」——或至少會高呼「非理性繁榮」。而每次，他們眼中的「狼」最後都被證明只是溫和的「拉布拉多犬」。

在大多數情況下，這些末日先知只是拒絕承認一九八〇年代結構性變革之後，人們對負債和資產價值有了新的態度；他們僵化地否認這些事件對資產估值或市場運作的影響。「這次不同了」越是明顯，他們就越要堅持「什麼都沒變」。所以，金融界對這些人所謂的「狼來了」充耳不聞，是可以理解的反應。

不幸的是，這些過早拉響的警笛最後總是變成假警報，借款人和貸款人從原先的自信滿滿到揚揚得意，最終演變為狂妄自大。而金融泡沫也越來越不可能自動消泡，達到合理平衡的狀態。銀行人士、監管者和消費者最大的失誤再一次被艾倫·葛林斯班料中。他

們的錯誤就在於，認定雖然有時經濟會過熱，但市場肯定比政客或監管者更能控制自身行為造成的風險。

投資者並不比葛林斯班或任何人聰明，他們都不知道什麼是合理的家戶負債、金融槓桿和房價上漲的上限。世界變化之大，不管是銀行家或監管者都不能作出判斷。更糟的是，銀行家也沒有誘因去恣意判斷信用擴張的上限，要是他的對手認為上限還沒有達到，他們就會損失生意。所以，花旗集團（Citigroup）總裁查爾斯‧普林斯（Charles Prince）惡名昭彰的評論在整個金融危機中變成了諷刺的副歌：「音樂戛然而止……事情就複雜起來。但只要音樂還響著，你就得起身跳舞。我們還在舞著。」[8]

儘管普林斯說了這話之後備受譏笑，但一年後另一位頂尖銀行家作了幾乎相同的坦承，而此時花旗集團的災難已盡人皆知。這一次告解是關於毀了中歐經濟和銀行的過度外匯借貸：「短期外匯借貸是個麻煩事，要是維持長期就成了糟糕事。借貸歐元是有罪的，借貸其他貨幣就是罪孽深重。但只要其他大銀行承作這個業務，我們也得做，否則就沒飯吃。」[9]

凱因斯對銀行家的評價是最貼切的了，他說：「唉，『穩當』的銀行家並不是預見危險並懂得躲避的人，而是即使搞砸了，也要照慣例和他的同事們一起搞砸的人，這樣就沒人能夠責怪他了。」[10]

這個明確的歷史教訓，不僅應該是葛林斯班所熟悉的，也應該是每一個資本主義國家的每一位金融監管者和央行總裁所熟悉的，面對房地產和消費金融市場的根本驅動因子發生空前變化，監管者應該體認到，金融市場不可能控制自身的過度行為。市場能出色地利用人類的能量和創造性去解決誘因和制度上的問題，卻不能指望市場在面對新事件時，能自動調整它們。新的誘因和制度性結構必須由外部的政治決策介入，強加於市場之上。危機過後，這一點顯得非常明顯，好像都不必多說了。然而，對於資本主義3.3的市場

基本教義派者來說，「在建立規則和誘因時，公共政策有時能做得比市場更好」這個觀點是他們無法接受且感到荒謬可笑的。

監管者不可能猜到家戶負債的合理上限。他們若不願意停止這個有利於社會和經濟發展的進程，實屬無可厚非，但這並不意味著他們就毫無用處了。比如，當他們意識到信用如果繼續擴張下去，金融泡沫很可能會破裂，就應該有所作為來減緩信用擴張的速度，同時迫使銀行持續提高準備金。

但市場基本教義派者不願面對這個兩難處境，他們相信市場會設定自身的上限；市場發展越自由，越能管好自己。巴尼・法蘭克（Barney Frank）事後曾說：「規則之所以被打破，是因為掌握規則的人本身就不相信規則。值得讚揚的是，艾倫・葛林斯班承認了這一點……當他有權力管理次級信貸時，他拒絕管理，因為他根本不相信管理。」[11]

當負債水準過高時，銀行沒有停止放貸，這並不是市場的失敗，而是沒能明白市場本身能夠做到什麼；沒能理解市場只有在政客和官員打造的一定政經背景下才能運轉，才能對不同誘因作出反應；沒能理解銀行的運作必須依賴國家保證的經濟安全，因為政府代表整個國家，它比銀行的管理者和股東更關心金融穩定。

完全依賴市場的自我節制，這種意識型態上的決定肯定會遇上麻煩。信用貸款和房地產的熱潮毫無疑問地會發展過度，直至盛極而衰。早在一九八〇年代，喬治・索羅斯在他提出的反射理論中便闡明了原因。即使在正常時期，興與衰也是金融市場的自然特點；在激烈變動的時期，新科技或政治、社會上的轉變會使興衰變得更加極端。從一九八九年開始，驅動世界經濟的各種趨勢交會就是這種歷史性變革的極佳例子；因此，這個現象也可能造成興衰循環。支持自由市場的意識型態既是這場歷史性變革的原因，也是其結果；但金融家、經濟學者和政客沉醉其中，沒能意識到最強大的長

期趨勢有可能產生最極端的後果，進而造成最嚴重的興衰循環。正如索羅斯所言[12]，因為自由市場看起來如此成功，人們便過分相信這場成功背後的政經理論；所以，一場意識型態上不尋常的興衰循環便附加在這場其實平凡得很的金融和房產興衰循環之上了。

在一場完美的風暴中，浪潮會將颶風刮起的巨浪掀得更高；同樣地，信用的擴張和自由市場意識型態的膨脹也在相互強化。在二者的作用下，整個世界都對金融市場明顯的內在不穩定視而不見，對金融家和投資者則深信不疑，不管他們的舉動多麼不合常理——也因此，監管者和政客只要任由市場發展，就能滿足公眾利益。正是這個毀滅性的錯誤將原本可能只是正常的興衰循環變成了一場大災難。要想究其原因，並了解這個經驗可能在危機後如何形塑資本主義，我們就必須仔細探究反覆發生的金融週期之環。

第八章

金融之環

嚴格地講，現在就和一九二九年一樣，唯一的問題是一九三○年的
大蕭條會不會隨之而來。

——喬治·索羅斯，一九八七年十月，次貸危機爆發前二十年

全球市場的崩潰將造成後果無比嚴重的災難性事件；但我覺得，比
起現今體制的苟延殘喘，前者的情況還比較容易想像。[1]

——喬治·索羅斯，一九九五年二月，次貸危機爆發前十二年

艾薩克·牛頓（Isaac Newton）爵士不僅是世上最偉大的數學
家和科學家，他還在一六九九至一七二七年擔任皇家鑄幣局
（Royal Mint）局長，在此期間發生了南海泡沫事件，這可能是金融
史上最臭名昭著的經濟興衰期了。牛頓以他的超群智力，輔以如今
所謂的內線消息，選擇了投資南海公司。一七二○年四月，他認為
股價漲得離譜了，就變現了所有股份，贏利100%；但是聰明如牛
頓，也馬失前蹄了。同年六月，他認為自己低估了南海公司股價的
潛力，於是將之前投資獲得的所有收益又投了進去，再借款追加了
大筆資金。三個月後泡沫破裂，牛頓2萬英鎊的畢生積蓄損失殆
盡。以如今的消費價格換算，相當於500萬美元；如果和十八世紀
英國的平均工資相比，更相當於9,000萬美元[2]。牛頓從公眾視線中
消失，很快離開了倫敦。他有句名言，將他對金融界的憤慨發洩出

來：「我能計算天體的運動，卻算不準人類的瘋狂。」[3]

（編按：南海泡沫是歐洲早期三大經濟泡沫之一。當時南海公司是一個協助政府融資的私人機構，它們提出「南海計畫」以股票換國債，大眾信心滿滿地追捧。在一七二○年初，它的股票僅128英鎊；到了七月，已上漲至每股1,000英鎊。同時間，市場上又出現一堆招搖撞騙的「泡沫公司」。當人們發現不對勁並開始瘋狂拋售股票後，南海公司的股價一路重挫到年底的124英鎊，其他股要價格也受到拖累，數以千計的股民血本無歸。）

反覆出現的繁榮和蕭條，自資本主義誕生後就一直影響著此一體制，每幾十年就會出現金融恐慌，每一兩代都會出現像南海泡沫和雷曼兄弟倒閉這樣的大危機。在南海泡沫和荷蘭十七世紀的鬱金香狂熱事件出現之前，金融恐慌就常常造成經濟混亂，對金融強國來說尤其如此。這樣的經濟混亂嚴重到能壓倒——至少是暫時壓倒——最強大、最有利的歷史趨勢；但從長遠來說，進步之箭總是會穿過金融之環。考量二○○七至○九年金融危機的長期影響時，辨明驅動事件發展的循環性力量和結構性力量十分重要。

一般認為，二○○八年九月十五日那天，全球金融體系的幾近崩潰代表了世界經濟結構的永久性改變，尤其是對美國和英國等金融霸權來說。因為這場危機，這些國家鋪張浪費、揮霍無度的日子將一去不復返。雖然經過政府刺激和存貨需求等暫時性的循環力量推動，可能會出現某種類型的復甦，但在槓桿過度的盎格魯—撒克遜經濟體中，「新常態」將和二○○七年普遍認為的「常態」大不相同。

換句話說，減少負債和限制開支是如今主導後雷曼經濟時代的主要長期趨勢，而推動復甦的力量，如極低的利率、亞洲的強勁發展、反彈的資產價格和全球貿易都只是暫時的循環性因素。

至少這是危機主張的標準模式。兩大備受推崇的傑出金融家喬治‧索羅斯和穆罕默德‧伊爾艾朗各自的專著《索羅斯帶你走出金

融危機》（*The New Paradigm for Financial Markets*，聯經出版）和
《大衝撞》（*When Markets Collide*，麥格羅希爾出版）雄辯滔滔地證
明了全球金融體系的崩潰預示著全球資本主義的結構會永久調到低
檔。喬治‧索羅斯是世界級對沖基金經理，穆罕默德‧伊爾艾朗則
是全球最大的債券投資公司「太平洋投資管理公司」（Pimco）的
總裁。伊爾艾朗創造了一個詞「新常態」來描述在去槓桿化和消費
疲軟的長期趨勢中掙扎的美國經濟長期低迷的形勢。索羅斯讓「市
場基本教派主義」（Market fundamentalism）一詞流行起來，並提
出了因誤導人的意識型態和金融過度而吹起的六十年大泡沫最終會
在九月十五日破裂，世界將從此不再一樣。

　　本書想證明危機永久地改變了全球資本主義。但前幾章的論點
又表明這場變革的本質和索羅斯與伊爾艾朗的預測可能存在天壤之
別。

　　第五章表明從一九九○年代開始，世界經濟一直由四大長期趨
勢推動：亞洲崛起、全球化、凱因斯需求管理重生帶來的大穩健以
及金融革命。儘管金融革命現在被危機打斷，也可能被永久地扭
轉，但前三股趨勢仍十分強勁，甚至可能更勝從前。

　　就算金融自由化和信用擴張永遠不再，美國、英國、西班牙和
其他高槓桿國家的預期緊縮政策應該也頂多維持個幾年；所以，借
貸消費的減速不太可能會長期壓制全球化和需求管理的力量。更具
爭議的是，這場危機造成金融界的命運大逆轉，卻不一定會永久地
改變趨勢，本章和下一章將就此展開論述。二○一○年開始的金融
復甦證明了，危機不過是一個正常的循環過程。索羅斯明確指出市
場基本教義派受到意識型態的影響過大，理念也無法有效發揮作
用，這使得危機被超脫現實地誇大了。

　　簡言之，對於危機前因後果的標準說辭將趨勢和循環的運動方
向給說反了。傳統觀點認為長期的結構性趨勢多年來把世界經濟推

向愈來愈危險的地帶。這些趨勢，特別是金融部門的趨勢和美中兩國的失衡，在二〇〇七年變得無法繼續。隨著一九八九年至二〇〇七年間的長期趨勢受到翻轉，傳統推論是認為世界將會遭受長達幾十年的結構性解體。根據先輩的智慧，即使循環力量使得二〇一〇年和二〇一一年的經濟出現暫時性反彈，這個結構性解體還是會持續下去。

但是這個對於當代世界經濟的解讀是否只是表面說得通而已，尤其什麼是結構性的永久變化，什麼又是循環性的短暫過渡？在這個標準模型中所假定的趨勢—循環關係是否不太可能和它們真正的關係呈現對立呢？

筆者認為，從一九八九年開始的四大趨勢中的三大趨勢勢頭仍然強勁，本次危機也很有可能推動這三大趨勢。但從二〇〇五至〇九年，這些趨勢卻被空前劇烈的循環所壓倒。這個循環是由金融失調導致的，金融失調加深了經濟繁榮和蕭條的程度。週期性的金融崩潰，再加上第十章談的政治上管理不善，壓倒了有利的長期趨勢，但其發生作用的時間短得可憐。

決策者控制住二〇〇九年金融危機之後，世界經濟長期的上揚趨勢開始繼續發揮作用，經濟復甦得比任何人預料的都要快，在二〇一〇年持續有令人驚奇的表現。這意味著，人們以為新常態的特點是長期滯脹、大規模失業，而復甦僅是暫時的循環性脫軌，事實卻可能是相反的。也許，新常態將是大穩健的延續；畢竟，隨著全球化進程的加速，大穩健在危機前才不過二十年的時間。同時，人們也會發現原來循環性脫軌就像是搭了一趟狂野的金融雲霄飛車。簡言之，傳統觀點可能將趨勢和循環混淆了，就像把聲音和話筒混淆了一樣。

聲稱每一代最成功、最有思想的金融家之中，有些人可能誤解了極端金融循環的特質，而顯得目中無人。但歷史一再證明，這的

確是常有之事。如果事實證明無誤，那麼索羅斯和伊爾艾朗就能躋身偉人行列，至少與牛頓不相上下。

第二部分一開篇就講到，投資者箴言「這次不同了」是英語裡最昂貴的五個字，也提到所有金融榮景的出現都是因為人們深信世界已經面貌全改。這使得我們有理由懷疑在金融市場一片繁榮之時的誇誇其談。但人們經常忘記，在金融市場哀鴻遍野之際，也不能丟掉這種懷疑精神。在繁榮時期，人們都承認非理性繁榮的可能，但幾乎沒人承認這個邏輯的另一面「這次不同了」在蕭條期也是極危險的誤導性口號。

身處危機中的悲觀失望很可能比繁榮時期的興高采烈更誇張、更虛偽。原因有二：第一，恐懼是比貪婪更加強烈的情緒，至少在短時間內如此；第二，任何市場經濟的自然情況都是擴張，資本主義體系的自我保護本能十分強烈，幾乎是就像生物的本能。所以，在衰退期要想證明「這次不同了」，想證明情況發生了一些獨特、空前的變化，我們需要提出比繁榮期更有力的證據。為了說明這一點，我列舉出一些美國主流報紙在蕭條行將結束之際刊登的文章：

> 毫無疑問地，現在的經濟情勢是自大蕭條以來最差的。
>
> 今年停滯的經濟成長將使得這三年成為大蕭條以來最糟的一次衰退。
>
> 銀行業陷入了自大蕭條以來的最低點。
>
> 自大蕭條以來最差的零售銷售紀錄。
>
> 本次危機是一九三〇年代大蕭條以來，對白領階級造成最大打擊的一次。
>
> 經濟復甦乏力預告了今後這段時期的經濟情勢將是大蕭條以來最差的。

你要問了，這些引用有什麼特別的呢？畢竟，我們都知道二○○八至○九年的危機**正是**自一九三六年以來最嚴重的一次，所以出現灰心喪志的論調也是理所當然的；然而，事實並非如此。所有這些文章都不是在二○○八年或二○○九年發表的，而是在一九九一年年初刊登的。而一九九○至九一年的經濟衰退遠非「自大蕭條以來最嚴重的」，只能說是史上最溫和、持續時間最短的衰退，而且這些文章還沒刊登出來，衰退就停止了。此外，這些愁雲慘霧的預言（經常偽裝成對當前情勢的事實描述）發布之後，便迎來了史上最大的牛市和持續十五年的經濟發展。

市場和金融家將暫時性的興衰起伏誤讀為永久性的結構變化，進而將循環週期推斷為長期趨勢，這種事情自資本主義誕生以來就層出不窮了。最著名、最荒唐的例子，如鬱金香狂熱和南海泡沫，都在現代資本主義體系的萌芽期就發生了；但從這些事件中，有關趨勢和循環之間的相對重要性，人們卻一直錯誤解讀。

過去的泡沫總是被用來證明人類的不理智，特別是人類的利慾薰心、不顧經濟現實、片面看待金融情勢。但其實這些事件真正揭露的是，即使早在金融市場一片瘋狂之時，這個不理性的繁榮就能反映出長期的技術和政治趨勢上最真實、最巨大的變化。相反地，在接下來的衰退期，灰心喪志往往只是週期性現象。經濟景氣時的信心過度催生了不可持續的信用，而各種形式的愚蠢、腐敗和欺騙則煽動了一場典型的衰敗；但泡沫破滅之後，通常要付出極大的公共代價來清除這些金融的斷瓦殘垣。促進繁榮的長期趨勢傾向於自我強化——最終也常會擴張到連樂觀的投機者都無法想像的地步。

一開始由基本的經濟成長驅動，而後又被金融過度操弄的興衰循環中，最近期、也最為人所知的一個例子，即一九九○年代的網路狂熱。雖然諸如微軟、思科（Cisco）、亞馬遜（Amazon）和英特爾等公司的股價，在十年之後仍沒有爬回二○○○年春季的荒唐

水準，而且可能再也回不到那般輝煌了，但網路、移動通信和電算能力的發展，已經證明了繁榮時的樂觀預期是合理的。這些新興科技對世界經濟每一環節的影響，顯然已經比一九九九年的任何預期要來得深遠。我們甚至可以對鬱金香狂熱和南海泡沫也作出如此結論。

　　一球鬱金香的價錢足以買下當時最富有的城市阿姆斯特丹的一排連棟別墅，這話聽上去就知道有多麼瘋狂了，但在當時的歷史背景下，似乎又顯得稀鬆平常。鬱金香狂熱象徵著史上第一個自由企業資本主義經濟的誕生。

　　在十七世紀早期，一五六八至一六四八年的「八十年戰爭」（Eighty Years' War）中，荷蘭國內以清教徒為主的布爾喬亞階級試圖擺脫固執封建的西班牙王權。戰爭打到十七世紀早期時，氣勢從西班牙轉向了荷蘭；而且在一六〇二年，趁著西班牙和葡萄牙的軍力逐漸下滑，荷蘭公民成立了荷蘭東印度公司（Dutch East India Company），並很快地壟斷了歐亞之間的貿易。一次絕佳的商業機會現形了，荷蘭因此獲得金融上的支持，建立世上第一個重商資本主義國家。這可能是世界經濟史走到當時，所發生過最重要的事件了。理所當然地，荷蘭的各種資產市場接二連三出現牛市；直到一六三〇年，鬱金香市場也「牛氣沖天」。

　　鬱金香讓投機者得以間接但有效率地參與荷蘭這場所得與資產價格暴漲的勢態。他們都希望在荷蘭的榮景中分一杯羹，而鬱金香只是一個極端的表現罷了。最終，鬱金香球莖在還沒有發芽的時候，就已經透過期貨契約被交易了；就像次貸泡沫中，人們對他人的抵押品簽下投機契約。十七世紀，荷蘭的金融結構建立在人們對於鬱金香價格會永遠上漲的假設上，最終無可避免地崩潰了；就像一波資產抵押證券的熱潮，也是出於人們對於拉斯維加斯的公寓價格抱持不斷上漲的期待，終究在二〇〇七年破滅了。

　　然而，一六三七年的鬱金香泡沫破裂並沒有終結荷蘭的經濟霸權。在鬱金香狂熱之後，整整一個世紀的時間，荷蘭在全球商業、金融業和製造業等各個領域都獨領風騷。直到十八世紀初，另一個崛起中的資本主義國家和西班牙交戰之後，占據了更誘人的商業優勢，也終結了荷蘭的全球領導地位。這場戰爭就是一七〇一至一四年的西班牙王位繼承戰爭（War of the Spanish Succession）。

　　這次，西班牙被萬寶路公爵（Duke of Marlborough）領導的盎格魯─荷蘭聯軍打敗，形成商業和地緣政治上的絕佳機會，比上個世紀東印度公司抓準的機會更好：壟斷大西洋上幾乎所有的貿易。在那個年代，大西洋貿易主要包括了非洲、歐洲和墨西哥、祕魯的西屬殖民地之間的奴隸、白銀和黃金運輸，另外也為了開發北美殖民地而互通有無。獨占權是由聲名狼藉的英國王室授予位於倫敦的南海公司，一七一一年南海公司的成立象徵著英國的竄起，成為領導世界的經濟霸權。

　　正如鬱金香狂熱一樣，此次經濟條件的結構轉型引發了一場暫時性的金融繁榮──南海泡沫。一七二〇年泡沫破裂，詐欺和政治腐敗表露無遺，毀掉了英國許多知名公司和貴族家庭。正如牛頓的體悟，再精明、再善於謀算的人也敵不過泡沫的破壞力。金融摧毀的本質是一致性、無所區別的，也許正是如此，南海泡沫和鬱金香狂熱經常被視為金融市場超脫現實的絕佳案例。查爾斯・麥凱（Charles MacKay）的《異常流行幻象與群眾瘋狂之惑》（*Extraordinary Popular Delusions and the Madness of Crowds*）可能是金融史上最著名的一本書，而書名就直白地表達了這個觀點。

　　南海泡沫和幾乎同時在巴黎破滅的密西西比公司泡沫（編按：當時密西西比河流域受法國殖民，這間法國公司專門在此進行貿易、開發等活動。雖然營運狀況不好，股價卻飆漲到發行價的四十倍以上。它和南海泡沫、鬱金香泡沫並列當時的三大經濟泡沫事件），真的只是非比尋常的幻

覺而已嗎？如果跨大西洋貿易在一七二〇年代達到頂峰；如果美國注定成為全球生產力低落的窮鄉僻壤；如果英國的海事和經濟力量被西班牙或荷蘭比下去，而不是相反；如果相較於農業，歐洲的金融和貿易無情地衰退；等等以上假設如果都成立了，那麼答案就是肯定的。無論如何，將牛頓和其他投機者推向瘋狂的歷史趨勢距離消亡還遠得很呢。南海泡沫非但沒有終結英國的經濟主導地位，還只能算是其崛起成為全球金融霸權的小小絆腳石而已。

在鬱金香狂熱之後，荷蘭金融體系躲過一劫，繼續稱霸世界經濟一百年。與此相同，英國在一七二〇年的危機過後，經濟很快地復甦。跨大西洋貿易和投資美國經濟的收益——南海公司和密西西比公司懷揣的白日夢——可遠遠超越利慾薰心的投機者所作過最狂野的夢。

這幾個歷史案例並不能證明二〇〇七年經濟危機之前，房地產和衍生性金融商品的投機者是對的。事實恰恰相反，雙層擔保債務憑證（sqared-CDO，編按：擔保債務憑證是將一堆抵押品包成一個商品，再推到證券市場上流通；而雙層擔保債務憑證，就是以其他債務憑證擔保的債務憑證，往後甚至還有三層、多層擔保債務憑證）的購買者和寵物網站Pets.Com的投資者以及南海公司本票的購買者一樣愚蠢，他們將血本無歸。但購買者的愚蠢不能被視為美英經濟結構上的衰敗，就像荷蘭人盲目投資黑色條紋的「永遠的奧古斯都」（Semper Augustus）球莖一樣，其反映的不是荷蘭經濟的隕落，而是投資者無從處理或無從評估——特別是在早期階段——荷蘭的經濟基本面的驚人變遷。

同樣地，過去二十年間，世界經濟真正根本的長期變化最終將是促進經濟欣欣向榮的大趨勢，而二〇〇七至〇九年的經濟危機只是週期性金融過度的暫時表現。下一章將論述的是，二〇〇七年經濟衰退的幕後推手是循環性力量，而非結構性力量，而政治管理不善又將衰退擴大成了空前的金融危機。

第九章

永遠的興衰

我們再也回不到過去的興衰期了。

——戈登・布朗，英國首相

二〇〇七年三月，英國最大的抵押銀行

北岩銀行（Northern Rock）發生擠兌的六個月前

自資本主義出現以來，金融的繁榮和衰退就令經濟學家困惑不解並深深著迷。所以，當雷曼兄弟倒閉後幾個月，我們這一代遇上最大的金融危機時，各種解釋蜚短流長的現象並不令人意外：從中國的儲蓄過多到美聯儲的政策失誤，從腐敗的政客遊說到人類深不可測的心理狀態。不過，還是艾倫・葛林斯班的話一語中的：首先是「非理性繁榮」，然後是「傳染性貪婪」，最後是「震撼性懷疑」。

雖然這些不同解釋的支持者之間總是劍拔弩張，他們卻都有可能是對的。金融循環的每一個理論都有其獨到之處，具有排他性；但資本主義 4.0 實事求是的精神警示我們要防範錯誤的兩分法，即如果一種觀點是正確的，那麼其他所有觀點必定是錯誤的。

興衰循環的理論

沒有一個嚴肅的金融循環理論可以聲稱完全掌握了事實，也沒

有多少理論是明顯錯誤的，即使是看似矛盾的理論也不例外——比如說，奧地利學派的自由經濟思想與政府導向的凱因斯經濟模型可以同時有效。當代學術風氣也許會要求所有經濟理論都要嚴格地避免自我矛盾，但事實總是更加複雜。金融循環的重大理論應該被視為互補而非互斥的，在此前提之下，對興衰循環因素的三種思想加以探究會很有幫助，每一種思想都可以被細分為幾種（通常衝突，卻不一定不相容）學派。

投資傾向

　　路德維希・馮・米塞斯（Ludwig von Mises）提出的奧地利模型（The Austrian model）是由極端的投資波動驅使，其肇因是先低於而後高於某個自然利率（編按：當資本的供給等於需求時，市場出現的均衡利率即為「自然利率」，它相當於人們對於資本的預期收益率）的利率。就崇尚自由經濟的奧地利學派看來，利率的波動是無能的政府和央行干預導致的。一個時期利率過低（常常出於政治原因）就會引發信用熱潮，在這個時期，投資受人為刺激，資金都流入報酬低的專案中，會導致大規模的錯誤投資，比如品質差的房子之所以能找到買家，只是因為受到了信用熱潮帶來的非自然條件的影響。當浪費性投資最終將利率推高到自然利率之上，結果勢必是信用緊縮和經濟衰退。這時，僅靠過度信用和人為低利率推動的投資和商業繁榮就勢必走向破產。危機隨之而來，但最終市場會回到平衡，資本也會被分配到效率更高的專案中[1]。

　　這個清算階段過後，真正自由的市場經濟將重返正軌。但政府和央行在清算時期總會恐慌，繼而將利率再次降低到自然利率以下，以刺激貨幣供給。這種人為的刺激，尤其是在持續時間很長的情況下，將不可避免地引發另一場信用熱潮，循環重新開始。這個分析明顯地打動人心，對本能地反對任何政府干預自由市場行為的

自由主義者來說，尤其如此[2]。然而在現實世界裡，這種奧地利學派的論點，即提倡讓蕭條順應自然地發展，就能「滌蕩體系中的朽爛」（Purge the rottenness out of the system）[3]，自一九二九至三二年的災難性經驗之後，全球沒有任何政府採用過。

　　凱因斯學派解釋的重點也是關注投資，但結論卻與奧地利學派相反。凱因斯學派的解釋是，投資波動主要是由商業情緒和預期利潤的變動以及利率所引起的。凱因斯認為，商業預期可能會受「動物本能」的影響，動物本能反映了技術或地緣政治、社會條件的變化，以及貨幣政策的變化。樂觀時期往往會引起投資熱潮，因而增加了經濟中的資本，加速了生產。最終，經濟的潛在產出超過消費，商人的預期利潤就會反轉，投資減少。這就開啟了循環性衰退[4]。

　　然而，凱因斯的循環並不是對稱的，因為投資急劇減少會造成大量失業，降低收入，消費也隨之減少。這會更加抑制商業預期，造成更多失業和更少消費；結果是，市場陷入自己無力逃脫的惡性循環。所以，雖然在經濟景氣時，市場能夠自我調整，但在衰退期可能就不行了。這時，政府支出和借貸，加上直接提供信用，將資金注入經濟體內，可能就是避免蕭條持續的必要手段了。這也正是G20元首高峰會在二〇〇九年四月得出的根本結論，當時他們紛紛採取各項措施，刺激經濟復甦，敦促銀行擴張信用。

投資者心理和不確定性

　　在聖路易州的華盛頓大學工作的美國經濟學家海曼‧明斯基（Hyman Minsky）於一九六〇年代時就宣稱，長期的經濟穩定會導致人們對金融的過度信心、推升槓桿、誇大風險承擔、增加債務負荷。自一九八〇年代起，明斯基的理論就被學界忽略，直至二〇〇七年危機爆發後，才又獲得重視，不僅是媒體，世界各地的央行和

財政部門也一致關注。明斯基的「金融不穩定假說」（Financial Instability Hypothesis）的一個關鍵特色就是，經濟穩定會鼓勵銀行創新。當經濟條件非常好時，銀行就會開始接受低品質的資產作為抵押，也會找到新的途徑貸款給過去不曾接受的高風險借款人。這些過程終將變得不可持續。但重要的是，槓桿的消除並不是一個將體系循序漸進地恢復到平衡狀態的過程，這點和主流經濟學的思想相去甚遠。

相反地，當借款人開始產生債務問題時，銀行就去查封作為抵押品的資產，但這些資產再也不值原來的價值了，許多資產也不可能以合理的價錢售出。這時，流動性恐慌隨之而來，因為沒人願意購買銀行急於脫手以保持清償能力的投機性資產。一旦銀行的清償能力受到質疑，儲戶紛紛兌現，銀行會被迫賣出更多資產，進而將價格壓得更低。隨著這個過程持續下去，整個銀行體系都將面臨崩潰，除非政府出面擔保或以其他手段支持銀行。這個循環的轉折點，也就是當借款人突然意識到他們過分樂觀、高估資產價值之時，通常被稱為「明斯基時刻」（Minsky Moment，編按：即資產價值崩潰的時刻）。典型的例子是一九九八年的俄羅斯政府債務違約（編按：由於金融管理不當，投資人對俄羅斯政府漸失信心，資本大舉逃離。該年八月盧布大貶，2,810億的政府負債也宣布延期償還）和對沖基金危機（編按：這是一九九七至九九年的亞洲金融風暴）[5]。許多分析人士聲稱，二〇〇七至〇九年的信貸危機很顯然就是一次「明斯基時刻」。

喬治·索羅斯的反射理論可以視為對明斯基的金融不穩定假說和凱因斯的動物本能理論的概括。索羅斯強調人們的認知和被認知事件之間的相互作用，將明斯基和凱因斯的思想放在不同的哲學基礎上考慮。索羅斯認為，借款人和貸款人失算，是因為現實和人類認知之間必然存在差距。人類思維包括兩個不和諧的潛在因素：認

知功能，想要理解現實[6]；操控功能，想要改變現實。這兩個功能可以相互牴觸。

　　認知和操控功能的相互牴觸造成了兩個問題：第一個是人類知識——認知功能——總是不完美的，所以市場預期總是錯的，至少在一定程度上是如此；第二個問題，也是這個理論的核心問題，即當現實受到思維的影響時，對未來的預期就會改變現實，而新的現實反過來又會改變預期。現實和預期之間這種相互作用，就是索羅斯口中的「反射性」，也能造成類似明斯基所描述的興衰循環。

　　索羅斯的理論認為，實際情況和標準的經濟學理論正好相反，金融市場根本不會反映最準確的未來預期，然後自動進入平衡狀態。想像一下房價持續上漲一段時間後的情形，可能是因為它正在從上一個蕭條中復甦。房價上升使人們對於未來房屋的需求信心過度，銀行也更喜歡借款人用房子當抵押品。抵押貸款的可行性增高，會推升人們對房子的需求，進而使房價上漲；如此一來，原先人們的樂觀態度顯然就很合理了。所以，金融預期改變了人們本來預測的現實——而這個現象又反過來改變了金融循環的進程。當樂觀的投資者發現他們的預期都成真了，就會將價格推得更高，刺激更多抵押貸款和房地產需求，如此使得房產所有人和銀行的樂觀情緒顯得更加合理。

　　索羅斯的反射理論將這個簡單的例子普及應用到各種情況中，包括經濟和政治基本面的預期脫離現實，復而影響現實。改變後的基本面會再次強化初始預期，創造出永續的循環，可能將一個經濟體或甚至是整個社會，往不平衡的狀態推去。最終的情況是，預期將變得極端、不切實際，反射過程再也不能有效操控基本面——索羅斯將這一點稱為「真相時刻」（Moments of truth）。在金融市場上，這個詞義同於「明斯基時刻」；在這個時點上，自我強化的機制將會反轉——由繁榮走向蕭條。

　　索羅斯在其著作和演講中，以反射理論分析了許多極端和意料之外的事件，包括蘇聯的解體。在二〇〇七至〇九年的經濟危機爆發時，他巧言地說，純粹的金融興衰循環與自由市場精神中更大的循環相互結合，從一九七〇年代末到危機前，撤銷管制的現象擴張到了極端。金融和政治經濟思想的兩個循環過程是彼此強化的：當金融領域的欣欣向榮使得政府放鬆監管力道，而監管的鬆懈則反過來使金融市場更加有利可圖，政治上也更具影響力。索羅斯認為，金融和政治過程的交互作用，以及對彼此的反射性影響，吹起了一個超大泡沫，最終在二〇〇八年空前嚴重地破裂了。

　　行為財務學（Behavioral finance）融合了傳統經濟學和實驗心理學的觀點；隨著艾倫・葛林斯班在一九九六年的演講[7]中創造「非理性繁榮」一詞後，行為財務學成了興衰循環的流行理論。幾年後，耶魯大學的經濟學教授羅伯特・希勒（Robert Shiller）出版了暢銷書《葛林斯班的非理性繁榮》（Irrational Exuberance，時報出版），書中論及金融不穩定是各種形式的不理性行為的結果。當三個月後，科技股泡沫破裂，此一觀點遂大為流行。

　　行為經濟學家討論並在金融實驗中所展示的不理性要素，包括了羊群效應（Herd instinct）、過分自信和錨定效應（Anchoring）。錨定效應是指，人們在對某個事件作出定量判斷時，會運用自己注意到的任何神奇數字和趨勢，就算這些數字和趨勢與他們試圖預測的事件沒有一丁點合理的關聯。羊群效應和投射偏差（Projection bias）在解釋繁榮期的不理性樂觀和蕭條期的不理性悲觀時，看似十分簡單可信；但不同於其他認為金融市場存在內在不穩定性的循環理論，行為財務學將從眾現象視為暫時性，而且也許是可以避免的脫軌行為。這個行為觀點比較不會挑戰到傳統經濟學的基本假設：市場一般是經過理性計算後才會行動；長期看來，也總是能夠

自我穩定。

　　二十世紀的權威數學家貝諾‧曼德伯（Benoit Mandelbrot）在一九六〇年代發展了混沌理論（Chaos theory）。這個理論影響了生物學、氣象學、地理學和其他複雜體系的研究，他更花了三十年的時間證明混沌理論也適用於金融市場（編按：事實上，曼德伯提出的是「碎形」，為混沌理論中重要的一環。利用碎形的概念，可以進一步研究金融市場的脈動，對於技術分析有很大的幫助）。現在的監管者、信用信評機構和簡單的金融機構所使用的傳統風險模式是立基於現代投資組合理論，而曼德伯的研究計畫幾乎顛覆了大部分現代投資組合理論的數學假設。

　　曼德伯在其二〇〇四年出版的大眾書《股價、棉花與尼羅河：碎型理論之父揭開金融市場之謎》（The Mis-behavior of Markets，早安財經出版）中作了分析，從數學角度論證了基於效率市場和投資者理性預期的標準統計模型不可能正確。假設上述模型是有效的，一九八七年的股市崩盤和一九九八年的對沖基金危機根本不可能發生，哪怕在宇宙誕生以來的一百五十億年裡都不會出現一次[8]；但事實上，雷曼兄弟倒閉之後，如此極端的事件又發生了四起。納西姆‧塔雷伯（Nassim Taleb）在《隨機的致富陷阱》（Fooled by Randomness，時報文化出版）和《黑天鵝效應》（The Black Swan，大塊文化出版）中將曼德伯的觀點發揚光大。這些書籍和其中反映的數學研究證實，金融價格沒有「常態」分布[9]，市場也比傳統模型預示的存在更多風險。這就意味著在雷曼兄弟破產前，銀行家、監管者和信評機構採用的所有風險管理方法都有巨大缺陷，而如此持續下去必然會造成巨大損失，導致金融體系的全面瓦解。雖然一些複雜的對沖基金利用混沌理論的數學原理，在交易中獲利頗豐，但主流經濟學家和金融監管者卻幾乎都忽視了它，主要是因為混沌

理論對新古典經濟學和效率市場的傳統模式太具威脅了。

所得分配

　　後凱因斯學派（Post-Keynesian）和新馬克思（Neo-Marxist）學派經濟學家都宣稱，金融危機最深層的原因是國民所得在工資和利潤之間分配的變動。波蘭經濟學家米哈爾·卡萊茨基在一九三〇年代的研究比凱因斯的研究還要早很多，在他的具開創性的思想基礎之上，後凱因斯劍橋學派（編按：這是承繼自凱因斯主義的重要分支之一，因為採取了與新古典學派〔即劍橋學派〕對立的觀點，又被稱作「新劍橋學派」或「後凱因斯學派」）經濟學家——瓊安·羅賓遜（Joan Robinson）、傑佛瑞·哈科特（Geoffrey Harcourt）、尼古拉斯·卡爾多（Nicholas Kaldor）、羅賓·馬里斯（Robin Marris）和羅伯特·羅森（Robert Rowthorn）——注意到，雖然工人往往會花掉所有收入，但是從公司利潤中獲益的企業家和投資者卻總是將所得的大半儲蓄起來[10]。後凱因斯學派認為，發達資本主義的所得分配一般是參照利潤，而非工資。究其原因，部分是因為技術進步和壟斷，部分是出於政治原因，比如限制工人組織。

　　所得分配越來越不均，獲利能力越來越高，導致越來越多的國民所得流入「花的比賺的少」的資本家手中。同時，普通工薪族被迫減少存款，越來越依賴舉債來維持生計。在這種情況下，維持經濟成長的唯一方法就是政府主動投資刺激需求，銀行系統擴大提供對窮人和信用較低者的貸款。只要信貸擴張能刺激足量需求，經濟就能持續運行，就業水準也得以保證；但如果所得分配繼續不利於勞工，工人就無力償還貸款。一旦他們拖欠債務，金融危機就不可避免了。在後凱因斯經濟體中，所得分配越來越不均，總是在消費不足引發的衰退和債務拖欠導致的金融危機之間搖擺。許多凱因斯學派的經濟學家批評歐巴馬政府的經濟政策，其中的左派，比如保

羅‧克魯曼（Paul Krugman）、羅伯特‧萊許（Robert Reich）、詹姆斯‧加爾布雷斯和約瑟夫‧史迪格里茲就和劍橋學派有著密切聯繫。

　　以上幾種理論都用盤根錯節的細節告訴我們金融如何發展過度，為何任何市場經濟都會出現危機，為何危機後的波動有時會曠日持久、影響巨大。各學派對危機進行分析時，主要目標就是對這些理論進行裁定，但在不同程度上全盤接受所有理論，看來是較明智的做法。

　　也許整個金融循環的最佳解釋是奧地利學派、索羅斯和明斯基理論的綜合，再加上曼德伯提出的「統計缺陷擴大了金融不穩定」之說，以及索羅斯提出的超級泡沫中存在的政治偏見。同時，以「新凱因斯—馬克思學派」的方法最能有效解釋次貸熱潮的深層原因，以及美中之間貿易不均現象和市場基本教義派的盛行。

　　就像明斯基的解釋，大穩健帶來的長期穩定抑制了金融風險，所以出現了索羅斯所說的金融預期改變，造成羊群效應和現實世界的反射變化。同時，亞洲儲蓄過剩導致的低利率刺激了奧地利學派所說的不當投資（編按：該學派認為，政府的擴張性貨幣政策會吸引人們往高價商品市場進行生產與投資，直到最終發現供過於求，才知道自己做了不當投資），以及明斯基預測的金融創新過度。依照卡萊茨基和新凱因斯學派的預測，所得分配越來越不均會使得低收入族群的信用度越來越低；儘管如此，投資不當和過度創新還是會發生。同時，金融市場的繁榮加上索羅斯描述的超級泡沫，透過反射過程造成人們對市場的信心過度，進而改變了政治現實。從長遠看來，本來不該起作用的監管過度鬆綁似乎真的在布希當政時期的市場基本教義派操行下，在美國成功運作了幾年。結果人們對市場更加過度地自信，盲目相信金融市場能自動有效地解決所有經濟和社會問題。在

這樣的幻覺下，政客和監管者都不願承認政府對金融市場的監管是必要的。更糟的是，在金融危機開始時，他們也沒能明白市場競爭的自動穩定機制和本來應該理性發揮的自利動機已不再有效。在那時，政府干預是阻止系統性崩潰的唯一方法，但決策者不願採取行動，直到一切已無法挽回。

如此看來，似乎所有金融循環的理論都能對二○○七至○九年經濟危機的特點有所啟示。那麼為何這些理論都成了「非主流」，無法融入主流經濟學的觀點中呢？除了耳熟能詳的「非理性繁榮」一詞外，為何監管者和政客的演講中幾乎從不提及金融興衰循環的必然性呢？

答案很清楚：在第三代資本主義時期當道的是一般均衡理論；若依照定義，任何有關金融循環的重要理論都和它牴觸。主流經濟學家理所當然地認為金融市場天生穩定，會自動走向均衡，而不容易從繁榮跌入蕭條。過去十年，這些觀念完全主導了經濟學界，即使現實世界的金融波動已愈來愈極端。第十一章會就這一點進行詳細描述。在此要強調的重點是，任何金融循環的重要理論都必須處理一個在經濟學界和公眾生活中一度被認為是最重要的問題，但資本主義3.3的市場基本教義派卻故意視而不見。這個問題就是：金融市場天生不穩定的原因何在？

為何金融不同於其他任一商業活動

所有關於興衰循環的解釋，其核心主題就是未來的不可預期性，這也是金融與其他經濟活動相比，之所以與眾不同——且更不穩定——的原因。任何金融體系的首要目標就是將今日所作的決定與許多年後、甚至幾十年後的事件聯結起來。儲戶、投資者和公司都必須「立刻」決定該存多少、花多少、建不建工廠和採用哪項技

術，但所有決定都是基於對未來的觀點——這些觀點，在大多數情況下，只能靠直覺、希望和恐懼來決定。

在非金融商業活動中，根據供給需求的可衡量變化，市場價格會相應地作出合理調整。但在金融市場上，價格主要受人們主觀預測的影響，比如對許久之後的預測，而未來通常又是不可知的，甚至在概率上也很難作出判斷[11]。現代經濟學家有時候會佯稱自己克服了這個問題，他們假設金融家都是透過計算未來概率來作決定，就像現在一般的商業活動在計算即期盈虧的方式。以概率分布取代可觀察的事實，不能解決不確定性的問題，只是掩蓋了真正的問題而已，就像騙子表演的把戲一樣。計算概率在保險業和日常銀行業務中也許行得通，但在許多情況下，概率是無法估量的。近期事件就是絕佳的明證。

兩架飛機在一小時內分別撞上紐約雙子星大樓的概率是多少？美國不費一槍一炮就能讓蘇聯解體的概率是多少？美國政府突然決定放棄支持那些「大到不能倒」的金融機構，其概率是多少？

商業活動主要涵括了類似這些無法計算但更平庸的問題，它們關乎未來，但就是沒有答案，甚至連可能性有多高都無法確知。接下來的一百年裡，某人發明出比可口可樂更流行的飲料，其概率是多少？這肯定是將近100%，但我們可以說一九一〇年時應該也是100%。根本沒有任何理性的方式可以作這類的評估。一九五〇年代早期，國際商業機器公司（IBM）的主席湯瑪斯・約翰・華生（Thomas J. Watson）到底有沒有說過那句廣為流傳的名言——「全球電腦市場的需求大約只有五台」（There will be a worldwide market for maybe five computers.）[12]——沒人說得清楚，但有一點是明確的：即使到了一九八〇年，也沒有人敢說電腦銷量會超過汽車銷量的一到十倍[13]。

金融內在的不可預測性意味著金融市場中大部分的重要價格

——利率、匯率、股價和房價——幾乎永遠不會正確反映當下的經濟情況，也不太可能刺激正確的投資和儲蓄以維持市場均衡。大多數時候，失誤會相互抵銷，或透過正常的市場競爭，快速地自我修正。但更常發生的狀況是，金融市場會陷入混亂，過度貪婪和過度恐懼交替發生，造成興衰循環。這是不是意味著金融循環是病態和不道德的呢？短期內，貪婪和恐懼的交替無疑會造成損失和經濟波動，也讓沒有涉足金融界的無辜民眾蒙受痛苦；但從更長時間的歷史觀點來看，金融循環可說是在資本主義體系的演化中扮演了重要角色。

畢竟，貪婪和恐懼並不是非自然或不正常的情況；自然的選擇有充分理由將這些情緒深植於人腦中。亞當‧斯密犀利地洞察到：貪婪——說得好聽點是私利——是不斷驅使人類改進物質世界的創造性力量。正是貪婪推動了進步之箭，且不只在經濟領域。在中國哲學中，「陽」的創造性原則和「進取」「獲得」有關。在政治上，馬基維利（Machiavelli）指出，「榮譽」是推動領導者建立豐功偉績的力量源泉，促使他們代表民眾，而非僅為自己「做大事」[14]。但是，不論是為了追求物質享受還是政治榮耀，貪婪都必須有所節制，所以恐懼才具有發展價值。恐懼——又稱作「謹慎」「審慎」，或中國陰陽觀念中的「陰」——對於人類成功的作用不亞於野心和貪婪。

正因為如此，才需要反覆的金融週期之環來抗衡和控制進步之箭。事實上，箭與環的交互作用也許是資本主義體系進步和發展的必需要素，就像對利潤的貪婪和對破產的恐懼是工商業適應和提升的必要條件。

但有時候，可能每個時代會發生一次，當貪婪和恐懼的鐘擺盪過了頭。這時候，市場經濟之外的政治力量就必須加以干預以調和金融循環。政府和監管者必須有權力和自信去修正和駕馭市場信

號。他們必須肩負起管理經濟活動和就業市場的責任。為免發生監管失敗，他們必須隨時準備好支持金融體系。

美國政府拒絕體認這些責任和義務，他們的做法在二〇〇八年九月十五日幾乎摧毀了全球經濟。歸根到底，造成史上最大金融危機的元兇並不是美國房地產熱潮，不是銀行無休無止的貪婪，也不是美聯儲或中國的貨幣政策，而是布希政府和推波助瀾的經濟學家拒絕體認政府在現代資本主義經濟中的重要功能。本書下一部分將就這個問題展開討論。

Part 3

市場神話的自我毀滅

　━━━　○○七至○九年的經濟危機是一場週期性事件，這種危機會
　━━━　有規律地打斷金融史的進程。是什麼將這種普通的興衰循環
轉變為史上最大的金融危機呢？既不是房地產市場的繁榮，也不是
貪婪的銀行家，更不是愚蠢冒失的借款人，在以往的經濟週期中，
這些因素早已司空見慣。二○○七至○九年經濟危機的獨特之處是
美國政府扮演了重要角色，確切地說是美國政府拒絕發揮重要作
用。布希政府沒有意識到政府對現代金融體系發揮的穩定和支持作
用有多麼重要，使得全球銀行都瀕臨倒閉，也使世界經濟陷入了一
場空前的災難當中。

　　反過來看，美國政府的過錯不是普通的失誤，也不是疏忽大
意，而是出於對經濟學的錯誤理解，是經過思考後犯下的錯誤。更
確切地說，促使美國政府拖延懈怠，並在危機關鍵時刻犯下致命錯
誤的，就是喬裝打扮成經濟學理論的自私政治意識型態。這種政治
意識型態讓政客、銀行家和監管者產生了幻覺，以為全球金融體系
既穩定又高效，只要政府不插手，全知全能的市場就可以解決所有
問題。在兩代人之前，凱因斯就曾寫下這樣一段令人信服的話：

　　　認為自己不受任何學者影響的實踐者們，往往受制於一些已
　　故的經濟學家。掌權的狂人們自稱可從虛空裡聽取神意，但他
　　們的狂亂想法不過是從若干年前學術界的某個不入流作家的思
　　想中提煉而來。無論對錯，經濟學家和政治哲學家們的思維都
　　比我們想像的還要強大。如此看來，確實是少數人統治世界。[1]

　　現實生活中，凱因斯所謂的這種認為自己不受任何學者影響的
謙遜實踐者，就是二○○六至○九年擔任美國財政部長的亨利・保
爾森。令人驚訝的是，這場金融風暴過後，人們很少提到保爾森的
失職責任。

第十章

金融危機的真正元兇

所謂共和黨人，就是那些覺得政府不管用，
因此讓自己當選來證明這個論點的人。

——歐羅克（P.J. O'Rourke）

　　二〇〇八年九月十五日的雷曼兄弟破產事件猶如一次心臟病發作，將原本病情嚴重但仍可控制的次貸危機演變成全球經濟的瀕死狀態[1]。雖然在這個不祥的日子之前，許多銀行和借款人的經濟狀況十分糟糕，但情況似乎有所好轉，而且尚未失控。二〇〇七年早期的信用緊縮雖然棘手，但當時仍被視為正常的循環性調整，不過就是和以前一樣，逆轉銀行的過度放款和房地產的過度投機而已。世界經濟表現出驚人的適應能力，全球的決策者和投資者用行動表明，他們真的認為最糟的時期已經過去了。經濟仍在增長，房價依舊穩定。由於擔心中國和其他新興經濟體的經濟成長過快，油價一度飆升至每桶150美元，但在油價回穩之後，消費者和企業都再次重拾信心。那年夏天，大多數經濟學家和商人最擔心的不是信用緊縮，而是先前油價飆漲可能引發的通貨膨脹。

　　雷曼兄弟倒閉前，國際貨幣基金首席經濟學家奧利維爾·布朗夏在危機前兩周對經濟前景做了低調的合理評價：「我認為，如果油價保持穩定，我們就能以較小的代價抵禦金融風暴。」[2]

　　那麼，是什麼因素使原本正常的興衰循環演變為史上最大的金

融危機呢？本章的重點，可能也是本書最具爭議的內容，就是討論引發這場金融危機的元兇。不是因為監管者愚蠢、不是因為銀行家貪婪、不是因為房地產投機者目光短淺，而是因為一個人對局勢下了一連串的錯誤判斷——他，就是美國財政部長亨利‧保爾森。

　　就像性格決定政治和戰爭的成敗，性格也關乎經濟的興衰。邱吉爾取代張伯倫（Chamberlain），列寧（Lenin）推翻克倫斯基（Kerensky），拿破崙解散督政府（Le Directoire），面對這些事件，人們都相信性格能改變歷史。正如在戰爭和革命中的情況，個人在經濟危機中扮演的角色也同樣重要，因為在這些關鍵時期循規蹈矩無法解決問題。當傳統規則不能有效地引導人們走出危機時，經濟決策者就不得不像將軍和革命領袖一樣，憑據直覺和個人魅力來處理難題。成敗取決於決策者的膽識、說服力和個人判斷，而在二〇〇七至〇九年的危機中，決策者卻將一個儘管糟糕但還算正常的金融循環搞砸，成了史上罕見的金融災難。

　　這場危機最不可思議的一點，就是美國政府的領導力與判斷力完全失靈。因此，本章的研究重點是這個要為重大錯誤負責的人——亨利‧保爾森。儘管保爾森之前曾擔任高盛集團首席執行長（可能也正是因此才導致了這次錯誤），但事實證明他是美國史上最無能的經濟決策者。唯一能與之匹敵的，可能要數一九二一至三二年的財政部長安德魯‧梅隆了。

　　保爾森名聲在外，沒人敢譴責他。更確切地說，由於他在高盛的輝煌過去，經濟危機前後都無人懷疑保爾森的金融理解力。不過客觀地回顧一下歷史紀錄，我們就能發現，雷曼兄弟倒閉前後，美國政府作出的重要決策大多是反其道行之，結果弄巧成拙，很多時候這些決策根本就不正確，而且會釀成惡果。

　　法國財政部長克莉絲汀‧拉加德（Christine Lagarde）是這次危機中少數聲譽提升的決策者之一，她形容保爾森對雷曼兄弟作出

的決策「令人髮指」，而且是個「真正的錯誤」[3]。美聯儲前任副主席艾倫・布林德（Alan Blinder）則說，保爾森犯了一個重大錯誤，並且強調「許多人當時已經指出這一點」。那些老練的決策者、金融家和商人私底下對保爾森的評價更露骨。但出於某種原因，保爾森「令人髮指的重大失誤」遠不及美國政府在伊拉克和阿富汗問題上遭受的嚴厲批判，而美國為軍事失誤付出的代價其實還低於這次經濟失誤。

　　本章將填補這塊真空地帶，不但要探討雷曼兄弟破產的問題，還要分析導致雷曼兄弟破產並進一步擴大危機的政策失誤。人們普遍認為，雷曼兄弟破產後的經濟蕭條是一種必然結果，沒有雷曼兄弟的倒閉，也會有其他導火線。事後看來，幾乎所有經濟學家和分析師都認為，就算雷曼兄弟不倒閉，也會有其他事件加速世界經濟危機的爆發，因為在十年的放縱和貪婪之後，必然會經歷一段痛苦的思考期，而這也是一種道德上的需要。

　　本書的觀點卻有所不同。經濟危機並無「必然」或「道德需要」可言，用必然和道德需要來解釋經濟事件毫無意義。雷曼兄弟危機和隨後的餘波絕非天意，而是一系列可悲的事故。這場危機是本可避免的決策失誤導致的惡果。而這些不幸都有一個共同點，即美國財政部長徹底誤解了資本主義體系，特別是沒能理解政府在金融市場中扮演的重要角色。

　　要說高盛前主席不懂金融市場，顯然不大合情理。各方矛頭都指向了高盛集團，特別是在金融危機爆發以後，但如果將高盛和金融失職掛鈎顯然有失偏頗。人們對保爾森持有的這種不理智的判斷，足以打消評論家批判他決策失誤的念頭。雖然有一些詳細紀錄是關於保爾森解決危機的混亂方式[4]，但尚未有人批判保爾森決策時所持的經濟原理。哪怕只回想一分鐘，也能看出保爾森的政策有多荒謬。

　　在質疑將軍、國防部長和其他所謂戰爭專家的軍事策略時，民主社會的態度實在是咄咄逼人。那麼，為什麼媒體評論家和政客，還有那些縱情酒色、埋頭看報，只會紙上談兵的將軍會被前高盛主席釀成的金融苦果嚇得說不出話呢？我們是否該因此而假設，成功的銀行家在處理金融危機時，比起成功的將軍計畫攻打塔利班和越南，作了更完善的準備呢？歷史告訴我們，答案是否定的。

　　知名金融家採行災難性經濟決策的例子，和將軍發動毀滅性戰爭的例子一樣多。事實上，美國曾經有過一次金融政策失誤，其嚴重程度不亞於雷曼兄弟危機，而那次危機中恰好也有一位和保爾森一樣失算的決策者。

　　當時的情況是：一九二九年華爾街大崩盤之後，美國約三分之一的銀行破產。傅利曼後來指出，美國政府選擇清理整頓銀行體系，而不救助那些被擠兌的銀行，是導致大蕭條的根本原因[5]。這次失誤主要應歸咎於安德魯‧梅隆，那個唯一能與亨利‧保爾森競逐美國最差財政部長頭銜的人[6]。

　　一九二九年大崩盤後，梅隆堅持推行銀行清理政策，該政策不但愚蠢、囂張、極具破壞性，還引發了後來的大蕭條。美國前總統胡佛在其自傳中寫道：「財政部長梅隆率領的『放任清理派』……認為政府必須袖手旁觀，要讓經濟滑坡、自生自滅。梅隆只有一個信條：『清理勞動力，清理股市，清理農民，清理房地產……這樣就能洗淨經濟體系的膿包。人們會更努力地工作，更有道德地生活。人們會調整價值觀，沒有能力的人也會變得更有上進心。」[7]

　　令人不可思議的是，梅隆也是一位傑出的金融家，當時他的名氣甚至比現在的保爾森還要大。在任職美國財政部長前的三十年間，梅隆是美國第二大金融機構梅隆銀行（僅次於摩根大通）的負責人。梅隆是那個年代最富有的金融家，一九一三年老摩根（Pierpoint Morgan）去世時，梅隆晉升為最權威的金融家[8]。不過和

保爾森一樣，梅隆既不是合格的經濟學家，也不是頭腦清醒的政治家。梅隆擅長的是做買賣（保爾森也是如此），他利用無與倫比的商業人脈實現絕佳的產業聯合兼併，比如美國鋁業（Alcoa）、西屋電氣（Westinghouse）、羅克韋爾自動化公司（Rockwell）、美國鋼鐵公司（U.S. Steel）、亨氏（Heinz）、通用汽車（General Motors）以及洛克菲勒（Rockefeller）的美孚石油公司（Standard Oil）。在擔任財政部長前，梅隆從沒思考過總體經濟對金融市場的影響。但梅隆的個人財富和商業成就讓他信心滿滿，認為發展商業的方法也適用於整個經濟發展。

　　後來的傳記作家認為，梅隆的個人經歷可以解開大蕭條之謎。雖然安德魯·梅隆在金融和商業方面才智過人，但在一九三二年，他還是成了經濟失控的代名詞，灰溜溜地離開了美國財政部 9。梅隆和保爾森的病症類似：過於自信，對經濟學理解不足。梅隆取得的巨大成就讓他對資本主義體系的力量堅信不疑，特別是對支持自己取得成功的「這個」資本主義模式尤為篤信。梅隆和保爾森都被這種道德上的自以為是矇蔽，兩人都沒能意識到資本主義經濟的一切最終仍要依靠政府的支持。

　　至少梅隆還情有可原，因為一九二〇年代，凱因斯還在孤軍奮戰，當時甚至沒有總體經濟這個概念。至於保爾森，當危機爆發後，政府施以財政刺激手段，並擴大公共支出，反對此舉的保守派大肆抨擊 10，保羅·克魯曼說了一段話完美解釋了本章接下來要紀錄的經濟失控局面：

　　　　凱因斯認為，政府扮演著重要的經濟管理者角色，特別是在經濟危機中，這一角色尤為重要，但是七〇和八〇年代的自由市場革命壓制了凱因斯的學說。久而久之，凱因斯的思想逐漸被人忘卻，就像野蠻民族入侵羅馬之後，管道科學失傳了好幾

個世紀一樣。因此，許多成功的商人和政客真的以為金融市場能自動地進行自我穩定，政府的經濟干預政策也是弊大於利。高盛集團主席的身分讓亨利‧保爾森過於自負和自信，這就是癥結所在。

從史料回歸正題，為了讓讀者理解保爾森這位前資深銀行家在金融方面很無能的觀點並無前後矛盾，我還可以再舉幾個最近的例子。

二〇〇八年夏天，信用緊縮的致命時期似乎快要結束了。美國第二季的經濟成長率從1.2%回升到1.8%[11]，最大的威脅不再是信用緊縮，而是因中國、印度和其他新興國家過快的經濟成長而引發的通貨膨脹。

信用緊縮並沒有造成想像中的大規模破壞，主要應歸功於以下幾個方面：一是亞洲經濟持續成長，世界上的過度儲蓄似乎永無窮盡。這些儲蓄來自阿布達比、新加坡、韓國、中國和其他國家的主權財富基金，而那些在次貸危機中損失慘重的西方國家可以利用這些儲蓄來重建金融市場，因此在次貸危機後的十二個月間，金融市場基本上穩定下來了。第二個原因很少被政治和媒體評論家提起，即美國經濟一如既往地靈活應對房地產市場的蕭條。資本和勞動力從房地產市場和消費部門流向了科技和工業部門，美國的鉅額貿易赤字得到緩解，也創造了適合出口型成長模式的條件（令人想到過去的德國和日本）[12]。

第三個是金融市場之外，更不引人注意的有利因素。政府扶持摩根大通收購貝爾斯登（編按：二〇〇八年三月，美聯儲挹注300億美元，放款支持摩根大通。隨後摩根大通旋即宣布以2.36億美元收購當時瀕臨破產的貝爾斯登公司。這是美國政府為搶救這家全美第五大的銀行，與摩根大通達成的協議）後，銀行領域逐漸開始去槓桿化。去槓桿化對非金

融經濟造成的破壞沒有想像的大，第七章已經解釋了具體原因：購屋者和消費者的債務不足以構成真正的威脅，金融機構之間的相互舉債才是天文數字。二〇〇八年三月，貝爾斯登停止營業，紐約州保險監理官對市政債券保險公司實行監管寬容，隨後政府開始以不造成混亂的方式抵銷金融市場中的相互負債。

對比下列兩種情況，我們就能更清楚地了解金融債務是如何積累起來的。第一種情況是舊式的住房抵押貸款交易，購屋者向摩根大通這類商業銀行貸款100萬美元；第二種情況則是一條借貸鏈結：購屋者(0)向抵押銀行(1)貸款100萬美元，這筆錢是(1)向結構性投資公司(2)借來的，而(2)要向對沖基金(3)貸款，(3)的錢來自主要經紀商(4)，(4)要從投資銀行(5)處借款，(5)則要向摩根大通這類商業銀行貸款。貸款鏈使100萬美元的抵押衍生出了600萬美元的債務：100萬美元來自房地產部門，剩下的500萬美元則是純粹的金融債務。

美聯儲資料顯示，一九九〇至二〇〇八年，美國債務與國內生產毛額比例的增加中，有三分之二以上來自金融公司間的相互負債。而英國的數字則更驚人。

原則上，金融機構間的淨交易額足以完成英美金融體系的去槓桿化。但要有序地解開抵押貸款的放款機構、對沖基金、投資銀行和金融體系長期投資人間的債務鏈，就必須要求所有參與者都繼續履行簽定的協約。如此一來，金融機構間數萬億美元的債務將可以抵銷很大一部分，而且幾乎不會對非金融經濟造成影響（除了一些銀行家可能要損失紅利或丟掉飯碗）[13]。雖然雷曼兄弟破產造成的交易對手風險，給有序的去槓桿化帶來了巨大阻力，但如果正確理解金融和非金融槓桿間的區別，還是有希望保護非金融經濟免於信貸危機的重創。

二〇〇八年三月，美國政府挽救貝爾斯登之後，金融領域去槓

桿化加速進行。不過，一旦金融機構債務鏈中的一環出現問題，就很可能形成滿盤皆輸的局面。信貸危機初期，監管者和銀行家就已經意識到這種崩盤的風險，並於二○○七年成功控制了情勢（雖然銀行股東損失慘重），當時抵押資產型對沖基金以及貝爾斯登、花旗、瑞銀、滙豐和其他大銀行的特殊投資工具，都由贊助機構成功救援。雖然這次經濟援助讓股東們損失慘重，但它保證了金融債務鏈條的完整性，防止了整個體系的大崩潰。這就是信貸危機早期，美國財政部和美聯儲從貝爾斯登收購案中學到的一課。然而到了二○○八年秋天，美國政府卻草率地決定坐視不管。

　　該年九月十五日，雷曼兄弟破產，世界經歷了一次心跳驟停，在死亡的邊緣掙扎著。六個月以後，英格蘭銀行總裁金恩（Mervyn King）說：「雷曼兄弟的破產改變了世界經濟，但這件事情本身不是雷曼兄弟的失敗，真正的元兇是（雷曼兄弟破產後）全球金融體系的信心完全崩潰。」[14]

　　事情為何會發展到這個地步？雷曼兄弟不過是一家沒有客戶存款的中型銀行，按常理來說，它不會「大到不能倒」（Too big to fail）。過去也有過未受致命打擊但最終還是倒閉了的大型投資銀行，最著名的就是一九八九年破產的德崇證券（Drexel Burnham Lambert，編按：這是八○年代美國發行最多垃圾債券的公司之一，後來因一名雇員違法進行內線交易，被美國證監會罰款6.5億美元，間接導致了它的破產）。雷曼兄弟破產造成的全部損失約為750億美元[15]；對於普通的企業破產來說，這絕不是個小數目，但比起雷曼兄弟倒閉前，全球銀行上萬億美元的資產減記（編按：減記是指因為資產估值相對於市場價格過高，而需要減低資產的帳面價格）來說，這也絕不是天文數字。雷曼兄弟破產帶來的災難絕非幾個數字這麼簡單，或者說絕不像保爾森想的那麼輕微。之所以這麼說，部分原因在於雷曼兄弟參與了許多借貸鏈，而信用緊縮一開始，其中一些鏈條就慢慢鬆解。

一旦雷曼兄弟違約，就不可能正常地抵銷相互債務，使得美聯儲救助貝爾斯登的努力化為泡影。但是，讓雷曼兄弟破產對金融體系造成毀滅性打擊的真正原因，還是金恩提到的全球信心崩潰。

雷曼兄弟的破產讓所有大型金融機構的存款者和債權人「完全喪失了信心」，實際上全球所有銀行都陷入了這種困境。正如許多實業家和零售商所宣稱的那樣，如果金融界遭受到罕見的衰退，那麼消費、全球貿易等實體經濟以及工業秩序也要跌入谷底了。因此我們可以推斷，如果雷曼兄弟倒閉沒有引發全球最大的金融恐慌，世界經濟很可能就不會嚴重衰退。

有兩種方法能避免發生金融恐慌：一是保住雷曼兄弟，二是在雷曼兄弟破產後，立刻全面且無條件地保障其他金融機構不受影響。全球政府都採取了第二種方法，但卻錯過了最關鍵的那一個月。美國政府當時背道而馳，任由雷曼兄弟倒閉，不論發生什麼事都袖手旁觀，這種草率的不作為相較於對伊拉克採取盲目軍事行動，真是有過之而無不及。美伊戰爭最終演變成一場災難，主要是由於美軍成功侵入伊拉克後，沒有進行任何規畫和部署；而雷曼兄弟倒閉之後，美國政府也採取了類似的做法（房利美的首席執行官丹尼爾‧馬德把雷曼危機比作入侵費盧傑〔Fallujah，編按：伊拉克的一座城市〕）[16]。事後，人們不斷譴責與質疑美軍缺乏合理規畫，以及當時的國防部長拉姆斯菲爾德（Donald Rumsfeld）的失誤，但卻很少有人提及美國財政部的草率無為。

出現這個盲點，部分是因為保爾森的個人威望十分具有震懾力；而更深層的原因是，雷根以後的美國政治都宣揚政府的核心職責是對外戰爭，因此人們堅信管理經濟和金融體系不在政府的職責範圍之內。的確，在危機過程中，政府以貿易政策干預金融市場運作的話，在政治上會被視為不合法，在經濟上則被視為注定失敗。市場基本教義派認為，政府在戰爭中可靠，在經濟危機中不可靠，

而資本主義4.0很可能一掃此類錯誤觀念。

如果一位財政部長樂於承認金融市場和政府之間有相互依存的關係，那麼想像一下世界會發生多大的變化。首先最重要的一點，他能意識到，所有銀行危機期間在都需要某種擔保，要不是政府提供的擔保，要不就是準公共機構提供的擔保。因為如果所有的儲戶同時決定兌現，沒有一家銀行能提供足夠的現金來應付。當儲戶擔心銀行會使自己蒙受經濟損失時，只有兩種方法可以重建儲戶信心。一種是銀行快速籌措大量資金，向儲戶證明它具備還債能力；另一種是其他還債能力可靠的機構向儲戶提供無條件擔保。

一家銀行出現經濟問題時，另一家大型機構接管這家銀行通常就能解決問題；但如果整個銀行業都陷入危機，那麼唯一有效的擔保者就是政府或中央銀行了。因為政府可以向全國徵稅，中央銀行可以無限制地印製紙幣來維持擔保[17]。

保爾森卻在二○○八年九月十五日，先後斬斷了這兩條逃生後路。由於過分信任自由市場，保爾森誤判了金融局勢，使得美國金融機構籌措更多私人資本的可能化為泡影。同時，一部分是因為教條主義的束縛，一部分是因為他在政治上的畏首畏尾，保爾森將唯一的替代方案——向美國所有的銀行暫時地提供無上限政府擔保——也拋在腦後。

保爾森的政策注定要結出惡果，所有大型銀行和金融機構都將陷入銀行擠兌的問題中，先從美國開始，然後波及全球。銀行擠兌狂潮開始之後，唯一的結果就是意識型態大轉變，從二○○八年十月六日起，一周之內，愛爾蘭、希臘和丹麥政府，以及後來的英國、法國、德國和美國政府，紛紛開始向銀行提供本應於九月十五日提供的臨時擔保。純粹的金融危機有效地在那一周結束了，可是危機已經造成巨大損失，就業市場、商業等實體經濟和政府預算才要開始進入衰退期。金融危機一個月造成的餘波，就像原子彈爆炸

後的輻射一樣，在未來的幾年間仍將繼續侵襲人民和國家。

　　但是，把這場災難歸咎於單一個人是否公平呢？即便雷曼兄弟的倒閉並非保爾森的個人決策，但由他來承擔美國政府犯下的錯誤似乎也合情合理，造成二〇〇八年九月這一連串決策失誤的正是美國政府。如果沒有對這條失誤鏈進行如此細緻的分析，我們就不可能理解導致危機的根本原因，也無法解讀幾年之後重塑資本主義體系的新經濟和政治思想。

　　第一個大錯是雷曼兄弟危機發生幾年之前就開始的一系列監管不力，像是逐日盯市的會計準則，以及風險加權的資本需求。逐日盯市意即銀行貸款和抵押的真實價格由金融市場決定。這個系統刻意排除了管理或監督判斷的角色，使得還款和違約的可能性無法評估。對於篤信市場永遠正確的人而言，這種會計準則就是「大躍進」。逐日盯市對美國銀行體系和隨後對全球經濟造成的影響，就像中國毛澤東時代的「大躍進」（Great Leap）一樣破壞力十足。

　　正如經驗豐富的銀行家和務實的監管者所料，風險基礎資本制（Risk-based capital，編按：這是檢視金融機構清償能力的指標。在評估過一個機構各種可能發生的風險後，計算出它的資本適足率）的監管改革上路後，與它極為相關的逐日盯市做法更加擴大了金融市場的興衰差距。經濟繁榮時期，以市場為基礎的新技術製造出一種市場價值飛速成長的幻覺，使得銀行可以虛報利潤、支付鉅額紅利或是減少資本準備。因此，當景氣觸頂時，銀行資本就遠遠少於金融循環的其他階段。而在經濟衰退期，逐日盯市則會造成相反的效果，使得局勢更加危險，而且一旦發生問題，後果會更加慘烈。

　　新會計準則迫使銀行按市價報告抵押貸款和其他資產下滑的鉅額損失。每家銀行都身陷困境，不得不拋售問題資產，造成此類資產價格不斷下跌，銀行的表觀損失不斷增加，只能進一步壓低售價，而惡性循環致使表觀損失愈發慘重。整個危機中，銀行最終報

告的帳面損失和銀行在經濟繁榮期報告的盈利額一樣，都是虛構的數字，因為政府出手阻止恐慌蔓延後，多數資產的價格能夠起死回生。不過在此之前，逐日盯市會計準則就像一個擴音器，狂人們拿著這個大喇叭高呼「開火」。逐日盯市誇大並扭曲了人們預估的經濟損失，加劇市場恐慌，使得一系列區域性信貸問題惡化為全球性經濟浩劫。

絕大多數經濟學家和部分會計師仍然認為，逐日盯市的準則與信貸危機毫不相干；但二者在時間上的同步，讓人們很難忽視這個巧合。二〇〇七年七月一日，美國大型銀行開始強制執行逐日盯市會計準則；一個月後，二〇〇七年八月八日，美國爆發了信貸危機。二〇〇九年三月十五日，銀行暫停逐日盯市[18]；同樣在這一周，全球的銀行股開始回升。

第二個大錯也體現了美國政府的市場基本教義派觀念，錯誤發生時正值二〇〇八年初夏，由於投機活動猖獗，原油和糧食價格一路飆漲。我們現在明白了，油價急升只是一個金融現象，和現實的供需不平衡無關，這個現象背後的推手是金融囤積，罪魁禍首則是大學捐贈基金和養老基金等長期投資者[19]。當時世界經濟和金融體系搖搖欲墜，石油危機無疑是雪上加霜。正如本章開頭國際貨幣基金首席經濟學家暗指的那樣，實際上在雷曼兄弟破產前的幾個月裡，每桶150美元的油價對消費者和企業信心造成的打擊已經超過了信貸危機。

然而，由於人們篤信市場永遠正確，監管者拒絕介入石油市場，打擊金融投資者的囤積行為。因此，布希政府沒有和沙烏地阿拉伯進行任何協商，也沒有動用戰略石油儲備來拉低油價。儘管石油輸出國組織（OPEC）、石油產業本身以及一些對沖基金和商品貿易團體的有識之士多次呼籲美國政府採取行動，美國官員卻心一橫，不對商品市場和金融機構做任何限制。當油價飛漲到每桶150

美元時，美聯儲才意識到無法如過去那樣大刀闊斧地削減利率，以抵銷雷曼兄弟危機爆發前的通貨緊縮影響。因此，信奉市場基本教義派的監管者和會計師嚴重削弱了世界經濟和銀行體系。

儘管如此，世界仍有可能避免這場災難，直到第三個最嚴重的失誤發生：信貸危機爆發時，美國政府拒絕對金融體系進行直接干預。

直接干預曾挽救了北岩銀行破產後的英國。這次破產事件造成了大蕭條以來，發達資本主義世界最嚴重的大規模銀行擠兌。雖然情非得已，迫於英格蘭銀行的壓力，英國政府還是對國內所有金融機構提供了臨時的無限制擔保。這個臨時擔保迅速終結了銀行擠兌，穩定了金融體系，監管者也有了喘息的機會，想出一條長遠之計。

如果美國財政部能認真思考一下政府在現代金融體系中扮演的角色，那麼美國就能以北岩銀行為前車之鑒，在一年以前就成功解決雷曼兄弟的危機。如果政府能早點採取行動，美國甚至可以避免一定的損失，防止發生北岩銀行式的金融崩壞。如果在二○○八年年初，保爾森採取第二套政府干預計畫來結束信用緊縮，那麼他可以更小的代價更早地挽救金融體系。

二○○八年一月，當銀行逐日盯市的準則使損失不斷增加時，美國市政債券市場（編按：指州政府、地方政府及其授權機構發行的長期債券，目的是為一般市政支出或特定市政項目融資。如今已是美國四大資本市場之一）突然停止交易[20]，情況愈加惡化，人們普遍期待美國政府能採取某種反危機措施。那時，市場對政府援助B計畫草案展開了廣泛討論。草案中原本包含許多最終被政府採納的措施，而且比起之後才實施這些步驟，如果當時先行，將可以省下許多成本。例如，可以讓美國財政部——或者，有必要的話請總統本人——發表聲明，保證政府對房利美（Fannie Mae）、房地美（Freddi Mac）等

政府助營企業（Government sponsored enterprise，簡稱GSE）隱含的擔保絕不違約。在等待國會完成立法前，總統只需要像英國首相處理北岩銀行危機那樣，以個人威信作保證即可；美聯儲本來大可透過大規模收購政府助營企業背書的抵押貸款來穩固市場；白宮本來大可著手進行立法準備，支持政府為所有美國銀行提供無條件臨時擔保；而所有的美國監管機構本來大可暫停逐日盯市的會計準則。這些決定都是政府在二〇〇八年九月至隔年三月之間作出來的，如果能提前六個月採取行動，這場全球經濟浩劫很可能只是一次普通的金融衰退，即便影響到實體經濟，也不過是經濟成長率放慢而已。

　　那些替美國的應對政策（或者說美國缺乏應對政策）申辯的人可能會說，只有事後才能看清這一切。但二〇〇七年年底以來，美國政府應當更加積極地干預經濟運行，這一點對那些不信奉市場基本教義、不認為市場永遠有辦法解決自身問題的人來說是十分明顯的。美國財政部沒有為金融危機的不測事件擬定應對的B方案，就像五角大廈沒有制定入侵伊拉克後的計畫，兩者之間有驚人的相似之處。不過，財政部的疏忽代價更高昂，令人百思不得其解。至少五角大廈在攻打伊拉克的一年前，就開始秘密策畫這場戰爭。為什麼財政部沒有想到，保護資本主義經濟、穩定金融體系也是一項要求嚴格且迫在眉睫的任務？最有可能的答案就是，美國政府從不認為保護資本主義制度是政府的合法職責。反之，直到事情發展到幾乎不可收拾的地步時，美國政客和監管者才不再推遲經濟干預。他們一直都在等市場找出解決方法，但這根本就是不可能發生的事。保爾森後來也承認：「我們每件事都做晚了。」[21]

　　雷曼兄弟倒閉前一周，美國政府的因循拖杳和一廂情願達到了頂峰──二〇〇八年九月七日，保爾森再次犯下了一個重大錯誤，即「挽救」房利美和房地美這兩家由美國政府創辦並擔保的價值數

萬億美元的抵押公司。

「挽救」政府助營企業這一決策，比坐視雷曼兄弟破產更糟糕，因為這是運動員所謂的非受迫性失誤。保爾森聲稱當時除了關閉雷曼兄弟別無選擇，但他接手那些政府助營企業時並沒有遇到任何壓力。正是由於「挽救」了政府助營企業，雷曼兄弟才幾乎無法避免地破產了，因此，說這個非受迫性失誤是整個金融海嘯的催化劑毫不為過。保爾森在危機回憶錄的第一章中說自己「伏擊」了「兩房」，暗指自己的決策影響重大。書中開篇兩段就強調了這個戲劇性的衝動決定：

總統問我：「它們（兩房）知道要出什麼事嗎，漢克？」

我回答道：「總統先生，我們要快速行動，出奇制勝。他們聽見的第一個聲音，就是它們頭部撞地的聲音。」[22]

前幾段中提到的「挽救」一直都是加引號的，因為保爾森決定對政府助營企業進行的政府強制接管，根本不是真正的挽救，而是其對立面，即對「兩房」的蓄意破壞。部分原因是出於某種政治性的渴望，在意識型態上，要整頓資本主義3.3時期受人憎惡的公私部門合作，把其中的模糊和混亂都一掃而空。而政府助營企業正是公私合辦企業，因此多年來，固執的共和黨自由市場主義者都試圖關閉或閹割政府助營企業。危機進一步加深，保爾森不得不決心一勞永逸地處理政府助營企業，這樣或許能讓他在歷史上取得引以為傲的地位[23]。

實際上，**挽救**政府助營企業很快變成了**沒收**政府助營企業。保爾森也強調，他是刻意沒收政府助營企業的股東資產，並希望為財政部下一步關閉這些企業創造條件。在保爾森眼中，政府助營企業是不健康的反饋現象，只能讓經濟開倒車，退回政府干預私有市場時的「大社會計畫」時代。因此，沒收的關鍵環節不在於美國財政部為了穩定金融市場而支持它們發行並提供擔保的10萬億美元抵

押貸款，因為二〇〇八年七月的《住房和經濟恢復法案》（*Housing and Economic Recovery Act*）已對此作出規定（部分是迫於中國政府的壓力，它們持有大量的政府助營企業債券）。

　　挽救方案的重點很快使得金融市場呆若木雞，「兩房」股東手中的股票成了政府的目標。包括幾個月前長期股東新認購的200億美元股份在內的全部股票，都被政府低價沒收。被沒收的股東中還包括一些外國政府和主權財富基金。在整個信貸危機過程中，外國政府和主權財富基金為美國金融機構提供了救命資金，同時受美國財政部鼓勵，它們還購買了大量的「兩房」股票，而美國聯邦住房金融局（Federal Housing Finance Agency）局長詹姆斯・洛克哈特（James Lockhart）也公開表示，「兩房」有充足的資金，到二〇〇九年年底以前都會有足夠的現金滿足各項需求。

　　但不久之後，保爾森為了讓沒收行為合法化，就向洛克哈特施壓，威脅要讓他下臺，迫使其宣布「兩房」有破產的可能；而在兩個月前，美國聯邦住房金融局的分析報告還指出「兩房」資金充足。起初，洛克哈特拒絕這麼做，他認為經濟環境沒有大變化，而且自己很可能被「兩房」的董事和股東起訴，但最終洛克哈特還是屈服了。雖然律師告訴房利美的董事，保爾森沒有合法依據可沒收「兩房」，但律師也警告說，如果反對財政部的決定，董事們可能要自己承擔債務；如果同意財政部的要求，那麼沒收條款會保護董事們不被股東起訴。這段時間直至幾個月後，房利美和房地美都擁有正現金流量，在金融市場融資時沒有任何困難。所謂的破產風險和之前報告的鉅額損失一樣，都是逐日盯市會計準則的產物，是財政部隨時都能終止的。

　　「兩房」的官方監管者（編按：即聯邦住房金融局）公開表明公司業績良好的幾周之後，保爾森就決意剷除房利美和房地美。當時「兩房」的正現金流還很充足，保爾森的決定對於美國其他銀行和

金融機構來說，正是一個危險但毋庸置疑的信號：**美國政府隨時能摧毀其他公司**，即使銀行能創造正現金流、籌措新的資金，或者幾周前才剛得到監管部門的批准。在美國財政部突然宣布「兩房」破產，新股東紛紛出局之後，理智的投資者再也不會把錢投入任何還債能力有問題的美國金融機構了。而在二〇〇八年九月的大環境之下，美國所有的金融機構都存在還債能力問題；另一方面，投機份子賣空美國金融股，希望股價暴跌。實際上，是財政部長暗中告訴他們，如果能擾亂這些金融企業，進而迫使政府進行經濟干預，投機份子將獲得豐厚的回報。

沒人建議「兩房」或其他金融機構的股東，他們本應像儲戶和其他優先債權人一樣，獲得政府的資助；最壞的情況是股東們要隨時準備承擔一切損失。以前應對金融危機的常規方法是，給存在經濟問題的銀行一些時間，讓銀行恢復獲利能力。有必要的話，大型私營銀行還能得到美聯儲或政府擔保的臨時流動性，進而有時間自我調整。這是一九八〇年代初拉丁美洲違約之後，美國政府採取的辦法。當時美國最大的幾家銀行損失了比次貸危機損失要多得多的資金[24]，八〇年代末、九〇年代初的房地產危機時，其應對措施也是如此。解決信貸危機最可行的類似方法，似乎是監管寬容和資本結構調整，以及透過合併或有序關閉來清除最衰弱的機構。如此應對信貸危機，雖然問題銀行和政府助營企業的股東得暫時承擔巨大損失（一旦房地產價值無法恢復，股東們將一敗塗地），但只要房地產價格最終回升，股東就有希望實現長期復甦。

但保爾森卻反其道而行之，收購了這些政府助營企業。不但沒有放鬆會計準則和資本要求，相反地，美國財政部突然在金融壓力最大的一刻拉緊了韁繩。保爾森沒有鼓勵股東們耐心等待長期復甦的機會，而是出人意料地在一夜之間將股東清理乾淨。

這種監管方法改變了美國金融機構的控股比例。美國再也沒有

一家銀行能向私人股東招募額外的資金了，因為股東們害怕財政部會突然下令將自己的股份沒收。沒收政府助營企業相當於在美國各金融機構頭上懸掛了一把達摩克利斯之劍（編按：引申之意為「做壞事的人隨時都會受到懲罰」），這些機構在未來的任何時候都可能需要籌措新的資金——最先需要資金的雷曼兄弟、美林（Merrill Lynch）、美國國際集團（AIG）、摩根士丹利（Morgan Stanley）和花旗集團都未能倖免。「援救」政府助營企業之後，毫無疑問地，無論財政部長或總統如何反對，美國銀行都必須向阿布達比、新加坡或沙烏地阿拉伯等政府或主權財富基金募資。不可思議的是，財政部或美聯儲似乎從未考慮過沒收政府助營企業會有這種後果[25]。

結果是，沒收政府助營企業實質地斬斷了本章開頭所提，當銀行遭遇客戶信心不足時的兩條逃生路線。從九月七日開始，發生儲戶擠兌的銀行再也不能指望私人投資者了，如今最後的救命稻草就是美國政府的出手相助。如果一家美國銀行受拋空或逐日盯市影響，面臨客戶信心不足，那麼惟有美聯儲向銀行提供無限制借款、政府對銀行重新注資或向儲戶和債權人提供擔保，該銀行才能死裡逃生。

當政府不出面干預時，長期投資者和投機做空者原本勢均力敵的格局被打破了。通常情況下，養老基金、保險公司和主權財富基金等長期投資者是金融市場的主力，因為這類投資者能長期購買並持有股份，將賭注下在未來的經濟成長上。相反地，投機做空者的賭注是借用的資產，他們看重的是快速收益，如果價格變動不符合自身利益，投機者就會面對突然清倉的危險。保爾森收購政府助營企業的動作，創造了一個新的局勢，改變了過去人們的算計方法。保爾森的做法顯示出，長期投資者也隨時會被監管者清理，而那些期盼美國金融機構垮臺的投機者，現在似乎得到了美國財政部的援助。

　　保爾森製造了一台金融末日機器。沒收「兩房」之後，他將機器的鑰匙交給了投機者[26]。

　　沒收政府助營企業的二十四小時內，末日機器開始無情地運轉起來。雷曼兄弟的股價前兩個月還在每股13~20美元間波動，這個幅度雖然偏大但一直呈現穩定，而在沒收政府助營企業的第一個交易日，雷曼兄弟的股價跌到了每股7.79美元，跌幅高達52%[27]。股價一路狂瀉，大量儲戶開始向雷曼兄弟兌現。避免破產的兩條途逕，一是政府干預，二是由另一家實力更為雄厚的機構收購雷曼兄弟。但第二條路基本上被沒收政府助營企業的做法給堵死了，而且是在二十四小時內就被堵死的。

　　韓國發展銀行（Korean Development Bank）曾經和雷曼兄弟進行了幾個月的談判，試圖購買雷曼兄弟的控股權，卻在九月七日突然退出談判。正如前文所提，韓國發展銀行退出的時間似乎和沒收政府助營企業密切相關。九月八日是事件發生後的第一個工作日，當天，韓國金融服務委員會（Korean Financial Services Commission）主席全光宇（Jun Kwang Woo）公開提出警告，要人們當心亞洲投資者甫蒙受的「全球金融業損失」，同時他還質疑購買雷曼兄弟股份（對於韓國發展銀行）「是否具有長遠意義」[28]。第二天，韓國發展銀行宣布中止收購雷曼兄弟股份的一切談判。雷曼兄弟的股價隨即下跌到每股4.2美元，跌幅為40%，也注定了其破產的命運。

　　儘管保爾森看到了雷曼股價一路狂跌，債權人不斷撤資，但他仍舊曲解了整個局勢。保爾森不但沒有意識到懲罰「兩房」股東對整個美國金融體系造成的重創，相反地，他表示沒收政府助營企業是一個巨大勝利。不過，保爾森對待「兩房」的強硬態度，為他贏得了國會和媒體的政治讚賞[29]；因此保爾森決定對雷曼兄弟採取更加強硬的措施：**不提供任何政府援助。**

　　對雷曼兄弟而言，這種做法等於徹底破產，不但股東被清除乾

淨，連債權人、儲戶和其他金融對手也不復存在。保爾森在擔任高盛總裁時，經常和美國銀行、巴克萊銀行（Barclays）以及英國政府打交道，對於這類試圖達成共識的協商已經得心應手，在最後這個瘋狂的周末之後，雷曼兄弟於九月十五日宣告破產。由此開始，災難降臨了。

雷曼兄弟破產以後，美國的各家銀行都變得可疑起來，全球金融機構間的交易也迅速凍結。擔保了上千億美元債權的美國國際集團，現在也被雷曼兄弟的清算人拋棄，真可謂在劫難逃。美國國際集團破產以後，勢必會將其他美國的投資銀行拖下水，高盛和一些大型歐洲銀行也不能倖免。雷曼兄弟倒閉的第二天，政府就應該注入大量資金來挽救美國國際集團，但在四十八小時前，保爾森卻下令禁止政府干預金融市場；後來他還藉口說，讓雷曼兄弟破產，是因為自己沒有法律依據來援助非銀行金融機構。但在挽救美國國際集團時，保爾森又失誤了；這次作為和沒收「兩房」一樣，都是為了懲罰股東。正如「兩房」和雷曼兄弟陷入危機時那樣，下注美國國際集團破產的做空者獲益頗豐，而支持美國長期經濟復甦的長期投資者卻承受了毀滅性的打擊。

如此一來，全美金融機構的股價勢必進一步大幅下挫，進而引發更多的銀行擠兌。財政部清理「兩房」、雷曼兄弟和美國國際集團的政策使投機者獲得了數十億美元的利益，現在投機者又把目光轉向了其他脆弱的金融機構：華盛頓互惠銀行（Washington Mutual）、美聯銀行（Wachovia）、美國銀行（Bank of America）、摩根士丹利和花旗銀行。在沒收美國國際集團後的二十四小時裡，只要上述任何一個搖搖欲墜的金融巨頭垮掉，隨後的幾家銀行就會像骨牌一樣紛紛倒閉，最終整個美國金融體系要不是崩潰，要不就是國有化。高盛現任首席執行長勞埃德·貝蘭克梵（Lloyd Blankfein，編按：他在二〇一一年爆發的占領華爾街活動中成為眾天之

的，據聞將於二〇一二年夏天卸下執務）意識到，如果政府允許摩根士丹利破產，那麼高盛將會在「十五分鐘內」倒閉[30]。

　　需要強調的是，這條災難鏈**並未**反映出全球經濟或美國房市在二〇〇八年九月的驟然惡化。六個月前，政府協助摩根大通收購貝爾斯登後，開創了一段局勢相對平穩的時期；直到這時，一些經濟基本面都改善許多了。現在回想起那個秋天，美國金融機構骨牌式的破產，並不能歸咎於惡化的經濟環境。這個骨牌效應是美國財政部不可預測的冒失行為造成的惡果，先是接收「兩房」，然後讓雷曼兄弟破產，最後接管美國國際集團。

　　當保爾森的作為害得美國銀行體系失去吸引私人資金的選項時，政府透過擔保和資本結構重組進行干預，成了金融機構的最後一道防線。而美國財政部卻主張，政府救助的前提是公司股價下降至近乎零的水準，這等於是公開邀請投機份子襲擊所有美國銀行。

　　直到此時此刻，保爾森似乎仍未搞清狀況。他曾私下告訴安德魯・羅斯・索爾金（Andrew Ross Sorkin），他關注的仍然是政府對自由市場的干預是否正確，諸如政府援助冒失的銀行家、避免未來出現金融泡沫、獎勵貪婪之輩等做法是否符合道義。華盛頓上下對經濟危機的主要反應，是一場超現實的討論，即誰讓銀行和政府助營企業陷入混亂當中。這場討論與一九四〇年法國政壇的激烈辯論十分類似，當時的辯論焦點是：到底是誰想出修築馬其諾防線這個蠢主意，讓德國裝甲師毫無阻礙地攻入巴黎。

　　投機者一家接著一家地向銀行發起進攻，隨著他們的錢包不斷鼓漲，這場金融瘟疫也開始從紐約向歐洲蔓延。倫敦的做空者很快看出，歐洲最大的抵押貸款銀行——蘇格蘭哈裡法克斯銀行（Halifax Bank of Scotland，簡稱HBOS）——是英國最不堪一擊的金融機構。雷曼兄弟破產後的四十八小時內，蘇格蘭哈裡法克斯銀行的股價跌得幾乎一文不值，大量儲戶要求兌現。如果得不到援

助，銀行將在周末倒閉。雖然打著工黨的旗號，但英國政府和美國政府一樣，也是市場基本教義派的忠實信徒，英國政府不但下定決心不做直接干預（顯然已經忘了一年前北岩銀行的教訓），還計畫讓英國最大、資本化最佳的零售銀行勞埃德（Lloyds）收購蘇格蘭哈裡法克斯銀行。兩家銀行於雷曼兄弟破產的兩天後合併，即九月十七日星期三。由於這次合併完全是透過私部門解決，沒有任何政府的安全保障，因此投機者對蘇格蘭哈裡法克斯銀行的進攻非但沒有緩和，反而立刻將槍口指向了合併後的銀行。

合併後的蘇格蘭哈裡法克斯—勞埃德銀行沒能阻擋金融危機向歐洲擴散的腳步，還火上澆油。九月十八日星期四，歐洲大多數銀行的股價跳水，跌至接近零點，很可能在周末前就會相繼破產，而保爾森的末日機器還在轟鳴。把目光轉回紐約，摩根士丹利和美聯銀行都處於倒閉的邊緣，前一個周末剛剛挽救美林的美國銀行，現在也置身於投機者的槍林彈雨之中。

在美聯儲和外國政府的壓力下[31]，保爾森終於意識到，除了大規模的政府全面干預，已別無選擇。周四午餐時間，美國政府通過了一項7,000億美元的不良資產援助計畫（Troubled Asset Relief Progam，簡稱TARP），政府故意透露了該項計畫的力度和涵蓋面，並且暫時禁止做空行為。這些舉措在當晚及第二天引發了全球股市近歷史新高的大團結，幾個小時前還面臨破產危險的銀行，突然死裡逃生。

然而，即便到了此時此刻，這位美國財政部長仍舊沒有看清問題的本質，在隨後的兩周裡，保爾森和國會進行了災難性的互動，造成比雷曼兄弟破產更大的金融損失。在整個危機中阻礙美國政府進行成功決策的因素始終如一：不是銀行損失慘重，不是缺少金融動力，也不是美國和世界經濟疲軟，而是美國財政部拒絕承認政府在穩定金融市場上的必要角色。簡言之，這個攔路虎就是市場基本

教義派的意識型態。

要不是這種意識型態作祟，保爾森大可直接宣布，以他向國會要求的7,000億美元作為新的資產池，在必要時刻向美國的銀行注資；保爾森還可以向納稅人保證合理的報酬，不再繼續懲罰現存的銀行股東，也不再為短線炒作者製造大投機。上述作為，就是一個月後財政部採取的行動。另一個更簡單的做法是，保爾森可以對所有的銀行儲蓄和債務提供暫時性的財政部擔保，他還可以聲明在未來幾周內向國會申請必要的撥款，同時補充說，對銀行額外課稅或收費所造成的全部損失，財政部最後將全額補償。這本來可以是最有效率的應急之道，惟有如此才能直達危機的根源——缺少的不是銀行資本，而是全美銀行儲戶和債權人的信心。

最容易的政治干預方法就是提供擔保，因為擔保體現了政府救助銀行體系的真正目的：保護儲戶，特別是公司、基金、存款機構和當地政府等大宗儲戶的存款。如果政府允許銀行倒閉，那麼這些儲戶以工資、養老金和營運資金等形式存入的上萬億美元就會全部蒸發。政府擔保強調了，挽救銀行行動的真正受益者不是貪婪的銀行家或股東，而是存款沒有零售擔保的大宗儲戶。如此解釋政府對銀行的援助，一定能平息公眾的怒火，但為何沒有一個主要經濟體的領導人或銀行家想到這一點呢？也許就像我們搞不懂為何二十世紀初的政客和君主不採取外交手段來避免第一次世界大戰，現在這個問題也會困擾未來的歷史學家。

可以確定的是，保爾森既沒有提供直接擔保，也沒有向銀行注資。他犯了最後一個、也是最不可饒恕的錯誤，即拒絕說明他將如何使用國會的撥款，只是暗示了一個購買違約抵押貸款的神秘計畫，是一個連財政部或美聯儲的人都搞不懂的計畫；事實上，根本沒人能解釋得清。之所以出現這種詭異行為，究其原因還是在於市場基本教義派的思維。

　　保爾森希望藉由這個怪異的不良資產援助計畫來拉抬不良資產的市價，利用逐日盯市會計準則間接提高銀行的表面償債能力。他必須不為人知地提供間接援助，因為自由市場理論不允許直接注資或擔保行為。保爾森沒有讓監管者終止逐日盯市會計準則，而是冒險地用7,000億美元創造了一個高市價的幻覺，目的是保護自由市場原則，即會計準則和監管作為永遠都要以市場為基礎[32]。保爾森沒有要求伯南克立即無上限地援助所有銀行，然後用國會撥款賠償美聯儲的損失；相反地，他讓金融體系在數周之內都處於動盪之中，而這段時間裡，私人投資銀行家和律師卻在商討反向拍賣（編按：這是一種「價低者得」的拍賣方式，美國政府想要以此處理問題資產）和其他荒謬古怪的金融計畫細節。

　　保爾森在出席參議院銀行委員會於九月二十三日上午的會議時，無法解釋自己剛宣布的迂迴計畫；隨後，最嚴重的銀行擠兌開始了。災難爆發的同一周，國會首次否決了不良資產援助計畫，導致華爾街的股市指數當日跌幅打破了歷史紀錄，華盛頓互惠銀行倒閉；蘇格蘭哈裡法克斯—勞埃德銀行重新拆分，英國金融體系全面告急；冰島的所有銀行被國有化；德國政府被迫向國內最大的德國住房抵押貸款銀行（Hypo RE）注資350億歐元（相當於500億美元）。

　　每過一天，危機就向一個新的國家和機構擴散，但這些都是正常現象。一連串的銀行擠兌幾乎可以摧毀全球經濟，但也是面對美國財政部和其他政府自我毀滅行動的正常反應。六個月前，金恩在評價北岩銀行擠兌事件[33]時就指出：「一旦一家銀行發生擠兌事件，其他銀行也極有可能陷入同樣的境地。」[34]

　　發生銀行擠兌是很正常的，因為沒有哪家銀行有足夠的資金可供所有儲戶同時兌現。因此，一個國家銀行體系的存亡，最終取決於一種信念，即政府或其他無懈可擊的信用機構會支持銀行體系。

信用的字面含義就是**信念**。

危機高峰時，很多關於信用崩潰的說法會四處流竄。有人認為危機爆發的真正原因在於貪婪自私的銀行家們彼此不信任；然而，真正的問題並不是銀行家們不信任彼此，而是公眾對所有銀行——或者說對整個銀行體系——缺乏信任。惟有政府能夠重塑人們的信心，因為只有現代社會的政府才有能力透過課稅或印製紙幣來應付儲戶兌現、償還所有債務。

這此一來，我們就得思考政府和金融之間的關係。在現代資本主義社會裡，政府對發行貨幣的壟斷地位，就像在文明社會裡，政府對使用暴力的壟斷地位一樣。財政部和央行的作用就是穩定金融動盪、保護銀行存款，這就好比政治和軍隊的作用是鎮壓國內叛亂、保護資產安全一樣。一般情況下，如果政府對銀行體系的援助保持透明化，就足以平息金融恐慌。偶爾幾家小型銀行的破產，甚至有利於金融體系的健全發展。但如果存款從銀行中傾瀉而出，一家接著一家發生擠兌現象，政府就必須堅定不移地支持整個金融體系；而且不管銀行的償付能力或整個國家的經濟受到何種質疑，政府都要無條件地保證任何銀行的儲戶和優先債權人不受任何損失。

美國國會第一次投票否決不良資產援助計畫的第二天，也就是九月三十日星期二，愛爾蘭政府就採取了上述行動，之後的四十八小時裡，希臘和丹麥政府也紛紛行動。相反地，美國、英國和其他主要的歐洲國家仍然不提供任何全面擔保。十月三日星期五，英國政府以一種可悲的姿態回應愛爾蘭政府的無限制銀行擔保——將英國存款保險限制由35,000英鎊提升至50,000英鎊，並表示政府會「採取一切必要手段穩定金融體系」。這種折衷方案只會讓人們注意到，政府援助的本質是有限且有條件的，效果適得其反。

發生全面銀行擠兌時，對體系穩定進行有限擔保根本無法安撫儲戶，因為他們才不在乎「體系的穩定」，只想確保自己能按時取

回存款和利息。政府不提供全面銀行擔保，只提供不完善的援助，結果就是美國、英國和德國的銀行存款加速往全面擔保的外國銀行流動。

　　到了十月四日和五日，周末，除了美國財政部，所有人都意識到情勢不能再這樣下去了。週一早晨，銀行開始營業前，德國總理梅克爾（Angela Merkel）被迫宣布一項針對所有零售和企業銀行存款的政治擔保（雖然這項擔保不受立法保護），以防止德國資本向丹麥竄逃。當天晚上，英國財政大臣阿利斯泰爾·達林（Alistair Darling）最後一次嘗試以折衷計畫「盡一切可能」穩定銀行體系。正如預料，第二天，資金依舊源源不斷地從脆弱的各英國銀行撤離。到了午餐時間，英國的銀行即使不會在幾個小時內全部倒閉，也會在幾天之內紛紛破產。

　　十月八日，星期三上午七點，英國政府終於果斷出手，這實在是眾望所歸，也是保爾森三周之前就該採取的行動，或者說九個月前就該這麼做了。英國財政部和英格蘭銀行公布了一項 5,000 億英鎊（相當於 8,000 億美元）的銀行援助計畫，如果按經濟規模比較，英國的這項計畫是保爾森 7,000 億美元撥款的六倍。更重要的一點是，英國的援助方案是主要經濟體首次向銀行債務和銀行間借貸提供的暫時性全面無限制擔保，而且政府還承諾在未來幾周向銀行無限制注資。英國公布的援助方案是第一個有立法保障、有央行無限資金支持的援助計畫，也是主要經濟體政府中，第一個作出明確承諾的。這項援助方案是危機的轉捩點。

　　第二天，在美聯儲的壓力下，美國財政部決定仿效英國，將保爾森的 7,000 億美元不良資產援助專案轉變為調整銀行資本結構、為銀行提供擔保的援助計畫。到周末為止，所有重要的歐洲國家政府都採取了相似的行動。十月十三日，星期一早晨，所有擔保和政府資金到位之後，金融危機被有效地遏止了。

　　自九月七日政府接管政府助營企業，到十月八日英國宣布提供無限制擔保，這驚心動魄的一個月裡，世界金融體系比歷史上任何一個時期都更接近全面崩潰。前任高盛集團總裁兼美國財政部長差點就毀了資本主義制度。

　　但我們從中也學到了更積極、更重要的一課：二○○七至○九年的興衰循環造成的災難性結果並非無法避免。這場災難是由美國財政部主動且刻意引發的，如果像二○○八年十月八日的英國政府、十月九日的美國政府以及十月十三日的其他政府一樣，在危機中的任何一刻果斷提出政府援助，那麼這場危機是可以控制的。如果說是戰爭選擇了伊拉克，那麼就是危機選擇了九月十五日。

　　保爾森和美國、歐洲其他決策者的選擇進一步刺激了危機。他們拒絕承認資本主義的發展需要兩個互利共生的因素：一是高效的私人企業，一是足以駕馭市場力量的有力政府。大多數情況下，政府只需退居幕後，保護財產權、執行合約、維護市場秩序，並確保資本主義的益處被充分擴散，以保障社會安定。但有些時候，政府必須直指經濟體系的核心，保證金融機構的生存，因為它最終也攸關政治慣例。考驗政府進行此種經濟干預的意願和能力，一代人也許只會遇上一兩次。但如果政府沒能經受住這次考驗，整個資本主義體系都會土崩瓦解。

　　瑞卡多‧卡瓦列羅（Ricardo Caballero）在他的麻省理工學院系列論文中，精巧地將金融危機比喻成心臟病突發。每隔幾十年，不管監管得多麼完備，每個資本主義金融體系都可能經歷一次致命的心臟病發作。要使此類突發事件的經濟損失最小化，政府必須為金融體系提供公共安全保障，就像政府在公共場所為心臟病人安裝心臟除顫器一樣。卡瓦列羅指出，政府進行應急救助也許會增加人們多吃幾個漢堡的「道德風險」，但沒人會覺得治療心臟病的正確方法是譴責患者、見死不救。同樣的，藉由公共機制來挽救銀行也

沒有錯[35]。

　　保爾森沒能理解到，保護金融體系是政府的核心職責，其背後有深刻的意識型態作祟。保爾森不相信，市場在引導經濟或對資產合理定價時，會出現根本性錯誤。他也無法想像，政府在判斷償付能力和抵押貸款的實際價值時，比市場價格更能反映經濟狀況。

　　如今，意識型態的鐘擺正搖擺不定。要避免未來的危機，我們需要的不是更多的政府管制，不是更細緻的規章條例；我們需要的是更好的政府，由尊重市場並了解自身缺陷的人來管理的政府。市場通常是正確的，但有時它也會犯下致命的錯誤；金融市場尤其如此，因為它是和不可知的未來打交道。金融市場無須嚴加監管，但監管者必須是有能力的公僕，既要有自信以強硬手段解決危機，又要有實力在必要的時候駕馭市場力量。

　　那些認為不需要一個主動政府的人，沒資格擔任金融監管者，也不該讓他們去打仗或抵抗洪災。總而言之，讓保爾森管理金融體系，就像讓拉姆斯菲爾德制定戰略，讓迪克・錢尼（Dick Cheney，編按：小布希的副手，曾參與策畫美國的一系列反恐活動）處理地緣政治，讓麥可・布朗（Michael Brown，編按：前美國聯邦急難救助總署署長。因為在卡崔娜風災中應變過慢而廣遭抨擊）負責抗洪一樣糟糕。保守派諷刺作家歐羅克曾經如此評論：「所謂共和黨人，就是那些覺得政府不管用，因此讓自己當選來證明這個論點的人。」對於保爾森和其他錯誤應對金融危機的政府領導人，這句話應該拿來作為他們的墓誌銘。

　　貪婪的銀行家、愚鈍冒失的借款人、蠢笨的金融發明家，這些人都不是這次危機的罪魁禍首。使二○○七至○九年的興衰循環威脅到整個資本主義金融體系的元兇，是否定政府和市場之間相互依存的意識型態。然而，除了保爾森、小布希、戈登・布朗、伯南克和蓋特納（Timothy Geithner），為什麼還有那麼多決策者遲遲不肯

承認政府需要干預這場危機呢？很大一部分原因是現代經濟理論的
可悲狀態，也是我們下一章要轉向的主題。

第十一章

市場也不是萬能的

愚蠢的一致性是頭腦狹隘人士的心魔。

——愛默生（Ralph Waldo Emerson）

　　一個經濟學家、一個化學家和一個物理學家被困在沙漠裡。唯一的食物是一罐豆子，但三人卻沒有開罐器。怎麼辦呢？物理學家說：「咱們試著讓陽光聚焦到蓋子上，說不定熱帶地區的陽光能把蓋子熔化掉。」「不，」化學家說道，「我們應該在蓋子上灑鹽水，這樣就能把鐵蓋腐蝕掉。」這時經濟學家插話了：「淨浪費時間想這些複雜的東西，咱們**想像**一個開罐器不就行了嗎。」

　　這是一個很受經濟學家歡迎的小笑話，它比那些部長發言、華爾街研究報告和央行專題論文更能說明二〇〇七至〇九年金融危機的前因後果。現代經濟理論傾向於未經證實且過於簡化的臆測，這就讓政客、監管者和銀行家虛構出一個市場基本教義派的世界。在這個世界裡，金融穩定是自動的、失業是自願的，只要政府靠邊站，有效全能的市場可以解決一切經濟問題。

　　自二〇〇七至〇九年危機浮現出來的新型經濟裡，一味幻想著效率市場可以自我穩定的理念已經站不住腳了，勢必將被新思維取代。從十八世紀開始，資本主義制度的每次轉型都伴隨著人們對經濟學認知的轉變——一七八〇至一八二〇年的亞當·斯密和李嘉圖；一八七〇年代的彌爾、傑逢斯（Jevons）和瓦拉斯（Walras）

領導的「邊際革命」（編按：邊際效用價值論的出現和邊際分析方法的運用）；一九三〇年代的凱因斯；一九七〇年代的傅利曼等等，這些都是轉變中的主角。新型資本主義勢必要建立在新的經濟概念上，而雷曼兄弟破產後的一系列事件，必將引發一場經濟思潮。

　　這次危機中最令經濟學界尷尬的，不是經濟學家沒能預測出危機的爆發，而是危機爆發後，經濟學家沒能為政客和央行總裁提供有益的指導。分析失誤比預測失誤更糟糕，因為經濟學永遠不可能被認真地視為一門預測的科學。凱因斯從沒做過經濟預測，海耶克、李嘉圖和亞當・斯密也都沒做過。經濟學是一系列分析工具，人們用這套工具解釋現實情況，為意外事件提供合理對策。基於這一點，當代經濟學的不足便顯現出來。

　　雖然左派和右派學者的觀點幾乎格格不入，但兩派意見卻有一個驚人的相似之處——脫離現實，完全沒有實際的指導作用。舉例來說，現代經濟學的齷齪小秘密之一，就是各國央行和財政部長用來設定利率和銀行監管的電腦模型幾乎不能反映任何金融問題。模型中不包含任何解釋銀行行為和經濟狀況的公式，電腦只是假設借款人能快速還清債務，金融市場永遠運行正常，貨幣保持中立性，對實體經濟活動、生產和就業不造成任何影響。用經濟學理論指導金融危機的政客和央行都知道，這實際上就意味著：「自食其力吧！你們要對付的是不可能發生的狀況——經濟學理論證明這種情況不存在。」

　　儘管現代經濟學面臨全面失敗，許多傑出的經濟學家仍然反對對當前的理論進行徹底變革。本書第一部分寫道，在過渡期，特殊利益總會驅使人們堅決抵制政治—經濟體系的徹底變革。毫無疑問地，理論經濟學家們屬於反對變革的保守派。這些理論經濟學家頗有影響力，他們宣稱真正的資本主義體系是唯一的，這個體系不易發生根本性轉變。要了解未來人們對於資本主義變化本質的爭論，

我們就要了解理論經濟學家建立的保守觀點，特別要注意這些觀點的意識型態根源。

危機前三十年，有三種密切相關的經濟思想改變了人們的政治和經濟觀。第一種思想叫做理性預期，這種思想認為不需要由政府或央行來穩定資本主義經濟；第二種思想叫做效率市場，這種思想宣稱，金融競爭會實現最有效率的資源配置，同時還能提供有效資訊和前景預測。第三種思想最抽象，但也最有影響力：以前經濟學被認為是描述人類行為的學門，現在經濟學必須轉變為數學的分支，假設人類行為永遠清晰明確、前後一致，能用簡單的代數方法表達出來；而那些不能用數學模式分析的經濟問題，則被認為是不值得思考的。

上述三種思想產生了巨大的政治影響。合理、有效且精確的經濟學賦予市場極高的權力，使得大量有爭議的政治產物藉由市場被合法化。收入差距不斷擴大、失業問題日益嚴重，銀行家和公司主管卻大發橫財，這些被認為是科學力量作用的結果，是不可避免且不受人類情感控制的。如果有人認為所得分配、工業規畫和金融監管是合理的政府活動，他就會被嘲笑為不懂科學的「經濟盲」。在危機中誕生的新型資本主義制度下，如何架起一座連接政治和經濟的橋樑呢？要搞清楚這一點，我們首先應該了解政治和經濟割裂的現狀是如何產生的。

危機爆發前三十年裡，不管理論經濟學家之間的分歧有多大，他們在一個問題上達成了共識。理論經濟學家取得的最大成就就是，運用數學模型駁斥支持上一代資本主義發展的凱因斯經濟學。

新古典主義經濟學復興了自由企業黃金時代的意識型態，也就是一九二九至三二年第一代資本主義末日前的經濟學。一九八〇年代初開始，新古典主義在美國的大學蔚為主流，同時促使第二代資本主義向第三代資本主義過渡。這場思潮不但攻占了高端理論的堡

壘，還俘虜了各國央行、財政部長和各大經濟機構，如國際貨幣基
金、世界銀行和經濟合作發展組織等等。這場運動衍生出的國際經
濟政策就是華盛頓共識，此後，從國際貨幣基金和世界銀行的計畫
到世界新興經濟體，都紛紛採納華盛頓共識。

　　久而久之，新古典主義幾乎壟斷了人們的經濟思想，透過控制
學術出版、人員任用以及財政資金，新古典主義壓制一切異議。一
個崇尚人類成功是以競爭為基礎的學派，竟然像比爾・蓋茨和洛克
菲勒一樣無情地排擠其他與之競爭的經濟思想，真是莫大的諷刺。

　　壟斷現代經濟學的並非某種理論，而是一種心態，這種特殊的
方法論使得經濟學家思考世界的角度變得單一化。新古典主義集虛
假的謙虛和偽科學的自負於一身，其運動的核心信條不是某種理論
或結論，而是兩種假說──理性預期假說和效率市場假說。但新古
典主義的遠大目標也從這兩個負載價值的詞語中顯露出來──合
理、有效。

經濟學第一紀

　　資本主義發展的每一個時期都創造出不同的經濟學理論，要想
徹底理解「合理」「有效」這兩個負載價值的詞語興衰，我們就要
快速回顧一下經濟學理論的歷史。出於其突現的特質，合理化概念
在競爭經濟體系下自然發展的歷史是十分悠久的，可以上溯到亞
當・斯密和大衛・休謨（David Hume），直至亞里斯多德（Aristotle）
和柏拉圖（Plato）。在亞當・斯密發現競爭市場這隻「看不見的
手」以後，特別是一八七〇年代英國功利主義者發動邊際革命後，
經濟學理論開始受理性的「經濟人」（Homo Economicus）控制。
「經濟人」的概念由彌爾於十九世紀中期提出[1]，指的是一台人形電
腦，「經濟人」的一生都在計算最佳交易方案，使自己的消費最大

化。十九世紀末，經濟學家得出一個結論：理論上，在完全競爭市場的輔助下，這一連串永無止境的計算不僅創造了一個人力、設備和資源得到充分利用的均衡狀態，而且在有條件（也是不實際）的情況下，這一系列計算還能最有效率地優化資源配置，最大限度地滿足社會需求。

十九世紀末經濟學家開始使用的「最適化」（Optimality）概念在現實上的意義很有限，卻產生了深遠的意識型態影響。此一概念最初由義大利統計學家柏拉圖（Vilfredo Pareto）提出，他後來成了義大利法西斯運動的「英雄」。這個概念認為：在社會中，只有部分人遭受損失，整個社會才能富裕。柏拉圖最適（Pareto optimality）[2]刻意忽視了不同人之間比較差異的關鍵問題：如果從洛克菲勒的盤中分一杯羹給一個挨餓的孩子，世界會有所進步嗎？如果對洛克菲勒課稅，並以這筆稅收為一個窮苦的孩子提供免費教育，對社會是不是有好處呢？柏拉圖最適也被稱為效率，但這一概念卻未提及不同人之間的比較和分配問題。這正是柏拉圖最適在意識型態上的優點。基於這一概念，經濟學家可以把正義和社會團結問題，以及社會學、政治學、倫理學等一切經濟學認為不科學的初級學科，通通拋諸腦後。也正因如此，經濟學從一個由亞當・斯密和李嘉圖所創，反對封建主義、奴隸制以及君主特權的純粹社會科學，轉變為一種為現狀辯護的保守意識型態。

很顯然地，「經濟人」是一種絕妙的意識型態架構，完美契合了十九世紀末資本主義制度的樂觀心態[3]。「經濟人」不僅能自娛自樂，而且對於技術進步、極端不公、絕對貧困和痛苦的社會變革，「經濟人」也給出了自己的解釋，並使一切合理化。

不過，這個最快樂的機器人卻有兩大致命缺陷。第一，馬克思、烏托邦和基督教社會主義者（編按：在政治立場上，將基督教思想和社會主義視為彼此關聯的左派人士）指出，如果資本主義制度達到了

最適狀態，為什麼貧窮、不公和階級鬥爭仍是資本主義社會的特徵？對於這個問題，「經濟人」無法給出答案。俄國十月革命之後，這個難題從經濟理論領域延伸到實體政治中，令人十分不安。第二點是理論經濟學上另一個更嚴重的問題：維多利亞時期，商品和服務是由完全競爭市場分配，社會保持平衡，有工作能力的工人充分就業，然而這個整體均衡卻被大蕭條毀滅了。

第二紀：凱因斯的政府主導型經濟學

一九三〇年代，資本主義市場近乎崩潰，理想化的古典經濟學根本無法解釋現實世界。在一般均衡理論（General equilibrium theory）中，一切資源都會自動地以最有效率的方式被利用，消費也會得到最適分配，然而一九三〇年代發生的大規模失業和經濟蕭條，使得這個理論顯得尤為無稽可笑。對政客們來說，更重要的一點是，蘇聯共產主義和德國法西斯主義成了美英資本主義無法忽視的對手。

社會政治體系開始由資本主義第一紀向第二紀發展，經濟學也隨之進行自我革新，衍生出兩個不同的分支學派。傳統的一派後來被稱為個體經濟學，繼續利用十九世紀的邊際理論來分析個人行為的效用最大化，以及企業為了追求利潤最大化而參與一般商品的市場競爭，如煤炭、番茄和鞋子等商品。

新的一派被稱為總體經濟學，這一分支大約出現在一九三〇年代，創始人為凱因斯和他在劍橋的合作夥伴理查·卡恩（Richard Kahn）、波蘭經濟學家米哈爾·卡萊茨基。總體經濟學研究的不是一般商品，而是勞動力、資本和資金等能夠創造財富的生產要素。總體經濟學特別關注的是，人們對生產要素需求的變化會如何影響整個經濟的穩定。對於古典經濟學刻板的線性機制決定論來說，總

體經濟學是一種挑戰，它所使用的利器就是我們現在所謂的一些後現代概念——未知的未來、不斷變化的個人喜好和自我強化的期望值。

從某種意義上來說，凱因斯認為，總體經濟就是今日的生物學家、工程師和數學物理學家所說的複雜體系。這個複雜體系就如同一個生態環境、一個人體結構、一個氣象模型，是由許多不同要素所構成的，而這些要素以無法預測的方式相互作用。因此，我們不能把每個要素的運作單純相加，以分析整個體系的行為。

古典經濟學家則傲慢地認為，市場經濟這種複雜體系中的參與者不僅可以自由改變自身行為，而且能夠自由改變整個體系運轉的經濟原則，因此只要把商家、工人和消費者等全部個體的行為和動機相加，就能全面理解整個體系的運作。早在十八世紀，數學物理學家就證明了，在一個只有三個獨立粒子的體系中，如果粒子只在地心引力的作用下相互運動，我們就無法準確預測整個體系的長期活動。在這樣的學術背景下，十九世紀的經濟學家所建立的假設，竟是預測上百萬個個體的獨立行動，這顯然超出了當時的知識水準。

凱因斯和他的同事們發現，從微觀基礎來研究一個大體系的綜合或宏觀行為，既非必要也不妥當。相反地，雖然僅憑三個粒子的相互作用無法準確分析整個體系的運轉，但統計力學卻可以精準地分析含有上萬億個原子的液體，秘訣就是將注意力從單一粒子轉移到整體上來。生物學也利用嚴密的科學方法分析更複雜的生態系統和生物組織。與此類似，只要從統計學的角度，了解可能控制整個經濟體系綜合行為的簡單連結，而不必細緻分析每個單獨消費者、工人和企業的行為，我們就有可能理解市場經濟整體的運行[4]。

我們還可以藉由兩個更重要的統計力學特點來區分經濟學、生態學和氣象學等複雜體系與相對簡單的穩定流體學。在氣象模型和

類比地震等複雜系統中，數學分析家不可能準確無誤地用公式解決問題，因為整個系統中存在很多其他影響因素。科學家頂多能利用電腦模擬出一序列的近似值，但在生態環境、蟻群和人類社會這些有趣的複雜體系中，每一個體都能改變自身行為，進而改變整體的運動定律。因此，這種改變行為的能力使得科學家無法利用數學手段駕馭具有適應力的複雜體系。矛盾的是，這種能力也讓科學家得以更好地預測整個體系、更輕鬆地理解整個體系，因為具有適應能力的系統往往會以相對有序的形式自發組織起來。據說此類自我組織的系統為了避免陷入混沌，創建了應變運動定律。現代數學的混沌理論發現，工業組織、遷徙的鳥群以及其他許多複雜體系的「應變」屬性都十分類似。兩百年前，在人們尚未從數學角度分析複雜體系時，亞當‧斯密的這隻「看不見的手」就已經完美地展示了自我組織體系的應變屬性。

沒想到二十世紀會出現關於複雜體系的研究，凱因斯和他的同事們本能地意識到，要理解經濟綜合行為就不能只關注支配商人、工人和消費者個人決定的運動定律。凱因斯等人還強調，勞動力、資本、貨幣市場相較於鞋子或土豆這種一般商品的古典市場，其間差別很大，因為推動兩種市場的動力不同，所以新興市場往往表現出相反的發展態勢。

比如說，在經濟蕭條時，工人的薪水會隨之下降，如果從古典市場的角度來看，企業應該雇用更多的工人。但實際上，此時企業通常會裁員。因為商業擴張需要投資，刺激投資的主要因素是對未來銷售和利潤的預期，而非當前的利潤；所以當薪水下降時，企業的預期就是未來需求出現疲軟，進而減少投資。薪水下降的同時，消費者會減少開支，增加儲蓄。這樣一來，投資和消費都減少了，商家不得不作出選擇——要不就是開除員工，要不就是繼續減薪。這就造成消費進一步萎縮，給商業預期帶來更大的打擊，最終導致

更多人失業。

惡性循環不會永遠持續下去，因為市場經濟包含許多能自我平衡的要素，其中最重要的就是利率和貨幣供給。但凱因斯理論的重點是批評十九世紀的假設，即競爭市場經濟總能自動調節為充分就業的平衡狀態，這種觀點過於樂觀。

梅隆等取消主義（liquidationism，編按：這是馬克思主義裡，用來指稱革命黨的思想「清算」。梅隆對危機的主張即是，將體制內一切腐敗因素進行大清洗）者認為，造成蕭條的唯一原因是工人可能不接受減薪，然後自願失業。但凱因斯經濟學則認為，這種工資「黏性」（stickiness）很難成為蕭條的根源。事實上，因為減薪會降低了工人的購買力，所以減薪對於經濟蕭條無異於火上澆油。

當發生大規模失業時，市場經濟之所以會停滯數年甚至數十年，原因絕對不是工人抵制減薪。凱因斯認為最重要的原因是不確定因素以及對未來經濟前景預期的不一致。因為未來是不可預測的，沒人能保證商家、工人和家庭的投資和儲蓄選擇會符合古典經濟學的預測，與充分就業或資源充分配置一致。

總體驅動力和個體經濟行為的分歧進一步增加了預期前後不一的可能性。如果上百萬人或企業同時採取某種看似合理的個人行為，後果很可能是極不利於生產的。這是一個典型的合成謬誤，在很多社會情境中都會發生，比如群眾管理，但這個問題很大程度上被古典經濟學忽視了。

最重要的一個合成謬誤可能就是節儉悖論了，這個悖論是由現實和對未來的預期失衡所造成的。當一個家庭增加儲蓄時，貨幣就會流入金融系統，接著流入投資領域，進而增加了個人及社會財富。但當上百萬個家庭都同步增加儲蓄時，經濟體內的總投資額可能會減少，侵蝕掉原本的經濟成長。因此，計畫性儲蓄或預期存款可能使得最終達成的投資減少，並且造成社會整體財富縮水。

　　試想一下，如果一家大型企業裁員或減薪會有什麼後果。這兩種做法都會降低整個經濟的購買力，迫使其他企業採取類似做法。其中潛在的問題是，一個企業的做法和預期會影響其他企業面對的現實。雖然利率、薪金和價格變化通常能平衡預期和現實，但很多情況下，市場機制會產生反向的不穩定作用。至於在金融市場中，現實和預期不平衡可能造成更為極端的影響。

　　凱因斯意識到了人類理解力上的兩個不一致的問題，一是對現實感知和對未來預期間的不一致，二是個人行為和集體行為間的不一致；而且他還發現了使不穩定的經濟更加失衡的最重要力量。這一結論是古典均衡理論無法預測和分析的。基於凱因斯成功的分析結果，從一九三〇年代開始，研究經濟總量和動態不穩定性的總體經濟學成了經濟學新的分支，並最終占據了經濟學領域的霸主地位。與此同時，十九世紀古典經濟學的理想化假設，以及完美市場、一般均衡和最適資源配置等過分樂觀的詞彙漸漸失寵了。

　　相較於凱因斯在經濟學理論方面的創新，他更重要的影響是在政治界。一九三〇年代的大規模失業迫使全球政府承擔起總體經濟的管理責任，這在以前是難以想像的。這種政治轉型改變了經濟學家需要回答的問題，同時也改變了經濟學方法論。經濟學家們不再認為一般均衡是上帝賦予資本主義體系的本質，而開始設想政府有能力、也應該在必須平衡供需的時候出面干預。

　　凱因斯經濟學認為，穩定均衡狀態下的古典經濟學，以及其對於社會預期一致性的種種理念，都是奇談怪論：理論上看來很有趣，實際上不過是現實世界中一個無關緊要的特例而已。因為在現實世界中，市場是不完美的，未來是不可預測的，而人們的預期也是不一致的。經歷了兩次世界大戰的噩夢期後，政治家和選民基本上認可了凱因斯的觀點，認為資本主義經濟是不穩定的，必須由政府加以干預。因此，一九三〇年代末以後，總體經濟管理成了政府

的核心功能，二次大戰之後，總體經濟管理更成了政府最重要的政治責任。

　　儘管凱因斯的政策建議得到了廣泛採納，但二次大戰結束後，官僚理性主義開始壓制凱因斯的核心理論。凱因斯認為，資本主義經濟容易發生危機，是因為預期不一致和回饋不穩定，同時還存在合成謬誤。但這種理論漸漸被「新古典綜合學派」（neo-classical synthesis）所取代，新古典綜合學派將經濟學爭論的焦點作了輕微更動——從資本主義體制內在的不穩定轉變成市場的不完美。也就是說，一個明智、良性的官僚體系經過一段時間的努力，能夠消除或控制市場存在的不完美，最終實現古典經濟學理想中的永久充分就業。

　　新古典主義重新確認了均衡是資本主義經濟的本質狀態，但新古典主義又辯稱資本主義可能發生經濟危機，因為人們已經意識到市場存在的缺陷，特別是價格和薪水具有「黏性」，無法迅速調整以適應供求變化。

　　因此，凱因斯對於經濟世界何為自然、何為反常的觀點被新古典綜合學派推翻了。在兩次世界大戰期間，凱因斯和他的早期追隨者們認為，經濟不穩定是一種正常的狀態，平穩均衡才是反常現象。到了一九五○、六○年代，新古典主義經濟學家的觀點則恰恰相反。新古典主義經濟學家認為，完美的競爭型經濟總是自動向一般均衡發展，這是一切嚴肅學術分析的理論準則與基礎。而現實世界的經濟極易發生蕭條和失業，只是一個功能不完善、理論上乏味的特例。

　　為什麼經濟學家會認可這種明顯不切合實際的世界觀呢？一種解釋是，新古典主義經濟模型的邏輯簡明，可以用數學方法分析，而經濟學家們一直試圖將經濟學轉變為一門數理化的硬科學，因此新古典主義對妒火中燒的經濟學家來說很有吸引力。不過，使經濟

學家接受某種新理念的主要原因和過去一樣，就是政治思潮。

　　冷戰早期，重塑完美或漸臻完美的資本主義體系的理想顯然極具吸引力。美國在意識型態上與蘇聯集體主義的對抗，可以透過總體經濟中的新古典主義觀點得到完美的象徵：一群獨立自主的個體，如同一台福特汽車裡的齒輪一樣緊密合作，每個人都是出於經濟動機自願採取行動。更高明的是，不同於十九世紀的古典經濟學，新古典綜合學派理論為大蕭條後的政治現實留有餘地。他們以福特汽車作為譬喻，說明如同這樣的經濟機具偶爾也需要潤滑一下，由一個支持商業發展的良性政府來「點火」和「踩油門」；因此，福利安全網和自動供需管理的存在，就是政府為穩定經濟循環的必要手段。如此一來，新的經濟理論就迎合了左右兩種勢力。保守派將新理論稱為新古典綜合學派，而保羅・薩繆爾森（Paul Samuelson）和羅伯特・索洛（Robert Solow）等改革派人士則稱之為新凱因斯主義經濟學。

　　戰後，當人們在意識型態上達成一致時，卻遺失了總體經濟學的精華：金融不穩定性不再被視為未來不確定性的必然結果；金融循環只是不完美因素造成的偏差，至少從理論上講，透過政府干預就可以糾正這種偏差。新理論完美呼應了一九五○年代的普遍樂觀和官僚精英的過分自信。

第三紀：理性和效率的勝利

　　到了一九七○年代，前二十年的空前繁榮轉眼化為經濟和社會動盪，新古典理論保留的凱因斯思想遭到了猛烈的抨擊。人們批判的不是凱因斯的核心理論主張，即資本主義制度本質上不夠穩定；他們批判的是凱因斯提出的實際建議，即政府應主動承擔起穩定體經濟的責任——新古典綜合學派曾經十分認同這個政策要點。

　　一九六○年代開始，芝加哥大學的許多保守派經濟學家提出了一個新論點，即總體經濟學缺乏嚴謹的學術基礎。嚴格來說，總體經濟學不能算是一門科學，除非在精準的「微觀基礎」上重建經濟模型；也就是說，要能夠以數學方法事先詳述企業、消費者、工人和投資者的行動和預期。根據這個觀點，經濟學家們所關心的通貨膨脹、失業和貨幣政策等綜合概念都必須經過精確的數學假設，包括上百萬名經濟參與者的行為，以及他們對經濟運行的理解和對經濟未來動態的推斷。

　　在預先決定、精準的微觀基礎上重建總體經濟學，這種要求是非常狂妄的。因為前文提到了，物理學家已經證明，即使藉由牛頓和萊布尼茨（Leibnitz）等世界上最偉大的數學家所發明的強大分析工具，也無法解決「三個粒子」的問題。而現在，個體經濟學家卻想找出確切的解答來處理一個含有上百萬個體的複雜體系問題，裡頭不但包含有思考能力的參與者，還涉及極其複雜的運動定律。

　　在別無選擇的情況下，這種新經濟正統學說制定了第二種更加目中無人的方法論。由於精準的微觀基礎是無法獲得的，所以經濟學家們必須假設，在某一特定情況下，數百萬名經濟個體都是「理性」的。這個關於理性的假設，意即經濟體中的每一個「代理人」——也就是每個商人、消費者和工人——都完全理解經濟模型內生的各個運動定律，並且始終以這個認知來預測未來。關於上述詭異的假設方法，經濟學家所提出的辯護顯見他們對於迴圈推理的偏好。

　　如果經濟模型能準確反映經濟的運動定律，那麼人們按照其他世界觀進行活動就是「極不理性的」。反之，如果經濟模型中關於經濟行為的假設是錯誤的，那麼這個模型本身也就是錯誤的，而且毫無思考的價值。因此，經濟學家們宣稱，要想具備科學價值，一切經濟模型都必須遵循理性預期假說：假設在一個經濟模型中，包

括未來預期在內的一切經濟行為，都要與經濟學家針對實際經濟活動制定的理論保持一致。

在預設的個體微觀基礎和統一的理性預期之間作出選擇，人們對於這樣不切實際的要求，應該早就一笑置之了，可是為什麼沒有呢？第一個原因完全是關乎智慧的。這些方法論不但把經濟學轉化成一門數理基礎的科學，還允許建構模型的經濟學家假設全人類都遵守一般運動定律。理性預期讓經濟學家能夠和物理學家並駕齊驅，甚至將經濟學家提升到牛頓心中那位上帝的高度。

儘管理性預期的研究明顯不符合現實，對理論經濟學來說，這一假說卻具有強大的催眠效果。其中一個重要因素在於，理性預期完美地配合了一九七〇年代初盛行的保守個人主義意識型態，最終並超越了上一代人對於良性官僚體制的信仰。凱因斯主義支持政府擴大就業、管理需求，而傅利曼的貨幣主義反革命正好與之相反；一九七〇年代中期，理性預期理論開始與貨幣主義收斂之後，它的政治吸引力變得特別強勁。

一九七〇年代初，貨幣主義與理性預期合流之前，凱因斯總體經濟學被新古典綜合學派「稀釋」了，但仍然堅持政府以三個重要的途徑干預經濟管理。第一，新古典主義經濟學家發現，現實中的價格和工資變化沒有如古典經濟模型要求的那麼靈活；第二，新古典主義經濟學家承認，人們在現實生活中的預期不一致和認知不完美導致了金融的興衰循環；第三，新古典主義經濟學家也意識到了凱因斯強調的總合結果與個人決定之間的合成謬誤。

相反地，一九七〇年代的新興經濟學全盤否定了上述論點——不是以實證結果推翻，而只是簡單地假設它們不存在。

標榜自己為新古典學派的新經濟學，以一種開放的政治對策駁斥了關於政府干預的第一個論點。他們認為政府應削弱工會的力量，同時減少商業監管、增加競爭——這個對策的優點是公開透

明，與不斷變化的意識型態環境相符。至於對另外兩個政府干預的否定，其論述是以更隱晦的方式暗中削弱：他們不過是提出了新的**假設**，就成功地將新學說扶上大位，成為無庸置疑的理論正宗。

新古典經濟學家的一項重要創新，就是對「**理性**」一詞進行大刀闊斧的重新定義。舉例來說，如果一位經濟學家認為，擴大貨幣供給一定會加劇通貨膨脹，那麼新的經濟學方法就會假設模型中所有消費者、企業和工人都贊同經濟學家的觀點，而且會採取相應的行動。因此，理性預期經濟學的基礎就是迴圈推理：**假設**存在一種能夠準確預測未來的模型，而且大家都知道這是怎樣的模型，那麼未來就是可預測的，經濟也會永遠保持穩定，人們也就不需要凱因斯提倡的政府干預來管理需求。但這種迴圈推理要證明的觀點，其實是一種假設——就像本章開頭提到的笑話裡，那個經濟學家假設有個開罐器，就可以打開豆子罐頭飽餐一頓。

資本主義從第二階段向第三階段演進的同時，資本主義制度也隨之發生了許多變化，而理性預期恰好與這些變化完美相容。因此儘管理性預期假說存在明顯的邏輯謬誤，但利用新的學術藉口，這個假說還是被人們視為新的經濟正統理論。

理性預期假說的支持者制定了一條學術慣例：為了讓經濟學被視為真正的科學，只能以數學演繹法，從代數原理和假說中繼續演進；而對於其他一切認為經濟學不連貫、不科學的觀點，理性預期假說的支持者都嗤之以鼻。以前那些偉大的經濟學思想家，像亞當·斯密、李嘉圖、凱因斯、熊彼特和海耶克等，按照這個慣例的標準來看，都算不上真正的經濟學家，因為這些人的著作幾乎都和數學沾不上邊。偉大的經濟學家用文字而非公式來表達思想，並非因為他們數學水準不高。凱因斯和海耶克在投身經濟學研究之前，都是傑出的數學家；然而，兩人在後來都意識到，數學的本質決定了數學不能充分展示經濟生活的複雜化和多樣性，無法反映經濟生

活中的種種矛盾與模棱兩可。因此，凱因斯說過這樣一句格言：「寧可粗略的對，也不要精準的錯。」（It is better to be roughly right than precisely wrong.）[5]然而現代理論經濟學家們卻徹底顛覆了這句格言。

　　經濟分析有嚴格的要求，必須做到邏輯上的連貫和清晰。經濟學家如果過度運用數學方法，實際上作不出有意義的分析；因為現實生活中，人們的經濟行為並不一致，動機是模糊不清的，其後果難以預測——二〇〇七至〇九年的金融危機就是一個完美的例子。試想一下，如果歷史學家要遵從邏輯一致性和精準度，以如此嚴苛的標準來解釋羅馬帝國的崩潰，或者依照類似的要求來分析希特勒掌權的原因，那麼歷史學就可能變成人口統計、族譜分析或其他統計科學的分支；但如此一來，歷史學就無法為人類發展指出一條明路了。

　　法國數學家羅拉爾・德布魯（Gerard Debreu）開創了現代數理經濟學。不過在一九九一年，當他就任美國經濟學會（American Economic Association）主席時，德布魯在就職演說中表達自己對危機的預感：「一種看似無法逆轉的潮流主導了經濟學理論，這部分要歸結於數理經濟學取得的成就……經濟學家的數學學術成就反映了他的價值……而經濟學家的數學背景決定了他將選擇何種方式來解答問題。因此，根據上述判斷，我們面臨的威脅是，即便（數理經濟學中的）經濟學不淪落為邊緣學科，也會成為二等學科。」[6]

　　恐怕只有凱因斯和海耶克反覆強調一個至關重要的經濟學理念，即經濟世界的本質不可預測性。這種觀點站在理性預期假說思維的對立面，從一九八〇年代開始，主流經濟學方法論屏棄了凱因斯的重要觀點。經濟學的數學要求是嚴格的邏輯連貫性，因此經濟學也就無法進一步發展先輩們提出的概念，如法蘭克・奈特（Frank Knight）的內在不確定性[7]、凱因斯的動物本能，以及索羅

斯的反射理論；即便這些觀念都觸及了經濟現實中一個最重要且最
有趣的特點。

　　由於經濟具有內在的不可預測性，如果企業、消費者或金融家
篤信某個明確不變的經濟運行模式，那麼現實經濟中的個體行為實
際是不理性的。可是所有人卻都認為，理性預期提出的方法論是最
好的經濟理論。為了向歐威爾（Orwell）的真理部（Ministry of
Truth）和老大哥（Big Brother）「致敬」（編按：這是奧威爾的名著
《1984》裡的極權政府單位和社會領袖），一九八〇年代以後的經濟學主
流理論都聲稱凱因斯模型荒謬可笑、前後不連貫，因為凱因斯模型
竟然顧及被理性預期假說定義為「極端不合理」的現實世界行為。

　　這些就像是茶杯裡掀起的經濟風暴，但現實與經濟思想間巨大
差異所造成的深刻影響在二〇〇七至〇九年經濟危機期間達到了頂
峰。二〇〇九年二月，危機餘波之中突然出現了一個具有重大意義
的實例。凱因斯經濟學家注意到，政府增加公共支出和負債通常能
刺激生產和就業——或者，在經濟蕭條時期，可以避免這兩者快速
下降。

　　按照理性預期假說，凱因斯經濟學的這個預測在邏輯上是不一
致的，因此政府的財政刺激不可能發揮作用。理性預期假說假設政
府的經濟刺激計畫總會擴大貨幣供給，而所有「理性的」企業、消
費者和投資者都相信簡單的貨幣主義理論，即貨幣供給的增加必然
造成通貨膨脹。把某種不算太複雜的代數運用到這些假設中（當然
還有到其他假設，如完全競爭、無限資金和最適運作的期貨市場
等），理性預期假說「證明」了，如果企業擴大生產以回應政府的
刺激政策，那麼這些企業就是極端不理性的；如果失業工人選擇接
受這份工作，而沒有堅持等待更高的薪水，那麼他們就是極端不理
性的。反之，如果所有假設都成立，企業的理性做法應該是提高商
品價格，工人的理性選擇則是靠救濟金過日子。

憑藉上述論斷，支持理性預期的學者證明了凱因斯經濟學有多麼荒唐：政府的經濟提振政策無法挽救衰退的經濟，無法提高產量，也無法降低失業率；政府的刺激方案只會製造通貨膨脹，增加失業人口，使經濟衰退更嚴重。實際上，這就是湯瑪斯・沙金特（Thomas Sargent）和尼爾・華萊士（Neil Wallace）一九七六年發表的論文中提出的「政策無效性」的命題。這篇論文被視為一項重要的科學突破，文章的觀點反駁了過去二十五年的政府支出和擴張貨幣供給是戰後空前繁榮的原因；相反地，這些政策在一九七〇年代似乎使美國和其他發達國家走到了通貨膨脹的邊緣。哈佛大學保守派經濟學家羅伯特・巴洛（Robert Barro）同樣反對政府試圖從債券市場借款來整治經濟的做法。巴洛對李嘉圖的等價定理（Ricardian Equivalence Theorem）略做更動後，聲稱自己的理論能夠證明，政府透過借款完成的一切經濟刺激計畫都會被個人消費者自動否定，因為政府每支出1美元，消費者就會少花1美元。

由於李嘉圖的等價定理是保守派經濟學家針對危機後美國、英國和德國政府經濟刺激方案進行攻擊的核心，巴洛理論的起源就有必要暫且避而不談了。巴洛的理論和其他保守經濟學理論一樣，首先假設他要證明的結論成立。他指出，擁有理性預期的消費者會認為，政府增加借款就等同於政府增加未來對消費者的賦稅，並由此推導出，在這種情況下，理性消費者要想支付未來的稅金，就得立刻削減開支，然後他還假設這些情況都適用於一個理性世界。

最後，巴洛在公共關係上成功抬高了新經濟正統理論的地位，他表示自己能得出這個理論要歸功於李嘉圖，因此他被許多學者視為史上最偉大的經濟學家之一。李嘉圖在一八二〇年的一篇論文中研究過這樣一個問題：某國政府捲入戰爭之後，這個政府應該要增加2,000萬英鎊的賦稅，還是應該發行等價的永久債券？如果選擇發行債券，那麼政府每年都要支付100萬英鎊，即5%的利息[8]。李

嘉圖總結道：「從經濟上來看，這兩種選擇沒有本質的不同，一次性支付 2,000 萬英鎊和無限期每年支付 100 萬英鎊的價值是一樣的。」這句話看似簡單，實則極為微妙，因為未來的貨幣價值是不確定的，而巴洛恰好利用了這一點來支持自己的「公共借款等於賦稅」理論。

然而，巴洛和其他反政府刺激的正統理論支持者並沒有指出，李嘉圖本人十分不屑於這種過分簡化的計算方式，李嘉圖指出，這樣計算的前提是，假設現實世界中人們的行為幾乎都是錯誤的。他說：「但納稅人從沒這樣計算過，他們也不會據此管理私人事務……不管一個人的財富是 2 萬英鎊還是其他數字，很難讓他相信『持續每年支付 50 英鎊等同於一次性繳稅 1,000 英鎊』的說法。」換句話說，李嘉圖絕不會贊成這個新理論，反而會嘲笑自己的等價定理有多荒謬。

儘管李嘉圖的等價定理和政策無效性命題等理論的學術基礎令人懷疑，而且是缺乏根據的假設和迴圈推理，但這些理論仍舊掀起了一場學術風暴。這些理論不但完美地契合了愈發保守的世界觀，也削弱了對立的勢力。第二代資本主義政經模式的崩潰使得新凱因斯主義經濟學家備受打擊，面對理性預期和貨幣主義者的進攻，新凱因斯主義節節敗退。新凱因斯主義承認了自身的不連貫性，部分是由於融合了新古典綜合學派的凱因斯主義經濟學缺乏堅實的學術基礎。因此按照理性預期方法論的古怪要求，新凱因斯主義經濟學家認為，一切對現實經濟行為有價值的學術解釋都要符合貨幣主義和理性預期的假設，而不是假設符合現實行為。

說句公道話，新理論至少還有一個優點，那就是對一九七○、八○年代的停滯性通貨膨脹作出了一個看似合理的解釋。奇怪的是，新理論對於問題的分析和解決方法已被證明是錯誤的，但直到一九九○年代甚至二○○○年以後，仍然無人挑戰這些理論的權威

性。從一九八〇年代中期開始，企業和消費者認為政府擴大貨幣供給、進行總體經濟刺激等，不僅不會造成通貨膨脹，反而會拉動就業。從一九八一年起，雖然貨幣發行量增長很快，成長率也在不斷變化，全球通貨膨脹率卻迅速下降。美國、英國和歐陸的決策者成功地利用利率和財政政策調整經濟活動、減少失業人口。不過，貨幣主義和理性預期的學術權威並沒有被現實撼動。理論經濟學家認為，理論與假設的內在一致性比理論和現實世界的不一致更重要。

　　從一九七〇年代開始，一直到二〇〇七至〇九年的危機為止，主導經濟學的理論三巨頭中，除了理性預期和貨幣主義之外，最後一個就是最臭名昭著的「效率市場」。效率市場假說的核心是金融市場，這個假說與理性預期假說同步發展，經過類似的一連串自我確認後，逐漸壯大。效率市場假說是為了駁斥凱因斯、極端保守的海耶克和當時其他經濟學家提出的金融市場不穩定的觀點。效率市場假說被認為能夠回答總體經濟學最重要的問題：**為什麼市場經濟存在繁榮和衰退？**

　　凱因斯和海耶克都認為金融市場是造成資本主義不穩定的主要原因。雖然凱因斯和海耶克一開始就選擇了對立的意識型態陣營，後來兩人得出的政策結論也不盡相同，但兩人都意識到，控制金融發展的預期永遠是主觀的，而且是不一致的。因此，凱因斯和海耶克十分重視情緒波動、羊群效應、自我強化的動量交易以及金融市場的其他正回饋。而新的效率市場理論則是按照一個現在我們已經熟悉的模式，將上述因素的作用排除在外。

　　效率市場假說主張，金融市場絕不會引發和擴大經濟動盪。相反地，由於金融市場是最具競爭性的市場，投資者可以認購期貨或購買其他衍生性商品，因此就定義看來，金融市場設定的價格反映了對一切可利用資訊的最佳分析。如果金融市場無法有效反映對當前和未來經濟環境的分析，那麼唯一的原因就是政府監管過度、內

幕交易或缺乏透明度。當然，效率市場假說不認為金融市場在反映未來時永遠正確，因為總是會發生不可預測的事件，但效率市場假說斷定，投資者不可能一直比市場狡獪。在意識型態方面，效率市場理論更證明了政府官員和監管者在資源配置和預測未來上，永遠不會比金融市場本身做得更好。

　　假設金融市場有效率，也就意味著，人們已經得到所有資訊，再無任何不可預測的未知資訊，那麼金融市場的活動就是毫無意義的隨機波動，和擲硬幣或醉鬼的隨機遊走一樣隨便。這個觀點乍聽起來十分混亂，實際上卻能讓投資者和銀行家安心：如果市場活動真的像擲硬幣一樣，那麼長期看來，市場活動就具備了極高的可預測性，就像彩票的利潤和賭場的營業額一樣，都是可以較為準確地預測的。利用簡單的數學方法就能證明，統計學家以擲硬幣和隨機遊走這兩個類比所暗指的長期常態概率分布，也叫做高斯概率分布。

　　常態分布聽起來既模糊又專業，但與理性預期方法論類似，幾乎全世界都將常態分布運用於金融領域。這個問題十分重要，而且正是這一點直接導致了二〇〇七至〇九年的金融崩潰。常態分布是一個美妙的數學模型，因為人們可以精準地分析常態分布模型。效率市場假說允許期貨和各種複雜的金融工具發展出極為精確的公式，因為公式具有極高的數學精確性，似乎可說明大幅增加借款和高度依賴風險管理體系之所以行不通的原因。

　　從這個意義上來理解，二〇〇七至〇九年危機可說是數理經濟學的失敗。如果效率市場假說成立，那麼顛撲不破的簡單數學計算就應該能說明過去二十年中的金融危機都是不可能發生的。舉例來說，如果華爾街的日常交易變動真的像隨機遊走一樣隨機，那麼一天之內金融活動超過25%的概率應該是三千萬億分之一。然而現實情況卻是，在效率市場假說成為金融正統理論的二十年裡，至少有

三次統計學上「不可能」的危機發生：①一九八七年的股市危機②一九九四年的債券和貨幣危機，以及③一九九八年由俄羅斯違約、長期資本管理公司崩潰引發的套利危機。

（編按：①一九八七年十月十九日，史稱黑色星期一。當天的道瓊工業指數下挫508點，連帶波及至全球其他股市，事發的詳細原因仍眾說紛云；②一九九四年，美聯儲開始貨幣緊縮政策，然而就在宣布升息之後，美國公債收益率大升，結果債市出現大規模拋盤動作，所幸沒有釀成大災；至於該年十二月十九日，墨西哥貨幣比索突然大貶15%，股市也隨之狂瀉，直到國際資本挹注救援，危機才逐漸解除；③一九九八年俄羅斯爆發金融危機後，許多對沖基金蒙受巨大損失，其中美國的長期資本管理公司更因為套利玩過頭，經其他金融巨頭聯手紓困，才得以稍減恐慌。）

以上這些動盪都不能和二〇〇七至〇九年的金融危機相提並論。二〇〇七年八月，高盛首席財務長大衛‧維尼亞（David Viniar）聲稱，「幾天之內」將會連續發生「二十五個偏離標準的事件」，而在常態分布模型中，這些波動上千萬億年才會出現一次[9]。當時金融市場已經逐漸失控，一年多後，雷曼兄弟宣告破產。

按常理來說，這些事實應該將效率市場假說徹底趕下嚴肅科學理論的神壇。但是正如理性預期假說的例子，經濟危機發生之後，許多經濟學家寧可死抱著理論不放，也不願面對事實[10]。金融機構更迅速重組以捍衛效率市場假說，一旦屏棄它，就意味著一些高利潤、高風險的商業模式將土崩瓦解。離開了效率市場假說，主要金融機構應用的多數交易和風險模型就成了一堆垃圾。銀行設定紅利和獎金的基礎是逐日盯市準則下的銀行利潤，如果逐日盯市被傳統的現金會計準則取代，那麼銀行利潤就只能來自銀行收回的貸款和出售資產實現的資本利潤。

在保守派經濟學家看來，否定效率市場假說造成的最壞後果，可能是否定非金融市場的自動均衡假設[11]。這個「聯合假說問題」

意味著效率市場假說、理性預期假說以及其他證明政府經濟干預無效的理論將共進退。

下一過渡期

　　世人怎麼能容許這種不現實、不嚴謹的心態影響經濟學這種對社會至關重要的嚴肅學科呢？諷刺的是，答案正是因為經濟學具有重要的政治意義。

　　新經濟學理論的偽科學目標對於保守派政客來說是極具吸引力的。理性預期和效率市場假說證明了經濟蕭條、金融危機以及失業等問題並非資本主義體系的內在屬性，而是出於人類（通常是政府）對資本主義正常規律所做的干預、扭曲，並破壞了這個體系的穩定。最近一個例子就是危機過後，美國房地產業的興衰被合理化。有些最精明的投資者在次貸市場中損失了上千萬億美元，這對理性預期和效率市場理論而言，相當於一記響亮的耳光；但很多保守派政客還在試圖以經濟學理論得出一個相反的結論：因為效率市場假說指出，競爭市場總能最好地利用資訊，那麼市場的一切錯誤都是政府干預埋下的苦果。尤其是透過補貼和監管，鼓勵對少數群體的貸款，以及抵押貸款證券化等政府政策，都被視為次貸危機的罪魁禍首。

　　總之，現代經濟學模型的力量主要源自它的政治意義。理性預期假說、政策無效論、李嘉圖等價定理以及自然失業率，這些概念全都**證明**了政府調控經濟循環和失業的做法根本就是徒勞無功，甚至還會弄巧成拙。全面均衡理論**證明**了如果政府不插手其中，那麼資本主義經濟總能實現充分就業；柏拉圖最適理論**證明**了市場經濟永遠能對資源進行最有效率的配置；效率市場假說**證明**了政府唯一有意義的經濟職能就是減少經濟監管，擴大私有化。而政客和商業

領導人正好希望經濟學家以這些理論證明柴契爾和雷根推行的改革是正確的。

更妙的是，市場力量產生的後果合理、有效、自然，且具有毋庸置疑的數學性，這似乎使得當前經濟和政治領域的一切收入、財富和權力分配都顯得正當合法。自由放任的意識型態、不斷擴大的收入差距、企業高階主管的鉅額薪金、天才金融家的豐厚紅利，這些都被當成非人為的自然作用結果，而不是受政治改革影響的社會安排。

當理性、效率和自然這些神奇的詞語得到諾貝爾獎得主的認可時，其政治意義就大大增強了。實際上，主流經濟學理論的成功，應歸功於能言善辯的天才們。

如果我們以賭博市場假說代替效率市場假說，想像一下結果會有什麼不同。效率市場幾乎毀了全球金融體系，而信奉效率市場的銀行家和監管者很可能注意到凱因斯的一句名言：「當一個國家的資本發展成賭場活動的副產品，那麼經濟很可能出現了問題。」或者我們把理性預期改名為「永久一致預期」（最初確實有人這樣建議過），那麼這個假說就會被愛默生的犀利話語所駁斥──「愚蠢的一致性是頭腦狹隘之人的心魔」。我們還可以一直替換下去，用「無情剝削」取代「完全競爭」，用「永恆靜止」取代「全面均衡」，用「根深柢固特權說」取代「柏拉圖最適」，用「巴洛錯誤假設」取代「李嘉圖等價定理」，用「刻意破壞就業」取代「自然失業率」……。

布希總統的《空氣清潔法案》（Clear Skies Act）讓企業擴大排汙，「健康森林提案」（Healthy Forests Initiative）促進伐林砍木，《國土安全法》（Homeland Security Act）給偏執狂撐腰。同樣地，市場基本教義派的經濟學理論巧妙地利用遣詞造句的手段達成了統治目的。

　　最終，二〇〇七至〇九年危機可能讓這種歐威爾式語言的名譽掃地，理性、效率和完美等形容詞不可能奪回意識型態上的制高點了。如此一來，一九七〇年代出現的新經濟學理論，支持由大政府的凱因斯時代過渡到柴契爾—雷根自由市場時代，也失去了其存在的政治價值。

　　反之，新的經濟思維將得以發展，一種全新的資本主義體系也會不斷前進。但要實現這個目標，我們就必須承認一九七九至二〇〇九年這一時期的主要研究是失敗的，至少要停止這些已經沒有意義的研究。經濟學家不能再利用過分簡化的假設來製造與現實脫節的數學模型，而必須重新以更多樣化的方法進行更廣泛的分析。經濟學家要從政治科學、社會學和人類學中汲取精華，然後將歷史學家、管理學家、心理學家、數學家和統計學家的方法運用到經濟分析中。當經濟學家開始這些工作的時候，資本主義4.0的體系架構和學術輪廓也就慢慢成形。

第十二章

向新經濟學進軍

要想為未來的資本主義發展提供任何有意義的分析指導，新的經濟學理論必須滿足三個要求：第一，新經濟學必須承認，市場經濟不是一個永久均衡的體系，而是一個不斷發展演變的體系。競爭市場最重要、最有價值的特點，就是具備適應社會、政治和科技變化的能力。第二，經濟學家必須承認，有效的政府和充滿活力的私人企業之間並非彼此排斥，而是互利共生。對於資本主義體系的成功運轉來說，有力政府和有力市場二者缺一不可；不依賴政府的經濟政策來發展市場經濟的美夢，在二〇〇八年九月十五日破滅了。第三，新經濟學最重要的特點就是重視人類行為和經濟活動的內在不可預測性，這既是前兩項要求的原因，同時也是前兩項要求的結果。

凱因斯、熊彼特和奈特都十分關注經濟活動的不可預測性，這個關注的重心將成為新理論的指導思想，主導下一階段的經濟學思潮。在面對二〇〇七至〇九年經濟危機後誕生的新經濟時，所有參與者都必須明白，市場和政府都可能犯錯。未來並不確定，而且未來發展依賴的是人類行為、未來預期和現實之間的反身性相互作用，理性預期假設下的經濟運行，其準確單一的模式其實是荒謬的想像。在這樣一個不確定的世界中，制定經濟和體制政策需要不斷摸索、反覆實踐，在錯誤中尋求答案。政府政策、市場行為和商業預期必須與經濟體制共同發展，以適應自身行為造成的環境變化。

　　簡言之，未來的經濟肯定是一種混合型經濟，私部門和公部門都將發揮重要作用。同時，未來的經濟也是一種適應力極強的經濟，經濟合作規則包括了公私關係，都必須適應環境的變化。

　　在第四部分，我們將探討在適應力極強的混合型經濟中，哪些特殊的政策制度會應運而生。不過在此之前，新的經濟思考方法會如何幫助資本主義4.0奠定理論和意識型態的基礎呢？

　　儘管從一九八〇年代開始，理性預期和數學模型幾乎壟斷了所有頂尖學府，但在主流理論的陰影下，仍然衍生出許多研究經濟問題的有趣方法，這些新方法的基礎包括心理學、社會學、控制工程學、混沌理論、精神病學和實用的商業分析。毫無疑問地，這些方法在未來幾年必將給經濟學界帶來新生。

　　危機當頭最引人注目的方法，就是行為經濟學。由羅伯特‧希勒推廣的行為經濟學認為，投資者和企業受群體心理影響，而非癡迷於理性預期。但行為經濟學的變革並不徹底，因為它沒有挑戰理性預期假說的中心內容，意即至少在理論上，可以透過傳播資訊或加強監管，進一步完善市場，以避免經濟過熱、經濟蕭條和種種市場失靈造成的經濟衰退，以及自由放任資本主義的崩潰。也許正是出於行為經濟學在意識型態上的相容並蓄，理論經濟學家非常樂意接受這種新方法。實際上，提出有限理性的赫伯特‧賽門（Herbert Simon），開創博弈論的維農‧史密斯（Vernon Smith），開創實驗經濟學的丹尼爾‧卡尼曼（Daniel Kahneman），開創資訊不對稱理論的喬治‧艾克勞弗（George Akerlof）、約瑟夫‧史迪格里茲和麥可‧史賓塞（Michael Spence）都獲得了諾貝爾獎。

　　混沌理論和高級控制工程學進行的數學研究是正統經濟學最大的挑戰，因為這些研究表明，理論經濟學在危機前所使用的數學模型都是錯的。布萊恩‧亞瑟（Brian Arthur）和他在聖塔菲研究所的同事們一生都在研究非線性複雜體系的數學問題，隨後亞瑟將得出

的結論運用在不符合標準經濟學假設屬性的經濟市場自組織行為中，比如利潤增加和贏者通吃的正回饋現象。這些研究對於產業組織而言意義重大，但產業組織與一般經濟學相去甚遠，亞瑟的研究從未應用於總體經濟學和金融領域，而這兩個領域正好亟需新思想，因為一般經濟學理論已經明顯失靈了。

貝諾‧曼德伯是二十世紀最具創造力的數學家之一，同時也是混沌理論和體系理論的創始人，他大部分時間都致力於經濟學和金融市場研究。一九六〇年代以來，曼德伯的許多數學思想都成功應用於地震學、氣象學、星象學和生物學領域，這些思想的基礎是曼德伯的金融學和經濟學研究，如果運用到其他領域，這些思想同樣能發揮巨大作用。曼德伯在《股價、棉花與尼羅河：碎型理論之父揭開金融市場之謎》一書中寫道，在過去的四十年間，他曾試圖讓經濟學家們以碎形幾何學分析市場的極端行為，因為新方法的效果可能優於一般方法，然而這四十年的努力卻為人恥笑、不受重視。試想一下，如果曼德伯是在雷曼危機發生的五年前寫下這段文字，結果會有什麼不同：

> 全球自由市場經濟下，人們大大低估了金融危機的發生概率。銀行的虧損沒有邊界。人們最不擔心的，就是銀行破產；一家銀行可以將債權轉嫁給其他銀行，這樣銀行的損失就會在互通有無的金融機構間四散傳播。惟有監管者採取有力措施，在最薄弱的環節設置防火牆，才有可能阻止危機蔓延。但靈耗接踵而來，銀行能從一場危機中生還，卻逃不過第二場、第三場……多數經濟理論家都誤入歧途。經濟模型失靈時，經濟學家很少會另尋出路。反之，他們墨守成規──對模型進行修改，使之特殊化、擴展化、複雜化。日積月累，經濟學家們用黏合劑、螺絲釘和腳手架將一顆壞種子培育成一棵參天病樹。

經濟學一般假設金融體系是一台線性恆動的機器，而世界各國的銀行又用這些假設建構了無數高風險的模型。

　　儘管碎形幾何學和非線性模型被成功應用於地震、天氣、進化、生態和其他複雜學科，但是當曼德伯打算將這兩種方法應用於市場中時，他同樣遭遇到其他經濟學家的阻撓。非高斯數學方法只能提供近似結果，而效率市場假說和高斯統計學則可以提供精確答案。實際上，效率市場假說的精確答案和現實毫無關聯，但「科學的」經濟學家們對此毫不介意。

　　美國經濟學家羅曼・弗萊德曼（Roman Frydman）和麥可・戈德堡（Michael Goldberg）提出了另一個實例來證明科學經濟學錯用了數學方法。這兩位美國經濟學家負責一項名為「不完全知識經濟學」（Imperfect Knowledge Economics）的研究，該研究正面挑戰理性預期最重要也最不合理的假設：有一種經濟運行的最佳模式存在，它適用於所有理性的經濟個體。反之，不完全知識經濟學借鑒了凱因斯和海耶克的理念，認為資本主義經濟過於複雜，特別是在預測未來時，沒人能確定是否存在一種最佳模式。由於不確定因素廣泛存在且不可迴避，企業和投資者就必須在對經濟進行不同假設的基礎上，採取合理行動，同時企業和投資者要隨著環境和人類理解能力的發展而採取應對措施。如果人們要像理性預期理論中的代表一樣，依賴一個無法預測未來或者了解未來的模型進行活動，這實在是太不合理了。

　　諾貝爾經濟學獎得主艾德蒙・菲爾普斯（Edmund Phelps）否定了公認的精確經濟學模型，不完全知識經濟學正是借鑒了菲爾普斯的想法，採用一般數理經濟學來推導出截然不同的結果。未來是未知的，不完全知識經濟學因此假設，一定有大量可行的經濟運行模型存在。這個假設明顯不同於過去的各種假設，而且極具爭議，

不完全知識經濟學正是利用這一點推翻了理性預期的許多結論。

更重要的是，不完全知識經濟學指出，理性考慮確定因素的經濟學家能提供比理性預期模型更貼近現實的研究結果。在證明這個觀點時，不完全知識經濟學利用了索羅斯開創的反射理論——錯誤的市場預期能夠改變現實，繼而實現自我。根據這個理論，市場參與者對於真實經濟環境持有不同的看法，不同參與者對經濟規律的認知也不同，隨著參與者態度的轉變，經濟現實也發生了變化。不完全知識經濟學對匯率活動進行了定性預測，以此來確立上述論斷，研究得出的模糊資料結果要比理性預期模型得出的精確資料更符合現實匯率變化，雖然理性預期模型的結果十分精確，但這種精確百分之百是錯誤的。

以上我們介紹了幾種研究經濟學的新方法，在危機後的十年間，由於人們體認到市場和經濟理論存在著內在限制，很可能還會有更多的創新出現。

如今，作為一門學科的經濟學，要不是選擇滅亡，要不就是選擇轉型，而選擇後者就意味著要成為一門更大氣、更謙遜的學科。經濟學必須拓寬視野，吸收其他社會科學和歷史研究的精華，同時必須回歸本源。亞當·斯密、凱因斯、海耶克、熊彼特和其他真正偉大的經濟學家關心的是經濟現實。他們研究的是現實市場中的真實人類活動，而不是假設空洞的代表和脫離社會的完全市場，因為這樣的假設不可能貼近現實世界。

真正偉大的經濟學家所作的結論，源自他們對歷史的學習、對人類心理的考察，以及對政治的理解，根據這三點又得出對於社會關係更複雜的解釋，而不是從「社會是原子化的」抽象假設出發，大幅減少個人行為，然後推導出更加簡化和脫離現實的假設。經濟學大師的主要分析工具是言語，不是數學。他們靠的是真知灼見和慷慨陳詞，而不是形式邏輯。（由此我們知道，為什麼現在許多學

者害怕經濟學回歸哲學和文學的本源。）如果任何一位經濟學巨人向現在的前端學術期刊投稿，或者到頂尖大學求職，他恐怕會飽受奚落、無功而返。

五十五年前，湯瑪斯‧孔恩（Thomas Kuhn）研究科學發展時，曾在《科學革命的結構》（*The Structure of Scientific Revolutions*）一書中解釋了，為什麼物理學、化學和其他客觀且久經考驗的硬科學拒絕接受典範轉移（Paradigm shift，編按：孔恩相信人類科學的進步並不是平穩地日積月累，而是一個新的典範革命性地取代舊有的典範）。而對於經濟學來說，由於其自身包含種種意識型態的連結，因此即使一場危機暴露了典範的巨大錯誤，經濟學家們仍會更加強烈地抵制典範轉移。

如果把經濟學界的典範轉移與一百年前物理學界的那次轉移比擬，那就實在是太高估經濟學了。今日的經濟學就像一五四三年的天文學，當時哥白尼發現地球是圍繞太陽轉動的。而過去二十年的理論經濟學，好比哥白尼之前的天文學，神乎其技、玄妙難測。現在那些為了不合理的合理化奮力抗爭的經濟學家，就像那些哥白尼之前誓死捍衛本輪和星座的天文學家。

一百年前，相對論、量子力學的發現推動了物理學革命的進程，馬克斯‧普朗克（Max Planck）注意到「科學進步的同時也伴隨著一場葬禮」（Science progresses one funeral at a time.）。現代經濟學取得的成就很小，而它的意識型態作用卻很大，也正因如此，現代經濟學進展緩慢。經濟學若不迅速變革，就要為自己辦一場葬禮了。

Part 4

_____

偉大的轉變

美國及歐洲各大銀行失效，效率市場經濟學失去信譽。最令人驚訝的是，左派政治家們在拯救自由企業制度的過程中扮演了英雄角色。二〇〇八至〇九年間發生的這些事件使得第三代資本主義走向盡頭。

市場基本教義派還在垂死掙扎之際，資本主義已像從前一樣開始適應新的環境了。這意味著該體系要擺脫這一瀕危體制的病態特徵，如同以往地尋求一種新的生存手段，而非如上一代人所想像及企望的那樣繼續下去。

儘管一些商界領袖及政治家們仍在繼續宣揚柴契爾─雷根時代的口號──「你無法抗拒這個市場」「我們無法以自己的方式走向繁榮」「市場總是正確的」──但都只是機械式的重複，缺乏說服力。其他的自由市場狂熱份子，無論是來自芝加哥學派、茶黨、電臺談話節目或保守派的部落客圈子，這些人都像騙子郊狼 E（Wile E. Coyote，編按：這是好萊塢動畫大師查克・瓊斯筆下的角色）或每年五月去莫斯科紅場參加遊行的那些年逾古稀的俄羅斯共產黨人，充滿了狂熱。他們對自己的信念堅定不移，而世界卻是不斷前進的。市場基本教義派已進入了喬治・索羅斯在分析興衰循環時所描述的「衰敗期」。這就好比一個越吹越大的泡沫，到了倒數第二個階段，空氣開始滲漏，關鍵就是「人們雖然繼續玩著遊戲，但對它已不再信任」。

現在是仔細研究一下新興資本主義模式的時候了，考慮一下它正採取的一些適應方式，權衡其成功的概率。這個新的政治經濟模型與以往的模式相比有何不同？它在最初出現的這幾年是如何運作的？它將危機後的復甦轉化為持久的繁榮和經濟成長的前景如何？本書剩下的章節將詳細討論資本主義 4.0 與這場危機中被摧毀的市場基本教義派體系有何不同。第四部分將描述這個新體系可被識別的顯著經濟特徵，第五部分將就資本主義 4.0 如何長期發展演變提

出一些更具遠見的看法。

　　資本主義4.0已然清楚表現且無可辯駁的一大特徵就是：市場經濟只能與一個能幹且積極的政府共存，這一點已成共識。目前在金融領域中也很明顯，事實表明其生存最終要依賴政府保障措施。

　　政府的第二個重要經濟職能也透過這場危機而更清楚地體現，並得以合法化。各國政府和央行必須積極主動地處理好經濟需求。二〇〇八至〇九年的經驗毫無爭議地表明了，貨幣與財政政策是擺脫經濟衰退的有效工具，而市場基本教義派對於需求管理無效性的理論是完全錯誤的。本書第十四章和第十五章將進一步闡述其後果。

　　資本主義4.0和先前體系的第三大明顯區別體現在一種認知上，即市場與政府都不是完美無缺的，都容易犯錯。倘若這種新的資本主義模式鼓勵嘗試，並且被證明能夠適應意外情況的話，那麼承認這個固有缺點就不是癱瘓之，而是對它授權。這種體制的適應性和意識型態的靈活性應該是資本主義4.0混合式經濟的顯著特徵之一。競爭市場透過反覆嘗試，不斷摸索運作，同時也會迅速糾正微小的錯誤判斷。在政治上，民主競爭也扮演著類似的糾錯角色。但當投資者突然遭遇羊群效應時（同樣的情況也會發生在民主制度下，例如當某一種意識型態壓倒了所有的政治爭論時，這種情形就會出現），市場就會放大錯誤而不會加以糾正。在這樣一個快速發展、相互依存又變幻莫測的世界裡，懷疑態度、大膽實驗和靈活變通是非常關鍵的。在資本主義4.0的世界中，適應能力與勇於承認錯誤的態度將成為政治家、央行總裁乃至商務人士和金融家們的基本美德。

第十三章

自我調整混合經濟

自我調整（形容詞）：具有根據外部條件進行調節的能力……
一個有機體或其各個部分在所處的環境下，使其自身更適應生存的
（一種能力）。

——《韋伯斯特大辭典》（*Webster's Dictionary*）

資本主義 4.0 將是一種自我調整的混合式經濟。這種說法究竟
是什麼意思呢？首先，這一經濟體制顯然是一種混合經濟，
它聯合政府與企業合作，而非對立。同時，它還會將正常的競爭市
場審慎地結合起來，盡可能地達到透明和高效。它控制的市場數量
較少，自覺地自我規範在第三代資本主義狹隘與誤導下的「效
率」。其次，資本主義 4.0 將是一個自我調整的體系，能夠並願意針
對變化的情況改變其體制結構、規則及經濟原理。

政府與市場之間新的相互作用關係可以在金融領域中看到顯著
的例子，而且會不可避免地出現更加具體且直接的監管。這種新的
監管，並非試圖進一步提高市場效率，而是旨在減少競爭、降低可
預見性和透明度，這幾方面恰好代表了過往模式對於完美市場的著
迷觀念。新的銀行監管會比較難以預測，因為預見性正是使銀行規
避舊法規或與之巧妙周旋的一種特質，會帶來災難性的後果。同
時，這些法規的透明度也將降低，因為一味追求透明度是導致逐日
盯市會計準則潰敗的原因所在。

　　銀行家和金融家們將會抗議這一連串措施使得市場效率愈發低下，但隨著金融危機所引發的新經濟思維越來越廣泛地被認同，這些抗議未必會受人理睬。資本主義4.0將體認到，不僅市場通常是非理性且效率低下的，我們為了提升效率和競爭所作出的努力有時也會適得其反。旨在提高所有市場競爭力、透明度及反應速度的改革看起來可能是合乎情理的，但也有很多例子顯示，愈完美的市場顯然會給世界帶來愈糟糕的結果。核子武器、生化武器、奴隸、人體器官市場和槍支市場便是顯著的例子。直到此次危機發生之後，人們才想起這樣一個問題：哪些金融產品有可能會淪落到這個病態的群體中？最終答案是「不少」。這倒不是因為金融產品如槍支和生化武器一樣具有與生俱來的危險[1]。為金融產品創造更完美的市場常常會產生反作用，因為金融產品始終是與不確定性並存的。按照第三代資本主義中有關理性預期與其他欺騙性概念來講，其本身就是市場不完美的體現。提高金融市場的效率和透明度，這些嘗試可能會產生一種消滅風險與不確定性的「假象」，而事實上是掩蓋了不可避免的不確定性，隱藏了其真實成本——或者說，將其成本轉嫁到了納稅人身上。

　　資本主義4.0作為一種自我調整的體系，也是其與之前各體系的區別所在。為了更穩定，該體系將變得更靈活，甚至易變。聽上去似乎有點自相矛盾，但事實並非如此。資本主義透過彎曲而非斷裂得以繼續生存。在實際生活中，這種適應性意味著什麼呢？監管將受到更多微調，公私部門間的分界線也會更加模糊。所有從事經濟活動的人員，其行為準則和經濟結構將愈發呈現出試驗性的特點與改革的傾向，這些特徵將是資本主義4.0不同於第三代資本主義運行方式的主要特點。

　　市場基本教義派要求金融監管、企業行為準則，甚至包括各央行的總體經濟目標都嚴格按照長期發展目標制定。這種理念旨在最

大限度地減少政府官員的自由裁量權，在政治與經濟決策之間界定出清晰的分界線，同時為金融投資者們提供最大限度的可預見性與透明度。相較之下，資本主義4.0將有更多的變化。各項規則將頻繁調整，市場誘因將會微調以促進重要政治目標的實現，因為要想在這樣一個瞬息萬變的世界裡蓬勃發展，經濟體制與社會所需的調整不能再依賴市場的自主決定。

有人可能認為上述這種混合式自我調整的經濟並無任何新意。即使在國營事業占比最小的發達國家中，如美國和日本，政府徵收及支出的費用也占到國民所得的30%左右，所以這些經濟體已經是完全的混合式經濟了。再談到適應性，本書的觀點是將資本主義視為一個內在的自我調整體系。那麼區別到底在哪兒呢？答案就是，這個體系對於適應性和公私部門的相互依賴有更加**自覺的體認**。

因此，資本主義4.0將創造出一個自我調整的混合式經濟，而且會越來越自覺地體認到該模式與過去種種模式的區別。在先前的模式中，政府和私人企業的角色和目標是確立於長期建立起來的傳統，而且惟有經歷巨大的政治劇變後才會做出調整。在第二代和第三代資本主義期間，想要擴大政府權力、壓縮市場作用的改革黨派和與之背道而馳的保守黨派之間，在政治上存在了重大分歧。一個簡單的問題便足以明確指出每個人的政治立場：你希望政府管得少些、市場做得多些，還是正好相反呢？不管是從一九三二年到一九七○年代這段大幅進步的時期，還是之後那些逐漸趨於保守的年代，這種對於企業和政府的兩極化態度始終是政治上一個顯著的決定性標誌。

在二十世紀的大多數時間裡，人們對於政府和市場的政治態度是兩極化的，而且這種兩極化還意味著公私部門間的界線已經預先嚴格規定。政治爭論的雙方都堅信，他們的使命不僅是擴大政府或市場的作用，可能的話，他們還要強化之。不管政府和市場間的權

責如何劃分，這種分配模式已根深柢固地留在公眾腦海中。有個很有趣的例子：美國茶黨反對歐巴馬提出的醫療保健改革方案，在一次他們的抗議集會中，一個反政府的標語牌赫然寫著：「把你們政府的手從我的醫保上拿開。」[2]舉這個標語牌的民眾是否了解醫療保健制度是林登・詹森總統於一九六五年推行的政府方案，我們不得而知；但可以肯定的是，一旦由國家控制的醫療保健制度穩固建立後，即使是最激進的保守黨也不會再發起廢除這項制度或恢復私有化的運動了。

　　類似這樣充滿矛盾的事情，世界各地比比皆是。例如，從法國或瑞士滑雪度假歸來的英國人在聚餐時，對這些國家優渥的醫療保健制度津津樂道，令同席者不勝其擾。可同樣是這些滑雪的人，在接受民意調查時卻表示，他們寧死——有時一點也不誇張——也不願看到英國國民健康服務體系被法國那種摻雜了私立、慈善及公立醫院的醫療體系給取代。同時，法國人也對英國的公用事業公司居然都是民營企業表示驚訝；在他們看來，民營企業在制定其長期能源策略時，沒有義務去關注國家利益。而又有多少美國人在抱怨美國郵政服務（U.S. Postal Service）標準的低劣時會想，若是本國的相關服務與德國郵政股份公司（Deutsche Post AG）一樣被私有化會怎樣呢？該公司的資產65%為私人投資者所有，是目前世界上最大的物流集團。上述這些例子說明了，慣性思維和體制保守主義掩飾了自柴契爾－雷根時代——那個激進改革的初始階段——起就開始的關於重新劃分公私活動界線的嚴肅討論。

　　在考慮私人和公共機構應採用何種方法經營時，也出現了同樣的思想麻痺。第三代資本主義關於制度思考的一大特點即是，要求明確的規則來約束公營機構行為；如有可能，應由具法律效力的契約予以支持。右派人士要求制定這樣的規則來限制政府官員的自由裁量權，並將市場資本主義的契約原則擴張到此前未曾涉及的社會

領域。例如，在紐西蘭，儲備銀行總裁需要簽署一份協定，承諾保持一定的通貨膨脹率，如果未能做到，就要被減薪；在英國，布萊爾政府提議學校與家長簽定協議來管理學生的作業和紀律等。相反地，左派人士希望詳盡的規則和法律合同能約束私部門剝削與欺騙民眾的行為。

　　不管這些界定企業與政府關係的規章、條例或合約的最初動機是什麼，所有試圖改變這種關係的行為都轉變成了意識型態的鬥爭，幾乎與公私部門的界線本身一樣極具爭議。在危機發生前的幾年間，金融業日益高漲的支配地位使得管理機制愈發僵化，也格外脆弱。當股市投資人成為最終仲裁者，可以決定什麼對其所擁有的企業有利時，可預見性和透明度就成了所有政府與企業之間關係的必然要求。查理斯‧威爾遜（Charles Wilson）的那句名言：「凡是對美國有利的，必然對通用汽車有利，反之亦然。」（What is good for America is good for General Motors and vice versa.）遭到奇怪的扭曲，股票分析師及媒體上的股票情報員發現，透明度和可預見性可以幫助他們輕鬆預測公司利潤，他們因此得出結論，這兩大因素對商業乃至更廣泛的經濟形勢同樣有益。

　　同時，政治說客們也將注意力放在企業與政府間的關係上，思考如何對這種關係做出一個最明確的界定，同時抵制所有進一步的改革。監管的同時也限制商機，這種做法常常能為相關企業創造非常寶貴的金融與制度特權；因此，被管制的企業和其遊說家們會成為撤銷監管最強烈的反對者。最初為了保護公眾利益而建立的政府機構也常常透過所謂的「管制俘虜」（Regulatory capture，編按：為了確保公共利益而設置的管制機關，因受到龐大商業利益影響，在被管制者不擇手段的情況下，管制機關終將成為他們的俘虜，公共利益也蕩然無存），成為他們所管制商家的保護傘。

　　保守的公共選擇學派（Public Choice school）經濟學家們對政

府在監管私人企業活動過程中存在的這種內在機能障礙作了精闢分析，他們曾為柴契爾─雷根改革貢獻了很多有真正價值的經濟學觀點。詹姆斯‧布坎南（James Buchanan）──諾貝爾經濟學獎得主、公共選擇學派的創始人之一──將他的學派觀點描述成「一套與市場失靈理論相抵銷的政府失效理論」，該理論曾受到一九六〇年代「盛行的社會主義思想」[3]的推動。布坎南將其方法論總結為「不帶浪漫遐想的政治研究」（Politics without romance）。

　　儘管公共選擇理論常被視為柴契爾─雷根時期自由放任思想的代表，其中一些學者[4]卻積極主張強而有力的政府，嘗試在如何改進而非放棄公共選擇這一方向發展理論。布坎南也不例外，雖然其政治觀點大體說來屬於保守派，卻堅稱自己既不反對也不支持政府。在其所撰的一篇重要論文中，布坎南解釋了這種公共選擇理論的懷疑性框架是如何「促使評論家在任何體制結構的對比中都能做到客觀實際」[5]，而這正是對資本主義4.0時代的政府和市場態度的最佳描述方法。

　　公共選擇理論對於一九七〇、八〇年代政府失效的懷疑態度，可能也會在資本主義4.0時期產生新的結論。在第三代資本主義大膽改革時期，對於公共政策顯然失靈的現實，公共選擇學派的回應只是透過私有化或管制改革來削弱政府，或者擴大市場的影響力。但如果市場也顯然存在這種不可避免的危險失靈，又該怎麼辦呢？在二〇〇七至〇九年危機之後的新思維中，公共選擇學派分析後得出的結論為：政治與管制的缺陷並不必然意謂著政府應該被廢除，我們的回應應當是盡力藉由更好的制度來解決這些問題。

　　資本主義4.0沒有放棄對管制的希望，也不會對市場完全放手，它將尋求更明智的政策來解決已知的政府失效問題，比如管制俘虜、尋租（Rent-seeking）[6]、特殊利益集團的政治影響以及單一問題的遊說等。當然，如果認為這樣的努力必定能大獲成功，未免

有點過於樂觀。對於社會組織中這些自柏拉圖和亞里斯多德[7]時代以來就困擾著很多政治理論家的深奧問題，似乎沒有人能找到完美答案。然而，任何一種新方法的重要意義在於，它會提高公共政策的靈活度，試著去削弱管制造成的特殊利益支配，其中一些現象在政府裡就可以看見。

要降低政府管制的僵化程度，並限制因它而起的毫無生產力的尋租行為，一個簡單的方法是將「落日條款」用於政府各項規則[8]。比如，假設銀行償付能力監管法規、勞動法，甚至健康安全法規等，到期就自動失效，且每十年就要重新擬訂一次，則人們應當認真討論改善管制的問題，考慮其存在的必要性等各方面的問題，進行更多的思考並強化遊說能力，而不是墨守陳規。

要了解其實際意義，我們來看一個非常態的反例。自一九五六年成立以來，歐盟在《歐盟既有法律》（*Acquis Communautaire*）的原則基礎上不斷擴大其權力。這意謂著，位於布魯塞爾的歐盟各機構一旦被授予任何一項新的管理權責，就永遠不會被剝奪[9]。在《歐盟既有法律》之下，歐盟監管權力的每一次擴張，不論是競爭、能源、金融或是就業方面，都是不可逆的。因此，歐洲任何一項新頒布的法案都會自動創造出一個新的上層結構，由政治說客、律師和企業利益團體組成，專門為維持並利用新的管制而設立。這是一個很明顯的政治醜聞，但在第三代資本主義的思維之下，我們對此卻無能為力。在歐洲，反對管制的人們認為，所有政府都有機能障礙；因此，與其永遠都在思考如何防止管制，最好的做法就是壓根兒不要管制——這個替代方案完全不可能被接受。另一方面，對於歐盟管制的支持者而言，歐洲政府長期的擴張和鞏固永遠都是主要目標，而不是遇到某個特定的實際問題，才尋求一個有時效性的解決方案。

下一節的具體例子將有助於我們了解一個抽象的概論，即資本

主義4.0的過渡將如何改變政府與市場之間的關係。

能源政策與二〇〇八年石油危機

　　全球正面臨著一場三管齊下的能源危機。從短期來看，二〇〇八年夏季油價猛漲至每桶150美元，導致了金融崩潰與經濟衰退——以及對於油價是否再度回升到這個水準的擔憂，因為它會是二〇一一年以降，全球經濟復甦的一大威脅——從長遠來看，石油是一種有限的資源，正如大氣吸收二氧化碳的能力；至於中期而言，將全球資源大規模轉移到政局不穩的石油生產國，也將導致極大的地緣政治風險。那麼為何大部分西方國家——特別是美國——不積極降低其對石油的依賴程度呢？

　　答案非常簡單。石油就算是100美元一桶，也比目前任何可替代能源便宜[10]。按照資本主義3.3的理念，事情到此即可得出結論：最便宜的能源就是人們應該使用的能源。市場價格反映了對於石油的使用成本與收益的最佳判斷，對個體工商戶和消費者而言是如此，對整個社會而言也是——公共政策沒有任何理由去改變這種現狀。

　　然而，資本主義4.0很可能持不同的觀點。原因有兩個：首先，市場價格可能無法切實反映使用石油的真正收益和成本；比如，它無法計算污染的成本。其次，更為重要的是，只要有足夠的理由，市場價格就能夠且應該作出相應的調整——不管這些理由是否反映了一些政治目標，諸如減少恐怖份子可利用的石油收益；或者一些經濟目標，像是另一場導致經濟不景氣的石油危機。

　　其中，有兩種觀點表明了一些顯然可以用來應對氣候變化和石油資源過度消耗等長期挑戰的解決方法——對石油或碳課稅、對可替代能源進行補貼、重新進行公共研究經費規畫，或者提供低廉的

政府保險來因應核能風險及核電廠退役的成本。資本主義4.0就這些問題的長期回應將在第十九章進行更深入的討論。但就短期而言，西方政府原本可以採取什麼措施來避免二〇〇八年石油危機及此後的金融災難呢？如果油價再度攀升到每桶150美元，威脅到未來幾年的全球經濟時，各國政府又應該在不久的將來做些什麼呢？

市場基本教義派者認為，市場價格始終反映一切可能的資訊，使得資源得以被最適配置。這種觀點讓政府和監管者忽略了二〇〇八年石油危機與一九七四年、一九七九年及一九九〇年這幾次危機的最重要差異。所有早期的石油危機都是由於地緣政治的崩解，或石油輸出國組織減少石油供給；而二〇〇八年的油價飆升卻不相同，它並不是供給不足引發的，而是需求上升所導致的。然而，這種需求並非如媒體大規模報導所言，是因為中國消費量增加而推動的。據國際能源總署（International Energy Agency，簡稱IEA）、石油輸出國組織及民間石油公司的統計資料證實，即使在經濟衰退之前，中國日益增長的石油用量就已被美國及歐洲地區的需求下降所抵銷。這一切顯示了，二〇〇八年全球石油使用總量為零成長，而二〇〇九年則不斷下降[11]。

那麼，到底是怎樣的需求導致了油價飆升到每桶150美元呢？答案是：長期投資者以油價為基準，大量購買衍生性金融商品，特別是美國的大學捐贈基金和養老金計畫[12]。其中一些金融契約代表著實際存放於鹿特丹港或奧克拉荷馬州的石油，另一些石油衍生品只是投資銀行創造出的紙片而已；但這些銀行必須保證，一旦油價上漲，這些商人便可以從中獲利。他們從石油供應商那裡購買期貨合同，每三個月續定一次。這些投資者是否真的進行石油現貨收付，並無關緊要；重要的是，他們願意在期貨市場購買，並以更高的價格進行交易，此舉確保了油價的不斷攀升。

正如知名的商品交易者麥可・馬斯特斯（Michael Masters）在

二〇〇八年石油危機期間舉行的國會聽證會上所言，二〇〇八年的石油市場就像一場人造的瘟疫或饑荒。如果一場傳染病正在威脅整個國家，而金融機構決定買下全部的疫苗，等到民眾面臨死亡威脅時，再高價出售，那麼政府肯定會宣布這種行為是非法的。而如果國內最富有的商人試圖囤積大部分的小麥供給，以期造成饑荒的話，結果也是相同的。當金融機構開始囤積具有無限潛能的石油合同，並希望油價不斷上漲時，基本上等同於類似的囤積現象。民眾呼籲對這種囤積採取行動，政府卻不予回應（其中許多懇求來自石油業自身），這就是資本主義3.3進入末期——即思想衰敗階段——的一個徵兆，對市場力量的迷信最終使得這個體系在二〇〇八年九月十五日這天走向了崩潰。

那麼，政府本應做些什麼——或者在資本主義4.0的思維模式下，更加務實的政府在未來可以做些什麼呢？徹底禁止石油與商品投資可能是第二代資本主義的做法。一九六〇年代，當布雷頓森林貨幣體系面臨黃金需求激增的威脅時，持有黃金在美國與歐洲大多數國家即被宣告違法。

然而，在資本主義4.0下，也有可能出現一種更為微妙且不那麼專制的回應。政府將會允許市場保持運作，而非禁止石油投資，但會改變市場誘因。比如，美國政府可能宣布，未來將對免稅機構進行的石油和其他現貨商品投資徵收資本利得稅；更極端的做法可能是免除任何從事現貨商品投資機構的免稅優惠。其合理解釋是，它們的錢應該投資在生產性及創造性資產上，比如石油公司的股份，而非實際原油的囤積。

為什麼類似的干預在過去未曾試行或討論過呢？因為無人能精確指出——至少是令布希總統任命的監管者滿意——市場失靈的哪一個機制是石油價格暴漲的元凶。對於「價格上升導致世界經濟蒙受明顯的巨大傷害」這種說法，他們並不認同，因為對監管者而

言，直到確認具體的市場失靈才做出應對是不可思議的。二○○七年危機之前，艾倫‧葛林斯班針對所有次級抵押貸款或信用衍生商品的監管問題，也發表過相同的觀點。然而，如果特定的市場失靈並不存在，只是市場產生了一個無法令人接受的結果，又該怎麼辦呢？這類問題在雷曼危機之前甚至從未被提及，但它將成為資本主義4.0之下司空見慣的問題。

　　金融投資的監管與稅收措施能夠成功減少石油需求嗎？它們能否將油價拉回每桶70美元左右的水平線呢？這是石油業篤信能夠平衡實際需求與供給的水準。也許吧，但是沒人能預先如此斷言。在資本主義4.0下，永遠無法保證圓滿的結果，此一事實並不會妨礙類似的干預。如果人們認為未來是不可預測的，那麼癱瘓就不是對於不確定性的理性回應。對政治家、監管者、投資人和商界領袖而言，正確的做法應該是根據他們目前擁有的資訊作出合理決策，並願意根據環境演變的情況來調整或改變這些決策。

　　這種大膽實用的實驗性政策是新資本主義模式的標誌，也是避免世界經濟在金融危機之後陷入第二次經濟大蕭條的關鍵。到了二○一○年年初，這種新型的超級刺激性貨幣與財政政策已經為更強勁的經濟復甦創造了條件，特別是在美國，其成效遠遠超出人們在一年前危機當頭時的預想。保持這種強勁的復甦勢頭將是對資本主義4.0的第一次大考驗——正如下一章所述，幾乎可以肯定的是，這一體制將順利通過考驗。

第十四章

借債還債：無休止的瘋狂

你不能拆東牆補西牆。

——由這場危機得出的一般常識

當一種無法抗拒的力量撞上一個不可動搖的物體時，將會發生什麼事？愛追根究柢的孩子們喜歡用這樣的假設性問題來為難父母，而且永遠不滿足於正確答案。正確答案就是沒有答案。因為自然界中沒有這樣一種無窮大的力量或具有無限慣性的物體，結果取決於這種力量是否遠遠大於這個物體，或者正好相反。

二〇〇八年九月十五日之後的幾個月裡，這個看似無法動搖的物體就是世界經濟，一場前所未有的金融崩潰使得全球經濟陷入癱瘓。然而，到了二〇〇九年年初，它被一種不可抗拒的力量擊中。更確切地說，是三大不可抗拒的力量，由各國政府透過一個新的全球論壇—— G20元首高峰會——來進行協調、統一指揮。這三大力量是：零利率和無限制的貨幣擴張，和平時期最大規模的政府債務，以及對全世界主要金融機構不設限的政府擔保。

信用緊縮這種前所未有的通貨緊縮力量，以及同樣空前的三管齊下，即政府刺激計畫的擴張力量，都超越了過去的經驗範圍。但究竟誰將占上風呢？

在二〇〇九年年初的幾個月，無人能夠確定這個問題的答案。

金融市場顯示，美國企業破產的規模與一九三二年經濟大蕭條狀況最糟的時候相當[1]，這也表示大多數投資人和經濟學家把賭注下在無法撼動的通貨緊縮上。現在我們知道他們錯了。二〇〇九年十月二十九日，美國商務部宣布美國經濟在歷經3.8%的嚴重下滑之後，第三季再度實現成長；到了第四季，經濟持續以二〇〇四年繁榮以來的最快速度在成長。這場大災難，在幾個月之前曾被比擬作經濟大蕭條，抑或類似九一一事件之後的經濟噩夢；而這回的經濟衰退最終以無聲的抽泣告終，而非眾人所預料的一聲巨響。

當然，許多人對於快速作出這結論仍然持有懷疑甚至輕蔑的態度。他們認為，一場因債務過多而導致的危機，不可能只透過政府發行更多的國債就得到解決。當然，沒有人天真地相信藉由無限制發放零利率貸款便能解決全球資本主義體系內部突發的頑疾，因不計後果的貸款而損失了幾百億美元的銀行也不可能只憑藉納稅人的保證（而且此保證可能永遠無法兌現）就恢復其償債能力。

在一定程度上，這種懷疑論反映了一種道德上的義憤，經濟大蕭條被視為對過去揮霍無度的清算。那些生意興隆的行業在繁榮時期應該受到嚴厲懲罰。然而，對銀行家的典型懲罰就是付給查爾斯·普林斯1億美元的豐厚離職金，而他可是讓花旗銀行幾近破產的人；亨利·保爾森憑藉其在美國財政部的努力，得到接近2億美元的個人免稅額[2]。經濟衰退確實帶來了巨大的懲罰——卻是針對平凡的勞工。五百多萬人失業，兩百多萬人無家可歸，二〇〇九年僅美國損失的產出就高達200億美元。經濟復甦在某些方面和經濟衰退一樣，似乎都不公正。

公眾對經濟復甦持懷疑態度，其中一個深層原因與資本主義3.3到資本主義4.0的過渡有直接關聯。第三代資本主義的理論認為市場經濟是一個能自行調節的體系，可以迅速解決自身的過度問題。對於仍然深受市場基本教義派影響的經濟學家、政客和選民而

言，大多依靠政府借貸和人為制定的低利率來實現的這種政策性復甦，是反常且病態的，注定會失敗。這種懷疑有道理嗎？這正是我們現在需要考慮的問題。

危機發生後的幾個月間，總體經濟政策很可能真的發揮作用，它能勝過最強大的通貨緊縮力量。在經濟學之外的其他領域中，這個經驗足以徹底駁倒理性預期假說、政策無效性命題、李嘉圖等價定理，以及其他所有在危機發生前的經濟學理論中，偽裝成描述現實的主流假說。這正是保羅‧克魯曼幾乎每周都在《紐約時報》（*New York Times*）的專欄中強調的立場。而且顯然是正確的。

然而，儘管有這樣的證據，針對「政府干預可以將世界經濟從瀕臨崩潰的邊緣拉回來」的看法，仍有許多美國、英國和德國的商人、投資者和平凡選民們深表懷疑。他們會繼續爭辯其效用，直到經濟復甦的證據成為毋庸置疑的事實為止。到了二〇一〇年，隨著世界經濟出現明顯成長，他們開始愈發直接地對政府進行經濟干預的政治合法性和長期成本提出質疑。

這種新的資本主義模式要成功並贏得大眾的支持，就得消除公眾對於政府在總體經濟領域的管理角色的質疑。刺激政策的潛在成本和其他一些威脅二〇一〇至一一年經濟復甦的因素將在下一章討論。這一章主要討論貨幣政策與財政政策的效用，以及政治合法性等問題，而這些其實都是環環相扣的。

對大多數人來說，質疑貨幣與財政刺激方案的理由很簡單。就普通人對於總體經濟學的理解而言，要不是出於個人因素，就是基於道德理由。道德和報應導致的受挫慾望已於前文提過，在解釋對政府刺激方案持懷疑態度的原因時，依據個人經驗對一國經濟作出的推斷便顯得更加重要。人們會本能地把一國經濟看成是一個擴大的產業或家庭——這個態度因瑪格麗特‧柴契爾而聞名，她時常琢磨如何核算父親雜貨店裡的帳目。

　　就此觀點來看，「你不能拆東牆補西牆」（你不能靠借債來還債）這句口號似乎非常有道理。透過擴大貨幣供給來結束經濟衰退的想法，類似於開了一張上萬億美元的支票，卻沒有足夠的資金做後盾，這很容易被那些反對刺激方案的人批評為一場徹頭徹尾的「麥氏騙局」（編按：前納斯達克主席麥道夫，他先是開設一個對沖基金，並設計了一場龐氏騙局，直到二〇〇八年才被踢爆，受害者總損失金額達500億美元以上）。

　　只要將數百萬個家戶行為相加，就可以理解總體經濟學，這一誘人的想法其實正是凱因斯在一九二〇、三〇年代所批判的典型合成謬誤。諸如此類的合成謬誤總是很難令人信服地反駁，無論是凱因斯的總體經濟循環分析，還是李嘉圖關於自由貿易優點的解釋，都無法對此進行有力駁斥。然而，如果解釋清楚，政府債務和貨幣供給是由有形資本——國家的所有財富——作為後盾，那麼政治家及經濟學家就可以消除這種根深柢固的公眾質疑。擴大貨幣供給和公共債務的目的，是使國家財富繼續增加，而如果這種做法成功的話，多出來的國家財富也應該足以輕鬆維持政府的信貸，並能支持新發行的鈔票。

　　然而，這樣的解釋只有在兩種情況下才會被公眾接受。第一，有明確的證據顯示總體經濟刺激是奏效的；第二，政府必須得到認可，作為整個國家真正的合法代表，在必要的時候可以調動國家財富，不管是發動戰爭、支持紙幣還是償還債務。

　　一些主要資本主義國家的一小部分民眾似乎不能接受政府合法性的說法，在美國尤其如此。公眾對於總體經濟政策抱持懷疑態度，其箇中原因更直接：市場上有這麼多專家、媒體、企業和大學仍堅持財政與貨幣刺激政策無效的觀點。

　　為何決定輿論導向的這些菁英人士始終質疑總體經濟政策的效用呢？儘管在二〇〇九年，世界比預期更快地擺脫了經濟衰退，而

且附帶損失也比普遍預期的要少得多，情況仍是如此。

　　其中一個原因是出於義憤和自以為是。那些受到興衰循環打擊的人異常憤怒，想讓其他人也嘗嘗苦頭；繁榮時獲利而蕭條時又得以保全自己財產的人（其中包括絕大多數富有的銀行家和商界領袖）感到內疚，並不想幸災樂禍；至於另一群人，以第一章裡提到的那位類似「瘋狂麥克斯」的客戶為例，繁榮時置身事外，蕭條時卻大賺一筆。他們非常自豪自己準確預料經濟災難，因而覺得完全有資格目睹一場更嚴重的災難發生。

　　另一個原因則僅只是時間問題。即使貨幣與財政政策全力執行——自二〇〇九年四月開始，全世界的情況就是這樣——要想產生全面的經濟影響，還存在一年至兩年的落後期。所以媒體對於刺激方案的結果，最初必然會表示失望，因為媒體的運轉週期是二十四小時，而非二十四個月。

　　更糟糕的是，對於刺激方案可能受到如日本通貨緊縮危險的影響，人們一直存在普遍的誤解，其中甚至包括專業的經濟學家及投資人們。傳統觀點受到自我實現的理性預期理論影響，認為這種對於通貨緊縮根深柢固的恐懼將造成貨幣與財政刺激政策失效。事實上，情況正好相反。市場越相信價格下跌是必然的，刺激方案就越有機會發揮作用。邏輯很簡單：在一般情況下，央行可以印製的紙幣數量或政府可以借款的額度，會受到通貨膨脹風險的限制。然而，在後雷曼時期，崩潰的意識是壓倒性的——二〇〇九年一月的金融市場表明了，美國的通貨膨脹在未來十年將是負值。美聯儲與其他央行因此可以無限量地印製鈔票，政府也可以隨心所欲地借款，而無須擔心通貨膨脹的壓力有可能抬高利率[3]。

　　對於經濟刺激方案持懷疑態度的最後一個原因，是市場基本教義派不願承認政治領導力在經濟上的重要性。

　　即使政治領導力確實使經濟暫時好轉，在資本主義危機前的模

式中，政府干預也被視為與自由企業原則格格不入，同時是踏上共產主義道路的第一步。這種政府的任何經濟干預都不符合政治邏輯的觀點，在美國商界與國會中相當盛行。同時，在英國和歐洲的金融家之列也非常普遍。銀行家們頑固地堅持此一觀點，而就在一年前，他們自己都還在尋求國家的庇護。

對於政府總體經濟干預的敵意也常被視為自由企業資本主義政治文化的固有特質，特別是在美國，但這顯然是錯誤的。針對明顯穩固並強化了資本主義體系的政府作為，這種敵意並非來自公私部門之間的利益衝突，而只是三十年來市場基本教義派的思想影響——或者措辭再重一點兒，**洗腦**。

這裡有必要插幾句題外話來解釋一下「洗腦」這個詞。一九五〇年代，正是第二代資本主義模式的全盛時期。共產主義是一種迫在眉睫的顯著危險。當時政府對經濟的干預被視為理所當然，雖然其規模在現在看來非常不可思議，卻被視為資本主義蓬勃發展的一個必要條件，大受歡迎。

一九五〇年代的美國人很滿意政府對於經濟的微觀調控，連失業率的小數點都管到了。這正是一九五三年艾森豪總統的首席經濟顧問亞瑟・伯恩斯（Arthur Burns）對其所奉行的超活躍政府經濟政策的描述：「扮演著維護國家繁榮的新角色，聯邦政府有意迅速採取大規模行動來樹立信心，為恢復經濟成長鋪好道路……無論經濟何時出現步履蹣跚的跡象，政府都必須以行動來兌現打擊經濟衰退的普遍原則。」[4]

在今日的保守派中，熱情支持政府干預經濟會被視同共產主義。而在一九五三年——當時正值美國偏執的右派勢力鼎盛之時，約瑟夫・麥卡錫（Joe McCarthy）領銜的「眾議院非美活動調查委員會」（House Un-American Activities Committee）反共情緒達到尖峰，大肆針對好萊塢及美軍內部的共產黨進行政治迫害——卻沒有

人譴責或聲討白宮首席經濟學家的共產主義哲學。事實上，這也是艾森豪總統本人的觀點[5]。

是什麼引領我們回到政治合法性和領導性的軌道上來呢？「政府不能創造繁榮」的宣言顯示出人們對於總體經濟刺激政策幾乎普遍持懷疑態度，至少在美國和英國是如此。在市場、媒體、學術團體，甚至政治決策者當中，這樣的評論屢屢聽到——從某種意義上來說，這便是事實。

印製鈔票、發行債券，甚至由政府簽發支票建設公路、機場、電力網絡等，這些舉措本身並不能創造新的財富；但是當這些政府支票、紙幣和債券為新的就業機會和額外的經濟輸出提供資金時，新的財富就被創造出來了。只要數以百萬計的工人失業，經濟體內就會出現大量閒置的生產能力，這正是現行情況。印製鈔票和發行政府債券、支票等作為，確實能為閒置的廠房和工人帶來工作機會，也能創造財富。這就是凱因斯預測總體經濟政策發揮作用的原理；儘管有相反的主張，總體經濟政策過去仍是如此發揮作用的。同時這也是雷曼危機之後，總體經濟的運作原理。

但是當中央銀行開始提高利率，政府被迫取消財政刺激政策時，又會有什麼情況發生呢？難道危機後的經濟不是僅靠臨時的生活保障來維繫嗎？下一章將就這些問題進行詳細討論。目前只強調這一點足矣：隨著經濟的日益強大，如資本主義的一貫作為，它將產生一種內在動力。一旦私部門的支出足以讓經濟接近充分就業的水準，那麼政府刺激方案就可以且理應取消。但是，不管是在美國還是歐洲，政府和中央銀行都沒有理由在全球資本主義的運作完全恢復之前就取消其支持措施。正如下一章所言，惟有在經濟活動恢復到正常水準後，通貨膨脹才有可能成為嚴重的風險。政府無償債能力的威脅被誇大了，就短期而言，至少在二〇一二年以前不會對大多數國家造成真正的影響。

經濟刺激方案被過早取消的風險源自於政治：國家依賴政府扶持以穩定經濟成長，這個根深柢固的理念確實已經過時了。這是一種思想教條，自一九八〇年代初，經過幾十年的重覆，已注入公眾意識當中。在資本主義 4.0 之下，新的思維模式還需要很多年才能完全驅散這種錯誤觀念。但由於資本主義本能的自我保護，如果始於二〇〇九年年末的經濟復甦不會過早夭折的話，這種意識轉變終將出現。復甦夭折的危險便是下一個要討論的話題。

第十五章

加息、通貨膨脹、美元崩潰

人們普遍擔心的金融問題
牛市攀爬擔憂之牆；
熊市滑落希望之坡。

——古老的投資箴言

在二〇〇七至〇九年的危機之後，世界經濟及全球（金融）體系面臨的主要威脅可以分成三類：第一類包括可能令全球經濟復甦不幸夭折的短期經濟威脅，它們會導致雙底衰退（Double-dip recession，編按：當經濟體系衰退觸底，逐步回升之際，卻又喪失復甦動力，並在未來再一次觸底），但也可能在二〇一〇年年底之前得以解除。第二類威脅是指在危機後的三到五年間，可能主導公共政策的一些中期問題；其中包括：過度的政府赤字、癱瘓的銀行系統、重新平衡全球經濟成長的需求，特別是中美之間、德國和南歐國家之間。另外也有可能再度回到一九七〇年代的經濟停滯狀態，通貨膨脹率和失業率將隨之上升。儘管這些現象都非常令人擔憂，但正如下一章的解釋，在資本主義4.0之下的新政經體系中，這些問題也可能比之前預期的更易於控制。最後，還有一些長期挑戰，諸如氣候變化、人口老化的福利成本以及全球化治理與協調的失敗，都可能成為未來幾十年中愈加嚴峻的挑戰。

本章主要研究第一類大家普遍擔心的金融問題：逐步走高的利

率、通貨膨脹以及貨幣危機等。這些問題仍可能在二〇一〇至一一年危及全球經濟復甦的進程。

　　這些金融威脅在危機的餘波中被不斷誇大，但在往後幾年間，它們不可能破壞全球經濟成長。因此，經濟危機後，金融市場的應變能力將可能繼續帶來令人滿意的驚喜。世界經濟與金融市場將繼續表現出驚人的強勁勢頭，因為世界各地的利率將比預期維持更長時間的低水平。

　　但是，將全世界的利率下調至近乎零，不是一種不健康且不可持續的反常行為嗎？難道這種長期的超級刺激貨幣政策不會帶來危險的通膨壓力嗎？特別是在美國和英國，政府公然印製大量鈔票是否必然會動搖美元、英鎊甚至全球貨幣體系？所有這些問題的答案幾乎都是否定的。然而，惟有當資本主義4.0對總體經濟政策的全新理解成形，取代危機前的市場基本教義派學說時，才會明顯看出不必過度擔憂貨幣政策、通貨膨脹和貨幣不穩定性的理由。

利率攀升是否會阻礙經濟復甦

　　將利率由危機之後的近乎零突然提高，可能是經濟復甦最令人擔憂的威脅。利率大幅上調，特別是在經濟完全恢復之前就加息，是美國及英國史上所有雙底衰退發生的原因所在：一九八〇至八二年和一九三二至三四年的美國，以及一九七四至七六年和一九二七至三〇年的英國[1]。一九七〇、八〇年代的雙底衰退就是因為美國和英國利率分別升至20%和18%而引發的。在接下來的幾年裡，絕對不可能大幅加息，但考慮到如今金融體系的脆弱和對通貨緊縮的普遍擔心，小幅的利率提升難道就不會讓經濟復甦脫離軌道了嗎？持懷疑態度的人們認為，目前的債務水準如此之高，利率哪怕只提高一兩個百分點也可能會導致金融混亂。正是由於這個原因，政府

和央行將會盡最大可能延緩任何重大的貨幣緊縮措施──在危機過後的情況下，這可能意味著很多年。

　　要理解為什麼危機後的利率很可能比普遍預期要低得多，首先有必要了解一些與市場基本教義派理念背道而馳的現象。在整個資本主義經濟中，當涉及最重要的價格制定時──無論是隔夜利率或三個月放款利率[2]──中央銀行與各國政府的行動要比私人投資家的觀點更重要。在純紙幣世界，這些短期利率水準可由中央銀行任意決定。雖然中央銀行可能不希望短期利率一直接近於零，但只要失業率仍保持在後雷曼時代的高峰，利率就不可能大幅提高。事實上，至少要到下一個十年的中期，即二○一五年左右，美國、英國、歐元區或日本的短期利率才有可能達到2%以上。

　　對於西方世界裡，已經適應了5%、10%甚至15%利率水準的房屋所有人和投資者而言，在未來這些年，利率保持在2%以下的水準似乎是難以置信的。但值得一提的是，自一九九五年以來的十五年間，日本的利率一直保持在1%以下。美國和英國在一九四○、五○年代經歷過更長時間的低利率。在一九三○至五五年的二十五年間，美國和英國的國庫券利率從未超過2%，而其中很長一段時期的收益也不到1%。這些低利率並不是經濟衰退或通貨緊縮的徵兆。事實上，一九三○至五五年這段利率極低的時期創下了全世界經濟成長最快的歷史紀錄。這一時期恰逢二次大戰，還有嚴格的金融監管和信用配給，因此無法證明低利率是否妥當。但是，它證明了多年甚至幾十年的低利率可以與強大的非通膨性成長共存。

　　因此，中央銀行可能在未來數年甚至幾十年裡保持極低的銀行利率。更重要的問題是：為什麼它們要這麼做？第一個原因是後雷曼時期的經濟嚴重衰退。即使世界經濟在危機之後出現迅速反彈，大量閒置產能──如失業工人、閒置的工業機器、空轉的辦公室和廠房等──也將存在多年。經濟活動的實際水準與其潛力之間的差

距被稱作產出缺口（Output gap）。二〇〇九年年底，無論官方或民間的估計，都顯示這個缺口格外之大，超越過去任何一次經濟衰退時期[3]。

鑒於這個簡單直接的統計事實，即使經濟出現快速復甦，央行總裁們也不希望緊縮銀根。他們不會對經濟的快速成長作出回應，反而會更關注產出水準，因為即便經過幾年的快速復甦後，產出仍可能保持在一個異常的低水平。當英格蘭銀行總裁金恩在危機發生後被問及，經濟一旦恢復到適度成長，他是否會提高利率來給經濟降溫時，他非常明確地區別了產出水準與成長率的重要性。他改寫比爾・柯林頓（Bill Clinton）在一九九二年大選時，激勵美國選民的那句名言：「關鍵是經濟，傻瓜！」金恩說：「問題不是國內生產毛額增加了多少，關鍵是水準，笨蛋！」[4]美聯儲於二〇〇九年十一月發表的公報也肯定了類似的態度，當時它第一次明確指出不得不提高利率的三個要素：失業率顯著下降和有限的產能過剩；通貨膨脹率的上升；預期通貨膨脹的明顯惡化[5]。

因此，相信利率會在長時間內保持極低水準的首要原因在於，各國央行如今都致力於支持經濟活動、促進就業等方面的政策。

世界各國央行總裁對需求管理政策的欣然接受，是世界經濟過渡到資本主義4.0的一大顯著標誌。如此對貨幣政策採取積極主動的做法，正好是第三代資本主義經濟理論所深惡痛絕的，它曾明令總體經濟政策只能用於控制通貨膨脹。對央行總裁們的自尊心來說，頗為幸運的是，危機前立基於貨幣主義學派的政策實踐與經濟理論之間的矛盾，已隨著雷曼危機被洗刷殆盡。因金融機構國營化導致經濟活動和就業市場崩潰之後，通貨膨脹實質上已消失了——這使得各央行佯稱它們仍然以控制通貨膨脹為目標，但事實上正在千方百計地控制失業率，並努力刺激經濟成長。

展望未來，二〇〇八年九月十五日之後，經濟活動和就業市場

的崩潰也使得央行總裁們深信，除非全球各經濟體都能實現一段相當長期的強勢成長，才會有通貨膨脹的風險。沒有如此長期的快速成長，就不可能有效彌補產出缺口——只要這些巨大的產出缺口仍然存在，通貨膨脹就不可能發生——至少，這是後雷曼時代大部分央行總裁的觀點。就算商品價格持續上漲，還有市場基本教義派經濟學家對他們的批評，在未來一段時期內，他們也不可能改變這個看法。

二○○七至○九年的危機爆發後，利率之所以仍維持在非常低的水準，還有更深層的原因。頗具諷刺意味的是，這場危機恰好是由世界各地的政府公債所引發的。鑑於目前政府公債處於一個無法維持的水準，央行總裁和財政部長們都一致認為，當經濟衰退明顯結束時，必須把減少政府赤字放在經濟目標的首位。一旦經濟發展強勁到足以承受更大的政策壓力時，顯然應該透過縮小預算赤字來實施緊縮政策，而非提高利率。

但要是稅收提高、政府支出被壓縮的話，將自動遏制經濟成長的速度。一旦從二○一一年開始大幅度削減預算，中央銀行就需要降低利率或至少保持低利率水準，而非加息，以抵銷經濟衰退的影響。緊縮貨幣政策加上收縮課稅——支出的止血帶——可能會使經濟再度陷入衰退[6]。沒有任何一國央行願意承擔這個風險。

最後一個關於長期低利率的爭論，與高儲蓄率和經濟成長率之間的相互作用有關，特別是在很多家庭紛紛開始增加儲蓄的美國、英國和其他國家。如果各個家庭都決定增加儲蓄並削減消費，是否意味著這個國家的經濟成長率減緩了呢？這是危機之後大家普遍認同的看法，而在經濟史上的此前每一個階段，人們都認為儲蓄的增長會**加速**長期經濟成長。事實上，提高國民儲蓄的政策已成為諸如日本、中國、德國等國提高成長速度並追上美國的主要工具。畢竟，儲蓄金流入投資部門，以及一國經濟為工人提供的新機器與技

術，是維持生產率和長期成長率的決定性要素。

　　為何會有這種普遍觀點呢？在美國、西班牙和英國這樣的高負債國家，當公民決定擴大儲蓄時，經濟成長會自動減緩。這種觀點出自於供給和需求之間的混淆，而這正是第三代資本主義的一大特點。危機前的經濟學主要認為總體經濟的總需求始終與總供給持平，並未深究如要達到這個平衡，經濟應該遵循怎樣的發展途徑。但是再仔細想想這個過程，如果人們增加儲蓄（不論是把錢存入銀行、增加養老金，還是購買股票），他們自然會削減其消費支出。然而，這些額外的儲蓄不會在銀行裡無所是事地待著。如果總體經濟政策能夠保證充分就業，將這部分多餘的儲蓄放款給企業進行投資或擴張，那麼這種儲蓄行為就擴大了經濟體中的商品供給——而且不是一次性的，只要新機器持續運轉，企業持續經營即可。如果家庭儲蓄需求的增加與商人們投資意願的增加相對應，消費支出的減少就可以被機器設備、電腦、工廠等方面的投資增加給抵銷。而且隨著這些新的工廠開始生產更多的產品，雇用更多的工人，經濟越來越繁榮，人們發現他們可以存更多的錢，同時也買得起更多的消費品。

　　這確實是資本主義的神奇之處。但究竟是為什麼呢？畢竟，在家庭儲蓄增多而造成的總需求下降和投資回升所造成的總供給上升之間，最初是存在分歧的。這種差異是如何協調的？答案是：要不就是透過經濟不景氣和失業來實現，要不就是透過擴張性貨幣政策來協調。

　　一國經濟中，如果人們決定長期增加儲蓄，就需要長期的低利率來保證這些存款可以流入投資領域，而不是懶洋洋地躺在銀行裡。特別是當經濟深受產能過剩和失業之苦時，情況更是如此。在這樣的環境下，只有融資充足且低廉，企業才會擴大投資。經歷過史上最嚴重的信用緊縮之後，再談低廉和充足的融資，聽起來可能

像黑色幽默；但是銀行不願放款，並且要求更高的邊際利潤，這個事實只強調了美聯儲和其他央行的需求：它們必須維持更低的官方利率來作為商業銀行放款利率的底限。

將削弱了的信用體系與不斷升高的儲蓄傾向相結合，也就意味著利率可能維持在更低水平，不僅是作為後經濟衰退時期的臨時刺激政策，也是新經濟生活中的一個長久事實。

低利率是高儲蓄的經濟結構中，保持供需平衡的最好方法。低利率，遠遠超過凱因斯主義對於赤字開銷的政策，更是一九四〇、五〇年代實現充分就業的關鍵所在。當時，美國人和英國人開始儲蓄——相對於他們的收入而言，差不多是如今的兩倍——並將這些儲蓄金投入戰後重建和隨後全球繁榮的龐大投資中。

現在的中國可以看到類似的高儲蓄和高投資，配合結構性超低利率的組合。確保數量更多的美國和英國儲蓄再度流入強大的投資領域，將是未來十年貨幣政策的一個關鍵任務。對於決策者而言，唯一可靠的途徑就是維持極低的利率水準。

印製鈔票是否會引發通貨膨脹

先利用低利率促進經濟復甦，然後再維持投資領域的長期繁榮，聽上去是很誘人。但會不會造成通貨膨脹呢？如果各國央行源源不斷地注資，提供零利率貸款，結果肯定會是通貨膨脹——一些頗受媒體寵愛的金融專家還自信滿滿地預測：這甚至可能引發惡性通貨膨脹。

比方說，二〇〇九年五月，受到公眾普遍關注的瑞士投資權威人士麥嘉華（Marc Faber）做客彭博財經頻道時宣稱：「我百分之百確信，美國將進入惡性通貨膨脹。」他所謂的惡性通貨膨脹是什麼意思呢？他解釋道，這個水準「接近」辛巴威的通貨膨脹率，高

達 2.31 億%[7]！

　　就算不這麼危言聳聽，許多知名的經濟學家和政治家也已發出警告，英格蘭銀行和美聯儲印製的大量鈔票——更確切地說，是在電腦磁片上製造的——勢必引發一輪通貨膨脹高潮。如果央行不提高利率，迅速從金融體系中抽回超額貨幣，通貨膨脹難道不會加速嗎？危機前的經濟正統學派可能會說：「會，當然會加速。」，但在資本主義 4.0 的新經濟理念中，答案是否定的。

　　通貨膨脹經常被解釋為「過多的貨幣追逐過少的商品」。在經濟學中，這個簡單的概念濃縮於米爾頓‧傅利曼那句名言中：「通貨膨脹是一種隨時隨地都會發生的貨幣現象。[8]」這兩種表述幾乎都是完全正確的。但是，如果從邏輯上考慮，它們應該解除通貨膨脹的警報，至少到二〇一三年左右都不必擔心。

　　第一句格言確實地強調了通貨膨脹是由於貨幣和實體商品之間的不平衡引起的。如果有過多的商品、過多的工人和廠房——正如經濟衰退結束時的情況——通貨膨脹不太可能加劇，但市場上可能流通著過多的貨幣。這是把央行總裁們對於「產出缺口」的複雜爭論以簡單的方法換句話說。當產出缺口很大的時候，不管採取怎樣的貨幣政策，它都可能在危機後維持至少四、五年，因此通貨膨脹的威脅就微不足道了。

　　那麼，這又如何與傅利曼的名言相符呢？那句明確預測通貨膨脹「隨時隨地」隨著貨幣發行量的快速增長而變化的經典格言。答案是，它完全符合傅利曼研究的實際內容，但卻不符合之後產生的政治效應，而這一點是傅利曼本人和其他人都非常支持的。

　　就簡單的邏輯來說，斷言印製鈔票總會產生通貨膨脹，這種說法是錯誤的。事實上，傅利曼在他的研究中發現，貨幣發行量的暴漲總是比高通膨早一步發生。這並不意味著逆命題——即一段高通膨時期之後，總會出現貨幣發行量的劇增——也會成立。把逆命題

和原命題混為一談是基本的邏輯錯誤。比如說，天下烏鴉一般黑，因此任何黑色的鳥都是烏鴉。儘管明顯荒謬，但這種謬論在政治上卻似乎是一種無處不在的修辭技巧。例如：「槍殺事件無論何時何地都是持槍人的責任；因此，只要有槍的人就始終要為槍殺負責。」

同樣地，宣稱「印製鈔票總會產生通貨膨脹」是一個不合邏輯的推論。而這句荒謬的話卻每天在媒體和金融市場上反覆出現，而且可能還借助了傅利曼身為諾貝爾獎得主的威望。如果那就是傅利曼真正探討的問題，貨幣經濟學的全套理論就有可能被一個簡單的反例給駁倒——比如，二〇〇〇至〇九年間，美國貨幣量增長幅度大於之前的十年，而通貨膨脹率卻始終維持在較低的水準。

傅利曼的原始發言其實是略有不同的，他說：「通貨膨脹是一種隨時隨地都會發生的貨幣現象；在此意義上，除非貨幣量比產量增長得更快才會產生通貨膨脹。[9]」

換句話說，貨幣量的快速增長是高通膨的一個必要條件。但這並不是說貨幣量的快速增長就是高通膨的充分條件——經濟史上許多受到傅利曼這項開創性研究啟發的學說都公認只有一種因果關係[10]。對於傅利曼的格言，一種準確但稍顯冗長的重新表述可能是如：「在高通膨發生之前，總是會出現快速的貨幣量增長；而當貨幣量快速增長時，有時會造成高通膨的現象。」

這難道僅是咬文嚼字嗎？即使貨幣量的擴張不總是導致高通膨，鑑於目前美國政府印鈔票就好像印壁紙一樣，難道這就不需要擔心嗎？

這個問題就引發了第二個謬論，同樣也是危機前人們對傅利曼這句格言的教條化理解。儘管某種意義上，貨幣量增長是快速通膨的一個必要條件，但貨幣與通膨之間的精確關係從來不能粗略量化，因為在現代資本主義經濟下，貨幣的定義可由多種方法界定，

而任一方法衡量出的貨幣供給對通貨膨脹的影響卻只有經過「長期且變動的延遲期」才會慢慢顯現。[11]

　　現代貨幣經濟學最初試圖尋求一個總是與通膨密切相關的正確定義來規避此問題，但是尋找這個「聖杯」的所有嘗試都失敗了，因為通貨膨脹似乎先與一種測量貨幣的方法相關，然後再與另一種相關。到了最後，傅利曼提到的「貨幣量增長」就被重新解讀為既模糊又籠統的「貨幣狀況」。

　　如今在經濟學家當中普遍流傳一種觀點，即通貨膨脹的原因不一定是任何特殊形式的貨幣增加，而是更廣泛意義上的「貨幣狀況的擴張」[12]。從意識型態的角度來看，這種說法的奇妙就在於，永遠無法對它進行科學驗證──或完全解釋清楚。對於危機前的正統經濟學說而言，「貨幣狀況」這個詞可能指任何東西，比如利率、貨幣強弱、股市水準、私人銀行的放款積極度或通貨膨脹率等。

　　但是如果貨幣狀況在旁觀者眼中一成不變的話，這就造成一個兩難問題。在現代經濟學家眼中，「通貨膨脹是一種隨時隨地會發生的貨幣現象」這種表述相當於十誡之中的第一誡。但如果我們不知道「貨幣現象」的意思，又如何確定自己的行動符合這段「經文」的內容呢？這個答案是當代經濟學的一個益智小詭計。經濟學家只是**假設**一個貨幣狀況的最適範圍，根據定義來看，就是無論利率、貨幣供給目標或匯率如何組合，都會產生穩定的通貨膨脹；然後他們就得意揚揚地宣布這種複雜的新衡量法是與自身密切相關的！

　　如果這聽起來像是在模仿《格列佛遊記》（*Gulliver's Travels*）中的天空之城，那麼我們來看看以下這段對傅利曼的通膨和貨幣量增長理論的讚美之言。在其《選擇的自由》（*Free to choose*，經濟新潮出版）一書問世五十週年之際，以這篇演說辭來慶祝再合適不過了。這部經典著作代表了傅利曼的政治信條，可以稱之為資本主

義 3.3 時代的知識聖經;而演說辭的作者是世界頂尖經濟學家之一——本・伯南克。他說道:「由於金融創新和制度變化等因素,貨幣增長的速度並不能作為反映貨幣政策態勢的完全指標;因此,貨幣擴張穩定並不必然表示經濟所依靠的貨幣環境穩定,其他貨幣政策工具也不明確具備這種功能……所以,要判斷經濟體的貨幣環境是否穩定,最終還是要看諸如名目國內生產毛值成長率和通貨膨脹率這樣的總體經濟指標。在這一點上,當代的中央銀行家們好像採納了傅利曼的建議。[13]」

在危機前的經濟學中,另一種同樣能夠自圓其說的方法論,就是重新定義「通貨膨脹」。許多經濟學家開始斷言,通貨膨脹可以指稱一國經濟在快速發展過程中發生的任何事情。因此,如果貨幣量的激增沒有導致消費增加或工資上漲,那麼我們可以轉而去看股市或房價。如果也沒有任何跡象顯示房市和股市的膨脹,就再去看看其他恰好出現價格上漲的領域——比如說,政府債券。透過這種方法,一些經濟學家甚至認為日本在過去二十年間一直處於通貨膨脹,而非通貨緊縮。

但在雷曼危機之後,想將擴張性貨幣政策與資產價格膨脹掛勾起來的嘗試也都宣告失敗了。儘管危機過後出現了空前的印鈔高峰,但二〇一〇年年初的股市價格仍比二〇〇七年的峰值低了30%,也沒有高過一九九七年的股價。即使考慮到因經濟衰退而被削減的工資水準,美國房屋估值仍處於歷史最低點。那麼究竟還剩下些什麼呢?黃金價格上漲了,但仍比一九八二年的實際水準低了40%左右。中國存在泡沫經濟嗎?也許吧,然而其股價仍比二〇〇七年的峰值低了45%;自一九九二年,中國經濟奇蹟出現以來的年複合成長率也只有7%。二〇一〇年年初,唯一可能的資產泡沫出現在香港和新加坡的房地產業,這一點明眼人都看得出來。越來越多的貨幣學家警告美國和歐洲要提高利率以避免資產泡沫。他們也

因此建議美聯儲、歐洲央行、英格蘭銀行等，在本國經濟中犧牲數百萬個工作機會和數萬億美元的產出，以穩定香港的房市價格。幸運的是，各國央行都清楚它們責無旁貸，要說有什麼區別的話，就是它們反而樂於看到資產價格上漲，因為這有助於它們增加銀行存款餘額、減少喪失抵押品贖回權、加強消費者和企業信心，進而幫助經濟成長的加速。簡言之，沒有一位中央銀行家會把**任一**貨幣擴張的定義自動等同於**任一**通貨膨脹的定義。

儘管有這麼多邏輯和理論上的異議，人們仍然不喜歡央行大規模印製鈔票——自危機以來，粗略估計美國印製了1萬億美元鈔票，英國則超過3,000億英鎊（考慮到其經濟規模，這個數額相對美國來得大）。為了便於討論，試想一下，貨幣量增長確實與通貨膨脹直接相關，正如許多政治家、媒體評論家和金融家們秉持的信念。我們還有一個問題是：何謂**印製鈔票**？新印製的貨幣數額是否極其龐大？

如上所述，**貨幣**可以有各式各樣的定義方法。就通膨與其中任何一種定義的關聯而言，它與廣義的貨幣度量方法有關，其中不僅包括實際現金，還有銀行存款、貨幣市場基金以及消費者和企業可以隨時提領卻無須支付鉅額費用的其他資產。貨幣基數則包括實際現金和私人銀行放在央行的電子存款。雷曼危機之後一年內，美國的貨幣基數大約增加了一倍（從9,000億美元增加到了2萬億美元）；英國同期的貨幣基數經歷了五倍的激增（從500億美元漲到了2,500億美元）；另外，歐元區的漲幅達33%，但其基準要高得多（從1.3萬億美元增加到了1.8萬億美元）。然而，傅利曼可能是第一位指出，央行貨幣其實只是貨幣供給總量的一小部分——在大多數國家，約占15%左右。其餘的85%貨幣供給則由各大商業銀行的個人或企業存款構成。當商業銀行為其顧客提供借款或抵押貸款時，就產生了這些私人存款——當然，這種信用創造已經大幅縮水。

　　美國的貨幣基數在雷曼危機爆發後的十二個月內激增了105%，美聯儲努力防止經濟崩潰，廣義貨幣供給（通常以M2來表示）僅增長了6%，恰好相當於過去二十年的平均增長速度。當經濟成長出現復甦，金融情勢趨於正常時，銀行貸款可能再度繁榮，廣義貨幣供給數字的增長會加速，而通縮壓力也會逐漸減小。到了那時，各國央行可能非常希望收回一些他們「印的」鈔票。

　　然而，與後雷曼時代的巨大擴張相比，央行貨幣的任何類似削減似乎都是適度的。因為受危機影響，經濟正常運作所需的現金長期以來都呈現增加態勢。舉個最簡單的例子，那些減少使用信用卡的人們，日常生活中會需要更多的現金；再複雜一些，在這場危機中面臨擠兌的銀行體認到，它們需要更多的資金和美聯儲存款，數量遠遠超過它們實際擁有的。如果未來監管機構強制銀行增加現金及流動性資產，那麼由央行提供的貨幣基數就需要持續增加。

　　因此，自雷曼危機以來，到底有多少央行加印的鈔票需要收回，情況尚不明朗——除非銀行貸款能再現二〇〇七年以前的繁榮景象，否則沒有任何理由期待這些新創造的貨幣會產生通膨影響。

　　總之，所謂商品短缺或貨幣過剩會威脅經濟，並引發美國、英國或任何其他主要國家的通膨，顯然是不對的。但在理論上，另外一個機制仍可能引發嚴重的通貨膨脹——即使在深受大規模失業困擾，而且未出現明顯貨幣過剩跡象的國家。這個機制就是貨幣的大崩潰——最後一項被誇大的危機後恐懼。

美元會崩潰嗎？

　　「美元（或英鎊）將會重蹈辛巴威幣的覆轍」，這是那些宣稱他們相信美國和英國會發生通膨災難的人們討論時最常引用的話。（之所以說「宣稱」相信，是因為很多支持辛巴威命題的人似乎都

還擁有很大比例的美國資產。）如果美元真的崩潰了，影響將是令人震驚的。歷史表明，崩潰的貨幣與快速通膨的聯繫之密切遠超過貨幣增長。如果通膨開始強勁加速，那麼美聯儲除了提高短期利率外，將別無選擇；債券市場出現恐慌也是合情合理的事。政府借款和抵押貸款成本將上升到令人望而卻步的水準，而經濟也會陷入第二次嚴重衰退。這就好比一九八一至八二年嚴重雙底衰退的翻版，只是更加令人擔憂。

在被這樣一幅世界末日的景象嚇破膽子之前，請注意這一連串災難取決於一個關鍵點：美元（或英鎊）絕不只是疲軟，而必須是遭受了徹底崩潰或自由落體式下滑。如果美元只是正常貶值了幾個百分點，便沒有理由預期較高的通貨膨脹，美聯儲沒有理由提高利率，債券投資者不必恐慌，而經濟成長也不可能減緩。走低的美元實際上會創造更能獲利的出口機會，並鼓勵美國消費者從購買國外商品轉為選擇國內產品，如此強化經濟復甦。

因此，關鍵問題就是美元貶值——如果發生的話（這仍是個大大的問號）——是否會引發嚴重的通貨膨脹。經驗顯示，任何一種貨幣真正的崩潰——可能定義是一年之中下跌了50%甚至更多——一定會引起通貨膨脹。最終證明這場通膨究竟是災難性的還是可控制的，取決於世界各國和這個國家還發生了些什麼事。在10%到20%，甚至30%的範圍內適度下滑，通常很少產生通膨影響，特別是在貨幣貶值的同時出現大量產能過剩和失業現象的大國經濟中。

最近關於非通貨膨脹性貨幣貶值的例子發生在英國、義大利、日本和美國等。在貿易加權的基礎上，英鎊一九九二年下跌了20%，二〇〇八年則是25%；義大利里拉一九九二年下跌25%，日圓一九九五年下跌22%；還有美國，一九八五年美元下跌35%，二〇〇二至〇三年間跌幅為30%。在這些例子裡，貨幣貶值一年後，通貨膨脹的速度要低於從前，而且央行也絕不會用提高利率的方法

來應付幣值下跌。

很多人相信，目前貨幣所處的困境，比以往任何一個階段都要危險得多。因為美元的壓力不僅反映了金融危機，還有美國地緣政治地位的削弱。即便目前還不清楚未來美國的角色是否會減弱或增強，地緣政治學無疑是不斷變化的。無論如何，關於地緣政治的爭論，有一件事是確定的，即它究竟是支援或反對美元。

現代社會中，貨幣強弱與其發行國家的地緣政治力毫無關係。美元有史以來的最大跌幅發生在一九八五至八六年，時值雷根總統在任，美國贏得冷戰勝利。至於美元在歷史上持續最久的下跌，從二〇〇二年一月布希總統發表其「邪惡軸心」（Axis of Evil）演說的那天開始，一直持續到二〇〇八年三月。在整個戰後時期，儘管日本在國際事務中一直處於邊緣地位，日圓卻始終是世上最堅挺的貨幣；而在過去十年裡，隨著中國成為真正的超級大國，日圓倒成了亞洲最疲軟的貨幣。

甚至可以說，在危機後的世界裡，正如中國所證明的，面對交易夥伴強烈要求人民幣升值的壓力，繼續維持軟通貨的能力就是地緣政治力的體現。不管怎樣，中國、南韓、法國、義大利、西班牙和其他很多國家對**軟通貨**有意識的偏好，可說是最清楚地反駁了華爾街與美國媒體對於美元急劇下滑的恐慌散播。

中國和其他國家偏愛軟通貨是有充分理由的。疲軟的人民幣可以降低中國出口商品在海外市場上的價格，幫助中國企業提高競爭力，或者抬升進口商品的價格，進而鼓勵消費者購買國產商品。軟通貨也有弊端；比如，它會使本國消費者或選民在與別國公民相比時，感覺自己變窮了。但是對大部分政府（或選民）來說，特別是處在高失業率期間時，疲軟的貨幣要比過於堅挺的貨幣更有吸引力。

環顧世界上其他國家的這種貨幣偏好，自然會對美元崩潰這種

預測提出一個明顯的問題：一旦美元進入自由落體階段，哪種貨幣又會一飛沖天呢？

一種貨幣的貶值意謂著其他貨幣的升值。當你開始遍尋世界各地，想找到可能在未來數年對美元升值30%或50%的另一種主要貨幣時，就會發現美元崩潰的觀點顯得非常荒唐。無法想像任何一個大國會願意接受其貨幣升值接近上述幅度——歐洲不會、英國不會、瑞士不會，中國和日本也肯定不會。

讓我們換個角度來看這個問題。有一點很重要，貨幣不同於其他任何金融資產。投資者們不看好某檔股票或債券的前景，可以直接賣掉而不必考慮怎麼處理交易所得的錢，但是對貨幣的擔憂卻無法以同樣的方式表現。不過，緊張的投資者們可能考慮，美元賣掉的前提是必須買進其他一些令他們更有信心的貨幣。而那些認為美國正在步上辛巴威後塵的悲觀論者，當他們被問到投資者應該投資哪個幣種來取代他們所持有的數萬億美元時，得到的答案卻是沉默。

為什麼沒有一種貨幣能真正替代美元成為國際儲備貨幣呢？缺乏嚴峻的貨幣競爭，此現象與美國軍事霸權、全球主導文化，甚至其金融市場的深度和複雜性（現在看來有些過度濫泛的觀點）沒什麼關係。主要原因很簡單，世界上除了美國外，只有兩個夠大的發達經濟體——歐元區和日本。而美國，雖然有種種問題，但總體前景還是優於其中任何一個。

再看看歐元區和日本之外的其他獨立貨幣經濟體，比如英國、瑞士、加拿大或澳大利亞，它們規模都太小了，難以吸收目前以美元投資的所有資金。每當美國持有的相當比例資金流入澳大利亞或挪威這樣的小國，該國貨幣就會被高估，進而給當地經濟帶來嚴重危害。從一個更重要的金融角度來看，當瑞士法郎或澳元被極大高估後，等於對其他投資者設置了一個高門檻，開始擔心幣值被高估

的人們，過一段時間又會因幣值暴跌而扭轉態度。因此，從美元流入諸如瑞士法郎甚至英鎊這種小幣種的資本流動，會迅速進行自我修正。這個現象同樣適用於黃金，它常常被視為所有貨幣的替代品。

因此，唯一可能替代美元的，要不是日圓和歐元，要不就是迅速發展的新興大國貨幣，特別是中國。可以說，隨著時間的推移，美元對人民幣的匯率會大幅下降是一個明顯的事實。因為中國仍然是較貧窮的國家之一，目前勢不可擋地開啟了一段朝更高生活水準發展的旅程，有朝一日可能與西方國家並駕齊驅。從某種意義來看，這個追趕的過程通常就是貨幣升值的過程，類似於戰後日本的經歷[14]。

然而，人民幣對美元和其他所有主要貨幣幾乎肯定會升值的事實，對任何一位目前只想尋求替代貨幣的人來說，吸引力並不大。中國政府決定控制人民幣升值的過程，正如日本和德國在一九五〇、六〇年代的做法，因為它希望保持低幣值的優勢，特別是在經濟形勢不穩定的時期。自從危機開始後，人民幣與美元掛鉤，因此斷了替代的可能。此外，人民幣的使用在中國境外是嚴格管制的。

有朝一日，美元對人民幣的匯率可能大幅下滑，這與未來幾年的金融狀況沒有多少關係。如果危機後的過渡順利，人民幣不僅對美元會升值，對歐元、英鎊、日圓也會升值。這種變化絕非對美國經濟的威脅，而是值得慶祝的事，因為它將讓美國的商品與服務得以大幅度打開中國市場。

鑒於人民幣並非切實可行的美元替代品，全球貨幣市場只剩下兩個選擇——歐元和日圓。為擺脫如噩夢般的美元而進行的「全球航行」於是落到了這個問題上：歐元和日圓今後是否有顯著升值的可能——比如說，升值30%或更多。

在歐洲和日本，出口商們已在與他們認為被高估的匯率展開鬥

爭，其經濟將會被急劇上升的貨幣破壞。歐洲和日本的政府與央行將面臨巨大的壓力來抵制這樣的貨幣升值；同時，如果必要的話，它們也會加快印製歐元和日圓，甚至會超過美聯儲印製美元的速度。比起美國，在歐元區雇用一名普通生產工人的成本要高出20%，日本高出10%，德國更是比美國高出40%。如果美元再繼續貶值10%的話，日本與德國產業的競爭壓力將變得難以承受，兩國也不可能允許歐元或日圓一直保持升值，造成可怕的美元價格暴跌。

此外，自從危機發生以來，全球貿易已轉向有利於美國出口商。以歐洲和日本為代價，美國迅速縮小了貿易赤字。如果歐元和日圓再度對美元升值的話，這個過程將會大大加快，而美國貿易逆差的縮小也會降低全球市場上的美元供給。在很大程度上，這種情況至今仍不被承認，特別是在美國，但這樣的轉變已經發生了。從二○○六年至二○○九年，美國的經常帳赤字已經從國內生產毛額的6.5%降到2%多一點。同時，日本一直持續的鉅額貿易順差幾乎消失，歐元區也從貿易順差轉變為逆差。全球貿易的這個轉變已經使美國作為債務國的標準做法（即以每年7,000億美元的規模向外國借款以維持其消費水平）失效。在二○○九年和二○一○年，美國的經常帳赤字僅3,000億美元；所以，美國的對外借款下降到國內生產毛額的3%。如果美元對歐元或日圓的匯率進一步大幅下滑，那麼美國的貿易赤字將可能轉為大量盈餘。這樣的盈餘意味著美國已開始償還其外債，而歐元區也將取代美國成為全球最大的債務人；如此情況之下，更有可能出現的是美元對歐元匯率再度上升。自雷曼兄弟破產之後，情況也確實一直如此，而不是美元匯率急劇下滑。

美元對歐元或日圓不可能崩潰的最後一個原因，毫無疑問地在於，投資人擔心美國經濟存在的長期性根本問題，在歐洲和日本也

同樣適用，甚至更嚴重。依照歐元區和日本的經濟規模，其貨幣供給要大於美元的供給比例。歐洲的銀行財務狀況要比美國同行們的情況更糟，歐洲的企業負債也高於美國。甚至連據稱超級保守的歐洲央行，其提供給歐洲銀行系統的借貸條件，還要比美聯儲在美國的條件件更為寬鬆。例如二〇〇九年九月，歐洲央行借給愛爾蘭政府500億歐元（約合750億美元）以援助愛爾蘭銀行。就愛爾蘭的經濟規模而言，這筆錢相當於美聯儲印製3萬億美元，交給財政部來補貼美國銀行。至於每個人都擔心美國政府揮霍無度的借款與支出，日本和大多數歐元區國家（包括德國和法國）的政府負債水準都比美國來得高。

總是繞著歐洲或日本的經濟問題打轉，看起來像是一個幸災樂禍又毫無意義的舉動，但就其中一個重要面向來說，其他國家的困難可以使美國和英國從中受益。貨幣貿易是一場零和遊戲，也就是說，一國貨幣幣值的下降一定自動與另一國貨幣幣值的上升相對應。因此，體認到唯一可替代美元的貨幣竟然比美元更加地結構性疲軟，對美國和世界都是大有裨益的。

如果歐洲和日本一直以來都呈現更強勢的結構性堅挺，或者二〇〇七至〇九年的危機對它們影響不大，那麼對於美元和英鎊暴跌的擔憂可能已促使兩國決策者下定決心，不再像以前那樣積極地削減利率。從這個意義上來看，這次危機的全球性反倒成了一件出乎意料的幸事。大家都在同一條船上，因此各國的決策者們可以自由削減利率、印製鈔票、提高政府債務等。所有主要經濟體都共體時艱，阻止破壞性資本從弱國流動到強國。

貨幣之間的選擇常常被媒體或金融評論員們描述為「選美大賽」；但事實上，說是「選醜大賽」更合適。儘管投資者們會發現所有主要貨幣都不怎麼討人喜歡，他們終究必須把錢放到一個地方，所以會選擇最不令他們反感的貨幣。雷曼危機之後的美元肯定

看起來很醜，但因為日圓和歐元一樣難看，所以美聯儲和歐巴馬政府就能夠實行前所未有的貨幣和財政擴張政策，而無須擔心資本從美國外流。透過這種做法，他們保障了經濟復甦，可以繼續做任何維持未來經濟成長的事情。

　　對於美國和全球經濟更大的挑戰將從二〇一一年起出現，屆時政府和消費性債務、全球經濟恢復平衡以及結構性通貨膨脹等長期問題將需要認真解決。這些正是本書最後一部分要討論的問題。

Part 5

資本主義 4.0
&
全球大趨勢

相較於一九三〇年代和一九七〇年代的兩次大轉變，儘管此次向資本主義 4.0 的過渡是以一種更和平且有序的方式進行，但民主資本主義制度仍將面臨許多真正的風險。第十六章將討論，隨著這個新資本主義形式慢慢站穩腳跟，未來十年間可能出現的四大困擾世界經濟的主要危險：**政府債務、金融癱瘓、貿易不均**以及**停滯性通膨的威脅**。

　　本書最後三章涉及政治、金融和國際關係等方面，它們將是未來幾年甚至數十年內，對這個新資本主義制度的成功與生存更嚴峻的挑戰。要迎接挑戰，該制度無疑地將經歷進一步的變革──如過渡到資本主義 4.1、4.2 等，從資本主義 4.0 的角度來看，這些可能性的解決方案，其輪廓清晰可辨。

　　本書不可能涵蓋所有問題，更不要說提供一個詳細的解決方案了。但是，欲確定本書提出的資本主義 4.0 模式是否與柴契爾─雷根時代的自由市場資本主義不同，或是與「大社會計畫」和「新政」的「白宮說了算」哲學有顯著差異，一定要針對某些特殊性做討論。

　　為了回答這個問題，本書最後一部分列舉了有關公共政策和經濟學變革的實例，有些已在危機中逐漸顯現，有些可能會在若干年後發生。第十六章會詳細闡述這四大中期挑戰。之後的各章則會分別藉由十項可能的改革，證明這種新的思維模式如何隨著第四代資本主義的發展，逐漸在政治、經濟與外交等層面發生變革。

第十六章

4.0時代的經濟趨勢

從一九三〇年代到雷曼兄弟倒閉，大部分政府和央行承認總體經濟政策只有一個官方目標，即控制通貨膨脹。儘管央行總裁們都明白，貨幣和通貨膨脹之間的關係要比官方口號微妙得多，他們還是一心一意地對付通貨膨脹。由於占主導地位的貨幣經濟理論排除了需求管理，因此總體經濟政策的成功與否似乎只剩下一個合理的判斷標準：價格的穩定性。

從一九三〇年代到七〇年代末，民主政治中總體經濟管理的其他主要目標——實現充分就業，產出成長最大化，貿易和政府預算維持合理的平衡——都被財政部長和央行總裁們委託給下級主管了，由各政府部門負責諸如貿易政策、工業和政府預算等個體經濟問題。

在資本主義4.0時代裡，這些存在於貨幣經濟和實體經濟之間、控制通貨膨脹和失業的責任之間，以及總體經濟目標和個體經濟目標之間的極端二分法都將不再合理。所有經濟目標會以更複雜的方式進行有效組織，因為無論是政客或選民，都將意識到政策的各方各面是相互影響的。

如果央行的目標不再是低通貨膨脹，它的目標又將是什麼呢？如果要選擇一個代替通貨膨脹的目標，最適合的就是名目國內生產毛額——考慮到通貨膨脹和實體經濟的總產出。該目標由諾貝爾經濟學獎得主、凱因斯主義經濟學家詹姆斯‧托賓（James Tobin）和

詹姆斯・米德（James Meade）[1]於一九八〇年提出，卓越的經濟評論家塞繆爾・布裡坦（Samuel Brittan）將其進一步推廣。他們的理由是，它與貨幣供給成長的經濟統計相關性最強，而且還包括了低通膨與充分的實質成長，這是所有經濟政策制定者都希望達到的長期目標。

　　儘管公眾不容易理解名目國內生產毛額，而且要到數個月之後才能準確地對其進行追蹤，但毫無疑問地，對於貨幣政策而言，它依然是最好的唯一目標，甚至比通貨膨脹本身要好得多。這會引發一個疑問：為什麼央行必須只設定一個目標呢？為什麼它們不能同時實現多個目標——即同時實現控制通貨膨脹和經濟成長的最大化？在現實生活中，只有瘋狂的人才會只投入一件事，無論是追求金錢、名譽、工作還是性愛。人們也不希望政客們只關注一件事情，也許戰爭時期除外。那麼，為什麼央行總裁們卻在遵循正常人認為是瘋狂的事情呢？

　　危機前的經濟思考對此問題的回應是，市場基本教義派者熱衷於一致性、透明度，以及限制政府官員自由裁量權的明確準契約規範。但是，資本主義4.0脫離了這些天真的抽象概念，央行將不得不接受經濟生活的複雜性和模糊性。央行將不再僅致力於通貨膨脹、名目國內生產毛額或其他任何單一目標，而將同時瞄準幾個目標。至少在最低限度上，各國央行應該保證低通膨率，實現充分的經濟成長和就業水準。央行總裁們也要保證合理的信用擴張，以及在其他主要的經濟範疇中與政府合作，以確保匯率和貿易不均的現象不會失控。

　　反對這樣一套複雜目標的理論認為，這些目標有時會不一致，不能提供明確的指導。反過來說，這意味著市場將無法對貨幣政策的走向建立理性預期。對這種反對理由的部分回答是，理性預期只是一種幻想，實際效果比概念的清晰更加重要。一個更有建設性的

回答是，當貨幣政策真的起作用時，以通貨膨脹為目標和以失業率或經濟成長為目標之間將不再存在矛盾。在經濟大蕭條時期，央行應力求提高物價和促進經濟成長率——這意味著要將利率降到可接受的最低水準；反之，在經濟快速發展時期，央行應提高利率以遏制通貨膨脹和減緩經濟發展速度。然而，有時通貨膨脹和失業率所顯示的資訊互相矛盾。在這種情況下，對於那些面臨政策困境，必須憑藉不一致的證據下決定的領域，各國央行應扮演好其領導角色。央行應在那些可取但衝突的目標之間作出理性選擇，優先考慮那些在特定時刻最緊迫的問題。如果通貨膨脹率已升高——比如超過5%——那麼降低通貨膨脹率就是優先選擇，即使這意味著在一段時間內會出現高失業率。另一方面，如果失業率已達到不可容忍的地步——比如說10%或更高——那麼就要優先處理這一問題。這樣的處理方法可能會讓理論家和理想主義者們感到滿意，但是決策者卻常採取折中方法和次優選擇——類似這種模棱兩可的做法將會在資本主義4.0的務實政治中得到體現。

對各國政府而言，它們肩負著更廣泛的責任，它們要確保經濟成長在全球達到平衡，也要更重視美國、英國和歐洲周邊國家的出口以及中國、德國和日本的高消費。當談到穩定金融體系時，政治家們也承認貨幣是一大難關，他們不能將監管金融市場的最終責任轉包給市場、私人信貸和信評機構，或不負責任的國際官僚。更困難的是，政府一方面要承擔起全面管理經濟的新任務，另一方面還要迅速減少公共支出和外債。

更複雜的情況、更寬泛的政治責任和更嚴格的限制，這將是資本主義4.0經濟政策的典型特徵。本章接下來要討論，在今後十年裡，處理最大的經濟挑戰過程中，這些矛盾的壓力會如何相互作用。

二〇一〇年年初，美國宣布其出現了自二〇〇三年以來最強勁的經濟成長。由於金融市場的恢復，也由於據說即將崩潰的銀行突

然宣布創紀錄的利潤，即便是最頑固的懷疑論者都不得不承認，二十世紀的經濟大蕭條不會再度上演。除了上一章中提到的，在很大程度上對貨幣政策無關緊要的恐慌外，政客、選民和經濟學家的擔心主要圍繞著幾個更為嚴重和長期的問題。

- 爆炸性的政府赤字是否會導致國家破產，尤其是美國和英國？
- 政府對「僵屍銀行」——即那些既不會破產，又不能完全恢復健康營運狀態的銀行——的支援是否會導致全球發生像日本「失落的十年」那樣的狀況？是否會導致經濟無法恢復到危機前的成長水準？
- 針對全球經濟失衡可以採取什麼措施？尤其是美中之間以及美國與歐洲國家之間的貿易差。在歐洲，德國的鉅額順差使得希臘、葡萄牙和其他地中海國家的債務負擔加劇，對歐元造成威脅。
- 全世界的政府都非常重視刺激經濟發展和降低失業率，經濟政策的鐘擺是否會晃動得太猛或太快而構成威脅，進而導致一九七〇年代的停滯性通膨再度發生，陷入通貨膨脹率和失業率同時快速飆高，致使總體經濟政策完全癱瘓的夢魘？

是否會出現政府債務危機

　　經濟危機爆發後，全世界公布的經濟刺激計畫總合規模超過3萬億美元，這代表了凱因斯經濟理論的全面勝利，即面臨經濟衰退時，政府應有意識地積極增加借款。由於資本主義的生存受到威脅，所有在過去四十年貨幣主義反革命中，由保守的自由市場經濟學家提出的政府不作為理論，在幾天之內被拋棄。儘管一些在美國

和德國經濟機構中仍占一席之地的反凱因斯理論家提出了一些無關痛癢的抗議——其中來自美國共和黨與英國保守黨的抗議尤其強烈——但全世界的政府都史無前例地實施了財政赤字政策。這些政策很快使得各個國家恢復成長，且復甦規模基本上和刺激計畫的規模成正比。

中國的刺激計畫規模最大、起效最快——在三個月內就有效地扭轉了經濟衰退的局勢。儘管梅克爾夫人最初堅持不應該「以債治債」，但德國的刺激計畫規模仍然是全歐最大的，到二〇〇九年中期便見到了成效。美國的刺激計畫規模更大，但實施時間較長、起效較慢。儘管英國首相戈登‧布朗強烈贊同採用凱因斯主義應對經濟危機，但英國的適度減稅方案一籃子計畫在主要經濟體中規模最小，因此初步的經濟復甦也相對受到抑制。

儘管在細節和時間上各有不同，但危機後的財政政策所傳達的訊息卻明白無誤。全世界的政府都意識到，為了保護本國經濟不陷入通貨緊縮的漩渦，並且使私人借貸者開始償還債務，大規模增加借貸是必要的。這是對凱因斯經濟核心政策的描述，儘管受到許多經濟學家的懷疑和嘲笑[2]，該政策在二〇〇九年中期還是普遍被採納。

雖然人們大都承認較大規模的政府借貸對穩定經濟而言是必需的，但在危機感平息後，政府借貸的增長必須被制止，或至少要加以控制，這一點也是顯而易見的。如今，美國和英國的政府赤字占國民所得的比重超過10%，法國和日本是8%，德國、義大利和加拿大是5%[3]。如果這些貸款持續數年以上，複利導致的必然結果便是螺旋狀無限上升的政府債務。幾乎所有的經濟學家和政客——更重要的是，越來越多的選民——都認同採取緊急行動減少赤字的必要性，英國和美國尤其如此。到二〇〇九年年底，大西洋兩岸似乎已經形成了大規模縮減赤字的政治共識。

　　有關二〇一一年及以後的經濟前景，最重要的問題可能是：這些共識最終將成為幻想，還是將轉化為堅定的行動。此外，那些減少政府借貸的行動會否太早或太遲。

　　在危機平息之後，政府開支中那些不得民心的增稅或減稅行為在政治上都不大可能實現，龐大的政府赤字可能會持續多年。如此一來，更頻繁、更糟糕的經濟混亂狀況幾乎將不可避免，不僅會威脅全球銀行體系，也會將政府債券市場捲入其中，甚至可能會永久危及紙幣的使用。一個相反的危險是，過度熱衷於削減預算可能會導致失控。政府可能會過於積極，過快地增加稅收和減少公共支出。其結果將是重新陷入衰退，使得政府赤字加劇，刺激進一步的財政削減需求。這種政治錯誤的惡性循環會讓世界經濟陷入通貨緊縮的債務陷阱中，而這種陷阱曾導致日本經濟自一九九〇年後癱瘓了二十年。

　　順利遊走在國家破產和通貨緊縮的債務危機之間，將會是後危機時代最大的經濟挑戰。幸運的是，資本主義4.0中有關總體經濟政策的務實觀點將會使這一挑戰變得容易得多。

　　但是在對財政行動進行理性辯論前，首先要駁斥兩種荒誕的說法：有關國家破產的討論，以及過度的政府借貸會使我們的子孫背負難以承受的債務負擔。這些觀點都建立在荒謬的成分上，八十年前就被凱因斯革命駁斥過，但是在一九七〇年代的思想轉型時期又被重新引入經濟學之中。

國家破產的神話

　　將政府想像成家庭的集合體或某個超大型公司，以這種方式來理解公共財政是錯誤的。因為政府無權自行借入或支出任何東西，它們只能將資源從一個公民團體（納稅人）轉到另一個團體（比

如，養老金領取者和公務員）。透過這種方式，今日的政府為未來的政治家設定了一個義務，使他們進行下一次資源轉移──從第三個公民團體（未來的納稅人）到第四個公民團體（政府債券的未來持有人）。假如這些轉移行為都發生在一個國家內部，那麼它們對該國的整體財富就沒有任何影響。因此，認為美國或英國這樣的國家會破產的想法是荒謬的。

　　一個國家不會因為向自己借款而破產，就像一個人不會因為開了一張10億美元的支票給自己而破產一樣。惟有當一個國家──更準確地說是財政部──借入它無法控制的他國貨幣時，才有可能導致政府破產。這點稍後會詳細討論。然而人們應該注意到，自從危機以來，與普遍看法相反，美英對外債的依賴並未增加，反而減少了。此外，照目前的趨勢發展下去，在未來一兩年內，即便政府不採取任何減少債務需求的措施，美國也可能會停止從中國或其他國家借款。

　　另一個更重要的原因可說明美國和英國政府永遠不可能遭受傳統意義上的破產：因為它們借入的幾乎全部是自己印刷的貨幣。這意味著它們能無限制地償還債務，只要央行啟動印鈔機就可以了。然而，這對於像阿根廷、希臘或泰國這樣的國家來說是完全不可能的，它們的麻煩是它們分別借入了美元、歐元和日圓。

　　此外，政府不會出現傳統意義上的破產，因為沒有一種法律機制會強制它們償還債務[4]。那麼，為什麼歷史上會出現許多因政府拖欠債務而導致國家出現巨大經濟困難的例子？這是因為當政府借入其不能控制的貨幣，或借入了與黃金白銀等實體商品連動的貨幣時，其債權人往往是外國公民，這些拖欠現象就會出現。儘管債權人不能強迫這些國家償還債務，但他們可以停止向其發放新的貸款，這將給那些依賴外資流入的國家帶來痛苦的後果。

　　一九八〇和九〇年代，在墨西哥、巴西、泰國和俄羅斯都出現

了這種政府拖欠債務的現象，前幾年的冰島也是如此。這些國家的共同點是它們都借入了美元，或從外國銀行和投資人那兒借入了外國貨幣。兩次世界大戰期間的德國和其他許多歐洲國家都出現過同樣的情況，當時所有的政府債務都是黃金。類似的外國貨幣拖欠也許有一天會威脅到東歐政府，因為它們向奧地利和德國銀行借入了歐元。這種情況也發生在歐元區國家，如希臘、冰島、葡萄牙和西班牙，它們對歐洲央行的貨幣政策影響力有限。

　　但是，對於像美國、英國和日本這樣的國家而言，它們借入的幾乎完全是自己可以控制的貨幣，因此拖欠問題在理論上是不可能發生的——除非將拖欠的定義牽強地加以延伸，諸如透過通貨膨脹或對未來政府公債持有人增稅，以降低債務的實際價值等觀念。諸如美英這樣的主權借款人總是能夠償還債務，因為作為最後的手段，它們常要求其央行多印貨幣來還債。這種擴大貨幣發行量的做法可能會造成通貨膨脹，也可能不會；但是從政府看待債務拖欠的立場而言，這種方法往往更令人滿意。在政府採取印製貨幣的最終手段前，它們還可以透過稅收來架起另一道防線。

　　然而，如果政府是向外國借的外債又該如何？美國國債的最大債權國是中國和日本。難道這不會導致國家破產嗎？或至少不會導致某種債務奴役，進而對美國造成威脅嗎？

　　如果美國政府主要依靠中國和日本的借貸，而且借的不是美元，而是人民幣或日圓，那麼美國財政部的債務拖欠確實會構成真正的威脅。（若考慮到後文提及的公共財政的合理健康狀況，這種威脅就相對小得多。）然而，在第三代資本主義末期，美國對外債的依賴程度被誇大了。事實如下文所述。

　　根據美聯儲的資金流量統計[5]，直到二〇〇九年十二月的十二個月之間，外國投資者總計持有美國國債達6,340億美元，占為數1.7萬億美元總額的36%。外國投資人只持有美國國債的三分之一

左右，這部分債務會給未來的美國帶來負擔。然而，總體情況並不那麼令人擔憂，因為最近美國其他機構的償債動作抵銷了大部分財政部的外債，尤其是那些政府助營企業，如房利美和房地美。在這十二個月間，包括美國政府助營企業在內的美國政府機構只從國外借入了3,520億美元的外債，再考慮到私人企業償還的大筆債務，美國借入的外債總計為1,890億美元，大約只占聯邦政府1.7萬億美元財政赤字的十分之一。

這1,890億美元是對於美國國債增長的真實規模更精準的衡量，而不是那些聳人聽聞的新聞頭條中所報導的幾萬億美元。將這個數字與以往更大量的外債相比──如二○○八年的3,800億美元、二○○七年的9,440億美元、二○○六年的9,740億美元、二○○五年的7,520億美元──似乎在經濟危機前四年，美國債務負擔的增長速度要遠遠超過二○○九年。政府赤字怎麼可能在一年之內就從3,000億美元一下躍升到1.7億美元？

事實上，儘管美國外債受到了各方矚目，它其實只是經濟迴圈中的一部分資金流──而且與私人企業和家庭借貸相比只是一小部分。未來美國的債務負擔之定義，是向外國投資者借入的貸款，無論是政府借貸、企業借貸還是個人借貸，都包含在內。

國債增長的正確衡量手段不是政府預算赤字，而是外貿赤字。美國的貿易逆差要透過向外國投資者借債或出售美國股票、債券、資產或其他財產來彌補。這種對其他國家債務增長最完整的衡量便是經濟學家所謂的經常帳赤字。經常帳不僅包括石油、汽車、電腦等領域的普通貿易逆差，也包括美國在一些「看不見的」貿易項目中的順差，比如好萊塢電影版稅和技術專利的使用費，以及美國跨國企業的盈收。這種對國家債務負擔的全面衡量，關係到政府赤字，但表現方式十分微妙且不直接。

如果政府增加借貸和支出，會造成消費者、公務員和國防承包

商等的額外支出。如果其他一切條件相同，那麼這筆額外支出會吸引進口，增加經常帳赤字，進而加重國債負擔。但其他一切條件可能並不相同，例如，如果出於經濟衰退或貨幣流通，使得進口商品的價格高於國內產品，那麼消費者會減少購買外國商品，即便是一筆非常龐大的政府赤字，也很容易與外債同步**減少**。二〇〇七至〇九年的情況正是如此。

聯邦預算赤字從二〇〇七年的2,370億美元激增到二〇〇八年的1.2萬億美元；直到二〇〇九年九月的十二個月間，又升到1.7萬億美元。美國貿易赤字則有下降[6]，從二〇〇六至〇八年的平均每年7,500億美元降低到二〇〇九年的大約4,000億美元[7]。然而，這4,000億美元的貿易赤字中，大約有一半是由外資直接投資於美國的工廠、資產和美國公司股票。這就是為什麼二〇〇九年美國對外借債總額——也是美國未來真正的負債增加額——只有1,890億美元，大約是財政赤字規模的十分之一。

二〇〇七至〇九年經濟危機中，美國貿易逆差的下降是不為人知的。如果美國最近的貿易現狀能持續下去，貿易赤字的改善應該能遏制美國依賴中國和其他國家外債的恐慌。這種對公眾焦慮的安撫有可能出現在未來五年，不管政府預算赤字如何，這種情況或多或少都會出現。

讓子孫承受負擔的神話

和政府破產一樣具有誤導性的說法是，政府借債是不道德和不公平的，因為這會給我們的子孫增加負擔。簡單的反駁可參考第一章中所談到的米考柏論點：我們的子孫普遍會比我們富有[8]，如果我們只是給他們增加一點經濟上的負擔，就能改善自己的生活，又為什麼要感到內疚？但是，即使拋開各代人之間的公平不談，所謂

的政府借債會加重子孫後代的負擔，這件事也常常是被誇大的，很大程度上是出於第三代資本主義時代流行的反政府情緒。

乍看之下，似乎很顯然地，我們今天借債越多，我們的子孫負擔就越大，因為他們得要勞動或額外納稅以償還債務。但是，我們應該問，我們的子孫所繳納的所有額外稅收究竟用於何處。

過去三十年間，反政府的經濟思想有時會暗示，人們向政府繳納的稅金只會化為烏有。稅賦通常被當作社會的淨成本，會永遠消失在政府官僚們的手中。不管人們對政府有效性持何種觀點，這種一面倒的說法其實是錯誤的。政府以稅賦形式收取的每一分錢都會花在某件事上，即使人們常將這種支出看作一種浪費，比如用來支付某個官僚的薪水。

那麼，未來的政府究竟將如何利用這些額外的稅收呢？我們的子孫繳納這些稅金，為的是償還今天政府的借債嗎？答案是，所有從某些子孫身上徵得的額外稅款都會由政府交給另外一些持有政府債券的子孫。錢從一個假設名叫彼得的孫子（一個未來的納稅人），轉移給另一個假設名叫保羅的孫子（一個未來投資政府債券的人），這對彼得和保羅的總資產不會產生任何淨效應——除了可能會降低彼得的工作熱情或扭曲保羅的投資決定。因此，政府借債並不會直接給子孫帶來經濟負擔。惟有當政府借債使得生產性投資減少，或是未來納稅人到未來儲戶之間的所得重分配效果無法再鼓勵人們工作時，未來的經濟繁榮才會受損。誠然，不節制的財政政策也有一些潛在的嚴重風險——下一節會談到它們——但這和那些所謂的國家破產以及對子孫不公的神話，其性質完全不同。

解決赤字的真實案例

既然借入本國貨幣形式的外債不會使政府面臨破產的真正風

險，這是否意味著它們可以繼續大肆借貸，而完全忽略日益增加的公共債務？答案當然是否定的。在破解了有關國家破產和給子孫增加負擔的神話之後，本書將給出三個有效的回答，以解釋為什麼在危機後的幾年間需要大幅減少公共赤字——以及為什麼必須立刻執行該行動。

第一個原因是很簡單的算術。當前和未來的公共債務水準並非不可持續，甚至也並非不可接受。在最發達的國家，公共債務占國內生產毛額的比重為60%至80%；這種債務水準如果繼續增長，一定會造成未來納稅人和未來儲戶之間的經濟崩潰和政治分歧。歷史可證，政府的債務水準直到國內生產毛額的100%時，通常都還能讓市場經濟平穩、有效地運作。一旦債務水準遠高於這個比例，從納稅人到政府債券持有人的所得重分配效果就會很大，造成經濟扭曲和政治緊張，進而威脅到生產力的發展和社會和諧。

債務占國內生產毛額大約80%的比例，這是美英兩百年來的平均數值。為了穩定這個比例，就不能完全消滅赤字，因為經濟的自然成長允許政府債務依著一個對應值穩定增長；然而，穩定債務水準意味著將赤字減少到大約占國內生產毛額4%的水準[9]。美國和英國在二〇〇九年的赤字水準分別是13%和11%，因此，對這兩國而言，這將是一個艱鉅的挑戰，就算它們可能在數年內看到轉機。經濟復甦會自動帶來赤字上的某些好轉，但根據經濟合作發展組織的統計，即使剔除經濟衰退和銀行救助等一次性專案的影響，這兩國的結構赤字比例或基本赤字率，仍將維持在大約9%的水準。因此，想將赤字水準下調到4%就意味著要增稅，或者削減相當於國內生產毛額5%的公共支出。

一些發達國家已經實現了這樣的大幅削減——最著名的是一九九〇年代的瑞典和加拿大——但這會帶來很大的政治挑戰，必須仔細考慮如何在較低的公共支出和較高的稅收之間找到一個適當的平

衡。在美國，各黨派政客都排除了增加稅收的做法，尤其是針對中產階級的稅收。然而，稅基擴大能帶來額外的數千億美元收入，少了這筆錢，要想實現必要的赤字縮減是不可思議的。取消不必要的政府計畫和提高效率將遠遠不足，因為減少占國內生產毛額5%的支出，意味著每年要減少7,000億美元。這個數字相當於美國國防預算總額，或除了國防、社會安全和醫療保險之外的聯邦政府支出總額。在英國，人們已經原則上接受了既削減開支又增加稅收的方案，但是調整規模意味著某些大選中排除的做法，如提高增值稅率、削減醫療開支等還是有必要的。

　　從二〇一一年開始，長期的赤字削減計畫將變得非常必要，醫療支出是導致該情況的第二個原因。當社會進入老齡化時期，醫療和養老金專案就會給政府預算帶來日益增加的壓力。七大工業國組織（G7）的所有成員國都計畫將二〇〇五年到二〇五〇年間，醫療保險、養老金和長期照護等公共支出占國內生產毛額的比重提高7%到8%。如果以借債來支應這個額外支出，債務率就會提高到300%以上的警戒水準，因為每年的醫療保險和養老金赤字情況會變得嚴重，令人不安。國際貨幣基金曾經計算過，現有醫療保險和養老金的投入增加所造成的公共債務擴大，可能會超過二〇〇七至〇九年金融危機影響的九倍[10]。為了避免這種前所未見的龐大債務增長，一定會大幅增稅。但是這種稅賦增加意味著，從未來納稅人到未來儲戶和養老金領取者之間，會產生更大規模的所得重分配，其幅度將超越二〇〇七至〇九年經濟危機中，由於公共債務積累所造成的重分配。

　　民主社會中的政治共識能否承受這個由政府引導的、從納稅人到儲戶和退休人士的資源重分配之規模，目前尚不明朗。但有跡象顯示，在最發達的國家中，關於醫療和養老金的現有公共政策可能無法持續貫徹，而這些政策與美國和英國現有的稅賦結構也不太相

容。第十七章討論資本主義4.0的政治時會再談到這些問題。無論最後政府的醫療保險政策和養老金政策為何，這些項目的不可持續性使得金融危機時期的總體經濟赤字面臨更緊迫的解決壓力。如果這些總體經濟赤字能快速解決，那麼醫療保險和養老金的結構性調整將得以減少和延遲；然而，如果總體經濟赤字不能得到解決，在這個十年結束之前，金融市場一定會迫使政府採取削減措施。因此，在進行政策調整時，社會必須提出的真正問題並不是我們是否要給子孫造成額外的稅賦負擔，而是在未來十年內，我們希望自己的養老金和醫療保健補貼得以持續或是被取消。

　　第三個要慎重解決公共財政問題的原因，可能也是最迫切的一個，即大筆的赤字制約了政府管理經濟的自由。凱因斯主義總體經濟政策的有效性最近才被再度重視，如果因為失控的赤字產生經濟壓力，而迫使政府和央行不得不放棄需求管理，正如一九七〇和八〇年代的情況，這將會非常諷刺。

　　持續的過度赤字會給總體經濟管理造成各種問題。到目前為止出現過的最顯著問題，是歐巴馬總統於二〇一〇年準備第二套財政刺激計畫時所面臨的政治阻礙——如果赤字已經大大超過可持續的水準，政府就沒得選擇，不能再以更多借貸來支持經濟發展和促進就業。此外，前凱因斯經濟學引用了兩個標準的反對意見：李嘉圖等價定理，即消費者因為預期未來稅賦增加而減少開支；以及排擠效應，即政府對儲蓄的需求會推高利率，進而導致私人投資被排擠。在經濟蕭條或疲軟時期，李嘉圖等價定理和排擠效應都不具有重大的現實意義，因為在這個時期，顧客和私人企業本來就要減少支出；但當經濟復甦時——尤其當經濟復甦比預期快時——排擠效應就會真的限制經濟成長和生產力，尤其是在美國和英國這樣的國家，它們需要彌補那些出口拉動型產業多年來存在的投資不足問題。

　　至少在未來五年，公共赤字依然會居高不下，為了避免產生排擠效應，政府和央行之間應該緊密配合。世界各國的央行都有責任盡可能地長期將利率控制在最低水準，這樣既能支持工業投資，又能創造條件使政府在避免經濟再度衰退的情況下減少赤字。但是央行──尤其是美聯儲和英格蘭銀行──會發現，如果政客們沒能提出可靠的方案以保證公共債務會緩慢但穩定地得到控制，保持低利率將會變得很難。

　　沒有可靠的專案，失控的公共債務加上經濟復甦可能會推高債券市場上的長期利率，或者造成通貨膨脹這類真正的麻煩。在這種情況下，央行會發現保持低利率是不可能的任務。反之，較高的利率會降低經濟成長的速度，使得財政穩定成為泡影，給世界經濟製造一個潛在的惡性循環和日本式的債務陷阱。各國央行和政府要竭力避免這種災難性的結果，但為了做到這一點，它們需要制定一系列與資本主義3.3的自由放任學說截然相反的複雜政策與策略，且要盡可能地詳盡。

　　如果一國政府能清楚、坦誠地解釋減少赤字的重要性，其努力可能會有作用：不要去對付國家破產的神話，而是長期堅定地解決醫療保險和養老金問題，要給未來的政府保留足夠的靈活性，以便它們能夠控制需求、推動經濟成長。

日本式經濟癱瘓和僵屍銀行

　　過去一段時期，日本試圖管理泡沫經濟後的累累負債，政府要支持半死不活的僵屍銀行體系，同時還要應付當代經濟有史以來最長的一次經濟不景氣。一九五〇年以後的四十年間，日本出現了令人驚歎的經濟成長和社會發展，但一九九〇年的房地產泡沫化後，日本經濟陷入癱瘓。二十年後，日本經濟仍然沒有任何復甦跡象[11]。

日本的經驗使得美國和其他許多債臺高築的國家領袖們確信，本國經濟也可能面臨長期癱瘓的「失落的二十年」，尤其是那些採取了和日本相似金融政策的國家。

那些持有純粹的自由市場世界觀的經濟學家和金融家堅信，只要堅定地及時採取日本政府許多年來竭力避免的舉措，整頓金融體系，就能避免重蹈日本的覆轍。左派和右派的激進學者都要求將所有脆弱的銀行國有化，所有可疑的抵押貸款、財產和其他資產的價值都應定在金融市場確立的最低價，所有無法應對這種金融脅迫的借款人都應立刻破產和清算。當然，西方國家政府不會採取這種激進措施，而是決定繼續介入金融體系，採行日本式的隱性公共援助政策。因此，這就造成了一個問題，由於信用緊縮，美國、英國和其他國家都面臨了成長低迷和金融癱瘓，日本是否是這種新常態的最合理模型？

幸運的是，日本和西方世界之間的類比似乎越來越牽強了。日本的金融體系在近十年間都處於癱瘓狀態，銀行、借款人一直得到政府的資助，而日本經濟更已經持續了幾乎二十年的衰退，使得他們沒有意識到其真正的損失。然而，相關性並不是因果關係，對於日本的經歷，我們需要問一個問題：究竟是政府資助那些陷於困境的銀行和負債累累的借款人，才造成了二十年的經濟停滯？抑或是二十年的經濟停滯導致困難的借款人和銀行不能復甦？

關於一個被很多人引用過的有趣歷史研究，我們也必須提出一個類似的問題，該研究是由卡門‧萊因哈特（Carmen Reinhart）和國際貨幣基金前首席經濟學家肯尼斯‧羅格夫（Kenneth Rogoff）共同完成的。該研究調查了過去六百年間、幾十個國家中，經濟危機造成的總體經濟影響。這項研究得出的結論是，伴隨著銀行危機的衰退通常比銀行未遭受嚴重損失時的衰退更持久，程度也更深[12]。問題在於，這項歷史調查證明的是銀行危機會導致特別嚴重的衰

退，還是特別嚴重的衰退會帶來使經濟衰退程度更深的銀行危機。

　　最近一次非常出名且經常被提及的銀行危機發生在一九九二年的瑞典。這次危機被認為是熟練的危機管理的一個縮影，因為政府奉行了右派和左派經濟學家都推薦的激進處理方法。瑞典將所有主要銀行國有化，清除了所有私人股東，迅速清算了有困難的借款人。儘管政府執行了這種教科書式的管理方式，這一時期的瑞典仍然承受了戰後最嚴重的一場經濟衰退。因此，人們從這次事件中得出二個論斷：第一，即使施行強而有力的管理，銀行危機之後的深度經濟衰退仍是不可避免的。第二，處理危機的方式如果不如瑞典嫻熟，一定會導致一場更嚴重的衰退，就像日本一樣。對全世界而言，幸運的是，這兩個普遍被接受的結論都經不起檢驗。

　　就瑞典危機來看，這場衰退實際上開始於一九九〇年，幾乎是在銀行危機發生的兩年前，而且是肇因於一項極端的高利率政策。當時，為了抵禦瑞典克朗兌德國馬克的匯率波動，銀行利率一度被提高到100%以上。這種錯誤的貨幣政策造成了嚴重的經濟衰退，進而導致銀行體系的崩潰，反之並不成立。另一些因果顛倒的類似案例發生在一九九〇年代泰國、韓國、印尼、俄羅斯和阿根廷的銀行危機中，所有這些危機都伴隨著——或者說原因是——極端的財政和貨幣緊縮政策。

　　此外，如果我們反過來審視因果關係，近代歷史上一些極端的金融危機與廣泛的經濟衰退完全無關。其中最顯著的案例也能駁斥一個傳統觀點，即如果僵屍銀行仰賴政府資助，其損失會被隱藏或掩飾，那麼就一定會重複日本式的經濟和金融癱瘓。

　　到目前為止，在二〇〇七至〇八年前，戰後規模最大的銀行危機發生在一九八二至八九年間，當時墨西哥、巴西、阿根廷、菲律賓和其他許多發展中國家的積欠債務總和是全球銀行資產的數倍。因此，在這五年間，理論上來說，幾乎所有美國和歐洲的主要銀行

都出現了資不抵債的狀況。花旗銀行、JP摩根、美國銀行、德意志銀行、勞埃德銀行和其他許多銀行都遭受了浮動虧損，其虧損價值是股東資本總額的100%至300%[13]。雖然這場危機的虧損幅度要超過這次次貸危機，卻沒有造成經濟衰退。事實上，當時的第三世界債務危機正好發生在美國歷史上最強勁的經濟成長期，同時也是歐洲經濟成長最快的時期之一。

　　由於一九八二至八九年經濟危機的影響，在二〇〇八至〇九年，幾乎所有經濟學家提出的反市場導向的政策處方都被政府明智地否定了。在解決第三世界債務危機時，各國政府並沒有清算銀行或強迫它們承認其理論損失，而是採用了相反的方法。監管者不僅鼓勵，並且要求銀行隱藏其損失，他們將借給巴西和墨西哥政府的鉅額債務利息估算為100%，儘管這兩國早已停止支付利息，而且十分清楚的是，本金不可能清償。

　　當一個又一個拉丁美洲政府停止還債時，美聯儲、英格蘭銀行和歐洲監管機構通知其所有的主要銀行和會計師事務所，忽略這些欠款，並向這些拖欠政府發放新的貸款，規模和它們未償還的數額一致。如此一來，銀行就可以繼續假裝第三世界政府仍在償付債務，並且繼續維持正常運營。若以任何一條嚴格的會計準則來看，這些銀行本應宣告破產。監管者作出這個給銀行留有餘地的決定，是因為他們認為隨著時間的推移，銀行會從其他行業賺到足夠的利潤來重建資本，走出破產陰影。而事實也正是如此。

　　到了一九八九年，銀行已建立了足夠的儲備，免除第三世界拖欠的大部分債務，以換取美國財政部長尼古拉斯·布雷迪（Nicholas Brady）給的一點甜頭，在得到美國政府擔保的條件下，他將這些鉅額債務中的一小部分變成所謂的「布雷迪債券」。儘管在一九八二年至八九年的大部分時間裡，依照今天的會計標準而言，幾乎所有美國的主要銀行實際上都已經破產，但事實是只有一

家伊利諾州大陸銀行（Continental Illinois）真正破產，而且其破產的主要原因是與奧克拉荷馬州欺詐案有關，而非金融危機[14]。（編按：一九八四年，該銀行資產總額達400億美元。因一筆鉅額的不當放款讓該行面臨破產。有鑒於其規模，美國聯邦存款保險公司首次喊出「大而不倒」〔Too Big to Fail〕原則，注資救援。此案是在二〇〇八年華盛頓互惠銀行〔Washington Mutual〕倒閉前，美國倒閉銀行中的資產之最。）

整個一九八〇年代，監管者決定繼續向已經實質破產的銀行提供支持。此舉並沒有引起日本式的經濟癱瘓和信用緊縮；反之，這個決定有助於經濟的快速復甦，允許全球金融進行有序的結構調整[15]。因此，美國和歐洲最近的歷史經驗告訴我們一個與日本「失落的十年」的傳統推斷完全相反的結論：如果金融危機中的政府能夠支持那些有困難的銀行，鼓勵它們高於市價持有貸款，而不是迅速將其清盤，將有利於整體經濟。

然而，政府對銀行的支持並不意味著這些銀行和他們的股東、行員應當永久得到納稅人補貼的好處。公眾對銀行家們的高額獎金感到憤怒是合情合理的。正是由於納稅人可能會在某個時候對有困難的銀行再次提供幫助，在政治上，由政府管理銀行薪水和分紅是合法的。

認為銀行能夠進行清楚的職能劃分，分為政府控制的存款功能和其他公用事業職能（有時說是「公用事業」銀行或「郵政」銀行）以及完全不受監管的私人投資功能（「賭場」銀行），這樣的想法是一種市場基本教義派幻想，是典型的第三代資本主義的公私二分法。事實上，正如第三世界債務危機所表現的那樣，金融無時無刻都是「事業」和「賭場」的綜合體，是不可或缺的社會職能與冒著不可預知的風險進行私人投機的綜合體。人們不應試圖人為地劃分銀行的公共和私人特徵，資本主義的新主張應該承認金融機構在某種程度上永遠是公私交織的，永遠受制於政治和利益最大化動

機共存的混亂狀況，這種混亂讓希望剷除房利美和房地美的亨利・保爾森與其他自由市場理論家感到憤怒。

銀行可依法組建成私人企業形式，只對它們的股東負責，但它們也有獨特且重要的社會功能，因此能在公共領域運營並得到政府的隱性支援。銀行的管理層、股東和監管人必須意識到私人銀行和政府的共存關係。這種金融觀點與市場基本教義派的宗旨截然相反，但人們會逐漸接受更務實的全新資本主義觀點，即金融改革和總體經濟政策可以攜手、共同發展。銀行可以接受更理智的、規畫更好的監管，其目的是保證銀行能夠在合理的稅收支出範圍內履行其社會職能。銀行同意接受更嚴格的金融監管，一旦有需要，政府也就更樂於支援金融體系。政客、銀行家和股東們都意識到，嚴格監管的主要目的是創造一種政治氛圍。在需要恢復正常的金融狀況，以助世界經濟走出衰退之時，政府會繼續以隱性補貼和稅收來幫助有困難的銀行。這就是資本主義4.0為了避免泡沫經濟後的日本式經濟癱瘓，並迅速從危機中恢復之最穩妥做法。

全球成長的再平衡

成長和消費的失衡——發生在危機前幾年借貸與消費過多的國家和儲蓄與生產過多的國家之間——被普遍認為是危機發生的根本原因。前者的成員不僅是美國和英國，也包括西班牙、法國、義大利，以及歐洲南部和中部的幾乎所有國家。後者的成員擁有大量儲蓄與鉅額貿易順差，但為數不多：中國、德國、日本和包括俄羅斯在內的石油出口國。前者和後者之間的不平衡會給未來全球經濟管理帶來巨大挑戰。無論這些不平衡是會隨著危機而逐漸縮小，還是一旦情況正常便會再次擴大，它們都將對全世界的經濟和政治思維帶來巨大變化。

　　在危機前十年，中國（也包括日本和韓國，雖然程度較低）向美國消費者快速出口越來越多的貨物，同時操控全球貨幣體系以阻隢那些通常會限制其出口成長的市場力量，進而快速促進其經濟發展。中國政府的做法是，在人為壓低匯率的情況下，強迫其公民將出口所得的美元（和歐元）兌換成人民幣。如此一來，中國的中央銀行（即中國人民銀行，People's Bank of China，簡稱PBOC）就有效地搶占了國家出口收益的一大部分，而不讓中國的企業和工人分一杯羹。

　　中國的美元儲備從二〇〇〇年的5,000億美元增長到二〇〇八年的2.1兆美元，而後中國政府購買了美國財政部和房地美、房利美等政府助營企業發行的債券，使得這些美元流回美國。隨後，美國財政部以抵押貸款套現和減稅的方法，將這些中國儲蓄回饋至美國家戶；其中的減稅是透過大筆預算赤字實現的。最終，美國消費者利用他們從政府那兒和抵押貸款所得的錢去購買更多中國出口的商品，而中國出口商又會再次將其賺取的美元兌換給人民銀行，如此就完成了一個操控迴圈（Circle of Manipulation）[16]。正如一九九〇年代的科技公司，它們以「賣方融資」（Vendor finanacing）的方式把資金借給顧客去購買它們的商品，中國在危機前的那些年向美國消費者提供了鉅額的賣方融資資本以確保深圳和廣東的工廠能正常運營。

　　另外一個類似的操控迴圈出現在此時的歐洲，儘管不那麼明顯，可能也更不穩定。德國重複了中國式賣方融資，刺激法國、西班牙、義大利、波蘭和英國的消費者不停地向德國購買商品。德國將汽車和機器賣給西班牙、義大利、法國和中歐國家之後，藉由向這些國家政府和國民提供貸款的方式，實現其出口企業的利潤迴圈。為了保持美元對人民幣的匯率相對穩定，美中之間的金融再迴圈必須存在；同理，歐洲的操控迴圈對於維持歐元區的穩定也是必

需的。

有人認為二〇〇七至〇九年經濟危機的一個意外結果會是這些全球失衡的情況逐漸減少。信用緊縮將明顯遏制美國、英國和其他高債務國家的消費增加速度。因此，人們似乎有理由猜測國際資本的再迴圈（這在很大程度上導致了國際銀行業的豐厚利潤和獎金）會逐漸減緩。但要持久地減少全球經濟失衡，消費國和生產國都得作出規模相當但內容相反的改變——由於經濟危機從二〇〇九年開始減弱，生產國一方表現出的行為變化不大。

儘管信用緊縮導致美國、英國、西班牙[17]和歐洲周邊一些小國家出現了消費增長減緩和貿易赤字縮減的趨勢，但依賴出口的國家似乎不願意減少其貿易順差，或實質地加快消費和進口成長，尤其是德國和中國。當中國官員在國際會議上談到他們希望重新調整經濟結構，以促進內需增長、減少出口依賴的意願時，他們的意圖似乎是中國要將貿易順差進一步增加到超過3,000億美元的水準——二〇〇八至〇九年，其順差額是4,000億美元。有鑑於這個數字比四年前的700億美元增加了五倍，很難稱之為一個巨大的讓步。德國的決策者更堅決地認為本國的經濟復甦必須仰賴出口成長，他們的做法一貫如此。

中國的貿易順差最大，而且是持續保持順差。令人好奇的是，美國和其他一些國家如何接受中國明顯的重商主義政策，如出口最大化和累積外匯等，而且還視之為生活中無可避免的事實——這代表了中國崛起的力量，而不是它顯然無法應付可能的貿易限制。

例如，在二〇〇九年年底，國際貨幣基金為了重新平衡危機後五年的世界經濟，提出了「參考情景」（Reference Scenario）。中國的貿易順差被認為只會發生小幅縮減，從二〇〇八年占國內生產毛額的10%降到二〇一四年的9.4%[18]。考慮到中國經濟在這段時期肯定會快速成長，針對貿易失衡的適度限制在實質上意味著，對於美

國經濟和世界貿易來說，中國的貿易順差會日益擴大[19]。同樣的重商主義做法在德國也十分明顯，二〇〇九年十一月經濟合作發展組織預測，德國的貿易順差會從二〇〇九年占國內生產毛額4%的1,300億美元增加到二〇一一年占國內生產毛額5.4%的2,000億美元。在所有的重商主義國家中，只有日本在二〇一一年的貿易順差預計將比危機前的紀錄顯著減少[20]。

　　然而，諸如美國、西班牙和英國等債務國，要想減少其赤字，惟有當中國、日本和德國等國家減少等量順差的情況下才有可能實現，這在數學上是不可能發生的。因此，如果我們假設美國、英國、西班牙和其他透過國際借債與進口推動危機前經濟發展的國家確實決定要減少其對國際借債的依賴，進而減少赤字，那麼它們必須付出一些代價。要不是順差國不得不放棄其促進出口的策略，要不就一定會導致嚴重的國際衝突。

　　那麼，該如何解決這種緊張情勢呢？危機後，經濟學家和政客達成了共識，這種共識體現在國際貨幣基金的「參考情景」中，即簡單地假設美國將重新承擔起全球消費和最後借款人的傳統角色。美國的經常帳赤字從二〇〇六年的8,030億美元減少到二〇〇九年的4,340億美元，但有人認為該數字會繼續擴大到二〇一一年的6,000億美元；到了二〇一四年，該數字將增長到8,000億美元。英國和中歐也會繼續保持鉅額赤字，從中國和歐元區吸引越來越多的進口貿易。但是，我們是否應該相信這種情況會發生呢？

　　不僅美國，西班牙的貿易赤字也減少了一半，而西班牙可是世界上第二大過度消費國和進口國。英國作為第三大赤字國，貿易逆差減少了大約三分之一。所有推動危機後赤字縮減的因素仍在繼續發揮作用。儘管這些國家和其他赤字國的消費者支出和借貸正在逐步恢復，但依照最新標準，這兩種行為將持續疲弱。美元和英鎊對歐元和日圓急劇貶值，使得美國和英國公司相較歐洲和日本公司，

具極高競爭力，而西班牙可能會大幅降低薪資，以應付遲至二〇一〇年才發生的經濟危機。

更重要的是，美國和所有其他赤字國的政府政策和商業策略會有意識地重新定位於促進出口拉動型成長和減少債務上。這種政治和商業思想的重新定位，在美國尤為顯著。在政治方面，美國政府和民眾不會再容忍貿易赤字的新一輪擴大，也不會容忍如全球預測的共識那樣，退回到大規模向中國和其他國家借債的境地。

商業行為的改變強化了對貿易赤字增長的政治抵抗。美國的跨國企業在二次大戰後的三十年間，引領了第一次全球化的浪潮；但在之後的三十年，即一九八〇至二〇一〇年間，它們重新焦聚在快速成長、利潤極高的美國消費者市場，很多情況都不再顯示其國際抱負。但在經濟危機後那一年，這些企業的做法幾乎完全顛倒了，因為它們看到海外市場比國內市場更大的成長和獲利機會。

這種戰略轉向的一個有趣的例子是美商奇異照明，它被認為是全球管理最好的公司之一。自一九七〇年代以來，奇異照明由世界上最大的工程和電氣設備生產者變成消費者金融集團，接管了國家廣播公司（NBC），收購了奇異照明金融服務公司（GE Capital），並將其改造成全球最大的非銀行金融機構。然而，二〇〇七年開始，這個企業的戰略突然逆轉。奇異照明賣掉了全國廣播公司，大幅削減奇異照明金融服務公司的規模，再次將自身改造成一個高價值投資產品的全球製造商，生產包括發電設備、核能技術、飛機發動機和燃油渦輪機等。

這些因素加起來可能會導致美國和英國的貿易赤字進一步縮小，而不是如大部分決策者和經濟學家預測的那樣再度擴大。如果情況果真如此，美英的經濟成長可能會比預期更加強勁，因為它們可以搶占中國、日本和德國等出口依賴型國家的市場份額，對它們的債務擔憂也會減弱。然而，全球貿易體系的新壓力會取代這些憂

慮。因為中國、德國和日本會更加努力地保護其出口拉動型經濟成
長。

　　如果美國和英國的貿易赤字能夠縮小或消失，而中國、德國仍
能繼續保持較大的貿易順差，那麼一個必然結果將是一種擠壓所有
其他貿易國家經濟成長的鉗形運動——尤其是那些與中國競爭的發
展中國家，以及歐元區那些經濟較弱的國家，如希臘、西班牙和葡
萄牙。因此，危機後的十年，無論全球失衡的情況如何變化，世界
經濟都將面臨重大問題。如果這種失衡像傳統預期那樣，從二〇一
〇年開始再次擴大，美國、英國的政府和銀行的債務便會引發人們
的焦慮。這種焦慮可能會削弱美元和英鎊的地位，貿易赤字會再度
擴大，這必然導致美國和英國的經濟復甦緩慢，加劇其失業和預算
問題。由於這些因素存在，政客和公眾不可能接受赤字擴大，美國
尤其如此。那些會削弱全球貿易成長並可能破壞全球貿易體系的貿
易保護措施極有可能被採用。

　　另一方面，更有可能發生的情況是，美國和英國的貿易失衡持
續縮小，這會導致一個同樣驚人的不同挑戰。中國、德國和日本要
不就得接受比預期小得多的貿易順差，要不就得從別的貿易國家
——尤其是歐洲較弱的國家和新興經濟體——搶占市場份額。這些
弱勢國家將會面臨更嚴重的債務問題、失業和發展落後的壓力。

　　任何擺脫這個困境的可能方案都需要大力改革全球貿易和貨幣
體系，自從一九七一年布雷頓森林體系崩潰以來，決策者一直避免
這些改革。然而，因為全球資本主義體系的概念轉變，這些改革有
可能實現，而且可能性非常地高。當政客和公眾再次充分認可政府
的職責是管理經濟成長和失業狀況，而不是迴避或否認此一觀點
時，貿易和貨幣政策將成為可以公開辯論的問題。公眾針對平衡國
際發展的政府職責的態度轉變可能是好事，也可能不是。

　　由於美國、英國、西班牙和其他歐洲國家減少了政府借債和國

際借債，越來越多的領導人和選民開始意識到，適當的國際經濟再平衡不僅依賴政策轉變，也取決於順差國家。中國、日本和德國必須明確地將其經濟政策定位於平衡貿易，而非依靠出口拉動經濟成長──它們必須在幾年之內做到這一點，而依中國目前的時間表看來，這要花費幾十年。

如果中國、日本和德國沒有做到這一點，主要赤字國家就應該認真考慮刻意的貨幣貶值，或者採取關稅保護政策以保證必要的全球貿易再平衡。除非中國放鬆匯率管制，否則美國會持續對中國產品徵收懲罰性關稅[21]。如果美國赤字再度變大，削弱了危機後的經濟恢復，造成美國外債又一次增加，這些建議將受到越來越多的政客關注，也會得到一般自由貿易經濟學家越來越多的同情。美國和其他赤字國的保護政策將會導致毀滅性的國際貿易戰爭，或者導致中國政府出售美國國債，進而對全球金融市場造成破壞。

在歐洲，實現經濟再平衡對德國構成了特別嚴峻的困境。如果逆差國是歐元區成員，如西班牙、希臘、義大利和法國，這些國家一旦能夠在危機之後重新平衡經濟，減少其貿易赤字，德國的鉅額貿易順差就會消失，其出口企業會遭受失業和產量的雙重重創。另一方面，如果其他歐洲國家恢復戰前的鉅額貿易赤字狀況，德國每年將不得不撥出大約5%的國民所得來資助歐元區競爭力較差的國家進口，比如西班牙、義大利，甚至法國。對於那些歐元區周邊經濟情況較差的國家，比如希臘、葡萄牙、西班牙及大部分中歐國家，唯一的選擇便是拖欠私人和政府貸款，這將對所有歐洲的銀行造成雷曼式損害，尤其是德國的銀行。

如何避免這種貿易戰爭和政府拖欠債務的最糟糕情況呢？最好的答案──也是最有可能的答案，前提是向全球新資本主義模式的轉型仍然持續──可能是世界不同地區之間的總體經濟政策複雜的重新定位。

　　美國、歐洲和日本必須超越市場基本教義派信條，該信條主張由市場力量去調節世界貿易、國際資本流動和匯率。同時，亞洲國家和新興經濟體必須克服由第二代資本主義延續至今的偏見，即認為貿易、資本流動和匯率能夠完全由政府控制。

　　市場基本教義派和第二代資本主義的延伸概念綜合起來，將成為資本主義4.0的一個重要特徵。因為所有政府都意識到，控制國際貿易和資本流動的最好方法是結合市場力量和政府監管。在錯綜複雜的龐大貿易和現金流動的當代世界，即使是美國和中國這樣強大的國家也必須明白，它們的總體經濟目標必須有重大的國際意義，而其他國家可能接受，也可能拒絕這些意義。

　　二〇〇七至〇九年的經濟危機期間，各國財政部長和央行總裁已經意識到他們的工作不僅是抑制通貨膨脹並放任市場運作了。各國政府都體認到它們肩負的經濟責任，而保證其所有計畫和目標的國際性，將是總體經濟政策和外交關係中至關重要的部分。

　　欲確保目前世界經濟環境不會惡化至發生新一輪的經濟危機或全球貿易戰爭，各國經濟政策的協同合作就是必然和必需的。這種國際協作並不是像第二代資本主義下的干涉主義政府，努力消除貿易赤字或保護特定的匯率；但也不是堅持認為市場力量是決定貨幣和貿易流動的唯一因素。相反地，這種國際協作的目的是將貿易失衡控制在適度範圍內，並監督亞洲的儲蓄增長對國際造成的影響。諸如此類措施的實施必須形成一項新的國際共識，即貨幣市場對國際貿易流動只是輔助作用，而非主要作用，同時政府也有充足的手段限制擾亂公共政策的市場波動。要使經濟保持穩定，政府必須為全球金融市場設定參數，這一點早在自由市場初期階段就已得到認可，當時隆納・雷根和瑪格麗特・柴契爾干預了有史以來最大規模的貨幣市場和貿易管理決策[22]。

　　近年來，一些著名的經濟學家和政治家提出了很多影響貨幣發

展和減少失衡的具體計畫。這些計畫包括：設定可接受的匯率波動範圍；在商定條件下自動干預匯市；貨幣與匯率政策一體化；設定貿易不均的最高限額等[23]。但有關貨幣管理、國際資本流動、協調自由貿易和國內總體經濟目標的計畫，在經濟危機爆發前幾年都沒有得到足夠的重視。改變這種世界觀的一個最重大意義，就是以更加務實和實證的方法來分析資本主義4.0下的經濟學。

只要放任自由的資本主義3.3思維占有主導地位，七大工業國、國際貨幣基金、世界貿易組織和其他任何國際論壇就不可能對貨幣和其他全球管理實務進行深入的討論。在雷曼危機發生後的一些緊急會議上，美國、英國、德國代表團都義不容辭地宣揚自由浮動匯率，也不同意任何時代都應由政府干預貨幣市場。相反地，中國和其他一些新興國家，以及日本、法國、義大利等國，都認為貨幣和資本流動應由政府干預——它們很重要，不能留給不穩定又不可預測的市場。因此，所有關於國際貨幣問題的討論都是一場「聾子的對話」。

由於後雷曼危機的影響，這種狀況開始有所轉變。二十大工業國比起七大工業國在國際經濟協商方面要可靠很多，國際貨幣基金也已被委任研究國家總體經濟政策和貿易目標的矛盾，並提出處理這些矛盾的明確建議。以上都是具有正確導向的重要措施。

在資本主義4.0下，美國和歐洲的政治家和經濟學家不得不承認貿易和貨幣管理是政府政策干預的合法問題，其他干預主義國家或計畫經濟國家也不得不接受，市場力量發揮著更重要的作用。這些改革也許有些雜亂無章，思想令人費解甚至含糊不清。一些國家將從更廣泛的視角來看待市場力量，另一些國家則將背道而馳。一些政策也許會受到政府更多干預，如貨幣管理政策；而其他政策將會更加自由，如國際資本流動。這種意識型態的混亂性將成為資本主義4.0的特徵。

停滯性通膨（以下稱滯脹）還會出現？

在未來五年，而非接下來的一兩年內，對於資本主義4.0的總體經濟前景，最讓人擔心的就是通貨膨脹。隨著經濟復甦，失業下降，國際產出缺口縮小，通貨膨脹將再次受到關注。但重要的是，關於通貨膨脹的焦慮，其正當原因與發行貨幣的央行並無關係。依危機後新興的經濟觀點看來，通貨膨脹的真正危險並非來自不負責任的貨幣政策，而是人口統計、國際貿易和公共財政的結構轉變，這些要素可能將經濟帶回一九七〇年代的滯脹狀態。

在前幾章裡已經解釋過，通貨膨脹作為「隨時隨地都會發生的一種貨幣現象」，絕不單純意味著市場基本教義派經濟學中被廣泛接受的謬論：貨幣擴張導致通貨膨脹。宣稱貨幣政策總是造成通貨膨脹的真正原因，就如同宣稱飛機失事總是由地球引力造成的一樣。貨幣擴張是通貨膨脹的必要條件；同樣地，地球引力也是飛機從天上掉落的必要條件，但絕不是充分條件。要判斷資本主義4.0最終是否會引起通貨膨脹，除了長時期的低利率之外，還必須確定其他更加具體的風險。要衡量穩定物價的風險，我們必須了解到，貨幣擴張有時會引起通貨膨脹，但有時也會促進真正的成長。換言之，我們必須釐清哪些結構因素可以把貨幣擴張是引起通貨膨脹的必要條件變成充分條件。

各個行業產能過剩，數百萬失業人口渴望更高的工資，在這樣的世界經濟中，貨幣擴張不應該導致通貨膨脹。低利率和信用擴張會促進實質經濟成長，直到將產能過剩、失業問題降到平均水準，這個過程以最樂觀的國際成長率預測的話，需要三到五年的時間，而根據更普遍的「新常態」低成長預測，大概需要十年多的時間。然而，在某些非正常情況下，即使存在大量失業人口和過剩產能，通貨膨脹也會加速發展。很多國家已經在一九六〇年代末至七〇年

代承受了慘重的教訓，當時全世界的失業與產能過剩問題非常嚴重，很多國家通貨膨脹率都高達20%。

滯脹是通貨膨脹和經濟停滯的混合體，這個詞在一九七〇年代提出，它是一場政治噩夢，在認為政府應負責保障經濟穩定的資本主義模式下更是如此。政治家和央行總裁對滯脹無計可施。如果他們降低利率或推動公共借款和消費，就會被指責引起通貨膨脹；如果他們緊縮貨幣和財政政策，同樣又會被批評加重了失業問題。因此，滯脹的後果就是迅速破壞從此次危機中誕生的新型資本主義混合經濟模式，正如一九七〇年代那次滯脹摧毀了政府導向的第二代資本主義。

滯脹的噩夢會捲土重來嗎？要回答這個問題，我們需要知道為什麼滯脹是不正常的，為什麼四十年前這種不正常的怪現象會在頃刻間摧毀了世界經濟。

從理論角度分析，在極具競爭力的正常市場經濟中，滯脹是不會發生的。如果消費商品和其他大多數產品供給過剩，工資和物價整體不會上漲。如果失業嚴重，工資應該保持穩定甚至可能下跌，總之，它們肯定不會快速上漲。既然如此，為什麼本來不可能同時出現的通貨膨脹和失業問題，在一九七〇年代突然成了一種必然趨勢呢？

要使滯脹發生，必須消除競爭、設置壁壘，利用卡特爾手段（即聯合壟斷）防止供給過剩。一九六〇年代末至七〇年代，至少有四種明顯的障礙限制競爭。儘管存在嚴重的失業問題，工會仍在防止工資競爭。貿易壁壘主要保護國內重要企業免受國際競爭的影響，並允許它們提高價格。儘管全世界的供給過剩問題已很嚴重，一些商品卡特爾仍大幅提高原物料價格，如石油輸出國組織。一時間，很多政府紛紛把大部分地區的經濟與市場競爭區隔開來。

這些現象或類似情況有可能在未來十年內再度發生嗎？它們會

為新一輪的滯脹創造條件嗎？儘管剛才列出的這些風險值得關注，但答案是：不會的。接著，我們來看看以下這四個面向。

工會和工資

　　一九六〇年代末出現勞工運動高潮之後，工會組織元氣大傷，這一重要的結構轉變協助消除了八〇年代的滯脹現象。在一九五〇和六〇年代，勞資關係相當和諧，生產力在戰後迅速發展，被三〇年代失業陰影籠罩的工人和工會領導人對工資水準也相對滿意。此外，隨著美國、英國和其他經濟大國降低對大型製造業的依賴，六〇年代私部門加入工會的工人比例開始下滑。然而，直到六〇年代末，公部門僱員比例的持續增加抵銷了工會力量的衰減。

　　更重要的是，一九四五年後長達二十五年的充分就業改變了戰後工人和工會領導人的心理。人們認為充分就業是理所應當的，工會對利潤和國家收入份額的要求越來越高。米哈爾・卡萊茨基在一九四五年的一篇文章裡已經預測到這種現象[24]。在全球經濟快速發展的背景下，企業和政府大多願意在高工資這一方面作出讓步，同時這種勞動市場的壓力開始把寬鬆貨幣政策轉變為通貨膨脹。在強硬的反工會法和柴契爾─雷根時期廢除凱因斯充分就業政策的影響下，工會組織的力量消除了，通貨膨脹也平息了。到了一九八二年，滯脹的威脅也徹底消失。

　　既然凱因斯政策的威信已在危機中恢復，那麼工會組織是否會再度掌權並迅速提升工資？這一情況看起來不大可能發生。恰恰相反，失業率的急劇增長趨勢在危機之後還會持續數年之久。即使根據那些最受歡迎的經濟學假說，工人在短期內不會像一九六〇年代那樣，認為得到工作是理所應當的；因此，勞動者要重新獲得自信和議價能力以確保在經濟活動中分得更大份額，這一天還很遙遠。

如果未來十年的勞動市場仍存在通貨膨脹威脅，則這種威脅不會是由工會權力變化導致，而是由人口結構的改變和公部門的擴增所導致的。我們在這一章末將回到這個話題的討論。

石油輸出國組織和石油

石油和商品價格的猛漲是造成一九七〇年代末至八〇年代初滯脹的第二個明顯因素。一九七三年，石油輸出國組織的石油禁運措施將油價抬升到難以想像的水準。儘管需求下降，這種高價位仍維持了數年之久。石油輸出國組織意想不到的成功引起了其他商品如銅、錫、橡膠和咖啡等的聯合企業（卡特爾）紛紛仿效，儘管這些企業的成功從未超過幾個月。當危機後時代的經濟復甦略有起色之後，石油和商品價格的猛漲是否會對全球經濟造成類似的威脅呢？二〇〇六年至〇八年夏天，石油和其他商品價格的倍數成長似乎暗示了這一點。但是在勞動力短缺的壓力下，後雷曼時代的衰退可能會在未來十年避開這個風險。

無論如何，石油輸出國組織對一九七〇年代這場滯脹應負的責任不該被誇大。從一九六九年開始，通貨膨脹就已經在全世界呈現加速趨勢了；因此，在一九七三年石油禁運以前，全球經濟就已經陷入此一狀態了。儘管當時石油的價格突然翻了一倍，看起來似乎是引發一九七四至七五年（一九七九至八〇年又有一次）通貨膨脹爆增的罪魁禍首，但其實真正的原因是工人為補償油價上漲而要求的工資調整。然而，二〇〇八年的石油危機之後，工資表現卻不同以往，因為工人和工會這次更想保住飯碗，而不是要求調漲工資。

下一個十年間，除非勞動市場發生重大變化，工資的增長不可能彌補石油價格的上漲。工人們在後危機時代缺乏談判力，也意味著從長遠來看，滯脹不可能在石油和其他商品完全耗盡的情況下發

生。即使全球性石油供給的疲軟比預期更早到來，並導致能源價格的急劇上升，除非工資水準同步上漲，否則通貨膨脹絕不會發生。如果工人們的談判力無法增強的話，石油價格的上揚只是簡單地削減了人們不得不花費在其他商品和服務上的額度。因此，石油供給的減少將會導致石油與其他商品之間相對價格的重大調整，而不是所有商品平均價格水準的上揚。如果能源價格發生實質性的提升——這種情況是有可能的——為了提高投資的安全性和減少能源污染，也會產生同樣的結果。總的來說，石油和其他商品似乎不會在下一個十年裡，再度成為導致滯脹發生的主要因素。

保護主義和全球競爭

　　貿易保護主義者製造的貿易壁壘是導致一九六〇至七〇年代滯脹發生的第三個重要因素。在一九七〇年代初以前，因為歐洲和日本經濟從戰爭創傷中恢復，美國跨國企業的科技和管理技術在全世界擴展，全球貿易成長已經相當迅速了。但是從一九七〇年開始，此波貿易成長突然減緩，一直到一九八〇年代中期仍處於相當嚴重的停滯狀態，一部分原因是保護主義，一部分原因則是布雷頓森林貨幣體系崩潰所導致的全球性金融混亂。此次全球貿易成長的減緩意味著，許多工業產品在相對封閉的國內市場上的價格得以提升，例如鋼鐵和汽車。儘管全球鋼鐵和汽車產能已經過剩，而且預期的產業勞力供給過剩更為嚴重，但在這些得到相對保護的工業部門裡，工會工人的工資提高得更快。

　　在一九八〇年代，全球貿易的保護主義傾向和進口滲透得以逆轉，正如全球貨幣體系逐漸趨於穩定，第三代資本主義得到了世人的認可，全球化的大趨勢得以確立。這些事件在一九九〇年代初消除了全球經濟的滯脹痕跡，但全球化已不可逆轉。

　　比起勞力因素、能源和商品的壟斷，另一種高漲的保護主義
——至少是反對全球化的行為——在未來幾年間更可能是導致通貨
膨脹的主要因素。正如先前的討論，它是美國、英國和南歐各國的
進口份額在國內生產毛額中比重下降的一個必然因素。現在的問題
在於，這種下降是由正常的市場機制——如競爭機制的改變——所
導致的，還是由國家政策——如針對中國的貿易壁壘——所導致
的。無論是什麼機制導致了這種下降，它都會帶來巨大的滯脹壓
力。

　　只要失業率居高不下，美國、英國、西班牙和其他一些具有巨
大影響力的經濟體就只能透過降低生活水準和實際工資來支應不斷
上升的進口成本。但是，當這些國家恢復高就業率時，全球經濟的
再度平衡會比以前更易導致滯脹。按照這種觀點，全球經濟復甦得
越快，過度的貿易和赤字就會消除得越快，滯脹的壓力也會越小。
不幸的是，正如本章先前所述，對全球經濟快速平穩復甦的預期似
乎並不那麼樂觀。因此，貿易保護主義和去全球化可能為滯脹的重
新抬頭創造條件。

大政府

　　從一九六○年代中期到七○年代後期，全球經歷了一個政府支
出和失業率走高的時期。這很顯然是導致通貨膨脹發生的一個主要
原因。無論政府對公共支出作出怎樣的政治預測，不能否認的是，
這一時期的政府監管活動完全忽視了競爭機制，因為公部門價格幾
乎完全獨立於競爭機制之外，而且公部門的工作幾乎全部被納入工
會組織。公部門的膨脹很容易造成滯脹，因為物價和工資將無視於
經濟停滯和大規模失業。

　　美國和英國分別在雷根和柴契爾夫人重新主政以後，限制了政

府對經濟活動的干預，隨後才實現經濟表現的逆轉。法國在密特朗總統的領導下，公共支出也暫時降低。

最近幾年，危機又起。政府規模的壓縮驟然停止。從二〇〇二年開始，公務員數量和政府支出又開始激增。不僅是工黨執政下的英國，更令人詫異的是，連保守黨執政下的布希政府也是如此。公部門的持續膨脹為滯脹埋下了隱患，不管其後的執政者是誰，這一現象確實增加了通膨的風險。另一方面，在高失業率和工業產能過剩的情況下，大政府是社會中唯一有能力控制嚴重通膨的力量；換句話說，大政府能夠將經濟帶出滯脹的噩夢。

通貨膨脹是一個病態而又危險的現象，它會誘發保守主義的反動，扭轉歷史發展潮流，阻礙現代資本主義經濟下的政府建設性作用的理念形成。資本主義4.0的霸權將導致資本主義最危險的未來——在認識政府重要作用的過程中，這種新的政治哲學會嘗試擴大政府規模。而這種擴大，尤其在財政因金融危機和經濟深度衰退而捉襟見肘的情況下，會加速新資本主義模式的自我毀滅。這就是下一章我們要闡述的關於資本主義4.0政治的悖論。

第十七章

4.0時代的政治趨勢

這政府、那政府，管得好的就是好政府。

──亞歷山大‧波普（Alexander Pope）

政治受到金融危機的影響而發生變革，表面看似有點矛盾，實際上卻是相互促進的。在經歷了銀行救助計畫、通用汽車公司申請破產保護之後，保守的理論家們無法再把自由市場和減少政府干預當作資本主義社會中各種挑戰似是而非的解答。我們對這場危機的反思越久、思考越深，就會對私人企業解放管制的倡議得出另一個愈發令人不安的結論。一九八〇年代，由瑪格麗特‧柴契爾和隆納‧雷根明確提出的資本主義自由市場模式，不僅被證實是難以掌控且不穩定的，也未能實現那些主張解除管制和小政府的人士所宣揚的生活水準和生產力的飛躍。

許多保守派在危機過後辯解的理由是，真正的自由市場實際上從未得以正確落實，所有的金融問題和國際市場不均衡現象都歸咎於政府的過度干預和管制，而不是管得太少。不論其學術價值如何，這樣的論斷未免太過牽強，無法得到任何政治上的聲援。在這個野心勃勃地想解除管制的三十年計畫遭遇如此重大失敗之後，簡直難以想像，民主社會還會執意繼續嘗試撤銷管制、減少政府控制。這就導致了面對危機時可能出現兩種政治反應。

第一種可能性是將一九八〇年代興起的金融主導型全球資本主

義視為一個合理的體系，但同時也需要根據不斷變化的情況而發展
——基本上就是本書所列的觀點。資本主義的第三個階段，本書稱
之為「第三代資本主義」，在二十五年裡取得了顯著的經濟進步，
創造出巨大的社會效益；然而，無能的美國政府和誤導性經濟組織
過分熱衷於自由市場理念，最終使得第三代資本主義化為烏有。對
於這場危機的這種解讀意味著，經濟自由化和全球化應盡可能保
留，並且將其作為資本主義體系中一種新的自我調整混合式經濟的
基礎，以證明其更具成效、更加成功。

面對危機的第二種可能反應是，認為柴契爾—雷根時代的資本
主義是一場失敗的騙局。之前被認為是受一九八〇年代改革推動而
出現的經濟成長，不過是一種錯覺，一場巨大的麥道夫式「龐氏騙
局」所編織的美夢。在所有這些投機泡沫和偽裝的金融泡沫被一一
戳破之後，自一九八〇年代起創造出來的真正財富一下子變得比一
九四五年至七〇年代這個政府主導、嚴格管制及高稅賦的資本主義
時代的財富少了很多。

縱觀歷史，甚至可以說，被視為一九八〇年代最大成就的階級
衝突解決方案也不過是海市蜃樓。工人階級的生活水準實際上是下
降了，而此前這種貧困化一直被極具毀滅性的抵押貸款膨脹所掩
飾。隨著這種幻覺的破滅，中產階級和窮人們意識到，他們在這場
自由市場時代的改革中一無所獲。而在這樣一個嚴峻的危機後「新
常態」下，其前景將比一九八〇和九〇年代更糟，自然也比戰後數
十年的「凱因斯黃金時代」要嚴重得多。如果結果證明這種世界觀
是對的，對於工人階級而言，危機後的這幾十年將比一九八〇和九
〇年代更加艱難。自由市場資本主義似乎注定是場悲劇，柴契爾—
雷根時代的改革會被視為一次失敗，回歸到大政府的方法看來勢在
必行。奇怪的是，對危機的這種解讀幾乎受到了所有保守的經濟學
家和政治家的擁護。一方面他們繼續頌揚柴契爾—雷根時代的優

點，另一方面又嘲笑其宣揚的生活水準提高和真正的經濟成長加速是一場殘酷的騙局。

因此，二〇〇七至〇九年的事件標誌著自由市場保守主義的歷史性倒退，同時也顯示出全世界勢必會迎來一個更加進步的政治階段。一個顯而易見的問題是：這個新時代由誰引領呢？是中間派的改革者，或是明確否認金融資本主義和全球化的激進左派人士？還有另一種可能性：溫和的保守派人士會抓住機會，按照本書所討論的方法實現資本主義的現代化，提高管理水準。

保守派從危機中獲得實際好處，而改革派或左翼黨派在危機中蒙受損失，這種可能性似乎不大。可這恰恰是大多數國家發生的情況。我們該如何解釋這種矛盾現象？它又意味著什麼樣的未來？

這場危機揭露了一個事實：豎立起自由企業資本主義與政府主導的社會主義之間的二元對立——這種對立有時被詼諧地比做美國與歐洲的對抗——並在二者中作出抉擇，是錯誤的。如果沒有稱職的政府，美國企業就無法生存；同樣的道理，如果沒有從營利性私人企業徵收的稅賦收入，任何歐洲政府也將不復存在。然而，與此同時，經濟衰退與危機產生的鉅額金融成本為政府規模的縮減帶來巨大的壓力；除此之外，還導致了財政困難的發生，因為贍養日益衰老的嬰兒潮一代所需的花費提前幾十年變得無法承受了——按照政府原來的打算，這一窘況要推遲到二〇三〇年左右才會出現。

這場危機讓世界各地的選民深信，稱職的政治領導和積極的政府作為是非常必要的。右派政治家們異常激動地要求美國政府針對危機後的失業問題「做點事情」，指責歐巴馬政府缺乏足夠的魄力採取行動來克服經濟衰退；而另一方面，傳統的改革派卻是一臉失意和困惑。重回第二代資本主義的凱因斯主義似乎不再可行，因為政府的徵稅和借貸能力已達到極限；而且，不論如何，幾乎和討厭銀行一樣，選民已不再相信政治家和政府機構。

　　對於左派人士而言，更糟糕的是，危機似乎是一種民主政治的長期模式。只有當社會處於壓力下時，保守黨派才能有所作為。當選民看到他們的收入和財富不斷萎縮，傳統的生活方式受到威脅，要求變革的呼聲會越來越高，但似乎又不願意接受任何具體變化。

　　那麼，如何能讓這些相互衝突的政治思潮趨於一致呢？既不要受左派思潮的影響，重回一九六〇、七〇年代的官僚擴張主義，也不要受右派人士鼓動，恢復第三代資本主義的市場基本教義派。在這個大環境中，政治前進的唯一道路似乎就是體認到，政府必須同時擴張和壓縮──帶有資本主義4.0特色的一種悖論。

　　當我們把資本主義社會看成一個不斷演進的自我調整體系時，關於政府同步收縮和擴張的這種悖論就不難理解，也不會有任何政治爭議了。在資本主義的後危機階段，政府與市場之間的界線不再是固定或單向的偏移──一味偏向政府或一味偏向市場。雙方責任的平衡需要不斷轉變──在某一時期某一地區，政府發揮的作用更大，而其他時候則可能對市場依賴性更強。政府在管理經濟和監管金融方面發揮更重要的作用，與此同時撤出其他活動領域。此舉的目的是維持政府與私人企業間的平衡，進而令那些對政府缺乏信心的選民接受。

　　環顧世界，各國經濟和社會活動的組織方式均表明，如今很多政府提供的公共服務，美國也好、歐洲也罷，事實上都不是公共產品。例如，美國被普遍視為私人企業經濟，其政府作用受到限制，相較於歐洲大多數國家要小得多。然而，諸如郵政服務、公路、橋樑、機場、公共交通等部門，歐洲通常由私人企業擁有和管理，在美國卻幾乎由政府控制。相反地，在歐洲，私立大學幾乎聞所未聞，儘管有大量證據顯示歐洲和英國的高等教育水準已遠遠落後於美國。

　　由私人企業經營，但受政府密切監管的其他活動也成效甚好，

銀行業就是一個明顯的例子，而另一個不論從政治角度或經濟角度上都更為重要的例子就是醫療保健。對於政治家而言，醫療保健、養老金和教育最終將成為比銀行業更棘手、更具政治爭議性的話題。

　　政府是否應控制公共醫療保健、養老金和教育等領域，目前尚不明朗，特別是在如今這個越來越富裕和複雜的社會，公民對其生活要求更多的控制權。同樣不甚明了的，還有那些希望維持或擴大健康、教育、養老金和社會福利等各項公民權利的政府該如何籌集到所需稅款。

　　資本主義早期的模式就此類問題給出的答案相當簡單，而且已不再奏效。第一代資本主義中，政府幾乎未承擔任何社會服務責任，因此也就不存在嚴重的稅收問題。第二代資本主義社會經歷了各項公民權利的迅速擴展，同時也導致了令人無法接受的高稅賦。從一九八〇年開始的第三代資本主義則相信可以完成這個不可能實現的方案，即大幅度削減健保與養老金等相關權利之外的政府計畫。但是，隨著危機擊中並摧毀了第三代資本主義模式，這種方法也逼近政治和財政能力的極限。如今，經濟衰退的衝擊和金融危機幾乎使所有國家的健保和養老金制度都無法繼續維持下去，影響深遠的改革勢在必行。在考慮這些改革的過程中，政治家和選民都得先問自己兩個相關問題。

　　第一，在一個富足先進的社會裡，面對複雜的消費者，政府應該多大程度地控制公共醫療保健、養老金和教育等服務？畢竟，在中國和印度等發展中國家，教育水準和人口平均壽命提升最快，上述職責大部分都分配給了私營部門和市場力量，儘管這些發展中國家的人口仍然非常貧窮，教育水準也不是很高。

　　第二，哪一種稅制結構能夠負擔得起公民所要求的政府服務呢？二〇〇七至〇九年危機中，一個鮮為人知的後果是，由於美國和英國的財政系統大量依賴本國最富有公民的收入和資本利得稅，

已經產生了比歐陸國家更大的赤字，而後者的大部分財政收入來自消費、能源以及中產階級的所得稅。

　　這也就意味著，美國和英國想要維持甚至擴大政府開支的左派政治家們，目前面臨到一個意想不到的窘境：要不他們必須答應讓富人繼續致富，以便從高額累進稅中籌集足夠的稅賦收入；要不他們必須重新制定美國和英國的稅收結構，以將更多壓力轉移到中產階級和窮人身上。

　　本章以下部分將列舉資本主義4.0之下可能出現的十個政治變化，以對上述問題進行詳細闡明。

改革派與保守派之爭

　　世界各地偏左的中間黨派都未能從這場自由放任資本主義的災難性危機以及人們對財富和金融前所未有的群情激憤中撈到半點好處。這一失敗意味著改革派和保守派之間的力量失衡。在經濟發生劇變的時代，這對左派人士的傷害尤為嚴重。

　　在社會動盪的年代，保守派永遠清楚他們爭取的是什麼：使財富、收入和政治力量盡可能地維持現狀。為了實現他們的中心目標──盡一切可能維持現狀──保守的政治家和選民們都願意求大同存小異。與之相反，改革派只知道他們反對什麼：反對現狀，因為他們認為太多的不公平存在。一旦他們掌權，改革派就會因意見不統一而分裂，比如現存的社會和經濟體系究竟有什麼問題，以及應該如何解決等。要從若干可能的改革方案中進行選擇，改革派發現很難圍繞某一政治觀點統一內部意見，也很難聚在一起對施政方針和目標進行討論。在充滿不安定和經濟不確定性的時期，抱殘守缺和對未來世界的探求之間的這種不對稱，就可能成為一個致命缺陷。改革派政治家們唯一可以克服此問題的途徑，就是找到一種令

人信服的說法，講清楚他們想達到的目標和他們認為現在出了什麼問題。

民主黨派完全有理由這樣辯解：一個相對正常的興衰循環因早期布希政府對抵押貸款市場和銀行體系的拒絕干預，演變成了史上最嚴重的金融災難。可實際上，他們將政治炮火對準了銀行家和華爾街，歐巴馬總統個人也為這場危機承擔了責任。結果，美國選民開始責怪民主黨應為失業和經濟衰退負責，而忽略了這場危機其實是布希政府造成的事實。

左翼黨派未能就這場危機提出一個令人信服的說法，這恰好與隆納・雷根和瑪格麗特・柴契爾執政時的保守派處理危機方法形成鮮明對比。雷根和柴契爾拒絕為當時的經濟困境承擔任何責任；反之，他們在執政初期，一直讓選民深信經濟災難完全是由上一屆左派政府、工會以及自由進步的社會菁英們造成的。直到經濟狀況好轉時，選民已深信這種說法，將經濟復甦歸功於雷根和柴契爾的統治方針。

隨著危機後的美國經濟強勁復甦，一九八〇年代初的經濟模式很可能又被重複。宣導革新的政治家們不大可能承擔得起拯救經濟的使命，除非他們都同意找到一種令人信服的說法來解釋如何成功地從失敗的商業和金融體系過渡到新資本主義模式。

有一種說法無法令人信服，就是將極其複雜的情況歸咎於貪婪的銀行家——這隻民粹主義下的代罪羔羊。隨著銀行逐漸從危機中復甦，遠比選民預期的更快、更有效，各黨派政治家們已經被貼上了這些銀行家們的「走狗」標籤。惟有當公眾真正理解到，正常的金融循環之所以變成一場災難，是受到市場基本教義派的兩極化和過分簡單化哲學影響，而非銀行家或監管者的人格缺陷，才有可能展開關於政府角色的正確討論。透過對這場危機的系統化闡述，政治家們可以藉由更具建設性的方法來激發公眾的想像力。政治領袖

們可以解釋說，隨著舊資本主義體系的消亡，世人們必須在這一代開啟一項令人興奮的政治工程——一個新資本主義模式的勾勒。

更大的政府意謂著更小的政府

資本主義4.0的一個核心政治悖論是，政府在總體經濟管理和金融監管中發揮的巨大作用將與一個開銷更低的小型政府相結合。雷曼危機證明了一個最少干涉的無為政府統治下的現代資本主義體系是無法生存下去的，但是接踵而來的經濟衰退時期大幅減稅，導致所有政府活動都不得不大大減少。因此在高稅賦、社會保障或者其他自由支配的公共活動的大幅削減之間，必然要作出選擇。這些公共活動包括政府的核心職能，從國防到執法，再到對科學研究和民族文化的扶持。同時需要強大的政府與小型的政府，這將對各項政治優先權進行一場自一九八〇年代以來未曾見過的重新評估。與這些生死攸關的選擇相比，銀行家的高額紅利與金融管制就顯得微不足道了。

要作出這樣的選擇，唯一理性的方法就是針對政府與私人企業之間責任平衡的話題展開一場非意識型態的開放辯論。短期來說，類似的辯論比以前更加困難，因為這場危機打破了公眾對政治家和銀行家的信任。為了重建政治信念和對政治家的信任，重要的政治團體需要開始解釋，這場危機的真正根源在於市場基本教義派的誇誇其談，而不僅是出於金融欺詐和監管不力。改革派人士具有明確動機採取這種行動，但可能無法以連貫的敘述方式將其結合起來。

保守派的動機沒那麼明確，但是其最終影響力更大：保守派政治的基本目標是保留資本主義體系，並且確保它能創造更多的財富。為了實現這一目標，保守派必須準備好進行資本主義改革，並從系統性危機中汲取教訓。久而久之，保守份子的政治運動，以及

那些關注如何為更快的發展和更高的利潤創造經濟條件的商業支持者們將會明白，二〇〇七至〇九年轟然倒塌的市場基本教義派體系具有內在缺陷，冒然重拾將太過冒險。一個新的資本主義模式會以某種形式出現，但除非改革派能夠團結一致，否則創造下一代資本主義的重任仍將落到保守派的肩上。

民主意謂著公共意見的聲音變小

　　無時無處不在的民意測驗正將美國和英國從民意代表制轉變為直接民主制。現代技術使民意測驗變得廉價而快捷，透過公民投票、公民倡議選舉的政府或茶黨也成為一種可能。從加州在這場危機中所陷入的政治僵局，便可看到這一符合邏輯的結論。加州憲法因公民提議而被更改，如果要增稅或大量削減經費，必須得到立法機關中絕對多數的支持。由於絕對多數幾乎無法達成，加州政府連年陷入財政赤字；相對地，憲法不允許連年赤字的產生。因參議院推行絕對多數原則，類似的桎梏也發生在華盛頓。

　　這樣的政治混亂也許尚可接受，對於市場基本教義派來說甚至頗受歡迎，因為這種世界觀將政府行為視為草率的或具破壞力的。但維持憲法代表制這一原則卻無法與雅典時期普選制（亞里斯多德和柏拉圖均將這種體制貶為暴民體制）的電子版共存。更糟的是，媒體和民選政治家們開始把任何不合政治體制的政府行為都視為藐視公眾意見的行為。民選官員們投票表決是否派軍去海外作戰、是否增稅、是否進行醫療衛生改革等等，他們不僅要服從民意測驗的結果，以提高自己再次當選的機會，而且將這種政治文化視為自己推行民主的義務。

　　這種向直接民主制發展的趨勢對於任何一個複雜社會來說都是危險的，尤其是對某些國家的政府，它們在經濟管制中必須發揮更

大作用，要作出艱難的決定以優先處理某些問題，並妥善協調其他事務。民意測驗、全民投票與公共支出過多、賦稅過重並無關聯，但選民們本能地將一切過錯歸咎於政府，所以民粹主義也總是條件反射般地要求採取新的政府行動。反對派中既有左派，也有右派的民粹主義。對他們更具有誘惑力的是，以模仿公眾意見的形式來攻擊政府在解決失業、醫療衛生、住房等問題時體現出的行動不力和效率低下，同時又拒絕承認與必要的稅賦政策有任何關聯。回顧一九三〇年代、七〇年代和最顯著的八〇年代，從一種資本主義形式過渡至另一種形式的混亂過程中，此類拉丁美洲式的民粹主義時期可能是無法避免的。惟有當公眾重新建立起對政府的信任時，才會真正達成理性的妥協。

要不就經過更深刻的政治思考，要不就面臨一系列更深刻的危機，在互相衝突的各類事務中理性地選出首要解決的問題，這樣的政治行為終將取代加州模式的民意測驗枷鎖和規則。不管採取哪種方式，資本主義制度的自保本能都會逆轉民意代表制到直接民主制的轉變。

赤字擴張是必要的，但也是不可能的

由於經濟衰退和金融危機的影響，政府赤字、公共支出政策和稅賦結構都無法繼續維持。事實上，它們結合成一個單一問題。雖然隨著嬰兒潮一代逐漸退休，養老金和醫療津貼將讓政府無力承擔，但經濟衰退卻讓精打細算的日子提前了至少十年。要不是這次危機，艱難的財政政策選擇本來會推遲到二〇二〇年代或三〇年代，但現在每一個發達國家都必須在二〇一五年以前採取行動了。不過，要想就稅收和公共支出作出合理的決策，政治家和選民必須明白，政府財政的主要威脅不是來自信用不足所導致的赤字。赤字

雖然數額龐大，卻是暫時的，主要威脅還是來自養老金和醫療保健計畫。

據國際貨幣基金計算，美國政府多年來的財政支出占其國內生產毛額的495%[1]，這還是假定醫療保健費用上漲速度放慢，而且沒有新增醫療保健或養老金的情況下。這一數字是由經濟衰退和金融危機引起的累計赤字的十三倍，大約為70萬億美元，或等於每個美國家庭40萬美元的負資產額。與這些資料相比，公眾對於8,000億美元的銀行援助和財政刺激計畫的擔憂應該都變得無足輕重[2]。英國、歐洲和日本也存在極其類似的情況[3]。

在危機過後的幾年間，政府龐大的赤字有助於支持經濟衰退時期的經濟活動。從這個面向上，凱因斯經濟學說因這場二〇〇九至一〇年的危機而得到了充分的證明。但它也暗示了，衰退時期產生的公共債務必須在經濟成長重新開始時嚴加控制，而唯一的控制辦法就是，體認到稅賦所得和政府許諾的醫療保健福利及養老金之間存在鉅額差距，而且缺口還在不斷地擴大中。在增稅和大幅削減醫療保健福利和養老金之間，人們必須作出選擇，而勇於接受此一現實將是危機過後幾年內最大的政治挑戰。

首要之務：減少支出與增加稅收

被譽為「英國國民健康服務體系之父」的英國工黨領袖安奈林‧貝萬（Aneurin Bevan）曾說過：「語言的優先權就是社會主義的信仰。」[4]在後危機時代，各國政府的政治信仰將是優先考慮的事，不管它們的政治意識型態如何。要想將政府債務穩定在可控制的水準，每一個發達國家的稅賦、社會保障權利及政府服務都必須進行改革。但是在這樣一個不可能增加稅捐又減少權利的政治環境中，如何才能實現呢？

　　在危機後的環境下，保守派和改革派們最終都將被迫投入一場誠實的辯論，主題是關於他們最崇高的目標：就保守派而言，是一個健全的經濟和金融體系；就左派人士而言，是一個可塑的國家福利體系。因此，公眾也將被迫了解政府的稅收不足以支付他們投票支持的社會保障權利的開支——就算削減由政府提供的非社會福利型服務，也永遠無法彌補這個巨大的鴻溝。這一點在美國尤為明顯。

　　即使美國政府非國防的可支配總額——政府在國內安全、教育、科學、運輸等方面的支出——能夠降到零，聯邦預算仍將深陷赤字當中。而考慮到目前的福利和稅賦結構，公共債務的長期前景也無法維持[5]。

　　如果美國公眾和政治家們決定忽略預算問題，削減醫療和社會福利之外的一切政府職能，那麼，擁有技術優勢的美國仍將失去其在國際社會的領導力和大國地位。一九九〇年代初，在蘇聯解體之後，俄羅斯陷入無法控制的破產之中，俄羅斯人嘲諷自己的國家為「配備火箭的上伏塔」（Upper Volta with rockets，編按：上伏塔是非洲國家布吉納法索的舊稱）。財政的失控會使美國變成一個擁有哈佛和微軟的義大利。不管選民也好，政治家也罷，都必須克服一些過去的禁忌，如：對中產階級增稅、削減社會福利，以及由政府調控醫療費用等，否則美國作為一個功能齊全的主權國家地位將不復存在。鑒於美國有兩百五十年克服生存危機的歷史，要猜測結果並不難；然而，它有可能透過另一場金融危機來促成這一決定。

　　在英國和歐洲大多數國家，關於公共財政的類似討論已經大體得到解決。民眾已接受削減公共支出、增加稅賦是不可避免的趨勢，討論中的唯一關鍵在於增稅和削減開支的本質是什麼。保守派希望取消公共服務以削弱國家的作用，這些服務可以改由私部門或個體勞動者提供。改革派將不得不接受這個財政預算水準，但他們

會有不同反應，希望能保持或改善公共服務品質，同時削減開支。

左派政黨認為，理論上這種結合不可能——在他們看來，事實上，任何公共支出的削減都會對應著政府提供的服務減少。公共服務的品質與公共支出的水準相等這一觀點在電腦問世之前的經濟中似乎站得住腳，當時人們認為服務業無法促進生產力的提高。但是在當代經濟中，政府服務品質與其成本相等這一觀點就有些不合理了。例如，在英國，若持續三年的預算削減10%，就會被稱為「可怕的」壓縮。而如果任何私人公司的主管給其生產線管理員發出指令，要求一年削減3%的成本，卻不會被認為是一個不可逾越的障礙，更算不上是管理的噩夢了。

在未來的幾十年中，左派面對的政治挑戰將是應選民要求，在納稅人願意接受且私部門經濟能夠支持的前提下，不斷探索提供高水準公共服務的途徑。在資本主義4.0中，將公共支出的縮減與公共服務品質的下降相提並論的政治家們會發現自己逐漸被邊緣化。

國際經驗：記取他國的教訓

在討論政府與私人企業之間的平衡問題時，熱衷於以先驗主義來分析政府與市場孰輕孰重的政治家們，將會逐漸被信奉富蘭克林・羅斯福所號召的「堅持不懈的大膽實驗」的實用主義者所取代。比起在自己國家的公民和機構身上做實驗，更好的辦法是學習他國經驗。美國、歐洲、日本和澳大利亞等國，如果不一味吹噓自己優越的社會經濟模式、貶損他國，將可以學到更多他國的成功經驗和失敗教訓。正如俾斯麥曾說：「傻瓜從自己的錯誤中學習經驗，而我更喜歡從別人的錯誤中學習經驗。」

當所有國家都受困於公共支出和公共服務供給之間孰輕孰重的艱難抉擇時，與經濟和社會發展水準相仿的國家交換理念與經驗特

別有用。

　　國際經驗告訴我們，運輸系統、高速公路、能源利用等範疇，在民營管理模式下通常要比國家管理效率更高；不過，來自國家的戰略性指導對於實現社會目標也是必要的，比如，增收污染稅、給予公共交通一定程度的補貼、研究新技術、為核子裝置採購保險、對可再生能源徵收附加稅等。然而，許多在歐洲一直是私有化的服務行業，在美國這樣的自由市場中也由政府機構提供服務。比如，89%的美國家庭享有公共自來水公司提供的服務，而在英國和法國，這個比重不到10%[6]。

　　國際對比顯示出，各級美國政府所擁有的公共設施、交通和土地資產可以藉由私有化來減少美國的公共債務。這樣的私有化還有助於解決基礎建設長期投資不足的問題。很多時候，在歐洲和日本遊客眼中，美國就像一個第三世界國家。歐洲人可以向美國學習的先進經驗是高等教育，歐洲和英國的大學都是公營的，教育水準日益下降，而在美國大部分都是私立學校，始終充滿勃勃生機。

　　然而，所有這些都是次要面向，各國政府面臨的真正嚴峻挑戰還是公共支出：如何應對健保、養老金以及基礎教育等在所有發達國家占稅收總額約70%的核心社會福利[7]呢？在減輕這些不斷增長的巨大負擔的過程中，美國、英國、歐洲有很多可以相互學習的經驗和教訓。

經濟制高點：社會主義以退為進

　　一九五〇和六〇年代，英國工黨的夢想就是要「占領經濟的制高點」，把次要經濟活動留給私人企業。當時，他們認為煤、鋼鐵和鐵路產業是經濟的「制高點」──這一看法本身就揭示了中央計畫經濟的荒唐。當今社會中，煤、鋼鐵和鐵路產業已經私有化，也

不再那麼重要。但出人意料的是，社會主義原有的夢想卻透過政府對醫療保健、養老金和教育的控制而實現了。

在發達國家，醫療保健、教育和退休儲蓄占了國內生產毛額的30%，這遠遠超過社會主義所重視的重工業占比。在未來的幾十年裡，隨著人口的老齡化，經濟活動越來越依賴知識、新技術和文化，這些行業將繼續快速擴張，並成為新的經濟制高點。在資本主義社會裡，政府肯定會透過需求管理和金融監管發揮更大的作用。但是金融危機之後，要想保持私人和公共領域權利的平衡，政府就需要從部分行業中撤出。

教育可能是私有服務供給增長最快、政府最可能從中退出的一個領域。在高等教育中，美國大學對各個學術分支的主宰將不可避免地推動此一進程。如果其他國家想要建立知識型產業，唯一的選擇就是改革自己的高等教育體制，使其更類似於美國的高等教育體制。初級教育的前景尚不明朗，小學和中學教育需要政府的強制作用和補貼，需要社會對普遍的教育標準達成共識。學校到底是由公部門經營好還是私人機構經營好，目前尚不清楚。

比起任何一項人類活動，教育孩子這一活動不斷地向人類提出更多難題，而且我們無法找出所有問題的答案。如今，幾乎世界上任何一個國家都認為自己面臨了某種教育危機。問題的改善要仰賴各種市場機制和學校的不斷實驗——不同的學校持續嘗試不同的方法，並透過消費者選擇來判斷成功與否——反對這種做法的原因在於父母可能作出錯誤的決定，或最受歡迎的學校並不能接受所有人，導致一些孩子無法享受與其他孩子同等的教育。但是，在對孩子實行統一教育標準的五十年後，集中的教育體制在這一目標上的效果並沒有比其他目標上的效果來得明顯。這一點不足為奇，因為父母可以自願地培養孩子對自由社會（或不自由社會）的興趣。

隨著資本主義 4.0 重新劃分國家和市場的界線，教育很可能會

接受更激烈的競爭和私部門供給，而政府也將會逐漸從這一領域撤出。

醫療改革：更大的政府和更大的市場

美國傳統上認為公民應該對自己的醫療保健問題負責，這一看法被認為是不人道或不切實際的自力更生行為。如何理解這個看法，牽涉到意識型態，英國認為每個人都應平等地享受免費衛生保健服務，至少在需要的時候。

衛生保健問題究竟應該像英國那樣被視為一項公共福利，由政府像執行法律那樣平等地對待每一個人，還是應該如同美國，把它視為一項私人消費行為，和完全由私人企業與自由市場控制的食物、服裝或住房的消費沒什麼區別。這個問題的答案尚不明朗，但是隨著政府開始清理金融危機的碎片，這些理論上或道德上的問題已不再是醫療改革的推動力了。

不管選民對疾病和衛生保健的態度是否發生根本性變革，英國和美國都將逐漸體認到，它們現行的衛生保健體制在經濟上是難以應付的。對於這兩國而言，唯一可行的方法就是重新劃分市場和國家之間的界線。

長久以來，美國的衛生保健成本完全不同於其他國家。美國每年在衛生保健上的支出是25,000億美元（每人8,100美元），占國內生產毛額的18%，比法國和德國占國內生產毛額11%的水準多出一半，是英國和經濟合作發展組織所占比重9%的兩倍。其次花費較多的國家是瑞士，也只占了國內生產毛額的12%。但是美國的醫療成果——如癌症和心血管患者的康復率——卻僅與經合組織的平均水準相當，甚至大大低於法國、瑞士和日本[8]。

儘管如此，美國和其他國家衛生保健成本之間的巨大差距，直

到最近也沒有引起美國公眾的注意。美國簡單地認為是其他國家沒有跟上步伐，以為自己的體制儘管花費較多，卻比其他國家的公費醫療具有更大彈性，讓更多的病人滿意，並且經常以英國國民健康服務體系的定量制和資金不足作為反例。

　　這種虛假的二分法扭曲了對美國衛生保健的討論，他們認為對英國而言，這種使成本翻倍同時縮小衛生保健體制範圍的美國式私有化是國民健康服務體系的唯一替代品。在英國，人們則認為美國在醫療保險和醫療補助方面花費較多，但只給30%的人提供服務。相較之下，英國政府透過國民健康服務體系給所有的人提供服務。

　　為了堅持這種虛假的二分法（這是資本主義3.0的思維模式特色），英國和美國忽略了其他國家，如法國、德國、瑞士、加拿大、澳大利亞和日本，這些國家都採用了公私供給結合的方式，擁有比英國體制更好的醫療成果，更讓人們滿意，並且比美國的成本要低。在未來幾年裡，事情為什麼會出現轉機呢？因為金融危機前所未有地把人們的注意力集中在經濟上。

　　在美國，不斷增加的醫療保險和醫療補助成本，再加上布希政府的處方藥福利計畫的資金不足，導致了解決老齡化問題的成本增加，進而迫使政府走向崩潰[9]。更重要的是，醫療成本給私人企業和家庭帶來的壓力將會改變金融危機後的許多政治思維。

　　英國的政治思維在某種程度上發生了可觀的變化，但是朝著反方向前進。接下來十年裡，困擾英國政治的秘密將是：國民健康服務體系成為惡魔，不斷地從其他公共服務領域中吸取元氣，結果為了滿足國民健康服務體系的需求而使其他領域的資金不足。國民健康服務體系的開銷在二〇〇一年占英國國內生產毛額的6.6%，直到二〇一〇年幾乎占了國內生產毛額的10%，期間增加的份額占了國民所得中公共支出的三分之二。金融危機後，整個公部門大大縮水，而按照當前計畫，隨著人口老齡化和醫療成本的持續增加，醫

療保健支出也將繼續增加。依此推斷，只要國民健康服務體系繼續擴張，其結果將是：非醫療公共服務日益惡化，公部門員工繼續喪失工作機會。

因此，在金融危機後的財政調整中，英國的改革派政治家們必須作出選擇：如果想保留其餘的福利安全網，又同時要捍衛衛生保健之外的公部門雇員利益，他們就必須接受國民健康服務體系改革的必然性，積極地爭取醫療保健成本的部分私有化。由於在二○一○年大選中，所有政黨都宣稱國民健康服務體系是神聖不可侵犯的，將由下屆議會來解決這一問題。直至當時為止，激進派政府要求衛生保健改革和私有化，而保守派則認為國民健康服務體系是從其他公領域吸取資金的有效機制。（編按：英國已於二○一二年推出醫改法案，但至本書出版之時，仍未獲國會通過。）

健保制度改革將成為保守派的問題

隨著金融危機的消退、全球經濟的復甦，許多美國公司把商業策略的重心再次由相對滯緩的國內市場轉向出口，公司領導者也逐漸意識到它們的嚴重競爭劣勢——在員工醫療保健上的支出幾乎是其歐洲和日本競爭對手支出的兩倍。如果次貸危機後，美元保持貶值，或許這種影響不會很大。但是隨著美國經濟的復甦，美元很可能會升值，這種由醫療保健成本帶來的競爭劣勢將會成為所有美國大公司與說客們，以及它們所支援的保守政客們需要解決的頭等大事。

通用汽車和克萊斯勒汽車（Chrysler）申請破產保護後，美國商界都意識到這兩家企業不是被全球的激烈競爭挫敗，而是被高額的衛生保健成本給壓垮。這給美國的企業和股東們敲響了警鐘。相較於由政府財政負責員工的衛生保健，公司自行承擔員工的衛生保

健支出不僅是成本上的劣勢，更可能會導致整個公司受到工會和員工的控制。

　　此外，在美國，個人因信用緊縮而導致借貸能力減弱，他們會發現這種高額的醫療服務成為買不起的奢侈品。正如歐巴馬總統在早期極力推行醫療改革時所言，在布希政府統治的八年當中，美國的人均醫療保險額提高了58%，而平均工資卻只增加了3%。美國人民的生活水準長期受醫療成本的影響，這一點清楚地體現在圖17-1中。

圖17.1　有健保V.S.沒有健保之下的美國消費支出占國民生產毛額百分比

資料來源：Reuters EcoWin

　　圖17-1說明了醫療保健成本對美國「過度」消費的作用。人們
普遍認為這是世界經濟不穩定的最根本原因，同時也是美國從世界
最大債權國變成最大債務國的原因所在。一個關於世界經濟的傳統
看法是，美國是一個貪婪、放縱的國家，它把國內生產毛額的70%
用於個人消費。相較之下，其他發達國家用於個人消費的支出在
55%至65%之間。這一點常被認為是美國經濟結構及至社會結構的
頑疾。然而，除去醫療保健支出之後，美國只把國內生產毛額的
57%用在個人消費上，這與其他發達國家除去醫療保健支出之後的
開銷相符，如德國、英國和法國[10]。總之，美國相對於其收入的消
費增長完全是由醫療保健成本所致──過去三十年中，差距在穩步
擴大中。從這些資料可以看出，信用緊縮、次貸危機和資本主義
3.3的衰落等，真正原因是美國的醫療保健支出，而不是中國對匯
率的操縱、葛林斯班的貨幣政策、稅賦制度或商人的貪婪所致。

　　歐巴馬總統對於醫療保健的辯論中，把更多的注意力放在開支
上，而未過於關注保險覆蓋率低的問題，他努力使美國人相信目前
的醫療保健體系不是可持續的，不僅威脅到政府和個人勞動者的生
存，還威脅到整個國家。他這樣做的原因將吸引歷史學家的興趣，
但是在當下的相關問題是，資本主義4.0的出現能否為將來的改革
創造更加可行的環境──主要動機來自商業領域和代表其利益的保
守政治家。

改革派將會捍衛比較溫和的稅制

　　經濟危機中另一個無法預料的副產品，是其對稅賦政策的影
響。尤其對改革派而言，這會讓他們心緒不寧，至少在美國和英國
是如此。自資本主義從第一個時期過渡到一九三〇年代的第二個時
期開始，在所有經濟發達國家中，稅賦表現出兩個不同的目標：為

政府籌資和從富人那裡將所得再次分配給窮人。二十世紀的大部分時期，為政府籌資和所得重分配這兩種功能似乎同時存在，這也簡化了關於稅制的政治辯論。左派的高稅賦宣導者一般提倡政府更活躍地介入，並進行更多的所得重分配。右派的稅賦反對者一般反對平均主義和政府擴張。然而，在資本主義4.0中，稅賦的這兩個目標，即籌資和重分配將進行嚴格的區分，特別是對於左派人士，因為經濟危機揭示了美國的內部矛盾和英國的「進步」政治。以前沒有人注意到這些。

英國和美國的左派政黨已經為具有重分配效果或「更進步」的稅制努力奮鬥了好幾代，這意味著政府大部分的收入應來自有錢人。儘管從一九八〇年代以來，所得稅的最高稅率已經大幅度削減，但這些努力總體來說是成功的，至少就美國而言的確是如此。根據經濟合作發展組織提供的資料，儘管美國的國家形象是反對社會主義，但它擁有世界上最先進的稅賦體系。英國稍落後於美國，甚至在瑪格麗特·柴契爾首相卸任後亦是如此。這種進步能以很多方法衡量，但最容易理解的是占人口總數10%的富人繳納的稅收占全部稅收的份額。在經濟合作發展組織的最新研究中，與全球二十四個國家32%的平均比例相比，這一份額在美國是48%，在英國是39%，法國和瑞典則分別是28%和27%[11]。

稅賦結構出現如此驚人差異的原因在於，美國和英國政府大部分的財政收入來自稅收，包括所得稅、資本利得稅、企業利潤稅，主要是向高收入者徵收。相反地，歐洲國家主要依靠消費稅和能源稅。這些稅很少進行重分配，而且是向中產階級甚至是低收入者徵收。美國的左派政治家強烈反對消費稅、能源稅改革，此舉將把財政制度轉向歐洲模式。他們的理由是，如此會使中產階級和窮人比富人承擔更多的租稅負擔。

然而，積極保留重分配的稅賦結構會導致具有諷刺意味的後

果。經濟危機證明了這一點。如果進步的政治家想給更大的政府或更慷慨的福利政府提供資金，他們必須確保富人能一直富下去。換句話說，如果美國企業利潤、股市收入、高所得者受制於政府許可或經濟狀況，則資助一個慷慨的歐洲模式福利國家的唯一方法，就是轉向一個很少進行重分配的歐洲模式稅收體系。

這些矛盾結論的證據來自經濟危機對美國、英國及德國公共支出和稅收的影響。

我們來思考一個在二〇〇八至〇九年經濟蕭條期間困惑許多經濟學家和政府官員的問題：為什麼美國和英國政府遇到了前所未有的財政赤字，而德國和很多經濟發達國家遭受了同等程度或更嚴重的產出損失，財政赤字卻相對較小。

要想知道答案，就要把公共支出和稅收隔離開來。儘管歐巴馬簽署了8,000億美元的經濟刺激計畫，實際上在這三個國家中，美國的公共支出增加份額最小，部分原因在於州政府的削減支出政策。在兩年的經濟蕭條期間，美國的公共支出增長占了國內生產毛額的3.2%，而德國和英國的同期增長分別為3.4%和4.7%[12]。而三個國家真正的不同在於稅收。美國和英國政府財政收入大跌：英國下跌了國內生產毛額的2.2%，美國是3.2%，相較之下，德國的財政收入上升了國內生產毛額的0.9%[13]。如果美國和德國有相似的稅賦結構，該增長比例以美元來計算的話，聯邦政府的財政赤字每年會減少6,000億美元。

盎格魯—撒克遜式的稅賦結構高度重分配化，從道德方面看來似乎更為公平，因為有錢人負擔得起；同時，從政治方面看來也更具吸引力，因為有錢人畢竟占少數，而中產階層決定了選舉結果。若對歐洲和美國進行社會和政治國情的比較，就可以看出美國至少在三個面向存在不足。

第一，左派人士對累進稅過於重視而忽視了高稅率對富人的影

響，這不僅影響他們的職業道德，還會影響他們的政治行為。高稅率會導致他們工作消極，並有可能鑽財政制度的漏洞，但更重要的是對其政治行為的影響。一些個別的富人或他們經營的公司感到稅賦負擔過高時，他們會利用其財力影響政治和輿論，積極宣揚將政府權力最小化的思想。這種情況在美國和英國比歐洲更加明顯。

第二，一個高額累進稅制更容易使公共財政不穩定，這一點可以從以上統計數字看出。由於在一個經濟週期內，高薪族和商業利潤相較於中產階層所得和家戶消費，其波動較大，所以美國和英國的稅制在經濟蕭條期導致了較嚴重的財政赤字問題。同樣地，在經濟繁榮期，該制度又會造成財政盈餘，進而促使政府削減稅收，因此這時公共支出將大幅減少。這種限制政府規模的策略也就是雷根總統所謂的「將政府裁小到可以放進口袋裡」（Cutting government off at the pockets.）。

第三，過度依賴累進稅意味著政府為社會提供新服務的能力大小取決於企業和富人，這樣會導致所得分配更加不公平。如果政府的償付能力以及對社會中最窮者的基本需求補助必須仰賴富人，而且隨著富人愈富，依賴也愈深時，即使最激進的政治家也會積極支持所得不均的現象。

如果政界人士想在危機過後增強政府在新經濟環境下的作用，甚或只是維持政府的作用，他們都必須重新審視自己對稅制的態度。在資本主義 4.0 時代的前五十年，對稅制的爭論只是左派和右派的兩極分化。爭論不僅僅是左派人士要提高稅收，而右派人士要縮減稅收，他們對稅賦結構的觀點也涇渭分明。左派支援高稅賦，並且向高所得者和公司徵收最高的稅，他們認為這是將所得從富人重分配至窮人手中的最公平方式。而右派，至少是歐洲和英國的右派，則支持向零售業、能源部門和其他大型企業徵收低稅，盡可能地擴大稅基，同時也盡可能使邊際稅率保持最低。

　　然而，將來要選擇哪種制度仍須認真考慮，尤其對於左派人士而言。在資本主義4.0意向不明的政治到來之前，激進的政治家們必須意識到所得重分配問題通常要比想像中棘手得多。

第十八章

4.0時代的金融趨勢

至善者，善之敵也。

——伏爾泰（Voltaire）

資本主義4.0需要新型的金融體系，該體系既能增強經濟的穩定性，又能保留金融自由與革新的主要優越性。要達成這個目標，就意味著要打破對市場基本教義派的圖騰式崇拜；同時也意味著，針對金融是一種非生產性、寄生性活動，使銀行家們破產甚至流離失所是一種理想目標，這個普遍觀點必須被質疑。

在這一章中，我將一一介紹達到資本主義4.0所需的平衡，改革必須滿足的十大原則。

金融還是不可少的

儲蓄和投資的分配，可能是任何發達經濟體最具成效的首要工作。銀行和金融機制在實施這個重要任務上有不完善的地方，但相對其他現存的或即將誕生的機制要好得多。因此，相關的規章制度必須保持金融的靈活性和創新性，同時還要增強經濟的穩定性。資本主義4.0不同於第三代資本主義，它發現以上所述的兩個目標處於矛盾當中，但絕不能以犧牲所有的金融革新來創造一個靜態的金融體系，也不能以第二代資本主義中過於自負的政府干預來解決此

一矛盾。

　　發達的資本主義國家——特別是擁有動態的大型金融部門的國家，如美國、英國和瑞士——必須抵制公眾的要求，即以金融危機後的懲罰性監管來限制非銀行金融機構。這些國家在國際金融體系中有著相對的優勢。在一個自由貿易的世界中，一個民族在其相對優勢領域達到專業化，才能逐步走向繁榮；這就很容易解釋為什麼盎格魯—撒克遜國家擁有比其他國家更大的金融部門和較小的製造業部門了。因此，盎格魯—撒克遜政府必然會反對那些有損於非銀行金融機構的規章制度。例如，英國完全有理由在歐洲議會採行和法國同樣強硬的談判手段，保護本國農民不受農業改革的影響。

　　儘管在此次危機過後，公眾極力反對銀行家，但金融自由在大多數發達資本主義國家與政治息息相關。在二十一世紀，公眾絕不會同意倒退到一九三〇至七〇年代的父權式金融法規。選民不會容忍信用配給、外匯管制和國際旅遊限制，即便在第二代資本主義（官僚資本主義）鼎盛時期，在最自由的市場經濟中，這些都被視為理所當然的。如從一九六六到七九年，英國對出國旅遊者的現金、旅遊支票及其他合法形式的花費徵收限額50英鎊的稅款，此舉有效地限制了英國公民到國外度假，這種干預個人自由的做法是任何八〇年代後出生的人想像不到的。同樣不可思議的將是回復到住房貸款和汽車貸款的時代，或是家電信用配給制的時代，而這些在一九八〇年代中期都還是習以為常的。

　　民粹主義者們「驅除錢商」的狂熱論調已被賦予合法地位，兩位受人尊敬的政治決策者更在危機後立即認可和推崇。保羅‧伏克爾稱自動提款機是一項「唯一曾經改善社會」的金融創新[1]，阿岱爾‧特納（Adair Turner）則認為金融是一個只給金融家帶來經濟利益而「對社會無用」的活動[2]。若對危機的前因後果進行更深層的分析，必將對金融在現代社會中的地位產生不同的結論。

政府擔保是必需的

　　銀行提供的產品不可能準確無誤地估值，因為會涉及不可預測的未來事件，尤其是借款人是否會償還債務。這種情況也適用於其他一些行業，比如保險業。但是銀行業還有另一個特點：一家銀行的存亡取決於儲戶對它的信任，儲戶可以隨時取出自己的儲蓄——假如一家大銀行喪失了這種信任，一連串的金融損失會接踵而至，進而對整個經濟造成災難性的後果。

　　由於金融不可預測，在現代經濟中又不可或缺，所以金融體制需要政府的隱性擔保。這些擔保不能由迫使銀行放棄交易活動或縮減規模的規章制度來替代。認為一個純粹的私人金融體系可以脫離政府支持而獨立存在，這是市場基本教義派的幻想。減少政府對金融體制的支持不能有效地緩解銀行危機，只是讓銀行免費享受了一些隱性擔保。

　　許多管理者尤其是央行總裁，仍然認為直接的銀行擔保將導致道德風險；他們還聲稱，政府應該適度讓投資者確知哪些銀行債務受到納稅人支持的觀點，已被金融危機打破。當政府不確定應保護哪些銀行債務時，它們通常會對所有債權人提供擔保，無論其優先順序如何，並對所有銀行一律如此，無論其規模大小。這種「建設性模糊」並沒有節省納稅人的錢，反而是導致道德風險的罪魁禍首。

　　這次危機經驗也駁斥了一些人的看法，他們認為關閉一些「大到不能倒」的銀行可以克服道德風險，而出於競爭和管理效率的原因，關閉一些大銀行可能是明智的。認為任何銀行無論大小，在金融混亂期都可以對其儲戶或優先債權人違約，這種想法是一種誤導。政府絕不允許任何銀行倒閉，雖然這種情況有時會出現——也許一代只出現一次。像雷曼兄弟一樣的銀行倒閉，由於沒有消費者

存款，如果發生在幾年前，或許不會產生太大的傷害；但在金融危機的背景下，雷曼兄弟的倒閉是災難性的，給社會帶來的損失相對於政府提供臨時擔保的適度（或者零）成本要高出數百倍。

因此，一些並非「大到不能倒」的銀行有時也因其至關重要而不能倒閉——公共政策應明確認知到這一點，不應該以沒有紓困基金為由，以公眾利益為巨大代價——在危機期間被迫製造出一個公眾安全網。最好及早體認到，在一定條件下，所有的金融機構都必須由政府支持，並確保銀行支付這種支持。透過各種各樣的保險和應急資本安排，如麻省理工學院的瑞卡多・卡瓦列羅提出的特別稅制或其他觀點，政府可以對銀行提供隱性或顯性擔保。

管制和規範關乎的不只是市場失靈

以危機後的資本主義4.0世界觀看來，決策者將體認到，市場經常會出錯，因此即使沒有任何證據顯示市場混亂，如不完全競爭、資訊瓶頸或管理不力等，他們也要規範金融機構。

增加銀行資本是必要的，但還不夠。同等重要的是流動性管理改革。欲防止像雷曼兄弟或北岩銀行這樣的流動性危機，其第一要務是讓銀行持有更高比例的現金資產、央行存款或短期國債。在過去，現金需求、存款需求和補充性特別存款是管理銀行行為和銀行信貸週期的主要手段；但在市場基本教義派及更喜歡高風險、高報酬資產投資的銀行家的壓力下，至少在美國和英國，這些流動性需求漸漸地都被拋棄。

結果，相較於其他國家的銀行，英國和美國的銀行在安全資產和流動資產上的現金準備要少得多。在金融危機之後，這個情況有所改變。例如，二〇〇六年，流通中的現金加存款準備金的總額占美國國內生產毛額的6.5%，在英國是5%。與之形成對比的是歐元

區的9%，日本的17%。由於美聯儲和英格蘭銀行的貨幣增發計畫，美國和英國的流動性在二〇一〇年年初上升至國內生產毛額的13%左右，這和同時期歐元區的增長水準相差無幾。如果能永久調控在該水準，將來就不太可能發生金融危機。最重要的是，美國和英國政府獲得的鑄幣稅收入（政府藉由發行貨幣所得的收益）相當於國內生產毛額的0.25%至0.5%——就美國來說，每年將達到700億美元[3]。這筆錢將有效地成為銀行的隱性租稅，最終由股東、借款人和員工共同負擔。在後經濟危機的政治氣候下，這種潛在收益將成為支持緊縮流動性的有力論據。

資本結構必須調整

　　儘管存在市場基本教義派學說，一旦體認到銀行和政府之間千絲萬縷的關係，銀行改革的另一個重要特點也就十分明顯了。銀行應該提前明確地界定，哪些業務會危及它們的債權人和投資者，哪些則是絕對安全的，由銀行的自有資金和流動資金擔保，並最終由政府支持。如果政府能為一些銀行業務提供明確的擔保，並拓展這張安全網以保護所有的存款和優先順序債務，則管理者們在拒絕支持其他銀行債務時——如股票、優先股、無擔保債券等等——將變得更加可信。

　　要不就完全擔保，要不就毫無擔保——銀行債務的二元風險應在資產負債表中明確表示出來。理想情況下，銀行應該只有兩種債務：銀行存款和各種優先順序債券，這些是絕對安全的，完全可以承受壞帳損失和流動性錯置的全部風險。藉由排除混雜在資本結構（這一結構會使銀行負債的真實危險顯得模糊不清）中的水分，管理者們便可排除導致二〇〇七至〇九年經濟崩潰的一個主要原因。

　　銀行說客會抵制任何資本結構的極度簡化，因為此舉會降低銀

行規避或減少納稅的機會。但就銀行的流動性隱性租稅來說，銀行說客所抵制的措施實是值得讚許的。

廢除逐日盯市會計準則

銀行和其他金融機構的主要功能是讓儲戶、借款者和投資者預先對將來不可預測的事做好經濟準備。金融市場正是透過交易和協調對未來的賭注，把謹慎儲戶的存款重新分配給追求風險的企業家。要成功做到這一點，銀行和金融機構在會計準則和披露要求上，必須比其他行業具有更大的靈活性。

人們一旦體認到，金融市場的定價總是具有誤導性，會計師就必須放棄一種不切實際的想法，即迫使銀行使用和其他公司一樣的規則來對其資產進行估價。由於銀行業屬於到期轉換的商業模式，它們的資產要比它們的儲蓄或其他貸款更具有長期性和不流動性。因此銀行業在監管機構的監督下，評估其貸款、抵押貸款及其他資產的長期價值時，必須作出自己的判斷，並且必須能自主理順其長期收益情況。

迫使銀行業採取逐日盯市準則，對現在的資產計價是災難性的——該方法的引介與次貸危機的開始同步，並與次貸危機同步結束。管理者和政界人士必須廢除銀行家和會計師們的既得利益，廢除市場基本教義派者的偏見，並永遠廢除逐日盯市會計準則。

信評機構不足以做好信用評等的工作

銀行的風險管理很重要，不能外包給私人信評機構、會計師事務所，或銀行內部管理人員；不能再受制於金融市場的監管者和政界人士，而必須對銀行資產和貸款的品質作出自己的判斷。具體地

說，他們不能依靠那些在預測經濟和處理嚴重的利益衝突方面沒有專業技能的私人信評機構去決定銀行面臨的總體經濟風險。相反地，當管理者評定銀行償付能力和資金需求時，他們必須採用自己的總體經濟模型和對變動因素的假設，如房價、失業、違約風險。在過去，私人信評機構不能勝任這項工作；同樣地，在未來，沒有哪項變革將賦予它們技能、信譽和獨立性來完成這項工作。

抵押貸款市場不需要政府

在私人和公共抵押貸款業務之間進行新的分工將是可行的。儘管在政治上，對銀行和信託機構進行更多的政府干預是不可避免的，而且在經濟上是必要的，但是政府參與金融市場的許多部門已經過了頭。現在需要的是借鏡國際經驗，並重新劃分私人和公共企業之間的界線。

更重要的是，從長遠來看，美國抵押貸款市場、德國和西班牙的聯邦儲備銀行、日本郵政儲蓄，或最近國有化的英國銀行，都不需要政府的大量干預。房利美和房地美，這兩個美國政府助營企業現在提供超過80%的美國住房抵押貸款，這是目前為止最顯著的異常現象。儘管亨利‧保爾森在歷史上最大的抵押貸款危機中極不負責任地努力取消這些政府助營企業，但當經濟復甦且金融市場恢復正常時，這些政府助營企業的前景問題應該被及時解決。

如果美國的管理者和屋主願意以國際經驗為鑒，他們會意識到英國、法國、瑞典、義大利和其他許多歐洲國家的可調利率私人抵押貸款市場在此次危機中相當健全牢固，更加符合消費者的利益，比主導美國抵押貸款市場的三十年貸款更具吸引力。在這方面，美國金融市場比起英國和大多數歐陸國家的金融市場更易受到官僚式父權主義和中央計畫的不良影響。

隱名合夥人──信託義務和政府

　　資本主義4.0不認同由只追求股東利益最大化的董事來管理銀行。鑑於銀行在危機中所需要的隱性或顯性擔保，代表納稅人的公共和財政部門將被視為所有銀行的永久股東。此外，銀行股東和代表股東的董事們已證明他們沒有能力保護自己的利益，更不用說履行對支持他們的納稅人的內在職責。

　　危機發生一年後，艾倫‧葛林斯班在美國國會作證時改變了其自由市場觀念，這使得股東控制的自由市場理想被埋葬，他的著名論斷是[4]：「那些著眼於貸款機構自身利益以保護股東權益的人，特別是我自己，處於一種難以置信的狀態。」

　　危機過後，媒體和葛林斯班的許多批評者對「大師」公開承認錯誤確實感到震驚。然而，真正令人震驚的是，世上最著名的市場經濟學家否認了現代金融思想的精髓：實現經濟進步最可靠、最有效的方式就是將股東價值視為企業管理的核心。由此可以明確地看到，對於任何有銀行執照和可能需要財政擔保的公司，其主管必須承擔對公眾和政府的信託注意義務。無論該銀行是否像蘇格蘭皇家銀行那樣公開國有化，或是如高盛銀行和滙豐銀行那樣完全私有化，納稅人在每項銀行業務裡都是一個有效的隱名合夥人。

　　但是如果納稅人是銀行的有效合夥人，股東利益的體現也就是他們利益的體現。那如何體現他們的利益呢？一種方式就是透過特殊稅賦或強制銀行在零利率政府債券中保持一部分可觀的存款，以保證納稅人在所有銀行收入中保有永久份額；另一種是透過管理措施使納稅人的隱性擔保風險最小化，下一節將詳細介紹納稅人的隱性擔保。

政客和銀行股東擁有相同利益

　　納稅人需要保護是因為他們是銀行業的隱名合夥人，這是唯一合法的理由，說明了為什麼民粹主義的呼聲逐漸消失後，管理者仍然對銀行總裁的紅利和收入感興趣。納稅人作為銀行的有效股東，保護他們利益最可靠的方法是確保這些公司的盈利——然後保持利潤以應付日後的虧損。銀行的盈利目標在危機過後出乎意料地實現了，這部分是出於政府貨幣政策的結果——鑒於往後多年利率極低的可能性，銀行可能在很長時間內繼續賺取大量利潤。接下來的問題就是，銀行董事如何利用這些利潤來穩定他們的業務，而不是以這些利潤支付雇員薪水和紅利。

　　還有一部分原因在於，政府體認到納稅人作為銀行業的隱名合夥人，他們的利益通常和銀行股東的利益相符，同時和銀行員工的利益衝突。如同其他任何私人企業，一個銀行的收入是由股東和員工所共用的。然而銀行業的特殊性在於，董事會不是代表股東利益，而是將員工的收入最大化了。也許是與之共存的對沖基金具有合作文化的緣故，銀行越來越傾向於以員工合作組織的形式來進行管理。在該管理模式下，員工的利益是首位，隨後才是股東的利益——這個現象必須改變。

是人才還是土匪？

　　那麼在銀行業進行一場人才競爭又如何呢？如果銀行想獲取高額利潤，是不是需要招聘一些金融方面的天才呢？

　　答案是否定的。「天才」是一個用於搖滾明星或好萊塢影星的詞，而不是一個與銀行雇員相關的概念。大多數富有的金融家都聰明、勤奮，很多行業裡也都有許多聰明勤奮的人[5]；不同的是，他

們和金融業的人才有相同的高資歷，但卻沒有同樣的高收入。使銀行總裁富裕的不是他們的個性、才智或天賦，而是其工作機構的資金和聲譽。他們能比其他員工為公司創造更多的價值，並因此鞏固自己的職位。即使是資金豐厚、赫赫有名的企業如IBM、微軟、通用公司，其員工創造的價值也不如他們。

該原因很難解釋清楚，至少在資本主義3.3的競爭市場假設之下是如此。遠離這些理論上的抽象概念，從另一方面可以直接解釋銀行業的不菲報酬和損失之由。

還記得前南斯拉夫的讀者也許能回想起一九六〇年代經濟學界的流行趨勢：讚頌南斯拉夫工人合作的美德，將企業利潤與對工人的社會正義聯繫在一起。這也是許多銀行採取的模式，尤其是在一九九九年後，當時高盛銀行搖身一變成為最後一個主要投資銀行，進而在理論上轉型為由股東擁有的上市公司。銀行成為一個由股東所有並資本化，但由員工來控制和管理的私人企業。南斯拉夫解體之後，有關員工控制的理想主義理論變得清晰了。管理者認為自己要對員工負責而不是對投資者負責，因此大部分收入用於支付員工薪資而不是用於積累資本；久而久之，他們原先要用於投資的資金消失不見了。實際上，員工掠奪了他們為之工作的企業，最終導致這些企業走向非資本化並倒閉。

員工這種無意間的掠奪，經常出現在工人合作中，並且發生在很多家銀行上頭。多年來，銀行體系資金不足與它們所面臨的風險有關。為了使營業額適當資本化，銀行本應出售更多的股份——也許是它們所發行股份的兩三倍——而這麼多額外資金的投入會產生兩倍或三倍利潤。鑒於大多數銀行擁有的鉅額收益，在危機發生前產生這些利潤是可能的；但是銀行似乎有意最大限度地給員工分紅，而不是用這些利潤來增加股本和獎勵新股東。實際上，銀行員工是以犧牲股東利益為代價，對其公司進行掠奪；因此，當危機來

襲，銀行資金遠不足以承擔損失。這些銀行到了倒閉的邊緣，股東們則基本上徹底崩潰。

在一九八〇年代和九〇年代，幾乎每一個國家和企業都見證了資本戰勝勞動力，只有一個極具諷刺意義的例外情況。在金融業，員工戰勝了資本家，使得華爾街和倫敦市成為馬克思主義工作者控制的最後堡壘。在危機過後要創建一個新的金融體系，政界人士和管理者必須杜絕市場基本教義派，並克服馬克思主義思想的殘餘影響力。

第十九章

一個4.0的世界

G20元首高峰會預示著二十世紀的行星式管理。

——法國總統尼可拉‧薩科奇

傳統觀點認為二○○七至○九年的經濟危機標誌著美國全球霸主地位的終結，不只是經濟地位，也包括軍事和地緣政治方面的終結。事實可能的確如此。如果財政刺激過快終止，或者美聯儲無法長期保持夠低的利率水準以維持經濟成長，美國經濟很可能遭遇一次雙底衰退。由於陳舊的政經模式不穩定性加劇了政黨鬥爭，可能會導致國家的動盪。美國的政府債務會漸漸失控，不僅是近期這幾年，還包括無限期的未來，進而破壞美國國內經濟，削弱美國的國防實力和應變能力。總之，在這個經濟模式崩潰後，美國或許會重蹈前蘇聯一九七○年代的覆轍。

上述一系列事件其實未必會發生，因為美國體現出的適應能力比歷史上任何一個社會都要強。然而，人類行為具有極大的不確定性，在這一因素的主導下，一切皆有可能發生。如果美國的領導權完全崩潰的話，全球的權力制衡將會受到什麼影響？這很值得我們去思索。在美國的政治和經濟狀況進一步惡化的情況下，這場攸關盎格魯一撒克遜模式存亡的危機關頭，某些言論認為世界權力的中心會平穩地過渡到中國或歐洲，這是不現實的。

還有些觀點認為，美國經濟曠日持久的大衰退，加上政治上不

可治理的趨勢，將引發一場央及全球的混亂。像面對第一次世界性
經濟危機時一樣，中國將設法保護其國內經濟，抵抗第二次影響更
為深遠的全球經濟衰退和金融危機。但是對於其他國家而言，中國
經濟仍然不夠發達，科技不夠先進，策略也太保守而不足以作為令
人信服的模型。雖然中國的社會政治體系對很多發展中國家極具吸
引力，卻很難成為富裕、民主的國家範本。如同一九三〇年代那次
金融危機，歐洲在持久的經濟衰退中將會承受比美國更沉重的經濟
和政治打擊。經濟蕭條的復發會誘發一種全球性的無政府狀態，唯
一有價值的將會是土地和油田，以及自保所需的槍支彈藥和武裝部
隊。

　　更有可能出現的是相反的情形：美國與全球資本主義國家將會
進行調整，政府將會持續推出刺激經濟復甦的政策，直到被證明切
實有效。一兩年之後，隨著失業率的下降和金融狀況的復原，世界
經濟將恢復健康的發展軌跡。本章接下來將以這一假設為基礎進行
論述。

　　讓我們假設美國商業像上一次嚴重衰退後一樣，得以迅速恢
復，而且政治輿論集中支援一種新的資本主義模式。正如第十七章
中所言，這種輿論傾向的宣導者將是那些受資本家的自保本能驅使
的保守政商利益團體，而非追求理想解決辦法的進步改革家。在這
種情況下，對資本主義4.0的調整將使全球的權力結構發生重大變
化。

　　另有人預測全球經濟蕭條將會停止，隨之而來的是正常的經濟
復甦，華盛頓的政治僵局會被打破，地緣政治體系將保持穩定，即
便在這種情況下，也將發生令人不安的重大變化，進而改變世界格
局。本章主要闡述成功過渡到資本主義4.0將產生的十大全球性影
響。

美國與中國的全球性競爭

一種新資本主義模式在這個大變革的時代出現，這種占主導地位的新資本主義模式會成為西方民主體系的一種新形式嗎？它與中國的發展模式相似嗎？

對於很多發展中國家來說，答案是不確定的。這些發展中國家在未來幾十年裡的經濟成長將占全球的三分之二[1]。柏林圍牆倒塌後的二十多年裡，幾乎所有國家至少在理論上都接受了所謂的「華盛頓共識」。「華盛頓共識」中對長期繁榮與發展的唯一可靠準則是「市場自由，人民自由」，但現任的政治寡頭和統治精英們也許並不喜歡這兩個自由概念。如今，看到日漸衰退的全球資本主義和經濟危機導致的西方民主損害，很多發展中國家的政治領導人和公民正在認真地思考。

在很多發展中國家眼中，西方資本主義的失敗顯然損害了自由主義的名聲，因為像世界貨幣基金組織和世界銀行這樣的「華盛頓共識」擁護者在一系列報告中都承認了這一點[2]。一位美國高級外交官在經濟危機發生後的幾個月說：「發展中國家已經對提倡民主與經濟自由的舊華盛頓共識失去興趣。無論我到哪個國家，該國政府和商業領導人談論的都是新『北京共識』──中國走上繁榮與強大的路線。西方國家必須提出一種與我們的政治價值觀一致的新資本主義模式來促進經濟成長。如果不改革創新，我們就會失敗。」[3]

從另一方面來看，中國的自信心在經濟危機後大大增強。看看這篇二〇〇九年七月在《人民日報》上發表的社論，題目為〈中國精神：築起抵禦國際金融危機的長城〉。

　　……面對中國的強勁復甦，國際社會從不同角度解讀中國經濟的強大生命力，由此評析「中國道路」「中國模式」。但中

國經濟蓬勃發展的動力，亦即「中國道路」「中國模式」的精神內涵——**中國精神**，尚未引起足夠關注。

中國精神——這是高瞻遠矚、堅持不懈的歷史主動性。

中國精神——這是眾志成城、共克時艱的強大凝聚力。

中國精神——這是迎難而上、自強不息的英雄氣概。

中國精神——這是把握未來、銳意進取的堅定意志。

中國精神——這是豁達開放、擔當責任的寬廣胸襟[4]。

有幾種方式可以面對或逃避因中國模式影響力擴大而對民主資本主義帶來的挑戰。最簡單的方式就是矢口否認。這些西方國家不考慮舊模式的失敗將如何改變資本主義的未來，反而更關注過去——為金融規則而爭吵，譴責銀行家的高額紅利，爭論是否該責備艾倫‧葛林斯班或高盛。否認的另一種方式是假裝中國模式和西方國家的資本主義模式並沒有實質上的差別；畢竟，大家都在賺錢。從這一點來看，中國和西方的價值觀甚至是政經政策之間，並不存在太大的分歧。

有種觀點認為這兩種社會模式可以互相促進、和平共處、互相尊重。在中國進行大量投資的西方企業認可這種觀點，這也是中國和西方國家政府的看法。可見，這種觀點並非毫無依據。

這種自然融合的觀點儘管現在看來有些盲目樂觀，但隨著資本主義4.0逐步發展，它會變得更加可信。因為中國模式在很多方面是動態的，適應能力很強。在二○○四年第一次提出北京共識這一概念的文章中，季辛吉聯合諮詢公司（Kissinger Associates）的約書亞‧拉莫（Joshua Ramo）暗示說，中國模式比西方模式更有優勢的一點是，北京共識將致力於創新和不斷的實驗。拉莫說華盛頓共識最終被教條主義、驕傲自滿和不切實際的理論假設逐漸削弱。相反地，北京共識則體認到，完美的解決方案和永恆的意識型態是不存

在的；因為現代經濟生活創造了一個「海森堡社會」（Heisenberg society，編按：海森堡是知名物理學家，也是量子力學創始人之一，曾提出「測不定原理」），在這樣的社會裡，唯一確定的就是不確定和不斷的變化。因此，成功的發展策略需要能適應突發情況的動態計畫；同時，政策須不斷調整以適應迅速變動的社會和經濟環境[5]。任何讀到這裡的人都會為其與資本主義4.0的相似而倍感吃驚。

　　儘管這種相似性屬於經濟政策的實用層面，但期待中國和西方模式的持續融合也許是一種幻想。無論在商業行為、貿易政策、政治權利、人權或地緣政治利益上，中國模式和西方模式更像是一個碰撞的過程。也許在幾年甚至幾十年內不會發生嚴重的衝突，但是這兩種發展模式最終會證明其經濟上的不可相容性，就算它們在軍事和外交上能和平共處。

　　檢驗中國模式與西方模式的長期競爭不是本書的研究範圍，但是最近關於這一主題的很多優秀研究已著書出版，其中大多數作者得出的結論是：民主資本主義最終會占有優勢[6]。為了充實新資本主義模式的國際意含，讓我們總結一下提出這一觀點的主要理由。

　　第一，中國自一九八〇年代以來發展迅猛，取得了驚人的成功。創新與競爭的自由作為資本主義體制的核心，與獨裁政體要求的集體服從之間存在固有的矛盾，我們不應掩飾這一事實。這些矛盾在資本主義發展的早期階段也許無關緊要，因為在早期階段，發展主要依靠大量的基礎設施投資和引進發達國家的先進思想和技術。以目前中國經濟成長的速度，要達到西方國家的生活水準大約需要到二〇三〇年或二〇四〇年[7]；但隨著中國人的生活水準開始接近西方國家水準，政治體制與經濟體制之間的矛盾將更加顯著[8]。

　　第二，隨著美國經濟政策轉向減少外債和貿易逆差，中國對出口的依賴將會導致更多的問題，尤其是對美國消費市場的依賴。中國領導人已經體認到，過分依賴出口會給中國帶來危險，並正在努

力把發展計畫的重點轉向國內需求。但這個過程是艱難的，因為中國經濟在科技和管理上的進步大多來自出口部門，此舉有可能導致生產力下降和經濟發展速度減緩。此外，中國的獨裁政客很難適應一個認為消費比生產更重要的社會。即便是像日本、韓國這樣的亞洲民主國家，一旦其出口導向的發展階段結束，也無法保持其高經濟成長率。這些國家憑藉亞洲或儒家價值觀與西方物質主義抗衡，並以此作為民族驕傲[9]。

第三，中國的下一個發展階段──從模仿他國生產的廉價勞動力經濟轉向一個創新的繁榮經濟──需要建立威爾·賀頓（Will Hutton）所說的「資本主義的軟基礎設施」：保護財產權、代議制政府、司法獨立，以及不只依賴個人利益推動的商業文化。很多西方評論家和政治家認為，上列這些讓資本主義經濟取得長期成功的條件，是西方啟蒙運動中的自由意志特徵；而且，資本主義的需求會強化這種自由意志，最終威脅到共產黨對獨立思想形成的箝制，繼之破壞其威權體制。

第四，中國的經濟和科技發展水準落後，以及其文化獨特性，在在使之無法成為其他新興國家的榜樣，也無法成為真正的世界領導者。中國在世界經濟中的影響力與其經濟成就不大，而與其人口規模有關。經濟危機後的一兩年內，中國無疑會成為世界第二大經濟體，但在人均所得上，中國卻很難擠進世界前一百名國家之列。根據世界貨幣基金二〇〇九年的排名，儘管中國的消費支出相對較低[10]，其人均國民所得是6,500美元，排在全球第九十七位，遠低於俄羅斯的15,000美元、巴西的10,500美元、南非的10,000美元，甚至低於泰國的8,000美元。以同樣的方法進行比較，美國的人均所得是46,000美元，西歐最窮的葡萄牙則是22,000美元。

最後，中國的政治體系結合了嚴格的極權控制和顯著的政治穩定度，這在世界上是獨一無二的。它的基礎是中國歷史上長期的強

力中央統治、民族的統一和儒家文化的影響。這種情況很難在世界上其他任何一個國家複製。即使其他發展中國家深受中國的鼓舞，它們也很難選擇中國式的發展道路。

美國與歐洲的聯合

即使民主自由一直是政治經濟長期發展最合理且吸引人的模式，但與更為人所接受的歐洲模式相比，金融導向的資本主義的瓦解是否會損及盎格魯─撒克遜模式的名聲？這一觀點在經濟危機發生後一段時期廣為流傳，但事實是恰恰相反的。

假設美國經濟從蕭條中復甦的速度比歐洲大陸快得多，英國經濟也從蕭條中復甦，而且沒有像其他很多歐元區國家那樣受到太大的永久性損失──這兩種情況都是很有可能發生的──只要盎格魯─撒克遜模式沒有與資本主義3.3的市場基本教義派混淆，經濟危機會再次證明盎格魯─撒克遜模式的適應能力。

第二代資本主義中的官僚式國家主導體系在歐洲大陸（以及日本）存活下來，儘管柴契爾首相和雷根總統分別在英國和美國進行改革時，試圖徹底地清除之。在經濟危機發生前的二十多年間，歐陸國家掩飾了一些因拒絕接受柴契爾─雷根改革而導致的後果，並付出了經濟成長緩慢或下滑的代價。對於經濟不斷下滑的歐洲國家而言，經歷過二〇〇七至〇九年的經濟危機後，其前方的道路會更加艱難。

隨著資本主義朝向一種新模式發展，歐洲各國將經歷比英國和美國更大的改變。在這種模式下，政府規模比較小但更加活躍，全球經濟更加平衡，兩極分化不那麼嚴重。

儘管歐洲領導人、商人和投資者起初對二〇〇七至〇九年的金融劇變疏忽大意，堅信這完全是盎格魯─撒克遜模式所導致的經濟

現象，但很顯然地，經濟危機至少會使三方面的結構性問題加劇。

首先，由於美國、英國、西班牙、愛爾蘭、希臘和其他一些高負債國家的消費速度減緩，導致加工產品需求降低，這對德國和其他出口型經濟國家造成的影響比美國要大。其次，南歐和中歐國家面臨潛在的大型經濟危機，因為這些國家的消費者和政府對看似無限制的低息貸款越來越著迷，甚至超過了加州和內華達州的次級貸款借款人。第三，市場基本教義派理論使歐元轉化為一種脆弱而非強大的貨幣，歐洲貨幣聯盟就是在一九八九年貨幣主義鼎盛時期憑之設計的，其結果是一場經濟和金融雙重壓力導致的金融風暴。這場金融風暴使得歐洲經濟實力被削弱，政治上更加內向，至少在金融危機後會持續幾年。

相反地，美國經濟結構正在增強，至少是相對於歐洲。在危機後的復甦中，美國的產業和貿易比重會再次平衡。美國消費速度的減緩，以及美元相對歐元和日圓的超強競爭力，都使經濟活動逐漸轉向——從生產力相對較低的產業，如建築業、零售業、消費金融業，轉向資本設備的生產、出口型產品的生產和新能源技術。這些產業的發展也展現了美國經濟在技術和研究上的比較利益。如果美國醫療改革因經濟危機造成的金融壓力而獲得更多政治上的協助，美國商業在國際競爭中會有更大發展。

一段時期後，歐洲資本主義無疑地會適應新全球環境，並改進曾讓它們成功的資本主義模式，因為歐洲的政治經濟體系在基礎上和美國、英國一樣強大。但是，在資本主義4.0中的歐洲資本主義變體將需要一次結構性大改革。在總體經濟政策上，歐洲需要經歷反對市場基本教義派的哲學變革。在一九九〇年代，市場基本教義派在歐洲央行和德國金融部門的地位比在美國和英國的總體經濟機構更穩固。工業和勞工政策必須向反方向傾斜，從第二代資本主義時期遺留下來的父權式官僚傳統會轉向更加重視市場的力量，就算

引發社會混亂。

因為歐洲採納了更多凱因斯總體經濟政策，以及市場導向的產業和勞工政策，盎格魯─撒克遜模式和歐洲模式之間的融合是可能的。由於這樣的收攏，美國、英國和歐洲各國之間的經濟體系競爭與偶爾的摩擦很可能消失。

另一方面，歐洲和美國之間的商業競爭很可能加劇；因為兩國的經濟都集中在相同的高附加價值產業，並且廣泛應用相似的經濟管理哲學。但是，面對中國這個共同的競爭對手，意識型態的融合使歐洲和美國的政治關係更加親密。因此，西方民主資本主義模式和中國極權模式之間的差異將會比以前更加突出。

西方和亞洲價值觀的競爭

經濟危機使很多新興國家的政治家和政策制定者相信民主並非完美的概念。然而，假定經濟復甦和西方新資本主義模式大體上如預期一般演進，這種對於民主嚮往的全面幻滅是不可能持續的。

反之，美國模式和歐洲模式的融合會使這個民主資本主義的改革模式對大多數新興國家更具吸引力，尤其是那些傳統上重視社會和諧和尊重國家權力的亞洲國家。這是很多亞洲學者的觀點，如紀梭·馬布巴尼（Kishore Mahbubani）在他引起廣泛討論的《亞半球大國崛起》（*The New Asian Hemisphere*，天下雜誌出版）這本著作中，他認為亞洲想要復興而非主宰西方國家，亞洲國家藉由採納和實行經濟、科學、法律等領域的最佳慣例，不斷地努力發展自己。與這些學者持有相似的樂觀態度的人，是安瑪麗·史拉特（Anne-Marie Slaughter），美國外交政策領域的自由派重要學者，美國總統歐巴馬任命她為美國國務院政策規畫司司長。她認為美國在意識型態上剛樹立的開明形象，以及對自身不完美的坦承，會使美國模式

對發展中國家更具吸引力。她撰述美國外交政策的著作《美國的觀點》（*The idea that is America*）幾乎是資本主義朝著一個新政經模式發展的過程中，「思想需要改變」這個觀點的宣言。

除了這個理念問題之外，還有一些具體原因可以解釋為何美國和歐洲的思想融合有利於西方民主價值觀的廣泛傳播，並且能作為抗衡中國模式的途徑。

第一，如果經濟復甦大致上沿著本書所說的路線進行，民主資本主義的適應能力將再次受到重視。其非凡功效與那些專制政權國家脆弱的適應能力形成鮮明對比。民主資本主義在危機後表現出的恢復能力吸引了越來越多發展中國家的政客和公民，他們試圖讓自己的國家在經過幾十年的動亂和戰爭後仍然保持統一。

第二，隨著美國成為本書所描述的那種適應能力很強的混合型經濟國家，政府和市場間的相互作用將更具建設性和靈活性，美國也會向國際思維的引力核心慢慢接近。這種面向全球標準的運動將會使美國作為一個更具吸引力的樣板，而且隨著時間推移，這個趨勢將會增強美國在國際組織中的影響力。布希政府的單邊外交、社會與環境政策的徹底更改或調整都顯示出：美國不再與其他國家生活在不同的精神世界中。

第三，對歐洲來說，要與美國在精神層面相融合，需要決策者和選民體認到歐洲社會經濟體系的機能失調，像是允許特殊利益集團如農業遊說團體和工會掩飾其本質上具有剝削性質的尋租行為，這是歐洲模式的典型文化特點。經濟危機的後果會迫使歐洲在貿易、勞動力、農業方面採取更多市場導向的政策，這些政策會使歐洲與新興經濟體互動時互惠互利，卓有成效。如此一來，歐洲會更有效地推動民主資本主義的擴張，尤其是在非洲和中東。

傳播西方價值觀的第四個原因是，經濟危機已經表明，貿易中的極度不平衡仍將長期存在。由此導致的結果是，中國的出口推動

型經濟模式會岌岌可危，並且對其他發展中國家的吸引力將會越來越小。同時，由於中國的相對優勢主要在於廉價勞動力，一旦美國的消費和進口下降，其出口的持續增長將以其他低收入的發展中國家為代價。因此，中國如果不能以驚人的速度改變其經濟成長模式，從出口轉向內銷，其未來的貿易摩擦將主要發生在與其他發展中國家之間。中國在巴西、南非等商品製造國的大量投資也加劇了緊張局勢，這會使這些國家對原物料的依賴性更大，並試圖透過生產和出口成長來平衡其經濟。

最後，如果在貿易、金融及民主原則方面與中國的競爭加劇，美國、歐洲及日本會轉而關注那些在政治與經濟傳統上與先進資本主義國家較為接近的發展中國家。印度的崛起尤為重要，因為印度具有巨大的經濟潛力，而且其政治和商業文化與西方更接近。印度的經濟發展模式重內銷而非出口，這會使其與西方經濟相互彌補，尤其是美國未來的經濟。美國的經濟越來越取決於出口，而非住房、金融和消費；因此，美國需要與有意願且有能力成為進口大國的其他經濟體開展更加密切的合作。有鑒於此，印度、巴西、南非，或許還有俄羅斯，會在未來的十年內取代中國，成為美國需要的互補型合作夥伴。如果是這樣，在往後的十年中，西方經濟、地緣政治、思維方式的焦點將會轉移到印度及其他較大的發展中國家，遠離危機前以中國為主的模式。

商業利益將擁抱新模式

隨著資本主義 4.0 的發展，商業領袖會反對政府與私部門日益增強的合作，尤其是美國和英國的商業領袖。然而，這種態度最終會變成一種默認甚至熱情，因為企業和政府之間的合作在亞洲與歐洲許多國家，也包括在軍事工業發達的艾森豪時期的美國，都非常

普遍[11]。商業人士體認到，積極主動的總體經濟和金融管理對資本主義制度的生存至關重要。許多人士也從其企業角度判斷，認為與政府合作要比對立更加有利。

　　在柴契爾—雷根革命之後的三十年裡，商業領袖們都認為一個公理是成立的，即所有的管理和政府干預都會損害他們的利益，公司應該投入大量資源去爭取一個最小的政府。製造業的關閉被認為是市場經濟的必然結果；草率的企業重組和股東利益的單一追求不僅不可避免，還是可取的，或者至少是理性和有效率的。

　　理性、效率等經濟概念如果失去了信譽會怎樣呢？隨著經濟蕭條和金融危機塵埃落定，應該重新深入思考一下企業管理者、股東及政府之間的關係。企業應該從更廣泛的角度理解它們的目標，而不只是追求股票價格的最大化。政府應該慎重考慮各種針對特定企業或部門的補貼及稅賦提議，以及在第三代資本主義時期被排除的提案。隨著企業與政府的互動越來越多，它們與積極主動的政府決策之間的意識型態鬥爭就會停止。一旦企業意識到政府參與程度將不可避免地越來越大時，它們會努力將其轉換成獲利。

　　隨著資本主義4.0的發展，商業上的實用主義將會逐漸轉變為更寬泛的社會意識型態的變化。企業管理者會被迫接受，他們花費數億美元的政治遊說違背了股東的利益。最典型的例子是美國的汽車產業，他們反對政府對於燃料經濟性標準和醫療體制的改革，最終導致破產。銀行系統也是如此，他們反對抵押貸款監管與衍生性金融商品合約的強制清除。許多公用事業公司不顧股東的長期利益，反對那些最終將提高其企業價值的污染和氣候變遷方面的政策改革，其代價是石油和煤炭生產商的利益。美國許多勞力密集型產業藉由遊說反對醫療改革，把意識型態置於股東利益之上。

　　國防一向是商界爭取小政府的一個例外領域，但將來在國防合同方面的商業遊說會被醫療制度的利益取代——商業遊說集團傾向

於政府對醫療費用加強監管，以及醫療保健責任由公司轉為由國家
承擔。隨著政府干預私部門經濟領域的現象增多，企業也將會爭取
在科學、高等教育、技術及能源、交通設施、貿易發展等政府決策
上享受津貼。然而，重返一九六○、七○年代的徹底保護主義及對
夕陽產業的補貼幾乎是不可能的。世界經濟和工業產品供應鏈的全
球化不可逆轉，保護主義政策的代價太高了。如果企業試圖尋找既
能使利潤最大化，又能符合政治與社會要求的方法，它們就必須更
務實地回應政治和市場壓力。

　　在資本主義3.3中，這種政府和企業的合作，即使出於不可避
免的實際原因，也可能會嚴重損害經濟，造成政府腐敗。在資本主
義4.0中，這種簡單的對立局面沒有任何意義。管理者和投資者需
要找到新的途徑，協調金融和政治目標。拒絕這樣做的人就會被商
業淘汰。

貿易與產業結構

　　從柏林圍牆拆除到金融危機，在這非比尋常的二十年中，全球
金融和貿易中的操控迴圈使中國和美國的經濟互相依賴[12]。中國提
供廉價勞動力與超額儲蓄，而美國則創造新產品、科技及消費需求
來加以吸收。

　　相似的操控迴圈曾在歐洲出現過。當時，德國資本主義向西班
牙、希臘和法國提供賣方融資服務，使它們有能力購買更多的德國
豪華汽車和昂貴的洗衣機。二○一○年，歐元區爆發金融危機，歐
洲對這種國際資金迴圈的依賴性明顯小於美國和中國之間的貿易與
金融不平衡。但是，正如希臘危機所示，歐洲內部資本的再迴圈更
依賴於相關經濟體，同時，也比中美之間互相依賴，或有時被認為
是確保相互摧毀的金融關係更不穩定[13]。

　　在將來十年間，這種金融和貿易的迴圈勢必會減弱，甚至背道而馳。全球貿易的重新平衡在後危機時代勢在必行，一方面是由於巨大的貿易赤字所帶動的資金流動已經不穩定；另一方面，這也是世界向新資本主義模式過渡時，經濟思維轉變的深層政治原因。

　　隨著世界對單純追求自由市場的思維逐漸喪失信心，政治壓力勢必會加劇，反對跨國貿易將會導致生產型就業崗位減少的呼聲高漲。自由貿易的刻板邏輯是，所有國家都應該專門發展具有比較利益的經濟活動，並關閉不景氣的行業。這一理論帶來的結論是，英國只能向世界提供金融服務，美國應該在高科技電子產品、好萊塢電影業方面全力以赴，所有德國人都要在汽車與機械設備行業工作，中國則應為全世界製造勞力密集型的批量生產商品。

　　事實上，高中經濟學課本裡面所描述的高度專門化是不存在的。即使是像盧森堡、新加坡、阿拉伯聯合大公國這些世界上最小的國家，也試圖發展廣泛的產業，以保障工人的技術範圍，避免過度依賴單一產業的危險，不管這種產業多麼欣欣向榮、潛力無窮。資本主義3.3的自由市場思維強調這種專門化。但是，二〇〇七至〇九年的危機不僅影響到美國、英國的金融，還波及到出口型經濟體，如德國、中國和日本，這個悲慘經歷使決策者們越來越擔心這種模式。

　　同時，全球金融重新平衡的迫切性顯示出，主要進口國家的總體經濟政策將發生改變，這些國家將更加注重加工和出口，而非消費、住房和金融。美國、英國、巴西、西班牙及法國的消費增長速度減慢也會迫使中國、日本和德國重新考慮其產業專業化問題。這些趨勢的加快將會催生新的思維方式，政府對金融、工業及國際貿易的干預將會更多，進而使企業和投資者面臨新的刺激、補貼及可能的貿易限制。

　　如果以上分析正確，那麼下一階段資本主義的特點將是：所有

國家都會經歷大規模的企業重組，因為全球企業必須及時轉變策略，以適應不斷變化的全球貿易趨勢。這種大規模企業重組的後果，本書已經討論過了，但是在這最後一章，有三個因素對資本主義4.0的全球影響，值得重提一下。

第一，全球貿易的重新定位意味著，未來十年間，世界經濟將會吸收大量投資，比傳統估計的還要大得多，因為目前許多工業能力被用在不合適的產業和不適宜的崗位上。第二，所有國家在自由貿易原則上的優先順序將依情況而定，自由貿易與比較利益的理論優勢會明顯地被其他經濟目標所替代──首先是經濟蕭條後創造就業機會，其次是保持工業結構多樣性的預期。第三，協調主要貿易經濟體──美國、歐洲、中國、日本──的總體經濟政策與現行政策的壓力，這是不可避免的舉措。這些調整將會對後布雷頓森林體系的浮動匯率及全球政治、經濟機構的管理產生巨大影響。這兩個問題會在本章最後加以討論。

經濟成長和實體資源的局限性

資本主義3.0時期的「市場萬能」理論認為，世界經濟的成長是無極限的。如果出現影響成長的實體或環境因素，市場很快會發出正確的價格信號，確保這些障礙自動解決。這次金融危機顯示，以為效率市場總能發現並傳導長期社會偏好的想法過於簡單，這些觀念逐漸不再令人信服。資本主義4.0將會引導人們深入思考影響經濟成長的實體和環境因素。

這是否意味著要拋棄對物質生活水準持續提高的期望，就像反對全球化和資本主義運動人士的要求？如果真是如此，則長遠來看，西方模式戰勝中國模式的機率將會大大下降。資本主義4.0指出，更好的方式是使政府政策與市場誘因相結合，以克服對經濟成

長的限制。

　　能否達到這一效果很難預測，但適應性極強的資本主義體制下的科技進步和社會變革表明，成功的機率要遠大於失敗。一九三〇年代，羅斯福提出的「堅持不懈的大膽實驗」將會是未來幾十年中，美國國內與全世界能源與環境政策的主要特徵。

　　影響未來經濟成長的實體限制主要分為兩大類。一種擔憂是原物料的耗竭，最明顯的是石油、礦物質與淡水資源。另一方面，更令人不安的是，如果碳基燃料**沒有**耗盡的一天，將對環境產生多麼災難性的影響[14]。正如本書談到的其他幾個問題，關於成長極限的爭論很多，相關的書籍和研究也很多[15]。本書僅僅想說明，過渡到一種新政經模式會對這種爭論產生怎樣的影響。

　　能源供給提供了一個典型例子，顯示出地緣政治和經濟條件可以藉由對經濟、政治和市場關係的觀念轉變而變。

　　雷曼危機爆發之前不久，石油價格漲到每桶150美元時[16]，金融市場對石油峰值論產生了爭論，該理論認為二十世紀的石油生產已經在九〇年代達到增長的極限，以後便會大幅下滑。一些投資者和決策者將石油峰值論與效率市場假說聯繫起來，進而得出結論：石油價格會猛漲，每桶150美元只是超級上漲週期的開始。市場基本教義派者認為，這個現象的好處在於，石油價格上漲會自動創造能源市場供需平衡的協調狀態。世界經濟活動會因此削弱，並引發資金的大幅轉移，從能源消費國到石油生產國，如沙烏地阿拉伯。

　　然而，假設金融市場設定的價格經常錯誤，並與長期能源需求不符，尤其是在一個經歷過污染、地緣政治動盪及其他受到石油生產和消費活動的外部性影響的社會[17]；那樣的話，市場價格就未必是塑造長期能源平衡的最好工具了。同時，關於石油峰值的爭論會引發另一個更重要的問題：有沒有一種政策可以降低長期的石油需求，並確保需求的成長遠遠落後於石油的供給？這種關於積極政府

政策的問題在市場基本教義派當道時期很少被提及，但是在資本主義4.0中，卻對能源和環境政策至關重要。

在未來幾年，公共政策的目的將不再如傳統經濟學家的預期，保證石油供需平衡。金融市場無須政府協助，只要將石油價格再推回到每桶150美元或更高，就能夠達到這個平衡。政府干預的關鍵在於將一種不同的均衡機制引入石油市場，實現三個不同目標，金融市場如果僅僅依靠自身的力量，甚至無法識別這些目標。

第一個目標將是以一種不會對石油消費國的經濟活動和生活水準造成不必要損害的方法來平衡石油供需關係；第二個目標是避免油價恢復到每桶150美元會對西方民主造成的地緣政治風險，因為這一價格水準對一些最不穩定、政治上敵對的非民主政體來說，可能意味著每年近1萬億美元的收益[18]；第三個目標是將供需的再度均衡與環境要求相結合。

如何實現這些目標呢？既然大家普遍認為公共政策能夠調節金融市場的內在動機，而不僅是接受並遵循這些動機，那麼這個問題的答案就很明確了，並且多年來也受到能源消費國的支持。

能源消費國政府可以提高本國石油價格以遏制石油需求，同時保證西方能源消費國的其他額外開銷盡可能少流向石油生產國。西方政府的目的就是盡可能地抵制那些石油生產國收取不勞而獲的「租金」。所謂不勞而獲的「租金」是指世界市場上一桶油的賣價與其生產成本（其中包括技術、運輸、資金等）之間的差額。特別是在中東國家，如沙烏地阿拉伯、阿布達比等，一桶油的生產成本大約是10美元，照這樣算的話，賣價若為150美元，租金就是140美元。因此，如果石油價格恢復到每桶150美元，石油輸出國組織按每年生產100億桶油來計算的話，其淨利將會達到1.4萬億美元。

接下來的十年裡，能源政策的主要目標就是調整這個「租金」的方向，盡可能從石油生產國轉向石油消費國政府及納稅人。這種

調整主要有四項措施，但必須先使政客、選民及商業說客們體認到，由市場基本教義派向資本主義4.0過渡將帶來新政治和經濟可能性。

　　第一步，也是最重要的一步是，美國政府要遏制依賴進口石油的自我毀滅做法。這個目標可以透過引進歐洲的能源稅賦政策來加速實現。這些能源稅可以用來抵銷收入和雇員方面的稅收，或用來減少政府的財政赤字，或用於支援農村地區的發展。上述任何方式都可以使石油生產國在現存自由市場體制下不勞而獲的「租金」保留在美國國內，而不會流入俄羅斯、委內瑞拉或中東國家。美國稅賦制度的這次轉變將會大大影響全球的石油需求。假如美國的石油消耗量減少到歐洲現今的水準──考慮到人口比例、氣候狀況及這兩個經濟體的發展水準，這似乎有點不太可能──全球石油需求的減少量將約等於中國的石油消耗量。

　　第二項措施是，世界各國政府要制定能源稅或碳排放交易許可的相關制度。增加能源稅、提高碳成本，這一舉措將會準確無誤地給世界各地的商業和消費者帶來一個市場信號，即化石燃料的價格不斷提高，最終勢必導致可替代能源的價格不僅低於石油、天然氣，甚至比煤的價格還要低。結果將是人們瘋狂地投資於可替代能源及科學研究，促使非碳能源的成本在幾十年內大幅下降。

　　第三項措施是針對發展中國家，它們對全球石油需求量的增加也有一定責任[19]，這些國家應取消能源補貼，並以全球能源稅和碳交易制度來取代國內的其他稅制。這一提議也適用於美國，如果美國採取了歐洲的能源稅賦制度，那麼能源使用者上繳的稅收就可以藉由其他稅收相對減少的方式直接返還給消費者或工人。但是，在發展中國家，消費者面對如此高的能源價格，會改變其消費行為，他們會轉而購買更省油的小型車，而且他們改變的速度比歐洲和美國的消費者都要快。相對於各自的總收入而言，每加侖石油5美元

對於中國人、巴西人或印尼人來說，負擔要比美國人或歐洲人重得多。

第四項是要求所有的能源消費國要加倍反對市場基本教義派，尤其是那些發達國家，比如美國、歐洲國家及日本；它們要使石油消費稅與研究補貼和可再生能源、核能的投資相匹配。

所有這些措施的目的都是為了把以碳為基礎的工業轉變為以電力為基礎，制定一個支持技術解決方案的全球能源體系。當然，這一體系會讓那些發達的資本主義國家獲得可觀的利益，而非那些政局動盪的石油生產國。

一旦這些措施被所有的能源消費國採用，或者哪怕只有美國或歐洲國家實施，市場機制將成為一個非常有效的工具，得以減少對石油的需求。同時，這些措施也會使地緣政治力量的平衡發生轉變，從非民主的原物料出口國（它們的財富和權力主要來自效率低下且嚴重破壞環境的能源開發）轉向民主國家（其主要財富和權力仰賴於創新和技術進步）。

如果這一過程啟動，那麼經濟成長的限制和石油峰值論就無須證明。反之，世界上大部分的石油供給最終將被閒置於地下，失去其價值。就如英國，她曾經以為埋藏在自家國土下方未開採的巨大煤儲量會成為它最大的財富。

對於大幅提高石油價格對能源生產帶來的潛在影響，早在一九七四年的能源危機中，當時的沙烏地阿拉伯石油部長就作了有名的總結。他提醒石油輸出國組織，如果他們太貪婪的話，人們將會另覓其他能源來代替石油。當時他警告說：「請記住，石器時代並不是因為石頭不夠用而終結的。」如果一些政治智慧與市場力量結合起來，不需要等到石油枯竭，石油時代就會宣告結束。

環境會成為積極的經濟因素

資本主義4.0的發展促使人們更清醒、更具建設性地思考一些要求改變技術和人類行為以減少污染的新動機。公共補貼、納稅人擔保及制度干預都是市場基本教義派者過去不敢想的，以後將越來越被公眾認為是理所當然的事情。這種潛在變化的規模可以透過一些資料來衡量，這些資料顯示了在過去三十年裡，儘管已經出現全球變暖的現象，政府和私人企業仍舊如何大幅縮減能源研究方面的投資。

例如，自一九八〇年代以來，美國聯邦政府在能源研究方面的支出已經減半，二〇〇八年全年在所有的能源研發上僅花費了50億美元，其他所有國家在這方面的花費總合大約與這個數字相當，僅約等於美國政府軍事研究開支的十四分之一、醫療研發開支的六分之一。這一差距在私人企業更為明顯。發電廠平均僅把營業額的0.5%花費在能源研發上；相較之下，汽車製造業是3%，電子產業是8%，製藥業是15%。二〇〇八年，全球在各種形式的非碳能源上（包括核能在內）的開支是微軟用來升級Windows和Office軟體開支的兩倍，但要遠低於研發新武器裝備材料或癌症研究的開支。全球每年在可替代能源和核能研究上的開支是100億美元，而每年用於化石燃料的開採和燃燒的補貼大約是2,500億美元[20]。

這些差距顯示，市場並沒有準確地發送適當的價格信號來帶動相應規模的能源技術投資和創新。資本主義3.3對此發現的反應，就是尋找市場失靈的證據，因為這些證據能夠解釋投資不足的原因，比如缺少競爭、保險的承保範圍有缺口、資訊失效等。大多數情況下，不可能發現市場失靈的證據，即使發現了諸如缺少競爭之類的市場失靈，其解決方法也是非常細緻繁瑣的，比如拍賣新增產能或把一些衍生性金融商品引入電力市場。事實上，努力糾正這些

標準的市場失靈反而會使事情更糟；比如，儘管電力市場已經自由化，但是在研究和技術方面的投資反而減少得更快。

　　未來幾年裡，這種方法將會發生根本性的變化，無污染能源的研究、開發和使用需要更大的公眾支持。在這種情況下，如果環保運動能夠認真地對待其目標，將會給政府帶來一個機會。清潔能源的發展將產生更多的經濟活動，進而增加就業，而不是限制經濟成長。環境保護論者和政治家們也強調，大部分的商業領域將會受益於政府發起的能源、二氧化碳排放及其他環境問題的相關倡議，而不會因此受到損失。

　　透過政治誘因促進全球新能源基礎設施方面的投資，應該會讓美國商界更感興趣。美國（在某種程度上也包括英國）有著明顯的比較利益，不僅在以科學創新為基礎的工業領域，在金融領域也是如此。由於全世界已經投入幾萬億美元來取代化石燃料，這兩個領域將成為世界經濟中最繁榮的領域。因此，美國和英國都將受益於這次全球經濟轉變（即碳排放及其他污染形式的代價提高，因而需要開發相應的新技術來避免這些污染），不過就全世界來說，這次轉變的成本很高[21]。僅這次轉變中的一個機制——據英國政府的《史登報告》（*Stern Report*）估計，碳交易市場每年要增加5萬億美元——給美國和英國帶來的經濟利益就足以彌補它們在國際抵押債券市場崩潰所受到的損失。

　　在金融危機之前，關於環境投資和碳交易潛在收益的觀點並不受環境保護論者歡迎，這是可以理解的。市場基本教義派不可能大規模地把公共資產投資於能源研究和碳交易，訴諸利潤動機只會導致人們對綠色運動的道德價值產生誤解。人們會認為綠色運動的真正目的與其說是為了保護環境、防止氣候變化，不如說是為了削弱資本主義、降低物質生活水準。這種過分強調節儉的行為不僅在政治上是危險的，而且在金融危機後的幾年裡，對環保運動本身的影

響也具有自我毀滅性，因為促進經濟成長和就業是所有國家的頭等大事。

　　一旦資本主義4.0打消了市場基本教義派的想法，即透過商業手段讓各種形式的能源與化石燃料相競爭，環境保護論者就應該把運動重心轉移到大規模投資和補貼新技術的呼籲上。如此會使一些領域獲得經濟利益，進而成為綠色運動的商業同盟者。

沒有經濟成長的繁榮不過是幻覺

　　要想讓社會大部分人接受這些革新的社會和環境政策，就要讓他們相信這些政策能夠從總體層面提高人們的生活水準和工資水準，並能夠給予人們更多的自由和選擇。如果這些革新政策需要消費者和選民作出很大犧牲，它們是不會被採納的。

　　在美國和英國這樣的發達國家，這種說法或許聽起來有點玩世不恭的感覺。但在一些相對貧窮的國家，將需要採取行動來捍衛國家免受嚴重的體制威脅——發展中國家總是會把經濟成長放在首位，例如，中國每兩年建造的燃煤發電廠數量相當於英國在整個歷史過程中建造的總數量[22]——對於一個發展中國家血汗工廠裡的工人、沒有土地的印度農民，或一個來自巴西或肯亞的水果採摘工人來說，拒絕為了下一代能在二〇五〇年以後享受到西方國家的舒適而犧牲自己的物質生活，這種選擇並不虛偽。各國的統治菁英們比其民眾更不願意採取損害自己物質利益或動搖自己權力的行動。

　　那麼，社會責任和經濟成長的目標顯然是相互矛盾的，如何調和這對矛盾呢？一方面，要重塑市場動機，把更多的資源用於新技術、相關產業及工作中；另一方面，正如前文所述，政府要藉由稅賦或碳排放交易拿回一部分石油生產國從石油消費國獲取的租金。不管怎樣，應以更深層的方式來看待如何協調經濟成長和社會犧牲

之間的矛盾，人們也會更認真地思考成長和犧牲的意義究竟是什麼。

　　舉一個非常極端的例子，石棉的開採銷售創造了許多工作機會，增加了國內生產毛額，直到一九九〇年左右，石棉開採才被禁止。當時，為了治療石棉受害者和補償受害工人家屬，花費了幾百億美元，這種醫療支出又產生了更多的就業機會，促進了經濟成長。難道禁止石棉開採就意味著社會犧牲嗎？答案很顯然是否定的。但無論如何，事實上，至少在找到新的材料來取代石棉之前，禁止石棉開採的確導致了國內生產毛額的下降。因此，就傳統的經濟衡量標準而言，要形成一個無石棉的經濟體肯定會導致很大的經濟損失——那些倒閉的礦業公司聲稱，這些損失對社會整體也是一個巨大的犧牲。

　　石棉似乎是一個非比尋常的人為案例，但也有其他一些例子，最顯著的是一九八九年的《蒙特婁公約》（Montreal Convention）禁止使用含氟氯碳化物的製冷劑，進而減少了大氣中的氟氯碳化物，僅用十二年就修復了保護地球的臭氧層[23]。和石棉一樣，氟氯碳化物的製造商和使用者一開始也是反對這項禁令，因為這會大幅增加冰箱的生產成本，並導致產量和工作機會的損失。然而，一旦作出決定，這些人們眼中的經濟犧牲也就變成社會收益了。從這個例子中可以看出，這項禁令不但修補了臭氧層空洞，也沒有使冰箱產業受到任何損失，因為所有競爭者同時受到影響，並且同時以較低成本進行了一些必要的技術革新。此外，為了生產氟利昂的替代品，一個新產業就此誕生。如果有一天類似的事例呈現給二十二世紀的讀者，他們肯定會感到困惑：為什麼二十一世紀中葉的人們要反對全球禁止煤炭開採、石油生產，或者地面灌溉呢？

　　列舉這些例子的目的不是為了表明禁止開採煤炭或石油的必要性或可能性，而是為了說明經濟資料描述社會現實的方式往往是極

不準確，且帶有很大的誤導性。金融危機後，資本主義的復興會帶來一些長期影響，其中最有意思的是，它引發了一場嚴肅的討論：如何從資料上衡量社會福利和經濟成長，並明智地調和二者的矛盾？

經濟活動將產生（或破壞）社會價值；而發明一套衡量價值的體系，自亞當・斯密以來就一直是規範經濟學或福利經濟學的「聖杯」，亞當・斯密的《國富論》大部分內容就是關於這個話題。自他以降，市場價格和社會價值之間的關係一直讓那些執著的經濟學家們迷惑，包括馬克思、彌爾、海耶克、凱因斯。但是在一九六〇年代，人們幾乎完全不再考慮價格和社會價值之間的關係了。市場基本教義派一開始鼓勵，而後卻要求經濟學家們簡單地認定社會價值和市場價格完全是同一回事。然而，二〇〇九年的秋天卻見證了一場史上對於經濟和社會價值思考的重大突破。

二〇〇九年九月，由法國總統薩科奇邀集全球最知名的三位經濟學家約瑟夫・史迪格里茲、阿馬蒂亞・沈恩（Amartya Sen）和尚—保羅・費圖西（Jean-Paul Fitoussi）組成的「經濟表現和社會進步衡量委員會」（International Commission on Measurement of Economic Performance and Social Progress）發表了一項如何更合理地衡量經濟表現的報告。報告統計的指標包括環境惡化、所得分配和生活品質等。這份報告的重要性不在於它所提出的詳盡建議，而在於它所提出的政治與經濟關係問題。對於那些建議，人們還需要進行數年的討論才能達成共識。

正如史迪格里茲所言：「在我們這個表現決定一切的世界裡，我們所衡量的指標影響著我們的作為。如果我們沒有良好的衡量指標，我們所堅持的事情（譬如說國內生產毛額的成長）實際上可能會導致我們的生活水準下降。當面臨實際並不存在的產出與環保之間的權衡時，我們也會作出錯誤的抉擇。相反地，一個衡量經濟表

現的更好標準可能是一個契機，促使我們採取相關措施將環境提升到有利於經濟發展的水準。」[24] 從一個政治家的立場，薩科奇也表達了相同的觀點。他說：「當我們自問如何衡量（經濟表現和社會發展）的時候，其實就是在問自己——我們真正的目標是什麼。如果我們不改變衡量和描述這些東西的方式，我們就不能改變目前的處境。」[25] 這一觀點將會對資本主義4.0的新思維產生深遠的影響。

　　但是，除了對於該如何界定社會福利的困惑，知識份子還有另一個重要的政治問題亟待解決，即是許多熱情擁護該方法的人具有反對資本主義體系的自然傾向。他們與勞工、綠色環保和反全球化運動關係密切；因此，他們將經濟目標的重新定義視為減少經濟成長的途徑，而把經濟資料的改革當作強調資本主義危害性的方式。這對於明顯具有危險性的產品來說（譬如石棉、氟氯碳化物或抵押貸款欺詐），也許是一種有益的討論，但是在看待相同的衡量問題時，與之相反的政治立場可能會更可靠，也更真實一些。

　　相較於將目光集中在資本主義造成的未衡量危害上，一種更具建設性的方法就是將注意力集中於眾多未被衡量的公共財，包括新鮮空氣和法律秩序。這些公共財的市場價格為零，因為它們是免費使用的。

　　貼在公共財（譬如空氣）上的零價值標籤，不過是一種社會習俗。譬如說，Windows的版權被當作私有財產——微軟公司在售出每份軟體時都會得到一筆收入——因此，在強烈誘因下，微軟公司會不斷地生產新的軟體。而它一旦提高Windows的價格，就會被合情合理地當作對經濟成長的貢獻。然而，空氣卻是一種公共財，許多商人都反對美國政府以碳交易許可的方式對空氣徵收使用費。在他們看來，即使有這個念頭都是不可理喻的。可是同樣的這些商人，他們在譴責碳交易的同時，卻堅持認為美國政府應當為保護Windows版權採取有力措施，儘管Windows的複製成本要比新鮮空

氣低廉得多。

　　水和空氣一樣，作為大自然的禮物，也可以看做免費商品。因此，直到二十世紀末，在許多國家和地區都有大量水資源被白白浪費了；但是，當水資源被私人公司或被迫應對水資源短缺的政府定價之後，就能得到更有效的利用。基於這一經驗，世界許多地方在面對即將發生的水資源危機時，採取報價的方式已經成為公認的最佳應對方案，可真實地反映出水資源的經濟價值。這種改革對農民而言是痛苦的，對城市的消費者來說也是不受歡迎的；然而，藉由高價標定賦予社會生產和消費的大量資源，國內生產毛額幾乎肯定會得到全面的拉抬。這種國內生產毛額的成長將精確地反映出水價上漲的真實社會影響，因為社會正在評估清潔水資源的巨大好處之價值——該價值曾經被低估或簡單地被忽略。

　　作為一種新興的資本主義模式，透過糾正這種異常現象，並將以前免費或被低估的資源以合適的高價出售——從清潔空氣到良好教育，甚至社會公平——將會對市場產生巨大的誘因，進而保護全球環境和促進社會進步。這種協調市場價格與社會價值的努力，對經濟的影響可能會令那些政治家們震驚：無論如何衡量經濟表現，公共財和環境資源的高價格將促進而非減緩經濟的發展。

貨幣和金融關係：會不會有一個新的布雷頓森林體系？

　　經濟危機過後，對全球貨幣系統的全面改革已經成了普遍要求。法國、中國和其他許多政府都要求創建一個新的布雷頓森林體系，使用一種新的國際儲備貨幣來替代美元。這些要求有時也會得到美國和英國一些傑出的政策制定者（如保羅‧伏克爾和戈登‧布朗）的贊同。美元在國際舞臺上的作用下降，或者說戰後固定匯率

的回歸，都與前十幾年的情況截然不同。

　　毫無疑問地，危機證明了一件事，那就是浮動匯率的價值。匯率的靈活性賦予了各國政府降低利率和利用財政政策刺激經濟成長的自由。這在布雷頓森林體系時代是不可想像的。反之，當最嚴重的銀行危機在其他國家過去之後，吞沒了歐元區的金融動盪仍在提醒著世界：在這麼一個令人回想起一九三〇年代金本位制的體系中，承諾長期固定匯率須承擔的危險性，以及保衛貨幣價值將付出的巨大成本。因此，任何恢復固定匯率的做法都是不可能的；不過，恢復一個金本位體系（例如布雷頓森林體系）還更不可行。從一九七一年開始，世界史無前例地取消了貨幣標準，這一點將來也不會改變。純粹的紙幣與核武器、青黴素或避孕藥一樣，是因為功能極為強大或有效才被發明出來的。

　　無論如何，在資本主義4.0下可能發生的國際金融改革，是重拾一九八〇年代的管理浮動貨幣政策。正如政府和中央銀行在非貨幣主義時期控制價格的穩定性，並對就業管理和經濟的實質成長擔負更多責任一樣，匯率和貿易的不平衡將重新成為國際經濟關係的一項主要特色。市場基本教義派的終結已打破人們危機前恪守的嚴格信條，即貨幣關係必須交由市場力量決定。相異於此，未來幾年間，可能會出現越來越多有關貿易不平衡和聯合貨幣干預的明確協商。

　　一九六〇至七〇年代，政府試圖完全掌控國際金融流動，卻是徒勞無功。我們不會再重蹈覆轍，相反地，未來的貨幣干預和全球總體經濟協作，將會使危機前對效率市場誇張的信仰和凱因斯黃金時代的過度監管之間達成實用性的妥協。即使在一九八〇年代中期，柴契爾—雷根主義正興盛之時，英美兩國仍有意願大幅進行貨幣干預，而制定了《廣場協定》（Plaza Agreement）和《羅浮宮協定》（Louvre Accord）。因此，我們很難看出未來的政府有何理由認

為干預外匯市場會違背意識型態。不同於政府控制的固定匯率制度，或危機前遵循市場的完全浮動匯率政策，未來的貨幣關係可能會更接近於一九八〇年代的管理浮動模式。

在這種管理浮動匯率制度之下，美元幾乎肯定會重掌全球支配或核心地位。足以威脅美元儲備貨幣地位的撼動是很難想像的，因為替代的儲備貨幣尚未出現，而我們也沒有道理預期它會出現。那些堅信美元赤字政策和貨幣擴張制度將會摧毀美元國際地位的人士，必須為我們找到另一種貨幣，而且必須有更強有力的財政和貨幣基礎支持它。目前，唯一可能的貨幣就是人民幣，但它在短期內不可能成為國際性貨幣，因為它連海外流通都還未普及。人民幣要確立儲備貨幣地位還有很長的路要走，中國政府必須開放貨幣兌換，並允許外國投資者進入資本市場。而這種情況或許在十年內都很難實現，因為開放匯兌與資本市場將會從本質上削弱中國政府對經濟和社會的控制力。

美元作為全球貿易和金融的關鍵貨幣，唯一可能的替換措施就是某種由國際貨幣基金等國際機構發行和管理的國際貨幣。原則上，美元可以被國際貨幣基金的特別提款權所取代，但此舉會使得美國、中國和歐盟都不得不放棄它們經濟主權的一個重要部分，並且接受國際貨幣基金及其所屬的聯合國體系具有更高合法性。這確實是邁向國際合作的一大步，但是世界看來並不願邁出這一步，至少在未來三十到四十年之間都不會邁出這一步，而在此期間，我們可以預期新資本主義體系仍將倖存下來。

為解決全球問題，全球統治權會增強嗎？

金融危機深刻地改變了全球政治生態。它強化了選民對稱職的政府和監管的需求，同時也散布了對政府支出和債務的恐懼，並引

發了對過去和現在的金融家、管理者和政客的罪責的困惑。伴隨著美國新一屆效率政府的誕生，美國在許多問題上都越來越接近全球意見的核心；而在這之前，美國始終是少數派的一員。所以，矛盾的是，危機使得美國作為一個政治樣板和引領者，對於其他民主國家更具有吸引力。

由於 G20 元首高峰會的出現，在危機中組建全球政府的希望大大增強，G20 元首高峰會是一個高效的論壇，能對當前經濟做出迅速的決策。比起七大或八大工業國的高峰會（俄羅斯有時包括其中，有時排除在外），G20 元首高峰會更具代表性和權力。

但是，隨著金融風波的平息，國際間合作的趨勢也趨於減弱。必須經全體通過——聯合國表決體系的缺陷——又一次被視為哥本哈根會議未能通過關於全球氣候變遷決策的癥結，也是世界貿易組織杜哈回合談判一直未果的原因之一。上述兩項決議都很難取得重大的進展，即使大體上，全球資本主義體系正在進行全面改革。此外，擴大聯合國安理會的努力也沒有結果，因為以英法為代表的中型規模力量不會放棄它們的表決權，而且它們在歐洲表決中的地位也會加強。至於改革國際貨幣基金和世界銀行結構，以提高中國的代表地位——即使這個最溫和的期待也遭到諸如比利時和義大利等小國的反對，因為這種提升會稀釋它們虛幻的名望和權力。

誠然，當前存在著一個清楚的矛盾，也就是國際政治機構的混亂癱瘓與迅速建立一個新資本主義模式的需求之間的衝突。這種新資本主義模式要求政府和市場進行複雜的全新互動。在未來十年，全球必須面對的最嚴峻挑戰是：金融的不穩定、貿易的不平衡、財政和貨幣政策、二氧化碳排放、核武器控制、恐怖主義、中西方模式的緊張關係。所有這些難題都需要在全球層次被解決。本書所描述的市場和政府間更緊密的關係，也會從國家層次提升到全球層次，而世人對這一問題還存在著不確定的困惑。

　　二〇一〇年一月，法國總統薩科奇在達沃斯世界經濟論壇
（World Economic Forum in Davos）上發表演說。該演說為本書闡述
的眾多觀點作了合理的總結，有時甚至超越了這些觀點。薩科奇總
統高聲呼籲全球政府的出現，作為本書的結尾也頗為合適。

　　　撫心自問，我們並不是想要取代資本主義，而是想要找到
　　我們需要的資本主義類型……當我們接受市場萬能的想法，任
　　何相反的觀點都不應考慮時，全球化已不在我們的控制之中
　　……這不是全球化過程中的危機，而是全球化本身的危機……
　　目前我們需要做的是創造一種新的成長模式，為公共行為和私
　　利動機之間建立新的連結。G20元首高峰會預示著二十一世紀
　　的行星式治理，這代表著最初被自由全球化否定的政治形式復
　　位。僅僅一年時間，我們就看到了思想上的巨大變革。歷史上
　　頭一遭，二十個最大經濟體的領導人共同磋商應對世界金融危
　　機的對策。他們自己也承認，由他們共同制定的這些政策會迅
　　速地改變世界經濟發展的道路。

　　薩科奇總統正確地意識到了一個事實，即金融危機將我們的目
光聚焦於全人類無法逃避的、切實存在的全球問題。與此同時，金
融危機也證明了，世界無法盲目地任憑市場決定。
　　在國家範疇之內，對市場基本教義派失敗的回應是清楚的：民
選出來的政府和負有公共責任感的監管者已經握有更多權力。但是
在國際間，高效的公共機構是不存在的──這樣的機構也許不可能
存在，因為將國家主權轉移到國際組織本身就不具正當性。
　　人們完全認可政府必須更有效率，在全球層次上，卻沒有行使
政府職能的體系或機構存在，結果導致眾多棘手的挑戰需要面對。
這個時候，下一階段的資本主義會有怎樣的表現呢？資本主義4.0

的早期思想還不能給出答案。這一問題的答案，有待於被授權的政府和未來的選民揭曉。在全球不同利益的衝擊下，人們要力使政治與經濟形成更積極的夥伴關係。

一個因全球挑戰和國家制度之間的矛盾形成的鴻溝——該鴻溝曾經非常巨大——將構成對資本主義4.0的否定，也會導致其被資本主義4.1、資本主義4.2，甚至最終被資本主義5.0所取代。

我們唯一能確定的是，在未來的幾年中，全球政治會遭遇困惑、迷茫和衝突，會導致進一步的國際失衡和更嚴重的金融泡沫破滅，而且我們無從想像這些問題的起源。同時，民主資本主義的進展也會隨時隨地發生，我們也確信，現存的新型資本主義模式會留下許多未解決的問題和矛盾。

資本主義體系的新版本並非合情合理、完全高效或永遠平衡。未來就如同人類的生活一樣，永遠是不可預見、模棱兩可和紛繁複雜的——這就是資本主義4.0。

後記

在本書第一版問市後，許多書中預期的事件和政策成了不可否認的事實。當我們要解讀這些事實時，無論如何，各方意見本來就會是分歧的，而且激烈的辯論會持續很多年，討論二〇〇八年金融危機的後續事件有何意義。幸運的是，本書所做的分析大部分在一年後看來都還是合理的。

當然，「合理性」似乎是個很弱的標準，特別是面對一些真正的經濟學先知們提出的知識論理。然而，一旦離開這個充斥著煽動人心的新聞頭條和電視上偏執的布道者、誠實的經濟學者（以及誠實的政治人物和企業領袖）的幻想世界，他們所提出的想法除了合理之外，幾乎不具任何更有決定性的意義了。

如果藝術是對美的追求，而科學是對真理的追求，那麼經濟學就是對合理性的追求。對於經濟理論，我們幾乎不可能肯定地判斷其對錯，因為經濟學試圖理解的是人類互動行為；它太複雜了，以至於我們沒辦法以模型或任何精準的科學方法來分析，且在本質上，它永遠都含有不確定性。在正確度和解釋能力上，相較於物理學或生物學，經濟學更偏向歷史或心理學。

經濟學家有時候會故作謙虛，利用概率或統計來解釋世界，表現出一副承認其所研究之主體含有內生不確定性的樣子。然而，即使他們把自己局限在概率和統計的範疇裡，在試圖解譯這個世界時，還是會面對難以克服的障礙——特別是在研究金融市場和總體經濟的大規模趨勢與循環時：自從現代歷史成形以來，總體經濟循

環或系統性的結構轉型還不夠多到足以透過統計推論的方法取得任何有意義的科學化結論。例如，自從二次大戰以來，全球性的衰退只有五到六次（依定義不同而有差異），而且其中只有兩次是發生在一九八○年代，那時的結構轉型完全改變了世界經濟的行為。至於結構性趨勢的轉變——即本書第二部分討論的那種——歷史上只出現過兩到三次的工業革命，而資本主義體系更只有經歷過三次明顯不同的版本。

因此，諸如「這次衰退比起通常出現的衰退更深遠也更長久」這種聲明，實在是沒有任何科學意義；本書要爭辯的也不是資本主義體系的根本轉型通常會伴隨著對於經濟學的一套新理解。嚴格說來，在我們能說清楚何謂「通常」——或者是確定我對於資本主義轉型的論調是對是錯——之前，還需要經歷過一打以上、甚至是上百次全球性衰退或系統性危機。

所以，大多數時候，聰明又誠實的經濟學家一定會滿意大手一揮的一般性原則，與歷史學者、金融家或甚是政治人物相比，其實也沒辦法對於客觀事實做出更多說明。然而，儘管無法達到科學的嚴苛標準，經濟學家仍然能夠且必須把他們的想法和現實世界的現象搭上線。即便經濟學理論無法符合科學上對於真理的標準，它們還是可以依其合理性和可用度來作評斷。它們是否能架構出我們對於真實世界一切事物的理解，並且幫助我們做出最終有用的決定呢？或者，它們不過是強化了偏見、鞏固既得利益並促成更大的政策錯誤呢？

在本書出版一年後，對於書中所提出的主要議題，如何禁得起合理性的考驗？

1. 大蕭條帶我們進入的是一次大轉型或一次大停滯？

二○一○年的世界經濟大幅進步許多，除了英國和歐洲的非核

心國家，其他主要經濟體和地區的展望都很不錯。這些進展挑戰了在本書寫作當時的公眾預期，並且強化了人們對於貨幣和財政刺激效果的信心；他們認為這些政策會覆沒過度負債的消費者和去槓桿化的銀行所立下的堅定目標。

　　直到二〇一〇年後期，主流媒體和一般大眾都還不怎麼認同經濟復甦的狀況，因為影響一般勞工和小商人的指標，如同以往，是最後才會改善的：失業率開始下降，但速度極慢；房價回穩，但是價值很低；銀行提供給小商人和消費者的信用貸款很便宜，但還是很難吸引人們上門。相反地，若把眼光轉向金融部門的各項指標，在二〇一〇年倒是成長劇烈：股市再漲幾個百分點就回到過去的紀錄；貨幣匯率穩定；企業獲利也提升至空前未見的高點。

　　在歐洲，經濟復甦比美國來得慢，尤其在二〇一一年初更顯得無可否認。即使不考慮那些半破產狀態的次要國家，即人們貶低的歐豬四國（葡萄牙、義大利、希臘和西班牙），歐洲整體表現還是不佳。同時，由於本書第二部分談到的那些全球趨勢的作用，中國、印度、南韓、俄羅、巴西，以及其他新興經濟體愈來愈發達。總的說來，發展中國家在二〇〇五至二〇一〇年間，其產出提高了將近一半，而且成長率還在繼續創新高，這是它們過去未曾有過的成就。

　　結果世界經濟並沒有跌入長期停滯或雙底衰退，而是在二〇一〇年回到5%的成長率。這幾乎是危機發生前未曾出現的強勁勢頭，而且還高於過去二十年間3.5%的平均成長率。在新興市場的長期經濟表現上，所謂的大衰退看來似乎已是不足為奇的小波動；對於美國、德國和北歐國家來說，最終應該也是如此。至於英國和南歐國家，可能就沒那麼樂觀了。

　　特別是對於英國的展望，隨著二〇一〇年過去，情勢突然急轉直下，主要是因為政府出人意料地採行了市場基本教義派的保守政

策，與其中間路線的政治圖象顯得不太協調。雖然政府推出的許多改革在長期是對英國經濟有益的，但為了降低財政赤字所採取的恐慌措施，卻加深了金融危機造成的問題，如財富損失、所得減少、需求不振等。從經濟效率的觀點來看，大刀闊斧地砍掉社會福利、公部門薪津、退休金和工作機會，這種做法可說是十分合理；而且在一些情況下，甚至是符合社會正義的。然而，相較於美國、法國或甚是德國的政策制定者，新的英國政府固執地無視於凱因斯效果（Keynesian effect，編按：又稱作利率效果。是透過貨幣擴張政策降低利率，以刺激投資增加、提升總體需求，生產也會相應地提升，使得所得增加，於是貨幣政策有效）對於一個消費者所得和消費能力都低落的經濟體的作用。

　　事實上，英國政府決定要重拾柴契爾的市場基本教義派實驗——這些想法已經默默地被美國和其他領頭的經濟體給拋棄，包括中國、德國和日本。英國在二〇一〇年初的經濟強度掩飾了一陣子的危機，但這是虛假的現象，主要源自於工黨政府在二〇〇九年初推行的財政和貨幣刺激政策，為這個經濟體多爭取了一年左右的時間。因為政策轉換和經濟效應之間的延遲，二〇一〇年的英國還是生活在戈登・布朗的政策遺韻下。大衛・卡麥隆（David Cameron）掌權下的英國，其經濟表現至少要到二〇一一年才會明顯一些。

　　英國自從二〇一〇年中開始的嚴重財政緊縮相較於歐巴馬政府的持續寬鬆預算，其間的差異為我們建立起一個少見的驚奇實驗。英國和美國是兩個經濟結構相當的經濟體，又面臨了類似的危機：房價大幅滑落、消費者債務水平高、預算赤字驚人、財政結構依賴高所得者、製造業部門相對較小，以及將經濟模式轉向出口成長的必要性。這兩個國家都在危機中承受重擊，二〇〇七至〇九年的初始階段，兩國採行了相似政策來應對，也就是搶救並擔保他們的銀行、採行實質的的財政刺激手段（雖然不如中國和德國的規模來得

大），兩國央行也都採取貨幣寬鬆政策，加印了許多鈔票。

這些政策一開始的結果大致上是類似的，英國和美國經濟都從二〇〇九年末開始強勁反彈。然而，從二〇一〇年中開始，兩國政策完全分歧。自從二戰結束後，以英國如此大的經濟規模，沒有任何國家試圖以與之相當的快速和徹底來縮減政府赤字。同時間，華盛頓的政治網絡確保了財政寬鬆政策至少會持續至二〇一二年的總統大選。

在歐洲，相似的實驗（即便比較沒那麼精準地控制）也在希臘、愛爾蘭和西班牙展開。這些國家試圖在危機後大量裁減預算；同時，德國、法國和北歐國家仍維持一個頗為穩定的進展步伐。

如果經濟學真的是一門科學，這些受控制的實驗——擁有相似初始條件的相似國家追求非常不同的政策——可能會讓凱因斯派學者與貨幣學派、供給面經濟學家之間的辯論就此塵埃落定。前者深信提前進行財政緊縮會遏止經濟復甦的腳步，而後者則聲稱減少公共支出和赤字無論何時何地都是對經濟成長有利的。然而，經濟學不是科學，所以這場沒有結論的爭辯顯然一定會持續下去。

2. 如果經濟復甦的力道這麼強勁，為什麼沒有人相信呢？

為什麼全球經濟這麼劇烈地成長，卻受到幾乎所有人的懷疑（至少在二〇一〇年底前）呢？關於這個問題有三個合理的解釋。第一，也是最簡單的解釋是，在如今這個經濟循環階段，不信任是很正常的現象。接近前一次衰退的谷底，公眾和媒體意見經常會將循環和趨勢之間的差異混淆了。有一篇文章十分貼切地描繪了這個現象：

　　如果美國經濟前景對許多人民來說，似乎瞬間變得既陌生又有敵意，那是有原因的：他們從來不曾遇過這種情況。記憶

中，未曾遇過像這次如此波濤洶湧、史無前例的變化；這是五十年才會發生一次的劇變。改變的外在癥兆是，一個固執地拒絕從衰退中復原的經濟體。在一個正常的回升過程中，美國人應該會親眼目睹勞動市場的恐慌，以及新投資、借貸和行情看漲的成長。然而，在這次衰退宣告結束之後，美國經濟幾乎維持了一年半的昏迷，失業率仍然走高；實質工資持續下跌。

　　近代經濟每十至二十年發生一次的衰退，是由許多我們所熟知的循環性問題造成的；幾乎與之一樣沉重的結構性負擔，引發的是諸如經濟大蕭條這樣的嚴重後果，這也是最近一次經濟因此停滯的事件。這些結構上的錯誤，有許多是一九八〇年代遺留下來的問題，代表的是一生才發生一次的混亂，需要經過許多年的發酵才會爆發。這些問題有：嚴重失業、債務問題的後遺症、國防工業的縮減、儲蓄和貸款體系的崩解、房市蕭條、健保成本爆炸，以及失控的聯邦赤字[1]。

　　這篇文章發表於一九九二年。事後回顧，我們知道這篇文章哀號的「麻木」階段其實在當時已經結束。事實上，美國經濟才正步入史上持續最久的經濟擴張和就業成長期間；然而，這些現象在當時都還不見跡象。展望二〇一一年以降，我們有好些理由相信也許這次也會是一樣的情況。雖然金融興衰的循環動態被緩慢的進展取而代之，在我們的科技、經濟思潮和政治方面卻出現了更強大的趨勢，就如本書第二部分所述。

　　事實上，政治變遷是後危機時期復甦可能受人質疑的第二個理由，特別是在美國。直到危機了結之時，其政治環境變得愈來愈兩極化，已達到美國內戰以來的新高點。然而，在二〇一〇年十一月國會大選前的助跑階段，國內最具影響力的媒體和商界聲音——從右派的《華爾街日報》（*Wall Street Journal*）和《福斯新聞》（*Fox*

News），到左派的《紐約時報》和微軟全國廣播公司（MSNBC）
——在一個議題上達成共識：他們都憎惡歐巴馬政府，儘管各方理
由不一。結果造成政治光譜的兩端人馬都大力渲染國內的經濟問
題，輕忽了統計數據、股市和其他面向上已經顯現的進展。

當選舉一結束，美國政壇開始形成某種程度的共同體，或可說
是共識：商人們重新將注意力放在獲利和投資，而非盲目追隨公眾
意見之所向；輿論和媒體開始注意到先前的政治敵對掩蓋了進步中
的經濟情況。這種認知上的變遷影響到經濟體的根基，刺激消費和
就業；而實體經濟的改善又使得變化中的認知進一步確認和強化，
這正是喬治‧索羅斯的反射理論的經典範例。

至於英國，很不幸地，政治和經濟的反射理論以相反的方式運
作。二〇一〇年五月的普選激發了人們對於國家經濟展望的樂觀態
度，而且大家也對於新政治共識的成形充滿信心。然而，新的聯合
政府決定利用這個甫建立起的經濟信心和政治共識來強化工黨先前
已計畫好的大幅預算刪減，打造一個空前嚴苛的通貨緊縮環境。儘
管英國幾乎對貨幣和債市壓力免疫（理由請見本書第十五章），新
政府仍表現地彷彿國家正面臨一場生死存亡的金融挑戰，就像希
臘、愛爾蘭和西班牙遭遇的市場打擊。英政府希望藉由對財政赤字
採取特別激進的動作，能夠逐漸為企業和消費者注入信心，建立一
個投資、創造就業和提升稅收的循環。

然而，到了二〇一一年初，這個反射理論的循環顯然轉向了相
反方向。個人所得的壓縮迫使消費者減少支出，此舉很可能回頭打
擊企業的投資意願，也會影響到就業機會。因此，自二〇一一年以
降，英國會是經濟成長和政治信心都可能不進反退的主要經濟體。

對於復甦抱持懷疑的第三個理由是，即使在二〇〇九年六月經
濟衰退理論上結束後，美國的失業率仍舊停留在警戒水準。就像上
述那篇一九九二年的文章作者，大多數的美國人相信，這個國家正

在經歷一場無就業的景氣復甦（Jobless recovery，編按：當景氣走出谷底靠的是資金面的投入，如股市、房市的熱絡，而非實體經濟面好轉，就可能無法同步創造新的就業機會），而且逐漸陷入永久的停滯，類似於日本在一九八九年泡沫經濟破滅之後的「失落的十年」。

不過，這種認為美國是處在無就業復甦的盛行觀點，事實上毫不正確。二〇一〇年十二月以前的十二個月間，美國經濟創造了淨一百四十萬個工作機會。這個數字約略多於一九九一至九二年的十二個月間所創造的一百萬個工作機會，而當時可是經濟擴張時期；另外，比起二〇〇二至〇三年間真正的無就業復甦，如今這段期間的表現也好得多了，當時美國在經濟衰退理論上結束之後，還持續了兩年的無就業機會狀態。

除此之外，美國在衰退後的高失業率現象其實不能歸咎於金融危機。我們可以觀察一下其他國家的經驗，特別是歐洲的先進經濟體。美國的政策制定者和媒體評論人很少進行這類國際間的比較，但如果他們這麼做了，就會注意到歐洲在衰退期的失業情況遠少了許多，特別是德國、法國和北歐諸國，儘管這些國家的經濟活動要比美國墜得更深、更快。

比起這些歐洲國家，美國的國內生產毛額降得比較少。此外，在二〇一〇年之前，美國已經成為第一個恢復到衰退前產出水準的主要經濟體，讓德國、法國和瑞典都望塵莫及。然而，儘管擁有相對強勁的成長表現，美國的失業率在二〇一〇年末竟然是二〇〇八年的兩倍之多。（二〇一〇年十二月是9.4%，二〇〇八年一月是5%。）同時，危機期間的法國和瑞典，其失業數字只有些微上升，德國甚至還將失業率從7.9%降至6.7%。從失業數據的帳面價值看來，二〇一〇年底時，在前共產東德的工業鏽帶找工作要比在高科技業為首的加州容易許多。

是什麼因素造成了歐洲和美國失業率之間的差距呢？如同先前

所提，絕非經濟成長的差異；自從歐元區在二〇一〇年成為全球金融危機的主戰場之後，顯然也不是出於歐洲的金融穩定。歐洲的就業紀錄較佳的關鍵在於企業態度和政府政策，與美國的自由市場思維大相逕庭。

在德國和瑞典，政府慷慨地為企業提供補貼，讓衰退期間的閒置勞工仍能繼續支薪；同時，該國實行嚴格的勞動法，企業資遣員工將承受極大的成本。反之，在美國，企業可以任意雇用與資遣員工；當一間公司的生意下滑，也沒有公共補貼來幫助他們維持支薪。所以，在整個衰退期間，美國的生產力成長和獲利率不尋常地維持高水平；然而，歐洲企業卻保留了大部分工作機會，儘管此舉必須付出的代價是暫時性的生產力和利潤縮減。

根據危機發生前的正統經濟學說，基於效率市場和理性預期的理論，美國針對勞動市場採行的自由作風肯定會優於歐洲更多管制的體系，不只是關乎利潤，也影響了工作機會的創造。當我們考慮到希臘和西班牙這類僵化的勞動市場，其死板的勞工規範已經使得驚人的高失業率持續多年，則這些極端的例子肯定符合正統理論。然而，正如其他許多自由市場學說，在資本主義3.3時代的經濟思潮中，勞動市場去管制化的程度可能已經遠超出其邏輯上的論斷。

在危機後的衰退期間，美國得到最顯著的教訓之一是，他們也許可以從歐洲的勞工政策中學到一課，而非反之。如果在危機過後的幾年內，美國的失業率始終維持在無法容忍的水平之上，那麼應該就可以證明，市場基本教義派根本不是唯一最重要的經濟學說。根據危機前的經濟理論，當政府干預破壞了私部門的工作機會，一個去管制化的經濟體會自動達成完全就業；但是，如果德國和瑞典的勞動市場在高度管制下仍能持續永久的低失業率呢？如果這個現象成真，那麼正統經濟學的核心定理就會被證明有誤了。如此一來，建立在這個理論上的政經模式──資本主義3.3──顯然就更

加靠近其適用期限的終點了。

3. 金融危機是否真的只是一個可以避免的流動性問題？

世界各地的銀行都加快了對政府放貸的腳步，甚至超前預定時程；而且，美國和英國政府很可能從二〇〇八至〇九年的金融救援行動中獲得不錯的利潤。即使是搶救美國國際集團（AIG）事件，一開始估計要耗費2,000億美元，而後以傳統的風險衡量方法取代逐日盯市的會計準則，竟然就變得十分有利可圖。

所以，以本書第十章的核心論點出發——即信用危機其實只是暫時的流動性危機，它反映的並不是全球金融體系的結構性償債能力問題——後雷曼時期的銀行和金融市場被有力地強化了。從這一點延伸下去的觀點是，如果政府更早且更精準地進行干預，雷曼危機所造成的糟糕後果大部分都可避免，特別是以大幅度的監管改革和取消逐日盯市、恢復傳統會計方法的話。

逐日盯市會計是資本主義3.3的意識型態下所發明的一個方便理論，它強化了人們對於效率市場的信念，同時透過膨脹銀行分紅和允許企業（如安隆和世界通訊〔Worldcom〕）捏造出虛幻獲利的方法，保護它們的既得利益。十分詭異的是，有可能避開危機的低成本監管和政治手段——並且肯定可以減少附加傷害——在後危機時期始終被貶低。政客和監管者似乎都寧可為納稅人所付出的上兆美元開支票，也不願承認他們的決策是基於錯誤且簡化的經濟意識型態。

銀行監管的其他失敗可以歸納為一個相似的緣由，特別是在美國和英國，即政府領袖拒絕對市場基本教義派的經濟思維提出質疑。針對取消贖回權的改革、禁止商品的投機買賣和信用違約交換的秘密監控等作為，銀行可以有效地施加反對壓力，使得這些管制措施不能以任何明顯的市場失靈為由而被合法化。

這類銀行的遊說行為通常會危害到它們自己的股東。例如，美國的取消贖回權改革本來可以保護銀行利潤，因為它能使違約貸款人留在自己的房產上，就像英國普遍的情況。二〇〇八至〇九年間，英國的房價滑落之劇烈不下於美國的程度，零頭期款的放款更是隨處可見，但是英國的銀行在房屋抵押貸款上只蒙受了極小的損失，一部分是它們很快地重新談判借貸條件，並舒緩了壓力。相反地，美國銀行持續反對激進的取消贖回權改革，即便此舉可以讓它們的股東免於上百億元的損失，而理由只是因為這種改革會干擾自由市場的力量。

類似地，重擬銀行薪津結構的全球協議原本也可避免銀行人事成本再度加重，為股東省下上億元的花費。然而銀行家們熱切地支持原本專為鋼鐵、煤和汽車產業所設計的勞動改革，而無視於自己的產業裡，為減少勞力成本所採取的政治手段有何益處。

因此，在金融業中，政客和監管者依舊抗拒本書的主要論點：銀行是一個結構上十分特殊的產業，它天生就必須依賴政府支持，不論何時與何處，銀行、其員工和客戶都應該為這份政府保險預先付出代價。除此之外，市場基本教義派的思維讓銀行得以轉移話題，將後危機時期的政策回應變成毫無重點的辯論，針對市場失靈和大到不能倒的銀行問題浪費脣舌。這些不相干的爭論讓銀行家們可以卸除債務——不悔悟，並且更加富裕，前所未見。

4. 將危機責任怪罪在亨利・保爾森身上是公平的嗎？

世界級的傑出經濟史學家史紀德斯基在一篇針對本書的廣泛討論中，以下述苛刻的發言來評論第十一章談的金融危機：

> 十分令人難以置信的是，面對美國的銀行業危機，慢了三個星期才採取「正確」的補救措施，竟然就造成了全球經濟的崩

潰。卡列茨基的主張令人想起凱因斯的論點：如果前提設定錯誤，一個毫不心軟的邏輯學者可能淪落至關入精神病院的下場。[2]

在《經濟學人》的另一篇文章中提到，對於亨利‧保爾森在這次危機中的個人責任，我認為是「不適當且受人質疑」的[3]。

隨後各家銀行的快速復原，以及成功管理好一場在歐洲可能影響更深遠的金融危機，反映出我對於保爾森先生的結論是完全正確的。美國財政部決定讓雷曼兄弟破產，而且直到一個月後才決定出手進行任何搶救，這個做法的確是致命的。事實上，隨著一個月又一個月的時間流逝，看起來這場危機造成的巨大經濟損失大都是可以避免的，只要政府當初提早幾個星期做出反應，提供擔保並進行銀行的資本結構調整，就如二〇〇八年十月八日英國政府所做的宣布，以及美國和其他主要經濟體的隨之跟進。雷曼也許仍然會倒閉，房利美和房地美可能還是需要收歸國有，但如果在保爾森做出這些關鍵決定之前，政府先灑下了一張強韌的安全網，則其他健全的金融機構可能就不必蒙受無謂的傷害。

如此一來，二〇〇八年第四季因銀行信用不再所導致的全球貿易與工業活動崩解，可能永遠不會發生；大蕭條也許不過是一場溫和的衰退，只有銀行業和營造業的幾十萬個工作機會消失。

在政府布好安全網之後，銀行業整體的快速復原也說明了，危機不是像歐洲的政策制定者所言，是金融部門在肥大之後——意即相較於世界經濟原本應當的規模，全球金融活動發展過快，就像癌症——無可避免的後果。在危機過後兩年，全球金融活動和銀行體系的規模又回到了接近危機前的水準，而且還是很快速地成長。銀行和銀行家們再次變得富有。所以，金融業在危機前幾十年間的成長似乎正反映了全球投資與貿易的爆炸性成長所創造出的實質需求。

對於金融業的急速復甦，傳統觀點是認為銀行家們又一次愚弄了政府和納稅人。雖然事實不假，銀行在可恥地妨礙新管制法上路時，十分有影響力；但要說他們是犧牲了納稅人的利益以恢復銀行的獲利，就不太正確了。儘管有如愛爾蘭和冰島這些顯著例外，其他大部分的政府都在二〇一〇年底以前，就開始向銀行榨出更多資金，而非放錢進去。一旦他們將被國有化的銀行再度私有化，就可以期待更大的利潤產生。那麼英國和美國政府的鉅額赤字又該如何解釋呢？在大多數的情況下（冰島和愛爾蘭又是一次不幸的例外），後危機時期的公共赤字與搶救銀行所衍生的直接成本並不相干，而應該歸咎於後雷曼期間的經濟活動崩解所導致的稅收減損。除此之外，那些政府與納稅人蒙受實質銀行損失的國家裡，大都擁有高度監管的金融體系，幾乎沒有暴露在危機前成長最快的國際批發銀行和投機性「賭場銀行」的風險中。

所以，盎格魯─撒克遜銀行體系的主要問題看來不在其規模，也不是其商業模式的天性，而是人們如何利用這些商業模式。基於錯誤的經濟理論，即所謂的效率市場，而建立出有缺陷的風險管理模式，導致了過度槓桿和傾循環性的監管改革，此舉等於鼓勵銀行在利潤擴張時增加其曝險，而不充分利用暴增的利潤來加強其金融穩定度。政治人物假設市場總是知道什麼是最好的，所以他們得出的總結是，國家干預金融部門是錯誤且不合法的行為，不論是加以管制、覆上公共安全網，或者是即時的緊急支援機制。

明辨的政府干預可以避免一場災難，這個觀點充分體現在歐洲的希臘國債違約事件上。二〇一〇年，歐洲的金融基礎比起次貸風暴的緣由要更糟糕，但是歐洲的當權者似乎從美國財政部的悲慘經驗中習得了教訓。

歐洲在危機早期階段即清楚地宣布，他們會盡一切所能地保護歐元，避免主權債務違約和銀行倒閉。他們對所有歐洲的銀行提供

無上限融資，不論其償債能力如何。此外，他們也反對市場基本教義派的要求，不將損失強加在銀行放款者身上。

恢復金融穩定需要大刀闊斧的干預手段，以將危機一勞永逸地解決，而保爾森犯下的錯誤是只做了一點點，剛好夠阻止立即性的災難而已。歐洲這次的做法能否避免和保爾森相同的下場，還有待觀察。由十七個意見相左的政府和央行所組成的歐元區是否能達成這個連美國財政部和美聯儲都無法管理好的複雜均衡？實務上，這看起來是幾近不可能的任務，但是歐元破局看來也是不可行的。所以，歐元危機似乎就如同我們在本書第十四章所做的討論：一道不可抗拒的力量碰上一個不可撼動的目標，兩者之一勢必要讓步。

在歐洲的例子中，希臘、西班牙、義大利和法國的大政府社會主義，之於德國政府和歐洲央行的基本教義派貨幣主義，兩者大概都必須做出讓步。這種意識型態上的彈性——南歐與北歐之間，自兩造對立的立場一起往資本主義4.0的哲學移動——非常可行，因為在應對金融危機的思維上，歐洲領導人比布希政府更具有優勢：他們沒有被基本教義派的「市場永遠是對的」給束縛住。即使在德國，其貨幣主義和財政強化的信念更像是面對一九七〇和八〇年代的經濟條件時所做出的務實回應，而非一種意識型態信仰的條款。

布希政府沒有對雷曼災難採取必要的預防措施——或是及時應對他們導致的經濟後果——正是出於市場基本教義派的經濟教條。雷曼危機的真正肇因並非全球金融體系的肥大，而是危機前錯誤的經濟思維。隨著時間過去，這場災難的可避免性顯得愈來愈清晰了。

5. 危機是否正在改變我們的經濟思維？

二〇〇九年夏天，後雷曼時期的衰退結束了。即便許多人不認為全球經濟（尤其是美國經濟）會發生第二次衰退，或陷入如同日

本的長期停滯，經濟學家和金融評論家們仍然幾無異議地認定復甦是不可能一直延續下去的。這個傳統觀點可能會分裂成四個思想學派：

一、有一群超級凱因斯主義者，其最著名的公開發言人是《紐約時報》的保羅・克魯曼、《金融時報》的馬汀・沃夫（Martin Wolf），以及約瑟夫・史迪格里茲、努里埃爾・魯比尼（Nouriel Roubini）和喬治・索羅斯；他們都常現身於許多具有影響力的媒體和世界各地的會議中。這些超級凱因斯主義人士認為經濟可能無法妥適地復甦。事實上，他們堅稱雙底衰退幾乎是肯定的，因為政府沒有在財政刺激上花費足夠的支出，以彌補金融危機後必然會發生的私人消費和投資鉅額縮減。這群人極度嚴厲地批評美國政府，聲稱歐巴馬總統應該要大幅提高公共支出，並再借入個上兆美元，以恢復正常的成長率和減少失業率。

二、有一派懷疑人士從反向發動攻擊。鑒於芝加哥大學的貨幣主義正統學說，德意志銀行、英國保守黨和《華爾街日報》的編輯團隊主張，財政刺激無法支持經濟，反而會摧毀就業和經濟成長。赤字會破壞企業和消費者信心，而活絡經濟活動的最佳辦法是攔腰斬斷公共支出。

三、另有一個更極端的保守學派，他們指控刺激政策不但事與願違，還是極具破壞性地造成一種通膨災難。哈佛大學的經濟史學者尼爾・弗格森；原為具影響力的茶黨候選人，後成為國會議員的蘭德・保羅（Rand Paul）；以及一位引人爭議的瑞士金融專家麥嘉華（Marc Faber）都是這一派裡發言最常被引用的專家。在美國政府和美聯儲讓美元貶值後，他們預言德國威瑪時期的超級通貨通脹會重演。讓所有黃金投資客開心的是，他們也預期，隨著政府公債和紙幣的公信力不再，美國的貨幣政策會將大筆儲蓄流向單一可靠的財富保值品，也就是黃金。

　　四、最後，持懷疑論的第四派人士相信溫和的復甦是可能的，但要恢復到危機前的完全就業和成長力度的正常狀態是難以想像的；因為，全球經濟會有很長一段陣痛期，也許是數年，也許是數十年，才能從金融危機的毀壞中重生。這個觀點廣受商業社會和金融市場的接受；其最著名支持者有：全球最大的債券投資集團Pimco總裁穆罕默德·伊爾艾朗，以及國際貨幣基金的前首席經濟學家肯尼斯·羅格夫。伊爾艾朗以「新常態」一詞來形容美國和世界各經濟體將面臨的數年停滯期；至於羅格夫的著作《這次不一樣》（*This Time is Different*，大牌出版），則是新常態倡議者中最具權威的代表作，因為它提出了嚴格的數據資料，證明金融危機必然會造成長期疲軟的成長。

　　現在要下定論說我們已經躲過上述所有的危機，可能還言之過早，但是幾乎可以自信地堅稱，直至目前為止，所有對於現行政策的理論面批評都還沒有足夠的證據可佐。

　　印鈔行為沒有為通膨煽風點火，預算赤字也沒有扣下債券市場恐慌的扳機。反之，美國這個貨幣擴張最多的國家，其通貨膨脹率竟滑落至二戰之後的新低點；全世界的長期利率都下調至有史以來的最低水準；至於投資人，不但沒有對紙幣失去信心，還爭相買進現金和政府公債；同時，隨著美聯儲印製更多貨幣、美國經濟復甦，黃金價格不升反降。

　　如果經濟學真的遵守科學準則，那麼美國沒有發生通貨膨脹的事實，早就該讓許多政治人物與企業領袖仍擁護的貨幣主義被駁斥了。二〇一一年開始，在英國和美國開始實行的反向財政政策，是一場受控制的實驗，應該可以讓各地經濟學家好好地觀察，以期能一勞永逸地解決人們對於凱因斯財政政策有效性的爭議，看看它是否真能影響經濟成長和就業水準。

　　然而，經濟學畢竟不是一門科學，我們對於現實世界的這種關切可能期望太高了。自從危機以來，諸如效率市場、理性預期、李嘉圖等價理論和其他本書第十一章提及的基本教義理論，其支持者愈來愈不如以往那般樂意將他們的理論以實證測試。相反地，他們更加依賴自圓其說的理論假設和民粹式的保守辭藻。同樣地，超級凱因斯主義者也不願妥協，他們嘲笑危機後的刺激政策注定會失敗；當他們自己的預測顯然錯誤時，又只是單純地轉移話題。

　　隨著二○一○年過去，新常態理論所提出的永久低成長率和高失業率現象，也變得沒那麼可信了。世界看起來成功地從政府刺激政策所推動的復甦中轉型，進入一個由消費支出和私部門投資帶動的自我延續擴張階段。由於新興市場的力量，全球擴張的力道要比過去的商業循環週期都來得強勁；到了二○一○年末，就連發達經濟體似乎也回到了危機前十幾二十年的成長率：美國是三個百分點再多一些，歐洲和英國則是兩個百分點左右。當美國和歐洲的產出與就業率還是比原本應有的水準低一些時，二○一○年末的經驗顯示新常態和舊常態之間似乎沒有太大區別。當然，那些預測危機後會有多年停滯的經濟學者並沒有因為這個現象而改變他們的論點。

6. 新的經濟政策是否會從危機中誕生？

　　在本書第十一章已經解釋過，學界經濟學家肯定會繼續為他們的行為鋪好台階，但這次危機也會刺激人們的政策思維更快速地進化。自從二○一○年九月十五日，政治人物和中央銀行家幾乎不再關注經濟理論，而是以資本主義4.0的適應性精神來即興變化出非正統的政策。這些結果大多是成功的，正如本書第十四至十六章的內容。

　　二○○九年開始的大型財政與貨幣刺激政策，或多或少如凱因斯經濟學的預測般運作，在世界各地掀起了強度大於預期的復甦。

　　危機改變了貨幣理論，其影響甚至大於財政政策。人們拋下單一思維的通貨膨脹目標——柴契爾一雷根貨幣主義的關鍵教條，被政府用來為失業責任解套；這個現象特別出現在美國，美聯儲公開強調其雙元目標：必須同時控制失業率和通膨率。美聯儲並首次承認，僅僅穩定通膨預期是不足以降低失業率的，而這可是一九七九年以來，官方所遵循的貨幣主義教條。

　　英格蘭銀行和歐洲央行也在實質上拋棄了2%的通膨目標，但它們並沒有像美聯儲那般公開承諾，因為市場基本教義派的思維仍然主宰了這些央行的合法授權。令人惋惜的是，這些中央銀行家的行為依舊像個狂熱的強迫症患者，幻想他們可以只專注在單一目標，而不必仿效美聯儲，公開承諾在後危機時期，他們的主要挑戰是同時達成加速成長和降低失業。為什麼中央銀行家試圖平衡許多受人歡迎但有時衝突的目標時，會被認為是危險的行為呢？這是一個在危機前的正統經濟學說之下，幾乎不能提出的問題。即使到了二〇一一年早期，也只有美聯儲內部可以提出這種質疑——僅限小小聲地。然而，全球最重要的經濟機構開始回應這個問題，此一事實清楚說明了，市場基本教義派的時代已經結束，過渡至下一個資本主義模式的轉型已然開展。

7. 新型資本主義是否只是走回大政府和第二代資本主義的老路子？

　　危機後，人們普遍承認資本主義需要一個新模式，至少在美國以外的人們是這麼認為的。中國政府領導人愈來愈明顯地談論他們的野心，想要在美國和西方途徑失敗之後，建立一個新的資本主義模式。即使是英國，在保守黨和自民黨的聯合政府中，對於政治和經濟之間互動的新理解，也成了討論的中心主旨；「大社會」（Big Society，編按：新政府首相卡麥隆上任後的第一個施政理念）口號隱含了

企業、政府和公民社會之間的各種新型合作方式。在左派，戈登‧布朗個人對於危機的回憶錄《在崩壞之外》（*Beyond the Crash*），正呼應了本書的分析，他寫道：「一場存在於市場和國家之間、公部門和私部門之間的貧乏戰鬥，主宰了整個二十世紀。其解決之道不是拒絕市場，也不是反對政府行動；而是體認到市場和國家都可能失敗，我們必須找到新的方法，讓個人、市場和政府得以通力合作。」[4]

然而，這種對於政府和企業之間應有更多合作的呼籲，是否只是恢復第二代資本主義的大政府思維呢？這是美國普遍流傳的觀點，特別是二〇一〇年十一月的大選之前。茶黨大舉成功地將企業—政府關係的討論貼上社會主義份子的叛國罪標籤。

無論如何，一旦我們把焦距拉近一點檢視，這種聲明根本是無稽之談——即使是美國共和黨，在選舉一結束後，某種程度上為了回應商界的施壓，也傾向更實用導向的作為。當他們環顧全球，就連保守派的企業領袖也開始注意到，政府實際上正從許多先前視為堅不可摧的公部門堡壘中抽身，例如英國的高等教育和社會福利，歐陸的健保和退休金制度，以及美國的特許學校。在美國，有關道路、水利和機場等管理的公私部門合作姍姍來遲地出現在政治議程中；隨著國家和地方政府試圖平衡開支，這類資產的私有化大概會愈來愈常見。

但有鑒於刺激方案的資金耗竭，公共支出在二〇一〇年開始縮水——毫無疑問地會在二〇一一年以後加速下滑——政府也面臨了必須負起新責任的壓力，特別是金融監管和創造就業。世界各地的政府必須找到新的方法，同時擴張和收縮，本書第十七章已做了大部分的討論。

因為這些有關少一點政府或多一點政府的矛盾壓力，現在的資本主義模式無論從左派或右派主場來看，都開始顯得無法持久。茶

黨提倡的市場經濟幾乎沒有政府可置喙之處（甚至要廢掉美聯儲），這種觀點將引爆的革命會比資本主義4.0的影響要大得許多。

　　第四代資本主義被譏笑為試圖將時鐘反轉，成為一九七○年代曾失敗的第二代資本主義的些微改良版；而茶黨則是很清楚地要求回到第一代資本主義的無限自由市場理念，其中包括了對於憲法的「嚴格架構」和美國建國先驅們的著作思想。當極端保守的辭藻開始被轉譯成具體的政策提案，美國選民可能會回想起第一代資本主義在俄國革命和一九三○年代之間的崩潰，這個可怕的先例也許能嚇阻美國遵從市場基本教義派的邏輯。不過，市場基本教義主義也可能進行最後的孤注一擲，甚至要比小布希總統的資本主義3.3來得極端。因為這種實驗會造成美國的民主政府體系有部分崩解，它也許會是全世界在後危機時代中所面臨的最嚴重系統性危機。

　　事實上，一個駭人的證據顯示，美國選民對於政治的態度變得反覆無常且毫不一致，竟然同時要求預算平衡、較低稅率和較高的健保與退休金支出。路透社／益普索（Reuters／Ipsos）在二○一一年早期公布的民調指出，71%的受訪者寧可國會不履行對財政部的債務還款，而不要接受提高國債上限的行政要求。不過，這個民調也顯示出，超過75%的受訪者反對任何社會安全或健保預算的刪減，還有明顯多數的人反對任何形式的增稅措施[5]。所以，看來唯一讓大部分的美國人準備好支持的財政計畫是廢止算術法則。

　　相反地，歐洲人對於危機的回應是驚人地樂意重新思考優先順序，特別是在退休金和健保制度上。這種針對基礎點的重新評估，最終會隨著人口老化而成為所有發達經濟體不可避免的課題。希臘、西班牙和愛爾蘭已經透過金融市場機制來進行這件事，而英國、德國、北歐各國和法國也在沒有外來壓力的情況下，自發地開始著手。因此，新型政治經濟體系會提出針對政府預算限制的革新思維，但大多數情況將可能發生在歐洲，而非美國。

8. 保守派或改革派能否從危機中獲得什麼？

　　有關後危機時期的其中一個迷人問題是，為什麼改革派沒能從八十年來資本主義所面臨的最大危機中得到好處。人們對於銀行家和金融家的反彈沒有凝聚成另一股力量，轉而支持以懲罰性或溫和的重分配性稅制來降低所得不均的問題。反之，當左派政治人物如歐巴馬和戈登・布朗變成危機中的眾矢之的，世界各地的保守派份子則發起了反對銀行家的民粹抗爭運動，進而獲得許多選票支持。

　　左派人士將危機的主要責任歸咎於銀行和銀行家的不當行為，這種做法犯了兩個大錯。第一個錯誤是在分析和策略層面；對銀行家的責難會轉移公眾注意力，而使得人們忽視了導致危機的市場基本教義派思維——銀行去監管化只是其中一個小範例。左派人士沒能解釋清楚，是右派的意識型態——而不只是個人的無能或貪念——為銀行家的魯莽辯護、弱化銀行監管力量，並且阻止政府為維護金融穩定進行必要的干預。

　　因為沒能說清楚意識型態在危機中的角色，左派給了保守份子一個機會，聲稱真正的問題不是過度的市場自由，而是過度的政府干預。所以「效率」成了歷史的加工改寫，使得英國首相大衛・卡麥隆（David Cameron）在贏得二〇一〇年大選前，簡短地宣告：「工黨說我們需要更多的政府來解決國家問題，難道他們沒看到嗎？正是更多的政府讓我們跌入這團混沌當中。」6

　　左派的第二個錯誤是戰術上的問題。如果銀行真的應該對危機負責，它們早該毫不留情地被國有化，而且它們的債權人早就應該被剝奪所有權，就如許多改革派經濟學者和金融家，如約瑟夫・史迪格里茲、喬治・索羅斯和羅伯特・萊許（Robert Reich）所言。然而，實務上的政治人物，自歐巴馬和戈登・布朗以降，都明智地拒絕這麼做；他們體認到，大規模的國有化會造成一時的災難性不

穩定狀態，尤其在私部門已經處於恐慌之時——而且政治上也不可能辦到。因為國有化和懲罰性手段不可能發生，左派對於危機的回應顯得不一致、無效果且虛弱；改革派領袖將責難都加諸銀行家之上，又沒對他們做什麼懲罰，或甚至逼使他們就範。

反之，右派針對危機給選民們提出的論述，即使是錯的，聽起來也很有條理；他們只是單純地將大政府視為所有罪惡的淵藪。在美國和英國的二〇一〇大選期間，人們慣常地指責一些謹慎的管制方針鼓勵了低所得家戶進行溫和的借貸行為，才導致銀行家在次級借貸上的自殺式魯莽行徑。更弔詭的是，選民很快地開始將經濟衰退和失業問題怪罪在政府對於美國國際集團、花旗銀行和蘇格蘭皇家銀行的搶救行動，而非雷曼兄弟的倒閉。

在美國、英國和歐洲大部分國家，保守派政治團體都接手上台，情勢顯然更清晰了：左派將危機責任歸屬於銀行和銀行家，而非小布希和保爾森的經濟思維，此舉已然成為當代最大的政治失算之一了。

9. 新型資本主義會在哪裡誕生？

儘管在危機後，右派政治團體反直覺地占了上風，資本主義3.3作為一種經濟模式仍面臨了交棒的時點，這已經是眾所接受之事。政府與市場之間需要建立新的關係，這個議題在歐洲和亞洲成了辯論焦點，但美國還沒出現聲浪。美國不願承認其經濟模式需要重建，顯示出其心理上拒絕接受霸權力量正在下滑的事實。然而，縱使共和黨在二〇一〇年成功地背水一戰，力阻本書第五部分提及的政府在財政、能源和貿易政策上的作為，選民們也不太可能長期支持他們為使美國停留在危機前狀態的努力。

雖然二〇一〇年的國會大選結果普遍被說是激進自由市場思想的勝利，選票分布並未證實這一論點。激進的茶黨候選人在本來就

是保守黨大票倉的地區（編按：美國的眾議員選舉是採小選區制，每一州內還會分割選區）表現極佳，但在全州普選的參議員選舉就明顯地節節敗退，因為單一政黨無法再操弄不公正的選區劃分而圖利，選擇溫和的中間路線者才能掌握決定性的選票。極端保守黨人士在德拉瓦州（Delaware）、內華達州（Nevada）和最重要的阿拉斯加州（Alaska）──共和黨副總統候選人莎拉·裴琳（Sarah Palin）的家鄉──都落敗。選民們對於激進的候選人十分不滿，甚至首次出現補名選票候選人（Write-in candidate，編按：美國有些州法允許選民投給未列名在選票上的人，只要在選票上「補名」即可；二○一○年的阿拉斯加州參議員即由一位補名選票候選人當選）獲勝當選。這些事件說明了，直到二○一○年末期，美國的市場基本教義派已經式微。

　　無論如何，隨著美國的改革派勢力一團混亂，美國將很難領導這場世界經濟的重整任務，至少要等到歐巴馬政府和民主黨人士意識到他們有必要重新建立一個有別於羅納·雷根和小布希的資本主義模式。歐巴馬在二○一一年的華盛頓特區演說中，呼籲全國上下齊力一心，重新確立美國的經濟目標和新的公私部門合作關係，以達成必要的成果。這場演說可能預示了一些新的思維，但是美國的改革派仍然抗拒回歸源頭地重新定義政府角色，以及擴大稅基以支應任何新型資本主義模式的需求。

　　在英國，同樣地，聯合政府甫上台的頭幾個月可以看到鼓舞人心的革新跡象，對於政府支出的優先次序，健保、教育與社會福利改革的新點子，以及更多積極的產業、環保與貿易政策等，也有許多認真的討論。然而，到了二○一一年初，大部分的提案都憑空蒸發了，因為政府改革缺乏一致性的策略，使得各部會被大幅刪減預算而無力行動。

　　歐洲也有意尋求經濟和政治的新關係，特別是在環境、科技和財政議題上。北歐和中歐的干預性產業政策與就業政策獲得了意外

的成功，很可能激發更多這類的新點子。然而，歐元幾近崩潰的危機也可能在未來的兩、三年間占據了歐洲政治人物和企業家們的全副注意力。

因此，儘管歐洲有一點進展，美國和英國也有很明顯的改革機會，中國仍可能會是資本主義轉型的關鍵，就如本書第十九章所推估的悲觀局勢。即便如此，美國和歐洲企業勢必要警覺危機並做出反應。與其被動地冷眼旁觀中國著手改造資本主義模式，西方企業會對他們的政府──特別是對傾商業的保守黨派──施加更多壓力，要求他們奪回改革過程的主導權。

舉例來說，在可再生能源產業中，中國已經躍過西方科技，取而代之成為全球領先的投資者。在二〇一〇年結束前，全球40%的乾淨能源投資會由中國、印度和日本掌控；二〇二〇年以前，中國計畫要架設一千億瓦的風力發電廠和兩百億瓦的太陽能發電廠。如果把全世界所有的投資案經費加總起來，可能大約就等於這一筆8,000億元的投資案。同時，印度不只要架設兩百億瓦的太陽能發電廠，還要發展釷核子反應爐，這是一種儲量極高且低幅射的元素，很有潛力革新現今的核能運用。

法國和德國是唯一對這些科技發展表現出興趣的西方國家。如果要以傳統的經濟手法來推估預期收益，這個結算程序實在太長了，而無法為私人或政府投資找出正當的理由。所以在其他的資本主義經濟體中，即那些堅持透過金融市場或市場導向的政府代理人來分配資源的國家，對於需要耗費三十、四十或是五十年的科技投資，就是單純地無法被接受。

在這樣的計算結果下，美國和歐洲企業也許會很快地意識到一個選擇的優勢，即加入溫和的中間陣營，一同創造新的企業─政府模式，特別是那些需要非常長期發展的科技產業。另一個選項則是，美國人和歐洲人要接受他們的西方領導時代已經結束，全球經

濟——在能源、環境科技和金融市場方面——的重組將會愈來愈反映出中國的利益。

10. 我們必須等多久才能看到資本主義4.0的成形？

　　在本書中所有具爭議的論點中，也許最過度樂觀的就是，新型資本主義會在幾年內演化成形。這個說法的麻煩在於，我們於頭三章提及的「漸進決策」手段正變得比原先預期的還要成功。隨著危機造成的鬱悶開始飄散，商業活動如同往常一般進行，一年前還不被人們看好的結果，現在看來挺有可能發生。所以，本書所提及的改革步伐可能會比預期中慢一些，即便它們的方向是清晰的。

　　回顧本書描述的過往轉型經驗，看來我對於時間表的預估實在太短。最近一次的大轉型是在一九七〇年代，自一九七四至一九八〇年，大約花了七年才完成。一九三〇年代的那次轉型則耗了十年，自一九三二至一九四二年。在資本主義的第一次危機中，建立起英國宰治的自由貿易體系的大劇變更可回溯到一八〇〇年，直至拿破崙在一八一五年的最後一場敗仗。因此，對於這次的資本主義4.0轉型，一個合理的時間表可能會是十年，而不是如本書第四部分所說的四或五年。不過，撇開轉型的時間長度不談，這次系統性演化的證據已經隨處可見、十分清晰。改造資本主義將是一個需要數年甚至數十年的過程；然而，大轉型已然啟動。

注釋

序言

1. Edmund L. Andrews, "Greenspan Concedes Error on Regulation," *New York Times,* October 23, 2008.

2. Ayn Rand, "Introducing Objectivism" (August 1962), in *The Objectivist Newsletter: 1962-1965, 35.*

3. 這個明智的觀點是一位英國經濟學者約翰・凱（John Kay）所提出的。他在其著作《文化與繁榮》（*Culture and Prosperity: The Truth About Markets——Why Some Nations Are Rich but Most Remain Poor*）中，分析了所有資本主義社會的經濟和社會之間如何交互依存。

4. 見麥迪遜（Angus Maddison）的最新著作《世界經濟的成長和交流》（*Growth and Interaction in the World Economy: The Roots of Modernity*），以及奧爾森（Mancur Olson）的《國家的興衰》（*Rise and Decline of Nations: Economic Growth, Stagflation, and Social Rigidities*）

5. 麻省理工學院的教授卡瓦列羅針對金融危機發表過一份可能是目前經濟學術界最透徹的分析。文中，他對信用擔保和在公共場所裝設心臟除顫器做了特別的比較：「假設政府認為，人們在公共場所看到心臟除顫器，會立刻想去買起士漢堡，因為有了除顫器，讓他們很放心自己突然發生心律不整的存活機率提高，而政府出於這層擔憂，就反對在公共場所裝設心臟除顫器；這個情形其實就像是道德風險的觀點……人們當然會買更多的起士漢堡，但這和心臟除顫器是否公開裝設大概是不相關的。的確，我們需要支持健康的飲食習慣，但是沒有一個正常人會為了這個理由而提議拆除所有的心臟除顫器。同理，而且幾乎毫無例外，樂

觀的金融機構和投資者會依著誇大的利潤美夢來決定他們投資組合，而不會考量看似在天外之遙的邊際補貼。在這些投資人心中，再沒什麼事情比（財務）死亡更不可能發生了，所以他們不會把一項對他們來說是為他人準備的援助放在心上。」見 Ricardo J. Caballero, "Sudden Financial Arrest," Mundell-Fleming Lecture, LMF, November 2009. Available from http://www.imf.org/external/np/res/seminars/2009/arc/pdf/caballero.pdf.

6. 二〇〇八年九月二十三日，伯南克在國會聽證會上建議，關於如何估計資產價格和銀行的償債能力，政府應以持有至到期日資產的估價法取代逐日盯市的會計準則。這一點被保爾森忽視，因此國會也忽視之，市場當然就不在意；然而，它的確提供了一條脫離危機的顯著途逕。一個月才終於被採納。見 Mark Landler and Steve Lee Myers, "Buyout Plan for Wall Street Is a Hard Sell on Capitol Hill," *New York Times,* September 23, 2008.

7. 「領導人必須成為善於應付模稜兩可情況的系統思考者。我在大學時的主修是應用數學，後來拿到管理碩士。在學時，我熱愛科學。我的生涯跟大部分人一樣是線性發展，在教育的過程中沒有太多模糊不明的考驗。不論從經濟層面或地緣政治層面看來，我都是生活在一個比較簡單的世界。」見 Jeff Immelt, "Renewing American Leadership," *Washington Post,* December 10, 2009.

8. 「我們仍不清楚的是，我的政府和這個新一代的領導方式是否能夠劈荊斬棘，開出一條更務實的新途徑，其關注的不是政府的大小，而是它是否英明高效。」此言出於二〇〇八年十二月，歐巴馬的一場演說，見 Dan Balz, "One Year Later Assessing Obama: Testing the Promise of Pragmatism," *Washington Post,* January 17, 2010.

9. 二〇一〇年一月二十九日，勞倫斯·桑默斯於達沃斯舉行的第四十屆世界經濟論壇上的發言。

第一章

1. 有一些值得注意的例外：一名哈佛大學經濟史學者尼爾·弗格森（Niall Ferguson）以區區兩百頁的篇幅寫完《金錢的進化》（*Ascent of Money*）一書，描述了經濟史的全球之旅，並呼籲經濟學家和歷史學家了解演化

生物學。另一本將這些學門兜在一起的好書是保羅‧席柏萊特（Paul Seabright）的《陌生人群》（*Company of Strangers*），但這本書比較著重在個體經濟學，而不是資本主義和政府之間的關係。

2. 二○一○年一月二十二日，史迪格里茲出席一場國會聽證會，並發表了一篇名為「美國金融部門的誘因和表現」（Incentives and the Performance）的演說。他說：「市場經濟的運作是創造成長和效率，但前提是個人報酬與社會利益一致。」詳見 http://www.house.gov/apps/list/hearing/financialsvcs_dem/stiglitz.pdf.

3. 為了回應氟氯碳化物（CFCs）會破壞臭氧層的科學證據，四十三個國家在一九八七年簽署了《蒙特婁議定書》，目標是限制CFCs的製造量不得超過一九八六年的水準，而且各國必須在一九九九年以前將製造量減少50%。到了一九九二年的哥本哈根會議，這些國家進一步補強議定書內容，同意在一九九六年以前，全面禁止CFCs的使用；面對這一連串的協定，製造商也很快地開始發展替代品。由於此一禁令的實施，大氣層中的CFCs濃度驚人地快速降低，讓臭氧層得以開始復原。科學家計畫在二○一五年以前，南極上空二千五百萬平方公里大的破洞要減少一百萬平方公里；並且預期在二○六八年以前，讓臭氧層回復到一九八○年的狀況。見 Richard Benedick, *Ozone Diplomacy: New Directions in Safeguarding the Planet* and Paul A. Newman et al, "When Will the Antarctic Ozone Hole Recover?" *Geophysical Research Letters* 33 (2006).

4. 安德魯‧梅隆在胡佛總統的自傳中的引文，見 *The Memoirs of Herbert Hoover: Vol. 3, The Great Depression*, 31-32.

5. 見喬治‧索羅斯的 *The New Paradigm for Financial Markets: The Credit Crisis of 2008 and What It Means*，特別是第三章 "The Theory of Reflexivity," 與第四章 "Reflexivity in Financial Markets.'

6. Thomas Hobbes, *On the Citizen (De Cive)*, Chapter 1, Section XIII, 30.

7. Blaise Pascal, *Pensées,* 121-126.

第二章

1. 一九八九年，約翰‧威廉森（John Williamson）首次提出這個詞，用來形容後共產主義國家和發展中國家被迫採行的自由市場政策，背後操盤

手是美國政府、國際貨幣基金、世界銀行、世界貿易組織和其他國際機構。見 John Williamson, "What Washington Means by Policy Reform," in John Williamson, ed., *Latin American Readjustment: How Much Has Happened.*

2. 見 Alain Gresh, "Understanding the Beijing Consensus,' trans. Stephanie Irvine, *Le Monde Diplomatique English Edition* (November 2008). 書中第二十四章，對於北京共識一詞有更深入的討論。

3. Joseph Schumpeter, *Capitalism, Socialism and Democracy.*

4. 「一九一三年，當累進稅制上路，各地商人都批之為國史上最具破壞性的立法。」Robert Wiebe, *Business Men and Reform. A Study of the Progressive Movement,* 196.

5. 一九〇九年四月二十九日，財政大臣勞合‧喬治如是形容他的《人民預算》：「為了一場對抗貧窮和骯髒的難解戰爭，這是戰時預算。」然而，上議院的多數黨，即固執的保守黨人士，群起反對這個激進的稅制；儘管英國有個不成文的傳統，即上議院無權杯葛內閣任何財務法案。面對這樣的違法行為，領導下議院的自由黨發動解散國會，並要求改選。重組後的國會結構中，自由黨仍為多數黨，惟人數略為減少，但對於稅制形成了更強的聯合力量，上議院已無力二度杯葛。隨著新的預算通過，自由黨首相遞出一個立法提案，迫使上議院在兩年內不得杯葛非預算案，也不得在一個月內杯葛任何財務法案。一九一一年，在國王威脅要擴張自由黨席次的情勢下，上議院不得不通過《國會法案》，從此他們即使行使否決權，也無法阻止法案過關。見 Edward Potts Cheyney, *A Short History of England,* 691-95, and Eric J. Evans, *Parliamentary Reform, c. 1770-1918,* 86.

6. 在一九三二年，美國政府將所得超高100萬美元的最高邊際稅率從25%調高到63%。最高邊際稅率持續走高數十年，甚至在一九四四至四五年達到94%，然後在一九五〇至六三年間維持在90%以上，而且直到一九七九年才降至70%以下。這個數據來自 Joint Committee on Taxation, "Overview of Present Law and Economic Analysis Relating to Marginal Tax Rates and the President's Individual Income Tax Rate Proposals," Public hearing before the Senate Committee on Finance, March 7, 2001, 以及

Maxim Shvedov, Congressional Research Service, "Statutory Individual Income Tax Rates and Other Elements of the Tax System: 1988 through 2008," May 21,2008.

7. Andrew Gamble, *The Spectre at the Feast: Capitalist Crisis and the Politics of Recession,* 7.

8. Ibid.

9. 正如托馬斯‧麥考利（Thomas Babington Macaulay）在他的著作《詹姆士二世以降的英格蘭歷史》（*History of England from the Accession of James the Second*）第五章所述，以及其他自由主義歷史學家的看法，輝格史觀將英格蘭歷史視為一個英雄式目的論的進步過程，最終將通往民主繁榮的許諾之地。見 Herbert Butterfield, *The Whig Interpretation of History,* and Keith Sewell, *Herbert Butterfield and the Interpretation of History.*

10. 這個說詞過度簡化了，因為自從十九世紀早期，許多社會改革人士開始在童工、女工、工時、工作環境和其他許多議題上發聲。基本上，這些社會運動都是意圖讓資本主義在社會層面上更能為人所接受，而不是為了讓經濟更有效率。

第三章

1. Robert Heilbroner, *The Worldly Philosophers,* Chapters 1-2.

2. Max Weber, *The Protestant Ethic and the Spirit of Capitalism.*

3. Adam Smith, *The Wealth of Nations, Books 1-Ill,* 119.

4. Seabright, *The Company of Strangers,* 14-15.

5. 一七七六年三月九日，倫敦的 W. Strahan and I. Cadell 出版社出版了《國富論》（The Wealth of Nations）第一版。安德魯‧斯金納（Andrew Skinner）在介紹亞當斯密的作品時，特別提及了這個與《獨立宣言》同一天問世的巧合。見 Andrew Skinner, introduction to *The Wealth of Nations, Books 1-111,* by Adam Smith, 6.

6. 凱因斯和其他人曾經追溯過「laissez-faire」（字面上意謂著「放任」）一詞首次出現的由來。一七五一年，法國總理暨 Argenson 侯爵 Rene de Voyer 在一場演說中提到「『放手吧』這個詞應當成為文明世界中，所有公眾力量的座右銘。」（*Laissez faire, telle devrait être la devise de toute*

puissance publique, depuis que le monde est civilisé.）凱因斯也提及在許多古典學派經濟學家的著作中，諸如亞當·斯密、李嘉圖和馬爾薩斯，都沒有出現過這個字眼。它第一次以英文形式寫出來是在一七七四年，由喬治·沃特雷（George Whatley）和班·富蘭克林（Ben Franklin）合著之《貿易原理》（*Principles of Trade*）見 John Maynard Keynes, "The End of Laissez-Faire."

7. 這又是另一個過度簡化的說法。在十九世界的美國和英國，保護主義和自由貿易之間的競爭主導了大部分的政治活動，更可說是驅使美國內戰爆發的主要影響力。然而，在經濟分析的層次上，沒有任何關於自由企業思想的嚴肅辯論。

8. 夏爾·盧瓦瑟（Charles Loyseau）在其一六一〇年的著作《貴族》（*Des Seigneuries*）中指出六項國王的權力範疇：撰寫律法、選擇政府官員、發動戰爭和協調停戰、扮演正義的最終仲裁者、發行貨幣，以及徵稅。人們相信關於政府的權力和職責，一開始也有被寫入，但可能在本書出版幾個世紀後被刪除。見 Mildred Pope, *Studies in French Language and MedievalLiterature,* 33.

9. John Maynard Keynes, *The Economic Consequences of the Peace,* 15-16.

10. Ibid., 16-17.

11. 一八八〇至一九一四年間，無政府恐怖份子和共產革命份子殺了至少十個在位君王或國家元首，以及引發一次大戰的費迪南大公暗殺案。受害者名單中包括了一八八一年的沙皇亞歷山大二世、一八九四年的法國總統卡諾（Marie-Francois Sadi Carnot）、一九〇一年的美國總統麥金利（William McKinley）。見 Rick Coolsaet, "The Business of Terror: Anarchist outrages," *Le Monde Diplomatique,* English Edition (September 2004).

12. 一九一八年，為回報在一次大戰葬身沙場的士兵們，英國通過了男性普選權；然而，直到一九二八年，女性的投票權仍然依財富和年齡有所限制。

13. 凡爾賽會議中唯一令人尊敬的例外是美國總統威爾遜，他力圖避免德國的賠償條件過於嚴苛，，以及阻止法國總統克里蒙梭和英國首相勞合·喬治對於德國必須付出代價的堅持。欲知詳情，請見 Paul Johnson, *A History of the American People,* 648-651.

14. John Maynard Keynes, *The General Theory of Employment, Interest, and Money.*

15. 另一方面，一九三四至三七年間的德國財政部長沙赫特（Hjalmar Schacht）則很早就轉向凱因斯學派，並且在擔任部長期間多次與凱因斯會面。一九三七年，沙赫特和戈林（Herman Göring）在經濟政策上意見相左，他並反對戈林在公開演說中譴責猶太人是「非法運動份子」，之後遂遭希特勒予以降職處分。一九四四年，沙赫特因為被懷疑涉入暗殺希特勒的計畫而遭到逮捕，並且囚禁在達郝集中營直至戰爭結束。

16. 直到一九四六年以前，英格蘭銀行在技術上仍屬於私人企業。雖然它負責管理倫敦的金融市場，卻從未依靠稅收支持。一九一四年之前，它的營運目標只是維持金融秩序，無關乎總體經濟的穩定。關於十九世紀的英格蘭銀行在全球金融經濟中所扮演的角色，最經典的敘述請見Walter Bagehot's *Lombard Street: A Description of the Money Market.*

17. 見戈登·布朗在倫敦帝國學院的演說，http://www.number10.gov.uk/Page17303。這個故事的布朗版本有一點誇張。事實上，一九二九年，凱因斯和勞合·喬治、韓德森（Hubert Henderson）、朗特里（Seebohm Rowntree）合著了一本小冊子，名為《我們定能戰勝失業》（*We Can Conquer Unemployment*）。財政部圖書館收藏了一份影本，封面上被某位不知名的財政部官員寫滿了「奢侈」「通膨」「破產」。這本小冊子的內容被抄寫在Peter Clarke, *Keynes: The Twentieth Century's Most Influential Economist.*

18. 這個制度是允許外國政府以一盎司35美元的固定價格，將它們的美元儲備換成黃金，但這個機制並不適用於一般的美元持有者。Michael Bardo and Barry Eichengreen, eds. *A Retrospective on the Bretton Woods System: Lessons for InternationalMonetary Reform,* 222-224 and 46 1-494.

19. Michal Kalecki, "Political Aspects of Full Employment," *Political Quarterly* 14 (1943), reprinted in Michal Kalecki, *Selected Essays on the Dynamics of the Capitalist Economy.*

第四章

1. 辛格於二〇〇三年接受作者訪問時提及。見 "Asia Now Aspires to the

Charms of a Bourgeois Life," *The Times,* London, January 8, 2004.「印度式經濟成長率」是在嘲諷印度於一九六○至九○年間的3.5%低成長率，同時期的其他亞洲國家都以6%或以上的速率在成長。一九九一年後，印度的平均成長率提升至7%左右。見 John Williamson and Roberto Zagha, "From the Hindu Rate of Growth to the Hindu Rate of Reform."

2. 這是國際貨幣基金每兩年製作一次的文件，內容是預估全球經濟情勢，並為一百八十六個會員國提供個別的兩年期預測。見http://www.imf.org/external/np/exr/facts/glance.htm.

3. 發表《世界經濟展望》報告的記者會紀錄，見http://www.imf.org/external/np/tr/2006/tr060914.htm.

4. 引述自 *The Observer,* London, April 3, 1977.

5. 一九八四年六月三十日，鄧小平在接見中日民間人士會議的日方代表團時提及「建設有中國特色的社會主義」，紀錄在 William De Bary and Richard Lufrano, eds., *Sources of Chinese Tradition. From 1600 Through the Twentieth Century,* vol.2, 507-510.

6. 可參考如 Edward Glaeser and Janet Kohlliase, "Cities, Regions and the Decline of Transport Costs," and Nils-Gustav Lundgren, "Bulk Trade and Maritime Transport Costs: The Evolution of Global Markets," *Resources Policy* 22:1-2 (March-June 1996): 5-32.

7. Jeffrey Frankel, "The Japanese Cost of Finance: A Survey," *Financial Management 20:1* (Spring 1991).

第五章

1. 引述自 *New York Times,* October 8, 2006.

2. John Naisbitt, *Mega trends.*

3. 托弗勒將後工業社會的概念更深入地闡述並普及。雖然這個詞是社會學家丹尼爾·貝爾（Daniel Bell）在其著作《後工業社會來臨》（*The Coming of the Post-Industrial Society*）中發明的，它與資訊科技之間的關係還是由托弗勒在他的著作《第三波》（*The Third Wave*）中闡釋地最清楚。即便被許多「嚴肅」的學者忽視，托弗勒是唯一列名在二○○六年《人民日報》的「五十位形塑中國的現代發展」名單中的唯一一名當代

西方經濟學家暨社會科學家，http://english.people.com.cn/200608/03/eng20060803_289510.html.

第六章

1. 二〇〇四年二月二十日，伯南克於美聯儲的東方經濟協會會議上所發表的演說。

2. Olivier Blanchard and John Simon, "The Long and Large Decline in U.S. Output Volatility," *Brookings Papers on Economic Activity* 1 (2001): 135-64.

3. Charles Gave, Anatole Kaletsky and Louis-Vincent Gave, *Our Brave New World,* 見http://gavekal.com/eBooks/OurBraveNewWorld.pdf. 另見Jonathan R. Laing, 'Welcome to Sizzle Inc.: The 'platform economy'——a business model focused on knowledge while outsourcing production—heralds an age of unprecedented U.S. prosperity" (cover story), *Barron's,* December 25, 2006.

4. 估計至少有40%工業產品的國際貿易是在企業內進行交易，而非企業間，見Jeffrey Frieden and David A. Lake, *International Political Economy: Perspectives on Global Power and Wealth,* 153, and Jose de la Torre, 'U.S. Investment in Japan Is Key to Closing the Massive Trade Gap," *LA Times,* April 9, 1995.

5. 達拉斯聯邦儲備銀行總裁理查‧費雪（Richard Fisher）提出一個相似的例子：每個人都知道，如今大量生產的玩具都是來自中國，這讓許多美國人以為他們花在玩具店的錢最終都流向中國了。然而，其實「一只芭比娃娃的零售價中，只有10%的價值是來自中國，其他價值是來自於整個配銷系統中的附加價值。Fisher interviewed in Steven Beckner,"Fed's Fisher: Depreciating Dollar Not Necessarily Inflatory," *Market News International,* November 19, 2009.

6. Milton Friedman, "Inflation and Unemployment," Nobel Memorial Lecture, Section 3, "The Natural Rate Hypothesis," December 13, 1976.

7. Samuel Brittan, *The Treasury Under the Tories, 1951-1964.*

8. Arthur Burns, "Economic Research and the Keynesian Thinking of Our Times," 1946, reprinted in Arthur Burns, ed., *The Frontiers of Economic*

Knowledge, 4.

9. Arthur Burns, *Prosperity Without Inflation,* 30.

10. Norman Lamont, Chancellor of the Exchequer, HC Deb, May 16, 1991, vol. 191, c. 413.

11. C.A.E. Goodhart, "Monetary Relationships: A View from Threadneedle Street," *Papers in Monetary Economics,* vol. 1 (Sydney: Reserve Bank of Australia, 1975).

12. 技術上來說，經濟學家將一九七九年十二月至一九八二年十一月期間拆成兩個分開的衰退期，中間夾著一九八〇年代末的一個短暫成長期。但是，這整個期間實際上是一個長期磨難，社會上大量失業、資產價值低落，以及普遍的經濟窮困。

13. Anatole Kaletsky, *The Costs of Default.*

第七章

1. 一九三三年的銀行法案（Glass-Steagall）創立了聯邦存款保險公司（FDIC）；一九三五年的銀行法案則限制了活期存款利率為零，並且授權美聯儲對商業銀行的儲蓄存款利率設上限。這些管制一直持續到一九八〇年的貨幣控制法案，這次創立了存款機構解禁委員會，旨在逐步放鬆金融監管的作為。R. Alton Gilbert, "Requiem for Regulation Q What It Did and Why It Passed Away," *Federal Reserve Bank of St. Louis Review* (February 1986): 22-37.

2. 在一九四〇年代末期至一九八二年，英國先是解除分期付款管制，而後又開始實施。一九三九年至一九七九年，英國則是以外匯交易管制來規範外幣匯兌、國際貿易和外國投資。見 M. J. Artis and Mark P. Taylor, "Abolishing Exchange Control: The UK Experience," Discussion Paper No. 294, Centre for Economic Policy Research (February 1989).

3. 一九九九年，房利美的三十年期抵押貸款利率是8.1%，二〇〇四年調降至5.8%，隔年微升至6.2%。二〇一〇年初則更低至5%。

4. 二〇〇八年，個人債務占可支配所得的比例高至186%

5. 一九八〇年代晚期，日本有一次大幅的房產熱潮；德國則是在東西德統一後，一九九〇年代早期也持續了很長一段時間。這個現象在兩國都造

成了新屋的超額供給，其幅度遠大於美國房市在二〇〇九年晚期的二十萬棟空屋。

6. 根據一位西班牙的房屋顧問R.R. de Acuña的分析，西班牙於二〇〇九年初的房市供給量是一百六十二萬三千零四十二棟，其中有一百萬棟是新屋或興建中已接近完工的房子，另外六百萬棟是二手屋的轉售。Emma Ross-Thomas, "Spanish Home Prices Fall for Seventh Quarter as Slump Deepens," *Bloomberg News,* September 30, 2009.

7. 根據美國人口普查局的每月建屋數據顯示，二〇〇九年十二月的全美新屋待售數目是二十三萬一千棟。"New Residential Sales in December 2009," *US. Census Bureau News,* January 27, 2010.

8. 引述自 Michiyo Nakamoto and David Wighton, "Citigroup Chief Stays Bullish on Buy-outs," *Financial Times,* July 9, 2007.

9. 二〇〇八年五月十九日，中歐第二大借貸商萊富埃森國際銀行（Raiffeisen International Bank）執行長赫伯特・史岱琵（Herbert Stepic）在基輔舉行的歐洲重建暨開發銀行年會上發表演說。引述自Simon Shuster, "Raiffeisen says forex loans 'sinful' but unavoidable," *Reuters Financial Newswire,* May 19, 2008.

10. John Maynard Keynes, "The Consequences to the Banks of the Collapse in Money Values" (1931), in *Essays in Persuasion,* 176.

11. Barney Frank in CNBC debate, "Back to the Future: The Next Global Crisis," January 27, 2010.

12. George Soros, *The New Paradigm for Financial Markets: The Credit Crisis of 2008 and What It Means.*

第八章

1. 索羅斯大概是所有早就應該預見金融危機細節的先知當中，唯一一位誠實承認自己在過去二十年都是喊「狼來了」的人。其他大數人在過去二十年裡始終口徑一致地錯誤預測金融災難，但不像索羅斯，他們從未誠實且自覺地意識到自己錯了。索羅斯之所以顯得特別，正是這種不尋常的彈性和願意承認錯誤的個性。這些特質讓他得以享受燦爛的名聲——以及200億美元的交易獲利。

2. 根據英格蘭銀行的估計，自從十八世紀上半葉至今，英國的零售物價指數上漲了一百六十五倍。換算成美元的匯率是每磅1.6美元，與工資之間的關係假設是每年增加1%。http://www.bankofengland.co.uk/education/inflation/calculator/.

3. Christopher Reed, "'The Damn'd *South Sea*': Britain's Greatest Financial Speculation and Its Unhappy Ending," *Harvard Magazine* (May—June 1999)

第九章

1. 這是熊彼得知名的「創造性破壞」過程中的一個面向，但不是最重要的一個。其理論中最重要的驅動力是技術革新，而非信用創新。Schumpeter, *Capitalism, Socialism and Democracy.*

2. 奧地利學派最極端的信仰者甚至要求廢除規範酒駕的「專橫」法律。見 Llewellyn Rockwell Jr., "Legalize Drunk Driving," *Mises Daily,* Ludwig von Mises Institute, November 3, 2000. http://mises.org/daily/2343.

3. 一九二一年至三二年的美國財政部長梅隆大概是最後一位真正信仰奧地利學派的高層官員。他曾經建議胡佛總統對大蕭條放任不管，他說：「清理勞工、清理存貨、清理農夫、清理房地產……此舉將可以一次掃除體系中的腐敗。」見胡佛總統的自傳，*The Memoirs of Herbert Hoover: Vol. 3, The Great Depression,* 31-32. 欲知更多詳情，請見第十一章。

4. 這個乘數—加速概念是由哈羅德爵士（Sir Roy Harrod）首次提出，爾後經由薩繆爾森（Paul Samuelson）和希克斯（Sir John Hicks）的補強，成為凱因斯商業循環的標準模型。

5. Justin Lahart, "In Time of Tumult, Obscure Economist Gains Currency," *Wall Street Journal,* August 18, 2007.

6. George Soros, *The Soros Lectures: At the CentralEuropean University.*

7. 一九九六年，葛林斯班在美國商會於華盛頓舉行的公共政策研究年會上所發表的演說，"The Challenge of Central Banking," http://www.federalreserve.gov/boarddocs/speeches/1996/19961205.htm.

8. Benoit Mandelbrot and Richard Hudson, *The (Mis)behavior of Markets: A Fractal View of Risk, Ruin and Reward, 4.*

9. 「常態分布」一詞是指價格或其他任何形式的資料可預期且可靠地在平

均值附近形成鐘形曲線分布。

10. Malcolm C. Sawyer, *The Economics of Michal Kalecki.* 以及 Robert Rowthorn, "The Political Economy of Full Employment in Modern Britain," Kalecki Memorial Lecture, Department of Economics, University of Oxford, October 19, 1999.

11. Robert Skidelsky, *Keynes: The Return of the Master,* 62.

12. 這些問題來自 IBM 的網站：http://www-03.ibm.com/ibm/history/reference/faq_0000000047.html.

13. Gartner, Inc., "Press Release: Gartner Says Worldwide PC Shipments to Grow 2.8 Percent in 2009, but PC Revenue to Decline 11 Percent," November 23, 2009.

14. Nicolo Machiavelli, *The Prince,* 88.

第三部分

1. John Maynard Keynes, *General Theory of Employment, Interest and Money,* 383.

第十章

1. Ricardo J. Caballero, "Sudden Financial Arrest," Mundell-Fleming Lecture, IMF, November 2009. 見 http://www.imf.org/external/np/res/seminars/2009/arc/pdf/caballero.pdf.

2. Interview with Oliver Blanchard, 見 *IMF Survey Magazine Online,* September 2, 2008. http://www.imf.org/external/pubs/ft/survey/so/2008/int090208a.htm.

3. Tamora Vidaillet and Veronique Tison, "Letting Lehman go was big mistake: French finmin," *Reuters,* October 8, 2008. 見 http://wwwreuters.com/article/idUSTRE49735Z20081008.

4. Andrew Ross Sorkin, *Too Big to Fail,* and Wessel, *In Fed We Trust.*

5. Milton Friedman and Anna Jacobson Schwartz, *A Monetary History of the United States, 1867-1960.*

6. 傅利曼曾經強調過梅隆在清算美國銀行體系的決定中所扮演的角色，胡佛總統的回憶錄中也可看到相同的觀點，Herbert Hoover, *The Memoirs of*

Herbert Hoover. Vol. 3, The Great Depression, 28-30. R. 0.

7. 在 Hoover, *Memoirs, Vo13,* 30. 中寫道，為了讓這場道德聖戰成功，梅隆催促美聯儲限制貨幣供給和否認其最終貸款人責任，以「清除」脆弱的銀行。他也要求政府縮減支出以平衡聯邦預算，並且激烈反對胡佛總統提出的財政刺激方案，即便是總統大選在即。

8. 在他被任命為財政部長之時，其所得稅款已經是全國第三高，僅次於洛克菲勒（John D. Rockefeller）和亨利‧福特（Henry Ford）。David Cannadine, *Mellon:An American Life,* 349.

9. 一九三二年一月，梅隆遭到國會彈劾，但最終回投票結果大逆轉，他僅被降職為美國駐倫敦大使。

10. Paul Krugman, "How Did Economists Get It So Wrong?," *New York Times Magazine,* September 6, 2009.

11. 隨後，第二季GDP成長率被下修至1.5%，但這仍然使得美國在二〇〇八年中之前，經濟活動一直維持在蕭條水準之上。

12. 二〇〇六年，美國的貿易赤字占GDP比例為6.5%的高峰，直到九月十五日前降到了4%，這個縮減比例大約貢獻了美國經濟在二〇〇七和〇八年的總成長率的一半。

13. 長期以來，投資者和經濟學家都忽視了金融槓桿和非金融槓桿之間的關鍵差異。在雷曼兄弟倒閉後，決策者開始注意到此；例如以下兩則來自倫敦的金融監管高層的演說辭，他們職掌的金融機構影響全球槓桿和證券化的多數過程。

「多數的債務增長是發生在金融部門，這個事實意謂著在金融部門中，資產負債表可以且必須進行必要的檢視⋯⋯同時不必限制『實體』經濟的借貸。」Mervyn King, "Speech to the CBI Dinner," January 20, 2009. 見 www.bankofengland.co.uk/publications/speeches/2009/speech372.pdf.

「金融體系內的槓桿成長速度之快，對於短期總體經濟管理是很迫切的問題。我們愈是能降低銀行的交易複雜度，以提升去槓桿化程度，並且減少對於非銀行實體經濟的槓桿化，那麼情勢就愈保險。」Adair Turner, "The Financial Crisis and the Future of Financial Regulation," The Economist's Inaugural City Lecture, January 21, 2009. 見 www.fsa.gov.uk/pages/Library/Communication/Speeches/2009/0121_at.shtml.

更詳細的說明請見Anatole Kaletsky, "Not All Loans Are the Same," *The Times,* London, January 26, 2009.

14. 金恩在英格蘭銀行於二〇〇九年二月十一日發布的《季度通膨報告》（*Quarterly Inflation Report*）中的論述。請見http://www.bankofengland. co.uk/publications/inflationreport/conf090211.pdf.

15. "Lehman Bankruptcy Losses Pegged at $75 billion," *Bloomberg News,* December 30, 2008.

16.「軍隊在幾個星期內抵達費盧傑，並占領了雷達站，但他們並沒有計畫在攻擊結束後協助這個國家的運作。」Mudd撰於Wessel, *In Fed We Trust,* 187.

17. 在現代的中央銀行制實行之前，是由私人機構提供擔保，他們發行的信用近似於貨幣，可流通於各地，例如私營的英格蘭銀行、一九〇七年恐慌期的摩根銀行，或是十九世紀初在歐洲的羅斯柴爾德家族。自從一九〇七年，J.P. Morgan為了停止美國的銀行恐慌，提出了他的個人擔保後，「當他走在華爾街上，人們都高聲歡呼，全球政治領袖也發送電報表達他們對於一位有能力做此擔保者的敬畏之意。」Howard Means, *Money & Power,* 142. 另見Ron Chernow, *House of Morgan.*

18. Financial Accounting Standards Board, FAS Statement No. 157: Fair Value Measurements, September 2006. Financial Accounting Standards Board, FAS Statement 157-4: Determining Fair Value When the Volume and Level of Activity for the Asset or Liability Have Significantly Decreased and Identifying Transactions that Are Not Orderly, April 9,2009.

19. 二〇〇八年五月二十日，麥可·馬斯特斯（Michael W. Masters）在參議院國土安全及政府事務委員會所作的證詞。詳見hsgac.senate.gov/public/_files/052008Masters.pdf.

20. 見Anatole Kaletsky, "Relax. Our Economy Isn't Manic Depressive," *The Times,* London, January 24, 2008.

21. 亨利·保爾森說：「這是我的弱點也是我的力量：當我致力於某件事時，我會很專注、一心一意。我從來不嘗試望向遠方。」Todd Purdum, "Henry Paulson's Longest Night," *Vanity Fair,* October 2009.

22. Henry Paulson, *On the Brink,* 1.

23. 見 Sorkin, *Too Big to Fail,* 224.；也可參考 Paulson, *On the Brink,* 144, 170. 「（總統）不喜歡政府助營企業代表的一切……在這幾個月間，我們成功地克服多年來改革者遭遇的阻礙，迫使這些麻煩又強大的機構進行大幅度的轉變。」

24. Kaletsky, *The Costs of Default.*

25. 見 Paulson, *On the Brink.*

26. 這不只是事後諸葛——見 Anatole Kaletsky, "Hank Paulson Has Turned a Drama into a Crisis: By punishing shareholders, the U.S. Treasury Secretary had made the rescue of other trouble banks almost impossible," *The Times,* London, September 16, 2008.

27. 這是二〇〇八年九月九日的收盤價。同時間，S&P 500只掉了1.5%。

28. 引述自 Bomi Lim and Seonjin Cha, "Korean Development Bank Ends Talks for Stake in Lehman," *Bloomberg News,* September 10, 2008.

29. Ibid., 18.

30. 見 Paulson, *On the Brink,* 264: "If they go, we're next."

31. 「在（柏南克）研究過的每一次重大銀行危機中，政府都必須注資……並擔保銀行的債務。目前為止，關於保爾森何時該前往國會報告，柏南克一直都是讓步的；在這個選舉年，保爾森並不想提出任何國會可能拒絕的建議。對於在一個民主政體下，回應銀行危機的作為，柏南克和蓋特納都視之為無可避免且代價高昂的政治舉動。最有效的解決方法總是預先呼籲增稅——『勢不可擋的力量』蓋特納如是形容之……柏南克通常都口氣輕柔且彬彬有禮，但這一次不一樣了。『漢克，我們不能再這樣下去，我們必須去國會。』……美聯儲已經觸及極限了。」見 Wessel, *In Fed We Trust*, 199-200

32. 在國會聽證會上，伯南克和保爾森試圖解釋不良資產救助計畫（TARP）的原始版本，他重覆提及以持有至到期日來取代逐日盯市的會計準則，但保爾森要不是忽略之，就是無法理解所有與這項會計變更有關的問題。二〇〇九年三月，在保爾森卸下職務後，這個改革上路了。沒幾天，銀行股價開始回升，並且很快地就可以籌募私有資本。二〇〇八年九月二十三日，柏南克在參議院的銀行、住房與都市事務委員會上所作的發言，會議紀錄見 http://banking.senate.gov/public/index.cfm?FuseAction

=Hearings.ByMonth&DisplayDate=09/23/08.

33. 這些英國政府的擔保只提供給承受亟鉅壓力的英格蘭銀行。在北岩銀行的薀售存戶發生擠兌後，英格蘭銀行作為最終貸款人，很快就發現因為支援有限而無力回天。這是作者與英國官員的私下訪談內容。

34. Mervyn King, interviewed by Robert Peston, BBC Business, November 6, 2007. 文章請見 http://news.bbc.co.uk/2/shared/bsp/hi/pdfs/06_11_07_fo4_king.pdf.

35. Caballero, "Sudden Financial Arrest."

第十一章

1. 彌爾並沒有真的提出 *Homo Economicus* 這個名詞，他只是在其一八四八年的著作《政治經濟學原理》（*Principles of Political Economy*）中以這個超理性個體為核心，架構出他的經濟學理論。*Homo Economicus* 首次出現在十九世紀晚期一篇評論彌爾的文章中。見 Joseph Persky, "Retrospectives: The Ethology of Homo Economicus," *The Journal of Economic Perspectives* 9:2 (Spring, 1995): 221-231.

2. 以義大利數學家 Vilfredo Pareto 為名，他是第一位下這個定義的人。見 John Cunningham Wood and Michael McLure, eds., *Vilfredo Pareto: CriticalAssessments,* 331.

3. 一八六五年至一九○○年間，以電力、化學、鋼鐵和石油工業發展為驅動力所開啟的一段驚人的技術與經濟發展，通常被稱為第二次工業革命。見 David S. Landes, *Unbound Prometheus: Technological Change and Industrial Development in Western Europe from 1750 to the Present,* 第4章和第5章.

4. 這些在一九三○年代比較不常見，但自從複雜性理論家如布萊恩·亞瑟（Brian Arthur）、鄧肯·弗利（Duncan Foley）和保羅·奧默羅德（Paul Ormerod）以降，在經濟學領域出現了大量相關研究，全都是以貝諾·曼德伯（Benoit Mandelbrot）和約翰·霍蘭德（John Holland）的研究為基礎。見 M. Mitchell Waldrup, *Complexity: The Emerging Science at the Edge of Order and Chaos,* 和 Paul Ormerod, *The Death of Economics.*

5. D. D. Raphael, Donald Winch and Robert Skidelsky, *Three Great Economists.*

Smith, Malthus, Keynes, 243.

6. 見已發表的演說：Gerard Debreu, "The Mathematization of Economic Theory," *American Economic Review* 81:1 (March 1991): 1-7.

7. 另一個名稱是Knightian uncertainty，以美國經濟學家Frank Knight為名。見Frank Knight, *Risk, Uncertainty, and Profit.*

8. David Ricardo, "Essay on the Funding System," in *The Works of David Ricardo, 513-548.*

9. 見Emiko Terazono, "Bean in Barcelona," *Financial Times,* August 26,2009.

10. 當《紐約客》雜誌（*The New Yorker*）的凱西迪（John Cassidy）問及，效率市場理論如何在危機中依舊屹立，芝加哥經濟學者尤金・法瑪（Eugene Fama）回答：「我認為它在這段期間表現頗佳……（這）正是你對於市場有效率的期待。」他繼而言之：「我不知道信用泡沫是什麼意思……我甚至不知道泡沫是什麼意思。這些字眼變得很常見，但我不認為它們有任何意義。」見John Cassidy, "After the Blowup: Laissez-faire Economists Do Some Soul-searching—and Finger-pointing," *New Yorker* (January 11, 2010): 30.

11. 聯合假說問題之所以興起，是因為任何市場效率的測試實際上都是在同時測試兩個假說：一是市場有效率；二是我們的市場模型是正確的。這種兩個假說的測定必然是沒有結論的。請見如Joachim Zietz, "A Note on Tests of Efficient Market Hypotheses: The Case of the Forward Exchange Rate," *Atlantic Economic Journal* 23:4 (December 1995): 310-317.

第十二章

1. Benoit Mandelbrot and Richard Hudson, *The (Mis) behavior of Markets.*

第十三章

1. 雖然巴菲特將衍生性金融商品視為大型毀滅性金融武器，他的波克夏・哈薩威公司（Berkshire Hathaway）依舊是這些市場的頂尖玩家。見Edward Jay Epstein, "Hidden Stake in Financial Weapons of Mass Destruction," *Vanity Fair,* February 2, 2009.

2. Steve Benen, "What Has Government-Run Health Care Ever Done for Us?"

Washington Monthly, July 29, 2009.

3. James Buchanan, *Public Choice: The Origins and Development of a Research Program.*

4. 見，例如 Kenneth Arrow, *Social Choice and Individual Values,* and Mancur Olson, *The Logic of Collective Action: Public Goods and the Theory of Groups.*

5. Buchanan, *Public Choice,* 8-9.

6. 尋租是一個經濟名詞，用來形容某種沒有對經濟體提供任何貢獻或生產力，就從他人身上取得價值的行為。例如，取得土地權和自然資源的使用權，或是從一些會影響消費者和商業活動的規範中鑽漏洞、占小便宜。

7. 在柏拉圖的《理想國》（*Republic*）和亞里斯多德的《政治學》（*Politics*）中，這類問題不斷出現。

8. 落日條款對法案定出一個期限，除非更新法條，否則就算失效。落日條款的概念首次出現於美國一七九八年的《外國人與煽動法案》，最近一次則是二〇一〇年更新的《美國愛國者法案》。許多國家都有使用落日條款，如加拿大、澳洲、德國、紐西蘭和英國，其所得稅法每年都必須由國會更新。見 Steve Charnovitz, "Evaluating Sunset: What Would It Mean?" in Thomas Lynch, ed., *Contemporary Public Budgeting.*

9. 歐盟的官方網站 EUROPA 上，對於《歐盟既有法律》有簡潔的定義，見 http://europa.eu/scadplus/glossary/community_acquis_en.htm.

10. 煤炭比石油便宜，且產量豐碩許多，但由於其體積龐大，並沒有石油來得好用。

11. 見，例如 International Energy Agency, *Oil Market Report,* June 10, 2008 and British Petroleum, *BP Statistical Review of World Energy,* June 2008. 欲知更多細節，見 Ahmad Abdallah, *Peak Demand* (Hong Kong: GaveKal Research, 2008) http://gavekal.com/Publication.cfm?rT=1&fileto open=3805.

12. 雖然華爾街人士對於這個觀點歧見頗多，最佳的證明就是金融市場本身——二〇〇八年五月二十日，頂尖的商品交易專家麥可‧馬斯特斯在參議院國土安全與政府事務委員會上作證，提供國會許多詳細的數據分析，以及石油投資作為美元走弱的避險工具此一事實；油價每天的浮動

是相對於美元價格，跟實質的供需變化一點關係也沒有。見hsgac. senate.gov/public/_files/052008Masters.pdf. 也可參考二〇〇九年七月二十一日，馬克·庫柏（Mark Cooper）在參議院國土安全與政府事務委員會的發言：「關於商品價格急劇上升的原因是否為過度投機，此類辯論已經有了答案。這個委員會對於石油、天然氣和最近的小麥所做的報告顯示，過度投機行為毫無疑問地是商品市場的一大問題來源。目前檯面上唯一待處理的問題是，我們應該如何避免這種過度投機行為繼續危害市場。」Mark Cooper, "Excessive Speculation in Commodity Markets and the Collapse of Market Fundamentalism,". 見http://hsgac.senate.gov/public/index.cfm?FuseAction=Files.View&FileStore_id=3d506d4b-47ab-4a28-ad27-46daaefeblcb.

第十四章

1. 二〇〇八年十二月十六日，Baa級債券（投資級公司債的標準信用評級）和美國國庫券之間的信用貼水達到6.21%。在二〇〇九年的頭兩個月，這個水平些微滑落，但隨著全球蕭條的態勢愈來愈顯著，它也開始跳升，於二〇〇九年三月二十三日到了5.9%。二〇〇八年以前，這個貼水只有一次超越5.9%，是一九三一年十一月至隔年七月的八個月間，那時它高到7.2%，然後在一九三三年初掉回4.8%。相關資料請至美聯儲網站：http://www.federalreserve.gov/releases/h15/data/Monthly/H15_BAA_NA.txt.。也可參考Roger Aliaga-Diaz and Joseph H. Davis, *Research Note: Wide Credit Spreads and Future Corporate Bond Returns,* Vanguard Group, Inc. (March 2009). https://institutionaivanguard.com/iam/pdf/RPD2.pdf.

2. Jessica Holzer, "A Loophole for Poor Mr. Paulson," *Forbes,* June 2, 2006. Steve Gelsi, "Paulson Files to Sell $500 mm of Goldman Stock," *Market Watch,* June 30, 2006. 請見http://www.marketwatch.comlstory/paulson-files-to-sell-500-mln-in-goldman-stock.

3. 柏南克在二〇〇二年的一場演說"Helicopter Ben"中，預言了這個情況，並詳加解釋。他指出，在通貨緊縮的時候，美國政府可以無限制地印鈔——有需要的話還可以把錢從直昇機上灑下來——以確保價格不會繼續滑落。他說：「在一個法定貨幣（也就是紙紗）的體系下，一個政府

（實際上，是指中央銀行和其他中介單位的合作）應該總是能夠產生正成長的名目支出和通貨膨脹，即使當短期名目利率為零時……美國政府有一種技術，叫做印刷機（或者，在今日，它是電子化的），它可以在零實質成本的情況下，隨心所欲地產出美鈔。藉由提升流通中的美元，或者甚至只是威脅要這麼做，美國政府就可以把1美元相對於商品或服務的價值降低，意即可以提升這些商品或服務的價格。」Ben Bernanke, "Deflation: Making Sure 'It' Doesn't Happen Here," Remarks Before the National Economists Club, Federal Reserve Board, Washington, DC, November 21, 2002. 見 http://www.federalreserve.gov/boardDocs/speeches/2002/20021121/default.htm.

4. Arthur Burns, *Prosperity Without Inflation,* 30-3 1 and 69.

5. 前文已經提過，在艾森豪總統時期，稅率多在85%的水平。雖然沒有人喜歡支付那麼離譜的高稅率，但也沒有人認為這個現象會破壞美國的自由企業，或是將之視為徹底的共產主義。相較今日，如果美國的最高稅率想要從39%提高至44%，政界的反應可是截然不同的。

第十五章

1. 德國和日本有過好幾次經濟復甦卻又失敗的經驗，即使把利率調高也沒用。這些雙底衰退也影響了政策走向——通常是大型的財政緊縮，但未同時輔以寬鬆的貨幣政策。

2. 長期債券利率可說比隔夜拆款利率更為重要，許多金融家相信這是中央銀行的致命傷。債券利率不像政府決定的短期利率，它是由競爭市場的私人投資者決定，這些投資者大多聚焦在通貨膨脹和政府破產的風險上。因為他們可以無視於官方決定，而且可以掌控最終的金融情勢，所以經常被稱為「債市糾察隊」（bond market vigilante）。本書頁二一五至二一八中，考慮到通貨膨脹和貨幣貶值時，有針對這個題目做進一步討論。在試圖找出誰才是真正控制長期利率的人時，不論理論或經驗都告訴我們，中央銀行設定的隔夜拆款利率比債市情緒更重要。在二〇〇八年十二月，當美聯儲決定要加印紙紗，並且將隔夜拆款利率降至0時，此舉被人們斥責為透過通膨來貶低美元價值，但國庫券殖利率卻沒有如債市糾察隊的預期般上升，反而是立刻從3.9%掉到2.1%。對於中央銀

行和私人投資者在短期和長期利率上所扮演的角色，若想知道世界頂尖的貨幣學者如何坦承這個學術上的困惑，見Ben Friedman, "What We Still Don't Know about Monetary and Fiscal Policy," *Brookings Papers on Economic Activity 2* (2007).

3. 這個異常的產出缺口一部分是出於每一個主要經濟體不尋常的大衰退，另一部分則是因為這些衰退都同時發生。後雷曼時期，這波重擊使得所有經濟體同時被拖下水。相反地，在一九七〇和八〇年代，當美國經濟崩潰時，歐洲和日本卻持續強勁成長。一九九〇年代早期，歐洲受惠於共產瓦解後的繁榮，美國則深陷於蕭條中。等到歐洲開始衰退時，美國經濟已然復甦。

4. 「關鍵是水準，笨蛋！」這句話巧妙地回應了英格蘭銀行最新一份通膨報告。金恩以這句不甚優雅的話來強調一個要點：英國的蕭條已經太嚴重了，就算恢復成長，產出水準也將維持低落。在這位央行總裁眼中，高失業率可能持續下去，給通膨帶來走低的壓力；長期則可能出現低利率和刺激貨幣供給的特殊方法。Bill Martin, "We're Between a Rock and a Hard Place, and Need a Soft Pound," *The Guardian,* August 23, 2009.

5. 這三個條件是，減少過度吸納，加速通膨，以及顯著降低通膨預期：「委員會將維持聯邦基金利率的目標範圍在0~0.25%，並且繼續期待經濟條件，諸如低資源利用率、受制的通膨趨勢，以及穩定的通膨預期，可以延長保證聯邦基金利率的驚人低水準。」美聯儲委員會的新聞稿，November 4, 2009. 見 http://www.federalreserve.gov/newsevents/press/monetary/20091104a.htm.

6. 從一九三〇年代的歷史，以及更近期的一九九七年日本經驗和二〇〇六年德國經驗，中央銀行家徹底上了一課。在一年的強勁復甦後，日本同時提高了稅率，並降低貨幣供給的增長速度。結果使得日本又掉入一次蕭條期，赤字也增加而非縮減。

7. 見 Chen Shiyin and Bernard Lo, "U.S. Inflation to Approach Zimbabwe Level, Faber Says," *Bloomberg News,* May 27, 2009.

8. 見 Milton Friedman, *The Counter-revolution in Monetary Theory: Wincott MemorialLecture*, September 16, 1970.

9. Milton Friedman, *The Counter-revolution in Monetary Theory.*

10. 最詳細的學術研究涵括了一百六十國，橫跨二十世紀的最後三十年，顯示出高通膨和超通膨國家的貨幣擴張和通膨之間的強烈相關性；但是，對於通膨率低於10%的國家來說，這兩者之間的相關性很低。所以，高通膨意謂著貨幣擴張，但貨幣擴張不必然會發生高通膨現象。Paul De Grauwe and Magdalena Polan, "Is Inflation Always and Everywhere a Monetary Phenomenon?" *Scandinavian Journal of Economics* 107:2 (June 2005): 239-259.

11. 傅利曼在一九七〇年發表的貨幣主義原理（見上方注釋9）的確針對通膨和貨幣政策之間恆常的關聯性提出了十一個重大特性。在柏南克的一篇經典文章中有討論到："Friedman's Monetary Framework, Some Lessons," *Journal of the Federal Reserve Bank of Dallas* (October 2003): 207-214.

12. 欲知關鍵評論，見 Benjamin Friedman, "The Rise and Fall of Money Growth Targets as Guidelines for U.S. Monetary Policy," in Iowa Kuroda, ed., *Towards More Effective Monetary Policy.* 也可參考 James Tobin, "The Monetarist Counter-Revolution Today—An Appraisal," Cowles Foundation Paper No. *532* (Yale University, 1981). 見 http://cowles.econ.yale.edu/P/cp/p05a/p0532.pdf.

13. Bernanke, "Friedman's Monetary Framework, Some Lessons."

14. 唯一的替代方案可能是，中國的國內通膨率高過美國和歐洲；毫無疑問地，這是一個政府和人民都寧可避免的情況。

第十六章

1. James Tobin, "Stabilization Policy Ten Years After," *Brookings Papers on Economic Activity* 1 (1980): 19-71. 也可參考 Martin Feldstein and James H. Stock, "The Use of Monetary Aggregate to Target Nominal GDP," NBER Working Paper 4304.

2. 二〇〇九年一月，保羅‧克魯曼以其一貫的尖刻口才和對學術的嚴苛態度，如是形容反凱因斯的基本教義份子對於全球財政刺激計畫的觀點：「首先是尤金‧法瑪，現在是約翰‧科克倫（John Cochrane），他們聲稱政府舉債以支應公共支出的行為，必然會排擠掉等量的私人支出，即使

在經濟蕭條時也是如此——他們不是以實證結果，也不是以某個模型的預測來佐證，而是以一個會計命題的必然關聯來證明……令人難以置信的是，這種觀點犯了一個經濟學上最基本的謬誤——將一個會計命題解釋成一個行為關係……傑出的學者怎麼可能會相信這種事？我想，是因為我們正活在總體經濟學的黑暗時代。記住，黑暗時代的定義並不是遠古——銅器時代才是。黑暗時代之所以為黑暗時代，是因為很多知識都消失了，希臘人和羅馬人所知的一切都被下一代的野蠻王國給遺忘了。在經濟專業領域中，這看起來正是總體經濟學發生的問題。」Paul Krugman, "A Dark Age of Macroeconomics (wonkish)," *The Conscience of a Liberal, New York Times Blog,* January 27, 2009. 見 http://krugman.blogs. nytimes.com/2009/01/27/a-dark-age-of-macroeconomics-wonkish/.

3. 二〇一〇年，各國的政府借貸相對於GDP的最佳預測值：美國10.7%、日本8.2%、德國5.3%、法國8.6%、義大利5.4%、英國13.3%、加拿大5.2%。Organisation for Economic Co-operation and Development (OECD), *OECD Outlook* 86 (November 2009).

4. 主權政府的債務拖欠已經有很長的歷史。每一次，債權人都無法取得合法或政治上的賠償。見 Anatole Kaletsky *The Costs of Default,* 以及 Carmen M. Reinhart and Kenneth Rogoff, *This Time Is Different: Eight Centuries of Financial Folly.*

5. 國庫券數額不包括聯邦政府透過社會安全信託基金和其他純粹的會計實體所持有的抽象財產。Federal Reserve Board, "Flow of Funds Accounts of the United States: Flows and Outstandings, Third Quarter 2009," December 10, 2009.

6. 嚴格說來，經常帳赤字幾乎和貿易赤字沒什麼兩樣，正如文中所釋。

7. 二〇〇九年頭三季的經常帳赤字在年化後是4,070億。

8. 準確地說，如果美國的每人平均年成長率是1.96%，則六年後的實質所得就會是現在的3.2倍，正如一九五〇年以降；如果數字是1%，則會是1.8倍。

9. 它假設實質經濟成長率是3%，實質通貨膨脹率是2%。

10. IMF, "Fiscal Implications of the Global Economic and Financial Crisis," IMF Staff Position Note SPN/09/13, June 2009.

11. 自從一九九〇年起，日本在二十年內經歷了五次衰退；同時期，美國發生了三次，英國和歐元區各發生兩次。

12. Reinhart and Rogoff, *This Time Is Different.*

13. Kaletsky, *The Costs of Default.*

14. 見美國聯邦存款保險公司研究與統計部門，"Continental Illinois and 'Too Big to Fail,'" *History of the Eighties—Lessons for the Future,* vol. 1, 235-257. http://www.fdic.gov/bank/historical/history/235_258.pdf.

15. 類似的事件是一九七四年爆發的次級銀行危機，當時樂國的銀行體系近乎崩解，但經濟只有一點急速且短暫的衰退。然而，一九八九至九一年的美國儲蓄與貸款崩潰事件之後，伴隨的更是有史以來最溫和也最短暫的衰退。

16. 這個詞最早是由法國經濟學家夏爾・加夫（Charles Gave）和路易・加夫（Louis Gave）所提出，Charles Gave, Anatole Kaletsky, and Louis-Vincent Gave, *Our Brave New World.*

17. 西班牙不常被視為世界經濟的要角，但在危機前那段時間裡，它的貿易赤字（以美元計）僅次於美國，而且是其GDP的兩倍之大。西班牙是除了美國以外，唯一出現年度經常帳赤字餘額達1億美元的國家。

18. IMF, *World Economic Outlook (WEO),* September, 2009.

19. 在二〇〇九年十一月的全球預測中，經濟合作發展組織計畫在二〇一一年將中國的盈餘從3億美元提升到3億2,000美元。

20. 二〇一一年是1,480億美元，二〇〇七年則是2,130億美元。OECD, *OECD Outlook* 86 (November 2009): 104.

21. Omnibus Trade and Competitiveness Act 1988 (H.R. 3). http://www.treasury.gov/offices/international-affairs/economic-exchange-rates/authorizing-statute.pdf.

22. 最重要也最成功的干預作為是一九八五年九月二十二日的《廣場協定》。它在施行之後十八月內，讓美元貶值了40%。之後在一九八七年二月二十二日又出現了《羅浮宮協定》，使得美元／日圓匯率在接下來五年維持在125~150之間，但這個協定最終被指責是一九八七年華爾街崩潰和一九八八至八九年的日本泡沫經濟的罪魁禍首。

23. 約翰・威廉森在二〇〇四年九月七日，於北京中央財經大學發表演說，

為最近的思潮做了一個好的總結，"The Choice of Exchange Rate Regime: The Relevance of International Experience to China's Decision," 見he Institute for International Economics, Washington, DC, http://www.iie.com/ publications/papers/williamson0904.pdf. 更深入的研究請見Kenneth Rogoff et al., "Evolution and Performance of Exchange Rate Regimes," IMF Occasional Paper 229, May 2004.

24. Michal Kalecki, Political Aspects of Full Employment, *Political Quarterly* 14 (1943), reprinted in Michal Kalecki, *Selected Essays on the Dynamics of the Capitalist Economy.*

第十七章

1. IMF, "Fiscal Implications of the Global Economic and Financial Crisis."
2. Ibid.
3. Ibid. 美國的長期成本和危機成本之間的差異要比其他國家來得大；國際貨幣基金發現其人口成本之於危機成本的平均比率是9：1。
4. 安奈林貝萬在工黨會議的一場演說，Blackpool, 1949.
5. Committee for a Responsible Federal Budget (CRFB), "CRFB Analysis of Congressional Budget Office's 2010 Baseline," January 26, 2010. 見http:// crfb.org/document/crfb-analysis-cbo's-january-2010-baseline.
6. U.S. Environmental Protection Agency, *2000 Community Water System Survey,* vol. 1. 見http://www.epa.gov/ogwdw/consumer/pdf/cwss_2000_volume_i.pdf.
7. OECD, "OECD in Figures 2009," *OECD Observer,* Supplement 1, 2009. 見http://browse.oecdbookshop.org/oecd/pdfs/browseit/0109061E. PDF.
8. David Carey, Bradley Herring and Patrick Lenain, "Health Care Reform in the United States," OECD Economics Department Working Paper No *665,* February 2009. 見http://www.olis.oecd.org/olis/2009doc.nsf/linkto/eco-wkp(2009)6. 欲知詳細的癌症、心臟病存活率和其他健康保健成果的指標，也可參考OECD, *Health at a Glance 2007,* 100-116.
9. CRFB," CRFB Analysis of Congressional Budget Office's 2010 Baseline."
10. 在這些其他的國家中，健保支出占政府消費的比例要大得多；這個現象

也可解釋為什麼它們的公部門規模要比美國的公部門規模大得多。OECD, *Health at a Glance 2007,* 88-89.

11. OECD, *Growing Unequal? Income Distribution and Poverty in OECD Countries,* Table *4.5.*

12. 所有這些數字的增長中，大約有一半不是出於公共支出的實際擴張，而只是因為GDP的縮減，造成比率中的分母變小。

13. 德國的增加不是因為較高稅收，只是又一次出於GDP下滑的計算結果。

第十八章

1. Alan Murray, interviewed with Paul Volcker, "Paul Volker: Think More Boldly," *Wall Street Journal,* December 14, 2009.

2. Adair Turner, "How to Tame Global Finance," *Prospect* 162 (August 27,2009).

3. 在美國，假設國庫券的平均利率是3%，則貨幣基數增加GDP的7%時，可能為政府產生的鑄幣稅收入（或省下的利息成本）相當於GDP的0.21%，或一年300億美元。至於英國，平均利率同樣是3%的情況下，貨幣基數的增長是GDP的9%，並且可能讓政府的利息成本減少GDP的0.27%，或一年40億英鎊。

4. Edmund Andrews, "Greenspan Concedes Error on Regulation," *New York Times,* October 23, 2008.

5. 經濟學家戈爾丁（Claudia Goldin）和凱茲（Lawrence Katz）在最近的研究中發現，哈佛畢業生進入金融業工作時，「比起其他成績相當、種族相同、主修一致的畢業生，起薪是他們的三倍。」見Claudia Goldin and Lawrence Katz, "Transitions: Career and Family Life Cycles of the Educational Elite, *American Economic Review: Papers and Proceedings* 98:2 (2008): 363-369.

第十九章

1. 有關幾個最大的發展中國家（即金磚四國──巴西、俄羅斯、印度和中國），以及一些急起直追的小型發展中國家，欲知它們的成長潛力，更詳細的討論請見Dominic Wilson and Roopa Purushothaman, "Dreaming

with BRICs: The Path to *2050,"* Global Economics Paper No. 99, Goldman Sachs Global Research, October 2003. http://www2.goldmansachs.com/ideas/brics/book/99-dreaming.pdf. 也可參考 Goldman Sachs Global Economics Group, *BRIGs and Beyond,* November 2007. http://www2.goldmansachs.com/ideas/brics/book/BRIC-Full.pdf.

2. 二〇〇九年四月於倫敦召開G20元首高峰會，當戈登・布朗總結時指出：「舊的華盛頓共識已經成過去式。」見Jonathan Weisman and Alistair Macdonald, "Obama, Brown Strike Similar Note on Economy," *Wall Street Journal,* April 3,2009. 也可參考約翰・威廉森於二〇〇九年的一篇文章，華盛頓共識即由他所創：John Williamson, "The 'Washington Consensus': Another Near-Death Experience?" Peterson Institute for International Economics, April 10, 2009. 見http://www.iie.com/realtime/?p=604. 另一篇值得參考的文章是 Dani Rodrik, "Is There a New Washington Consensus?" *Business Standard,* June 12, 2008.

3. 一場對作者的私下訪談，Anatole Kaletsky, "We Need a New Capitalism to Take on China, *The Times,* London, February 4, 2010.

4. 〈中國精神——築起抗禦國際金融危機的長城〉，人民日報，二〇〇九年七月三十日。

5. Joshua Cooper Ramo, *The Beijing Consensus.*

6. 近期兩本最棒的書是威爾・賀頓的（Will Hutton）的《惡兆》（*The Writing on the Wall: China and the West in the 21st Century*）以及比爾・艾摩特（Bill Emmott）的《三雄爭霸》（*Rivals: How the Power Struggle Between China, India and Japan Will Shape Our Next Decade*）

7. 如果中國毫無阻礙地持續以年平均8%的速度成長，大概在二〇三〇年以前，其生活水平將能趕上最窮的西歐國家葡萄牙。細節請見下方注解10。

8. 關於這個爭議，最近一本優秀著作是賀頓所撰之《惡兆》，他聲稱，因為極權政體和市場經濟之間的矛盾，會使得中國的經濟模式無法持久；此外，他也提出了許多例子來佐證。

9. 「自從一九五〇年以來，只有十三個經濟體成功地以7%以上的速度持續成長二十五年；然而，這當中包含了三個比較基準不公平的離岸金融中

心和港口（香港、新加坡、馬爾他），一個人口稀少的原油田和一個大型鑽石礦場（阿曼、波札那）。一旦剔除掉這幾個成員，實際上就只剩八個成功案例。在這當中，四個成長並停滯的經濟體是：印尼、泰國、馬來西亞，以及早先的巴西；另有一個高速成長的中低所得大國是：中國，現在人們才正在評估它是否會繼續成長或停滯。此外，最後三個達到真正的發展黃金標準的是：日本、南韓和台灣。見 Joe Studwell, "Nurturing the Chinese Economy," *Far Eastern Economic Review* (December 2009). 以及 Michael Spence et al., *The Growth Report: Strategies for Sustained Growth and Inclusive Development.* www.growthcommission.org/index.php?option=com_content&task=view&id=96&Itemid=169.

10. 關於二〇〇九年的數據。IMF, World Economic Outlook Database, October, 2009. http://www.imf.org/external/pubs/ft/weo/2009/02/weodata/index.aspx.

11. J. K. Galbraith, *The New Industrial State.*

12. 見 Gave, Kaletsky, and Gave, *Our Brave New World.*

13. 勞倫斯・桑默斯形容其為金融恐怖活動的平衡。見 James Fallows, "The $1.4 Trillion Question," *The Atlantic* (January/February, 2008).

14. 食物也有同樣的問題，因為農業對水資源的需求，以及農業所造成的碳排放和其他有毒副產品對於環境的破壞，與工業或交通運輸的汙染不相上下。

15. 見 Tim Jackson, *Prosperity Without Growth: Economics for a Finite Planet.*

16. 見本書第十二章。

17. 見本書第一章的注解2。

18. 當一桶原油的價格上漲100美元時，每年轉移至石油輸出國組織的收益是1兆美元，或者更精準地說，1兆700億美元。這個數字是國際能源總署二〇一〇年二月的《石油市場報告》所得出的估計值，以石油輸出國組織一天產出兩千九百三十萬桶原油為基準。

19. 根據國際能源總署的資料，經濟合作發展組織成員國在二〇〇〇年的石油消費量是一天四千四百七十萬桶，到了二〇〇八年是一天四千三百二十萬桶，而且預估會持續滑落到二〇一五年的四千一百萬桶和二〇三〇年的四千萬通。同期，非成員國的消費量從二〇〇〇年的二千六百六十

萬桶升至二〇〇八的三千五百萬桶，並且預估會繼續增加至二〇一五年的四千萬桶和二〇三〇年的五千六百萬桶。International Energy Agency, *World Energy Outlook 2009.*

20. Nicholas Stern, *The Stern Review. Economics of Climate Change,* 355.

21. 根據芝加哥商品交易市場的估計：「二〇二〇年以前，美國的國際碳交易量可能達到1兆美元，而全球交易量則是5兆美元。」見 "United States Still Early in Carbon Reduction Process," *CME Group* (Fall 2009).

22. 中國目前的火力發電產能每年增長量相當於英國在整個歷史過程中的累計產能，即大約三萬兆瓦。根據美國官方統計，在二〇〇六至二〇一〇年間，中國每年增加三萬八千兆瓦的火力發電產能。直到二〇三〇年以前，人們預期中國每年還會增加三萬兆瓦。U.S. Energy Information Administration, *International Energy Outlook 2009,* 49-50. 另見 Parliamentary Office of Science and Technology (POST), "Electricity in the UK," *Postnote* 280 (February, 2007). http://www.iop.org/activity/policy/Publications/file_21079.pdf.

23. 一九八九年蒙特婁會議的決議下，從大氣中減少CFCs冷凍劑的數量，在十二年內就讓臭氧層得以開始復原。見第一章注釋3。

24. Joseph Stiglitz, "Chasing GDP Growth Results in Lower Living Standards," *The Observer,* London September 13, 2009.

25. Nicolas Sarkozy, "Opening Address to the 40th World Economic Forum," Davos, Switzerland, January 27, 2010. 見 http://www.weforum.org/pdf/Sarkozy_en.pdf.

後記

1. S.C. Gwynne, Thomas McCarroll, William McShirter, and Richard Woodbury, "The Long Haul: The U.S. Economy," *Time*, September 28, 1992.

2. Robert Skidelsky, "For a New World, New Economics," New Statesman, August 30, 2010.

3. Review of Capitalism 4.0, "Magic by Numbers: Looking at the Past and Predicting the Future," Economist, July 8, 2010.

4. Gordon Brown, Beyond the Crash: Overcoming the First Crisis of Globalization

(New York: Free Press, 2010), 13.

5. Andy Sullivan, "US Public Strongly Opposes Debt Level Increase," Reuters News Service January 12, 2011.

6. Conservative Conference, "David Cameron Speech," The Guardian, October 8, 2009, www.guardian.co.uk/politics/2009/oct/08/david-cameron-speech-in-full.

國家圖書館出版品預行編目資料

大轉型，邁向資本主義4.0：兩百年的角力誰將再
起？下一個三十年是什麼面貌？／Anatole Kaletsky
作；胡曉姣，楊欣，賈西貝譯. -- 一版. -- 臺北
市：臉譜，城邦文化出版；家庭傳媒城邦分公司
發行, 2012.04
面；　公分. -- （企畫叢書：FP2234）
譯自：Capitalism 4.0 : the birth of a new economy
in the aftermath of crisis
ISBN 978-986-235-167-3（平裝）

1.資本主義　2.經濟哲學

550.187　　　　　　　　　　　101002077